民俗理论教程

王娟 著

北京大学出版社
PEKING UNIVERSITY PRESS

图书在版编目(CIP)数据

民俗理论教程/王娟著. —北京：北京大学出版社，2018.5
（博雅大学堂·文学）
ISBN 978-7-301-29465-9

Ⅰ.①民… Ⅱ.①王… Ⅲ.①民俗学—教材 Ⅳ.①K890

中国版本图书馆 CIP 数据核字(2018)第 078973 号

书　　　　名	民俗理论教程 MINSU LILUN JIAOCHENG
著作责任者	王　娟　著
责 任 编 辑	艾　英
标 准 书 号	ISBN 978-7-301-29465-9
出 版 发 行	北京大学出版社
地　　　　址	北京市海淀区成府路 205 号　100871
网　　　　址	http://www.pup.cn　新浪微博:@北京大学出版社
电 子 信 箱	pkuwsz@126.com
电　　　　话	邮购部 62752015　发行部 62750672　编辑部 62756467
印 刷 者	三河市博文印刷有限公司
经 销 者	新华书店 965 毫米×1300 毫米　16 开本　23.25 印张　342 千字 2018 年 5 月第 1 版　2018 年 5 月第 1 次印刷
定　　　　价	49.00 元

未经许可，不得以任何方式复制或抄袭本书之部分或全部内容。
版权所有，侵权必究
举报电话：010-62752024　电子信箱：fd@pup.pku.edu.cn
图书如有印装质量问题，请与出版部联系，电话：010-62756370

目录

绪　论/1

第一章　比较神话学/11
　　第一节　理论背景概述/12
　　第二节　《吠陀》与雅利安文化/18
　　第三节　《吠陀》的语言/25
　　第四节　语言疾病说/32
　　第五节　神话/40

第二章　神话—仪式学派/49
　　第一节　罗伯逊·史密斯与爱德华·泰勒/49
　　第二节　弗雷泽/53
　　第三节　简·哈里森/63
　　第四节　塞缪尔·亨利·胡克/71
　　第五节　拉格伦/77
　　第六节　遮耐普/85

第三章　功能主义/91
　　第一节　理论背景概述/94
　　第二节　田野调查/101
　　第三节　文化及其功能/111
　　第四节　神话/117

第四章　民间故事形态学/124
　　第一节　理论背景概述/125
　　第二节　故事形态研究/132
　　第三节　故事的叙事结构/140

第四节　民间故事的仪式解读/143

　　第五节　民间故事的神话解读/149

　　第六节　民间故事与原始思维/153

　　第七节　民间故事与历史/157

第五章　精神分析理论/160

　　第一节　理论背景概述/163

　　第二节　无意识理论/171

　　第三节　梦的理论/181

　　第四节　文明观/188

　　第五节　神话/195

第六章　分析心理学/206

　　第一节　理论背景概述/207

　　第二节　心灵结构/213

　　第三节　集体无意识/219

　　第四节　原型/224

　　第五节　神话与集体无意识/231

第七章　结构主义/245

　　第一节　理论背景概述/248

　　第二节　结构研究/256

　　第三节　野性的思维/267

　　第四节　神话/277

　　第五节　俄狄浦斯神话/290

　　第六节　面具艺术/297

第八章　民俗学与性别研究/304

　　第一节　理论背景概述/304

　　第二节　民俗学中的性别研究概况/312

　　第三节　性别研究视野下的民俗体裁/324

　　第四节　性别视角下的民俗学田野调查及民族志
　　　　　　写作方法论/330

第九章 民族志研究和田野调查法/335
    第一节 民族志及田野调查法的历史/335
    第二节 田野调查的基本方法和基本步骤/339
    第三节 田野调查中的具体观看对象和视角/349
    第四节 田野调查中的伦理问题/352
    第五节 田野调查中研究者的身份问题/356

参考文献/362
后　记/367

绪 论

民俗学从学科产生到现在,已经有二百多年的历史了。围绕着各种民俗事项,尤其是口头民俗中的神话、故事和传说,出现了众多的民俗理论。早期的理论偏重于起源研究,比较有代表性的包括比较神话学、人类学派、芬兰学派和神话—仪式学派等。

太阳神话学派,又称比较神话学,代表人物为德裔英国学者缪勒(Friedrich Max Müller,1823—1900)。一般认为,比较神话学之前,人们对神话的研究多是从哲学、文学、历史的角度展开的,而从比较神话学开始,神话开始被当作一种文化现象。比较神话学主要是通过同一语系内(主要指印欧语系)语言之间的比较来探讨神话的起源及含义。缪勒通过对印度最古老的诗歌总集《吠陀》的研究发现,欧洲各国神话中神的名字,如古希腊神话中的宙斯(Zeus)、古罗马神话中的朱庇特(Jupiter)、北欧神话中的提俄(Tyr)与《吠陀》中神的名字特尤斯(Dyaus)有着同源的关系,是同根词。因此,缪勒提出了一个著名的等式,即

$$Dyaus = Zeus = Jupiter = Tyr$$

并由此得出了一个结论:欧洲各国的神话都是从古代的雅利安神话中派生出来的。也是通过对《吠陀》的研究,缪勒认为,古代的雅利安人并没有创造任何神话,他们只是喜欢用各种各样的形象化的词汇、用诗化的语言来描述诸如太阳的东升西落、星星、月亮、风雨雷电等自然现象。但是,随着时间的推移,某些词汇逐渐被人们忘却,以至于后人无法理解古代雅利安人的诗句。于是,后人凭借自己丰富的想象力对雅利安人这些描述

进行加工,创造出了许多神话故事。总之,神话是"语言的疾病"(disease of language),是后人妄加给古人的。

缪勒的理论曾风靡一时,但随着研究的展开和更多学者的参与,人们对这种否定古人创造能力的说法产生了怀疑。首先,缪勒过分强调文字,尤其是书面文字在神话传承过程中的作用,忽略了神话的主要传承方式为口头传承,而且,神话在口传文化中几乎没有中断过,因此,也就不存在后人对古代神话文本的妄解。其次,作为传统文化的一种重要力量,神话的功能无论是在古代还是当代,都是其他文化现象无法取代的。此外,在许多人的心目中,古代人像现代人一样同样具有丰富的想象力和创造力,否定了神话的创造过程,从某种角度来说,也就等于否定了人类的文化历史。尽管此说迅速被时人抛弃,但缪勒关于语言和神话的关系,以及从语言的角度展开神话研究的方法,对后人提出新的研究理论和方法具有一定的启发性。

受进化论思潮的影响,以英国人类学家爱德华·泰勒(Edward. B. Tylor, 1832—1917)为代表的人类学派,又称进化论学派、一线进化论,将研究重点放在探讨民俗事项如神话、故事和传说的起源、传播、发展和变异过程。人类学派认为,人类文化的发展与人类的自然进化过程一致,是按照从野蛮时期到半开化时期再到文明时期的过程进化的。据此,泰勒提出了"残余论"的观点,这就是说,人类社会中的很多文化现象,如神话、故事和传说都是古代社会的"残余物"。我们可以通过对这些"残余物"的研究来重构人类文化的历史。泰勒认为,产生于人类野蛮时期的神话会随着人类文化的不断进化而逐步"退化"为半开化时期的民间故事和传说。因此,通过古代神话我们就有可能获得早期人类的思想、智力、生活和信仰状况。

但是,随着研究的深入和扩展,尤其是田野调查方法的普及,人们发现人类学派对于人类文化进程的梳理只停留在推理和假设上。首先,各民族文化发展的状况并非都处在同一发展过程的某一阶段。欧洲人的过去不一定像现在的非洲和澳洲土著人一样。因此,对不同的文化现象不能作统一的阶段性的划分。其次,文化的发展也不是按一定顺序进行的。母系氏族未必先于父系氏族,乱婚不是最初的社会现象,群婚不是普遍的制度,家族也不是氏族以后的产物。① 实际上,文化没有先进与落后之分,只有不同。世界各地由于地区、种族、语言、环境、信仰等因素的差异,形成了繁复的文化区域。一些民族历史悠久,地域广阔,人数众多,科学技术发达;而另一些民族则地处偏僻,人数较少,科学技术落后,许多风俗习惯与我们相去甚远,对我们来说难以接受。但我们不能因此就断定这种文化属于一种落后的文化,期望帮助他们改变自己的风俗习惯,接受我们所谓的先进文化传统。文化的变迁不一定是由低级向高级发展,现代的文化也不一定都优于以前的文化。其实,世界上每一种文化都有自己的发展历史,都有存在的价值和意义。

芬兰学派(Finnish school),又称地理—历史学派(historical-geographic method)和比较研究法(comparative method),倡导通过对一个故事类型的"所有异文"进行比较分析,找出故事的原型(archetype)、发源地、传播路线和传播范围。芬兰学派的研究方法是首先对选定故事类型的异文进行广泛的搜集和整理工作,要求是尽可能地收集到所有的异文,其中包括不同国家和地区的口头异文和书面异文(利用索引、档案、故事集和其他途径)。然后选出具有普遍性和典型性的细节因素,如人名、地名、物名或其他有可能造成故事变异的最小细节单位。再通过对所有异文中相对应的细节因素进行对比研究,包括使用列表、画图的方式来计算某些细节因素出现的频率,以此来确定故事的原型,或称"源故事"。最后在所有异文中找出最接近"故事原型"的异文,这些异文出现的地方就有可能是故事的发源地。依此类推,再通过异文之间的比较,大致勾勒出故事的流传途径和传播路线。

芬兰学派与其说是一种理论,倒不如说是一种方法,而且是一种存在着很多弊病的方法。首先,收集某一故事类型的所有异文只是理论上可行,实际上却无法做到。民间神话、故事、传说的口传性特点决定了研究者不可能搜集到所有的异文。其次,这种方法过于机械,因为过分关注细节,所以不可避免地会忽略故事的文化背景,以及故事讲述者的个人情况、讲述对象和讲述环境等因素。瑞典民俗学家凡·悉多(C. von Sydow,

---

① 林惠祥《文化人类学》,北京:商务印书馆,1991年重印本,第33—35页。

1878—1952)认为,由于受地方历史和文化等因素的影响,一个国际型的故事类型可能很快就被地方化了,演变成这种故事类型的子类型(subtype),又称"地方型"(oikotype)。每一种子类型都有其发展历史,不能一概而论。另外,比较研究法的研究结果非常不确定,只能勾勒出一个可能的传播途径,因此也就失去了科学性。①

神话—仪式学派产生于19世纪后期,主要代表人物包括弗雷泽、哈里森、胡克、拉格伦等。在进化论思想的影响下,神话—仪式学者对神话的起源,尤其是神话与仪式的关系感兴趣。他们认为,在古代人的生活中,神话本身不能独立存在,而是与仪式结合在一起的。神话与仪式的关系是互为本体,没有仪式就没有神话,没有神话也就无所谓仪式。随着社会的发展,仪式与神话分离,各自沿着自己的方向发展。然而,无论如何变化,神话和仪式还是有着很多相似的地方,神话的解读必须放置在仪式当中,反过来仪式的解读也是如此。

一直到今天,神话—仪式学派在神话研究领域始终占有一席之地,主要的原因在于仪式非常有助于我们进行神话阐释。众所周知,无论是古印度还是古希腊、古罗马的神话中都似乎充满着太多不合理、不恭敬的成分。大多数古代神话的内容不仅荒谬可笑,而且还经常和思维、宗教、道德背道而驰。更令人不解的是,神话高度发达的民族不仅包括未开化民族,也包括古希腊等哲学、道德、思想高度发达的民族。很难想象一个思想幼稚的民族会产生像泰勒斯、赫拉克利特和毕达哥拉斯这样的伟人。②另外,神话当中会有很多残忍的情节,如克洛诺斯会活生生地吞吃自己的孩子,吞下石头,却吐出子孙后代来。而在非洲和美洲最低级的部落里,我们却几乎找不到比这更骇人听闻和更令人厌恶的说法。③但是,如果将这些神话放置到仪式当中,许多有关神话的谜题便迎刃而解。因此,将神话与仪式勾连,是我们进行神话研究的途径之一。

19世纪末,起源研究出现了危机。以马林诺夫斯基(B. K. Malinowski,

---

① R. M. Dorson, *Folklore and Folklife: An Introduction*, Chicago: The University of Chicago Press, 1972, p.9.
② 〔英〕麦克斯·缪勒《比较神话学》,金泽译,上海:上海文艺出版社,1989年,第11页。
③ 同上书,第13页。

1884—1942)为代表的功能学派摒弃了当时人类学囿于图书馆安乐椅的研究方法,开始走向社会,通过田野调查来获得第一手资料。人们已经不满足于人类学派在非常有限的材料基础之上去对文化发展变化的规律进行推测和臆想,从而忽视了文化的特殊性,也不想重建人类文化的历史。"除非在我们对于各种文化现象的性质充分了解,及我们能一一规定它们的功能及描写它们的方式之后,猜度它们的起源及发展阶段是没有意思的。'起源'、'阶段'、'发展法则'、'文化生长'等概念,一直到如今,仍是模糊不明,而且是不能用经验来了解的。"功能学派在民俗学领域掀起了一场革命。他们通过长时间的田野调查,收集活着的民俗材料,把研究的重点放在各种民俗事项为什么在民间得以保存和广泛流传上。

在功能主义者看来,"任何一种文化现象,不论是抽象的社会现象(如社会制度、思想意识、风俗习惯等),还是具体的物质现象(如手杖、工具、器皿等)都有满足人类实际生活需要的作用,即都有一定的功能。它们中的每一个与其他现象都互相关联、互相作用,都是整体中不可分割的一部分。功能学派理论还认为,文化是建筑在生物基础之上的,人是动物,因而他要解决的第一个任务是满足普通的生物上的需要。满足这些需要,即人要谋取食物、燃料、住房、衣物等。这样,人为了自己的生存必须创造一个新的、第二性的、派生的环境,这个环境就是文化。因而,人需要文化,人是文化的动物,从人类的产生到人类的发展,人类社会的形成到现代文明的各个方面都是文化执行的结果。"[①]既然人类需要文化,每一个文化现象必须要满足人类的某种需求,否则,这种文化现象就会被淘汰。

到了 20 世纪,民俗研究进入一个日益繁荣的阶段。现当代的学者们或者把神话看作是人类探索世界、认识世界的一种尝试,或者把神话看作是发现人类深层意识活动的媒介物,或者把神话看作是使社会制度合法化的重要力量,或者把神话看作是"文化的镜子",并企图通过神话去发

---

① 王海龙、何勇《文化人类学历史导引》,上海:学林出版社,1992 年,第 134 页。

现文化的发展规律①。随着社会的进步,各种新学科的出现和发展,人们对神话的认识和研究也在不断翻新。对于这一点,茅盾曾经有过一段精辟的论述:

> 古代的神话确是这么一件随着人们的主观而委婉变迁的东西:历史家可以从神话里找出历史来,信徒们找出宗教来,哲学家就找出哲理来。所以在古代物理学和天文学初发达的时候,神话就得了物理的和天文的解释;在史学初发达的时候,神话就得了历史的解释;在基督教努力赶走异教思想的时候,神话就得了神学的解释;而最后,在比较文字学兴起的时候,神话就得了文字学的解释。就以往的事实来看,一时代的新思潮常常给古代神话加上一件新外套,乃是无可讳言的。②

继续茅盾的推理:当今,随着心理学的发展,神话又得到了心理学如弗洛伊德精神分析理论、荣格分析心理学的解释;受文学、语言学理论的影响,又得到了故事形态学、符号学和结构主义理论的解释;受意识形态思潮的影响,又得到了女性主义理论的解释;等等。

民间故事形态学的代表人物是俄罗斯学者普罗普(Vladimnir Propp,1895—1970)。他在1928年出版的《民间故事形态学》(*Morphology of the Folktale*)一书中明确提出,"形态学"一词意味着形式研究。"形态"一词源于植物学,在植物学中,所谓的形态指的是植物的各个组成部分之间,以及部分与整体之间相互关系的学说,也就是关于植物的结构的学说。③普罗普指出,20世纪前三十年中,故事的研究始终停留在"起源研究"层面。人们将研究的重点集中放在故事产生的时代、成因、特点及其演变过程等方面。普罗普认为这是有问题的,因为在没有确定"何为故事"之前,研究故事的起源问题可以说是盲目的。④ 他认为民间故事的一个重

---

① 详见 Lauri Honko 的 "The Problem of Defining Myth",载 *Sacred Narrative*, ed. Alan Dundes, Berkeley:University of California Press, 1984, pp.41-52。
② 茅盾《神话研究》,天津:百花文艺出版社,1981年,第10页。
③ 〔俄〕弗·雅·普罗普《故事形态学》,贾放译,施用勤校,北京:中华书局,2006年,序第7页。
④ 同上书,第2页。

要特点就是类同性(相似性)和规律性(程式化),我们完全可以对民间故事进行形态方面的研究,因为民间故事的结构,包括情节、情节组合、情节发展顺序等因素具有明显的规律化、程式化的特征。①

普罗普从俄罗斯学者阿法纳斯(A. N. Afanas)收集的《俄国民间故事集》中随机选出101篇民间故事,进行故事情节结构发展的研究,并总结出故事情节发展的31个功能(functions)。所谓的功能,指的是故事中人物的每一个对情节发展有影响的行为。普罗普把这31个功能按先后顺序排列起来,并以此来检验其他的民间故事。他发现,所有故事在情节发展上都是严格地按照这31个功能顺序发展的,甚至连次序都不会改变。具体到某一个故事,其情节发展也许会跳过这31个功能中的几个,但绝不可能脱离或颠倒31个功能所规定的发展方向和发展顺序。1958年,《民间故事形态学》被翻译成英文,对西方民间故事研究产生了重大影响。许多学者把这一理论应用到其他文化的民间故事研究中,发现这31个功能同样适用于其他文化的民间故事。这种研究方法后来被称为结构主义研究,为了区别于列维-斯特劳斯的结构主义研究,人们把普罗普的结构主义称为"直线"结构主义,因为普罗普提出的31个功能是线性排列的。

弗洛伊德(Sigmund Freud,1856—1939)是世界现代史上的一位巨人,他的发现与理论对世界许多学科都产生了巨大的影响。他曾经说过,科学对妄自尊大的人类有过三次沉重的打击:第一次是哥白尼的"太阳中心说",它粉碎了地球中心说的古老幻想;第二次是达尔文的"进化论",它推翻了将人类与动物隔离开来的高墙;第三次便是"精神分析学"的出现,这一学说是"狂妄的人类"遭受的最沉重的一次打击,因为,人类发现他们不仅不是宇宙的中心、不是地球的主宰,甚至连他们个人的心灵也不能控制,也就是说,"自我"并不是自己的主人。② 弗洛伊德精神分析学的主要研究对象是无意识。弗洛伊德认为,人的精神生活包括两个方

---

① V. Propp *Morphology of the Folktale*, University of Texas Press, 1968, Author's Foreword.
② 参见〔奥〕S.弗洛伊德《精神分析学中心理学的若干基本理论》,莫斯科,彼得格勒,1923年,第195—198页,转引自〔苏〕波波娃《精神分析学派的宗教观》,张雅平译,上海:上海人民出版社,1992年,第12页。

面,即意识和无意识。其中,意识并不重要,因为它只代表整个人格的外表方面,而深藏在意识背后的无意识,则包含着种种力量,这些力量乃是人类行为背后的内驱力①,是人的行为的决定因素。用弗洛伊德的话说,"一切精神过程实质上都是无意识的"。② 弗洛伊德认为,神话是我们验证无意识领域存在的重要材料,也是我们发现无意识内容的主要渠道。神话是一种特定类型的集体体验,是共有幻想的一种特殊形式。在某些共同需要的基础上,它帮助个人与个人所在的文化群体的成员建立起关系。与此相对应,研究神话可以从它在精神整合中发挥的作用出发:它如何在防范罪恶感与焦虑发生方面发挥作用,如何构成一种对现实以及个人所在的团体的适应形式,如何影响个体身份的定型以及超我的形成。③

分析心理学者荣格(C. G. Jung,1875—1961)在弗洛伊德"无意识"概念的基础上提出了"集体无意识"的概念。荣格认为,集体无意识是一种与生俱来的、超出了个人经验和经历的概念。新生婴儿的肺知道如何呼吸,心脏知道如何跳动,相互协作的整个器官体系知道如何活动,因为婴儿的身体是遗传性机能经验的产物。人类努力适应生活的整个过程,种系发育的整个历史,都体现在婴儿身体的那个"知道如何"当中。那么我们也同样可以认为遗传心理结构的存在是可能的,而且是人类心理活动的基础。荣格指出,人一出生就是一个完整的整体,而不是各部分的组装和集合。与很多心理学理论强调人的个性是后天逐渐获得且完善的观点不同,荣格主张人类根本不需要为获得人格的完整性而奋斗,因为人格中的任何一个部分都不是通过经验和学习获得的,是先天配置好的。荣格特别强调心灵的整体性,认为维持、协调和保护这种与生俱来的整体性,避免人格各部分相互冲突、分裂才是人一生中最重要的事情,也是人奋斗的目标。既然是集体无意识,那就意味着人类永远无法意识到,但是,由于集体无意识是人类思想和行为的源泉,因此,要想了解人类自己及其历

---

① 〔奥〕S. 弗洛伊德《精神分析纲要》,刘福堂等译,合肥:安徽文艺出版社,1987 年,序。
② 〔苏〕波波娃《精神分析学派的宗教观》,张雅平译,上海:上海人民出版社,1992 年,第 31 页。
③ 〔美〕阿洛《自我心理学和神话研究》,第 375 页,转引自〔英〕罗伯特·A. 西格尔《神话秘钥》,刘象愚译,北京:外语教学与研究出版社,2015 年,第 268 页。

史,就必须进行集体无意识的研究。幸运的是,集体无意识中那些非个人性质的内容可以在精神分裂症、梦、神话中找到类似物。

荣格提出,集体无意识是由各种原型(archetypes)组成的,分析心理学的目的在于发现和研究这些原型。神话则是我们了解这些原型的重要材料。他认为,神话是集体无意识的表现途径之一,是处于启蒙时期的原始人类意识状态的真实写照,是那些古老得无法计算的远古时代的传统形式。那时人类的意识刚刚从无意识中诞生出来,无意识的力量仍然相当强大并直接影响人类的意识。所以,未经加工处理的原始而质朴的神话往往是人类集体无意识的直接表现。无论是在古代还是现代,神话不属于神话讲述者个人,而是具有一种集体性质,来自于人的集体无意识,或者说是一种固有的真实,因此是真实的。这就是为什么神话不仅在世界各地,而且在历朝历代都受到人们尊重的主要原因之一。对人类而言,神话表达了一种普遍的真理。

与马林诺夫斯基试图根据神话的特定环境阐明神话的社会功能相反,结构主义学者列维-斯特劳斯(C. Levi-Strauss,1908—2009)把神话融入一个符号系统,尝试运用结构语言学的方法来进行神话分析。和弗洛伊德一样,列维-斯特劳斯试图找到对全人类的心理都普遍有效的思维构成原则。假如这些普遍原则存在的话,它们无论是在我们的头脑中还是在南美印第安人的头脑中都同样起作用。列维-斯特劳斯认为神话的真正意义就在于为克服矛盾而提供一种逻辑的模式,以便解决某种矛盾。但是,这里所谓的矛盾并非真实存在的矛盾,而是思维上的矛盾。① 列维-斯特劳斯指出,不是所有的神话都表现了同一事物,而是所有神话都共同地表现了事物的总和,这种总和不是任何个别神话所能表现的。因此,神话的功能也就是公开表现以化了装的形式出现的普遍的无意识矛盾。

本书还对民俗研究中的"性别研究"和"民族志研究和田野调查法"进行了系统介绍。所谓性别研究,是指将性别因素作为主要变量对研究对象进行考察的各种研究范式的总称。性别研究的理论和方法论为民俗

---

① 〔法〕列维-斯特劳斯《结构人类学》,张祖建译,北京:中国人民大学出版社,2009年,第246页。

研究提供了观照和分析传统文化与民众在日常生活中各类情感表达及实践活动的性别视角,使得民俗学在理论和方法论上逐渐去除固有的认识论偏见,更为"客观"地对研究对象进行考察。田野调查法是民俗研究的基本方法,希望读者能对民俗学田野调查有一个全面的了解。

民俗研究中还有一些非常重要的理论流派,如口头程式理论、表演理论等,限于能力、时间和篇幅,本书未能一一介绍,深感遗憾。前文提到的人类学派和芬兰流派也未能充分展开,唯愿在不久的将来,笔者能有精力和机会对本书加以丰富和补充。

第一章
比较神话学

比较神话学,又称太阳神话理论,主要是通过同一语系内(主要指印欧语系)语言之间的比较来探讨神话的起源及含义。代表人物为德裔英国东方学家和宗教学家麦克斯·缪勒(Friedrich Max Müller, 1823—1900)。

麦克斯·缪勒1823年出生于德国德骚一个浪漫主义诗人和音乐家的家庭。1841年进入莱比锡大学,师从著名语言学家布洛克豪斯,学习梵语、语言学和哲学。后转到柏林大学学习,改投博普门下学习语言学。在哲学方面,缪勒还接受过谢林的指导。1846—1847年间,缪勒在法国巴黎大学选修了有关《吠陀》的系列课程,从此对《吠陀》产生了浓厚的兴趣并立志从事《吠陀》的翻译和研究工作。1848年,缪勒进入牛津大学,担任梵文经典《梨俱吠陀》的翻译工作。《梨俱吠陀》的6卷本译文包括详细注解于1849—1874年间陆续出版,成为西方人了解古代印度宗教与文化的主要渠道,也奠定了缪勒作为东西方语言、神话和宗教比较研究领域领袖的地位。1854年,缪勒任牛津大学教授,从事印度宗教和哲学的研究工作。缪勒一生校勘、翻译了许多佛典如《阿弥陀经》(梵文1881,英译1894)、《无量寿经》(梵文1883,英译1894)、《金刚般若经》(梵文1881,英译1894)、《般若心经》(梵文1884,英译1894)、《佛顶尊胜陀罗尼经》(1884)、《法集经》(1884)等。缪勒的代表性著作包括《比较神话学》(1856)、《基督和其他长老》(1858)、《吠陀与波斯古经》(1853)、《闪米特一神教》(1860)、《宗教学导论》(1870)、《宗教的起源和发展》(1878)、《论语言、神话和宗教》(1881)、《印度寓言和密宗佛教》(1893)、《中国的宗教》(1900)等。① 缪勒遍涉印度宗教、神话、哲学、语言等领域,是19世纪兴起的比较语言学、比较宗教学和比较神话学的创始人之一。

第一节 理论背景概述

一、比较语言学

比较语言学是比较神话学的重要基石之一。1786年,英国东方学家威廉·琼斯(W. Jones)在印度加尔各答亚洲学会(The Royal Asiatic Society of Bengal)上做了一次演讲,他推断说,因为梵语与古希腊语、拉丁语、哥特语、凯尔特语和波斯语无论在语法上还是构词上都非常相似,因此彼此之间一定有着密切的关系,想必它们有共同的来源,即来源于一个已经消失了的共同的母语。这种观点在欧洲学界引起震动,也引发了大家对梵语的兴趣。许多学者,尤其是德国学者,开始对印度语言文化表现出极大的热情。到19世纪初,欧洲的学者展开了印欧语系的历史比较,并提出了印欧语系的设想。② 许多学者致力于印欧语系的语言研究,希望能够发现印欧语系语言分化、变化的规律和模式。

比较语言学的代表人物之一就是民俗学学科的创立者格林兄弟(The Grimm Brothers)。为了寻找和证明本民族悠久的历史文化传统,两兄弟不仅致力于德国口头文化传承的诸多内容,如神话、故事、传说等方面的搜集、整理和研究工作③,而且对德国语言传统及其发展也十分关注。他们曾经出版了4卷本的《德语语法》(1819—1837)和两卷本的《德语史》(1848)。雅各布·格林(Jacob Grimm,1785—1863)深受丹麦语言学家拉斯克的影响,提出了语言发展三阶段的设想:第一个阶段是词根和词的创造、成长与形成时期;第二个阶段是词尾繁盛时期;第三个阶段是

---

① 〔英〕麦克斯·缪勒《宗教学导论》,陈观胜、李培茱译,上海:上海人民出版社,2010年,译序第2页。
② 吴安其《历史语言学》,上海:上海教育出版社,2006年,第103页。
③ 实际上,他们搜集并于1812—1814年出版的《格林童话集》一直被看成是民俗学学科的奠基之作,标志着民俗学学科的出现。

词尾被抛弃时期。① 雅各布·格林通过对 15 种日耳曼语言的比较研究，尝试发现这些亲属语言的现代和古代的语音、词汇、语法的发展变化规律，试图构拟出相应语族、语系的"原始共同母语"。② 雅各布·格林的伟大贡献之一在于发现了早期印欧语到日耳曼语的塞音（和擦音）的演变规律，即"格林律"（Grimm's law）。这种对于语言的关注为古代文化研究提供了新的材料和视角。

缪勒对比较语言学非常感兴趣，他认为，所有的高深知识都是通过比较才获得的，并且是以比较为基础。③ 歌德曾经说过，"只懂一门语言的人，其实什么语言也不懂"，缪勒非常赞同歌德的说法，因为仅关注一种语言，是无法进行语源学的研究的，更无法理解语词的原初意义。缪勒在比较语言学的研究中发现了一些很有趣的现象，例如，在一种语言里被认定是"神话"的东西，在另一种语言里却是自然的和可以理解的，如一种语言里的"日落"一词，在另一种语言里却是给太阳一个坐下的宝座。④ 这些发现为他后来提出的"语言疾病说"奠定了基础。

缪勒坚信比较语言学或许可以成为我们手中的显微镜，而且是一种功能卓著的显微镜，使我们在以前只能看到朦胧乌云的地方发现性质截然不同的形式和原则。不仅如此，缪勒还将比较语言学看成是获取梵语还没有成为梵语、希腊语还没有成为希腊语的那个时期人们的思想、语言、宗教和文化状态的重要途径。缪勒认为，在那个时期，梵语、希腊语、拉丁语、日耳曼语和其他雅利安方言都还存在于一个尚未分化的语言里，就像法语、意大利语和西班牙语在某个时期曾存在于尚未分化的拉丁语中一样。⑤ 只有深刻地了解语言发展的历史，才能正确理解和解读人类思维和文化形态中那些难以理解的部分，包括神话。

---

① Winfred P. Lehmann, *Historical Linguistics: An Introduction*, p.120. 转引自吴安其《历史语言学》，上海：上海教育出版社，2006 年，第 113 页。
② 〔英〕麦克斯·缪勒《比较神话学》，金泽译，上海：上海文艺出版社，1989 年，序第 3 页。
③ 〔英〕麦克斯·缪勒《宗教学导论》，陈观胜、李培茱译，上海：上海人民出版社，2010 年，第 8 页。
④ 〔英〕麦克斯·缪勒《比较神话学》，金泽译，上海：上海文艺出版社，1989 年，第 78 页。
⑤ 同上书，第 17 页。

二、浪漫主义思潮的影响

19世纪初,作为对法国革命和启蒙运动的一个反作用,德国的浪漫主义诗人们追求宗法制田园生活,把一切都看成是中世纪的,很多人把通过复兴民间诗歌来重建古老的"德意志民族精神"看成是时代赋予自己的天职。① 浪漫主义思潮的代表学者们甚至把再度复兴欧洲文化的希望寄托在梵语文化上,一些学者甚至认为在古代印度文学中可以找到最发达的浪漫主义。梵语被认为是堪与古希腊语相媲美的又一古代文明语言,而梵语与希腊语、拉丁语的渊源关系更增添了人们对它的亲切感。缪勒更是将梵语文化,尤其是《吠陀》,看成是与过去沟通、与古人沟通,甚至与自己沟通的重要材料。他认为,表面看来,历史是某种奇怪的、与己无关的东西,但是我们越是深切地了解历史,我们的思想就越是为之所吸引,我们的感情也就越加强烈。缪勒将这些古人的历史看成是自己的历史,认为如果不理会古人,不去研究古人,就不会与古人产生共鸣交感,那么历史就是一堆废纸,或许早就已经被焚烧和遗忘了。然而,历史一旦由于人们的这种关切之心而再生,它就不仅仅是唤起文物工作者或古董商的兴趣那么简单了,而是会感染每个人的心灵。②

缪勒将文化看成是一个舞台,将人类比作舞台上的演员。他认为,在我们走上舞台之前,这个舞台已经上演过许多幕剧了,而我们则是出乎意料地被唤来,演出自己的角色。要认识自己所不得不扮演的角色,就应当先了解我们所接替的角色。他相信,在人类的整个戏剧里,应当有一个贯穿始终的思想,而《吠陀》等古代文献材料则是历史老人给我们留下的那条联结过去和现在的线索;古人留下的每一个字,都铭记着早期人类的特征,是人类思维的结果。

三、对雅利安文化的热情

一般认为,印欧语系源于大约公元前3500—前2500年的一种语言。

---

① 〔英〕麦克斯·缪勒《比较神话学》,金泽译,上海:上海文艺出版社,1989年,序第2页。
② 同上书,第7页。

19世纪兴起的比较语言学实际上是从梵文的研究开始,这是完全可以理解的。① 雅各布·格林曾说过:

> 有一种比骸骨、武器和墓穴更为生动的东西可以证明民族的历史,那就是他们的语言。②

在当时的欧洲,许多学者,包括格林兄弟,不仅在语言学领域尝试构拟原始母语,而且开始尝试在民族学、宗教学等领域探寻远古时期尚未分化、分裂的原始"母文化"的语言、生活、信仰、社会等内容。不仅如此,格林兄弟同时还在神话研究领域展开发现和构拟"母神话"的研究工作,认为一切民间创作大都来源于神话,而且认为对日耳曼民族和印欧语系民族来说,其创作都肇端于日耳曼"母神话"以及雅利安"母神话"。据此,后世便称格林一派学者为神话学派,称其学说为印欧学说或雅利安学说。这一学说在德国乃至欧洲产生了巨大反响,出现了一大批被称为青年神话学者的追随者。麦克斯·缪勒正是这些追随者中的佼佼者。③ 缪勒接受了当时风行一时的印欧语系语言和文化源于雅利安文化的假设,认为在遥远的古代,亚洲的中部曾经生活着一个伟大的雅利安民族,创造出了灿烂的雅利安文化。后来雅利安民族分化,一支迁移到了现在的印度和波斯,另一支迁移到了现在的欧洲。缪勒在格林兄弟理论观点的基础上进行了非常深入的具体研究和缜密论证,完成了《比较神话学》等一系列代表著作,并最终将格林兄弟的理论观点发展成为完整的学说。

四、对人类文化历史的关注

随着比较语言学的建立、印欧语系的提出和雅利安文化研究的日益兴盛,缪勒曾经谈及,是什么促使我们今天依旧执着于希腊神话的起源,执着于掌握死语言的知识、辨认字迹模糊的碑文铭刻?是什么激励着人们不仅对希腊和罗马文学兴致勃勃,而且对古代印度、波斯、埃及以及巴比伦的文学也爱不释手?那些幼稚的、时常令人生厌的原始部落的传说,

---

① 季羡林《罗摩衍那初探》,北京:外国文学出版社,1979年,第73页。
② 格林《德语史》,转引自吴安其《历史语言学》,上海:上海教育出版社,2006年,第6页。
③ 〔英〕麦克斯·缪勒《比较神话学》,金泽译,上海:上海文艺出版社,1989年,序第3页。

为什么会引起人们的关注,并且发人深省?对很多人来说,《泰晤士报》里应该有着比修昔底德更多的智慧,沃尔特·司各特的小说从某些方面来讲比阿波罗的神话更有趣,培根的著作也比《往世书》的宇宙起源论更启迪心灵。既然如此,那么是什么使古代研究充满生机?又是什么驱使人们在如此繁忙的时代里,把自己的闲暇安逸奉献给这些既迷惑难解,又无益无用,甚至根本没有什么说服力的研究呢?①

首先,在当时众多学者的心目中,远古时代留下来的任何事物,包括那些破碎的碑刻、金石、陶瓷碎片,任何带有图像、符号和文字痕迹的文物,都不是偶然的,人们认为它们就像是古人刻意留给我们的,等待人们去发现和破译。人们坚信这些"文化碎片"中储藏着古人大量的知识和信息,彰显着古人生活的方方面面。在谈到当时学者的心态时,缪勒说:"即使是最古老、最破碎的传说记述,我们也视若珍宝,甚至可以说,较之当今无比丰富的文献还要珍贵。这些距今久远的年代和人们的历史,与我们现代人的情趣显然有着天壤之别,然而一旦我们认识到它会告诉我们自己的种族、家族以及我们本人的历史,它便有了一种新的魅力。"②

其次,缪勒认为文学家、哲学家们的创作、研究和思考旨在探讨"人是什么"的问题,但是明显带有个性化的色彩。他们都是些杰出的个体,表达的是他们自己的观察、思考和理解。例如,缪勒指出,苏格拉底哲学的最终结果是除了"揭示人类本质的秘密"一件事情之外,其他一概不谈,而且他所知道的只是他自己知道,甚至他自己都不知道,其他人更是什么也不知道。③但是实际上,缪勒认为,人不是单一的个体,而是亲属关系中的一员,是阶级中的一员,是种、属的一分子。只有将其放置在其历史和社会关系中,我们才能真正理解一个人。

再次,在缪勒眼中,人类是一家人,例如,在希腊人看到的野蛮人中,实际上有我们的兄弟;希腊人眼中的半人半神的英雄,实际上却是我们的祖先。人类被海洋分隔,说着彼此不通的语言,但是,他们创造的文化却

---

① 〔英〕麦克斯·缪勒《比较神话学》,金泽译,上海:上海文艺出版社,1989年,第3—4页。
② 同上书,第6页。
③ 同上书,第5页。

是相似的。在缪勒看来,这绝不是偶然的,而是人类思想的印迹、思维的印迹和法则。古代文化的遗迹,例如那些最古老、最破碎的诗歌、传说,代表的是人类的历史,走进它们,它们会告诉我们自己的种族、家族以及我们本人的历史。①

五、进化论思想的影响

缪勒的时代,进化论思想席卷欧洲,越来越多的人开始关注人类文化的发展历史和过程。缪勒认为,为了理解所谓的文明人在达到较高的文化阶段以前是什么状态,我们应当研究未开化部落,诸如至今犹存的诸多部落,这种观点是非常正确的。② 缪勒将地质学的分层原理运用于人类种族的分层,认为如果我们真正认识了原始人,那么确定哪些是真正原始的概念就容易了。

但是,缪勒反对简单化、普泛化和无条件的推理方式,认为我们有各种各样的理由怀疑那些尚处于最低阶段,构成最简单社会群体的人们根本不能作为原始人的样板。一些学者认为只要在巴布亚、佛吉亚或安达曼群岛上待几年,就可以了解希腊人和罗马人的原始祖先是什么样子了。缪勒反对这种态度,认为这些民族学者谈论现存的未开化人,好像他们是刚刚被派到这个世界来的,忘记了这些现存的未开化民族作为一个活生生的部族,其历史不可能比我们的历史少一天。他们或许处于一种相对静止不变的状态,但也有可能在达到现有状态之前,也经历了许多起伏和反复。因此,不能简单地认为最原始的人和现存的未开化人一模一样③,不能把希腊、罗马人祖先的宗教归结为当今黑人和其他未开化人的宗教④。缪勒认为,文化与文化是不一样的,不能一概而论。一些所谓的蛮人中,有些人具有令人羡慕的美德。而我们也不得不承认那些未开化人中的某些人所具有的宗教与生活哲学,足以和我们称为开化人或文明的

---

① 〔英〕麦克斯·缪勒《比较神话学》,金泽译,上海:上海文艺出版社,1989年,第5—6页。
② 〔英〕麦克斯·缪勒《宗教的起源与发展》,金泽译,陈观胜校,上海:上海人民出版社,2010年,第41页。
③ 同上书,第41—42页。
④ 同上书,第43页。

古代民族的宗教与哲学相媲美。

  一些学者认为未开化人的语言会低于我们的语言,缪勒认为这纯粹是一种成见,是没有道理的。他认为,未开化语言中往往有着十分完善的语法,也有着非常丰富的令任何现代诗人都羡慕不已的名词。① 关于人类早期的宗教,当时大多数的学者,其中包括首次使用拜物教名称的德·布罗塞斯(伏尔泰的朋友,当时的名人),都认为拜物教是宗教的最低形式,因为"不能想象比此更低的事物可以享有这个名称,所以可以有把握地说,拜物教是所有宗教的起点"②。缪勒认为,在其最早的可以接触到的有关宗教思想的文献中,找不到任何拜物教的痕迹;但在宗教发展的较晚阶段,它在各地倒变得越来越常见了。在印度宗教的后期衰落中拜物教才变得明显可见,它是从《阿闼婆吠陀》开始的,而不是在最早的赞歌《梨俱吠陀》中出现的。③

第二节 《吠陀》与雅利安文化

  缪勒认为,以亚洲和欧洲而论,人类总共创造出了三大语族,即图兰语、闪米特语和雅利安语。人类历史上出现的各种宗教和文化基本上都是围绕着这三种语族而产生、存在和延续的。这三大语族一旦形成,就表明语言已经固定,已经传代,已经具有崭新的特点,已经完全不同于人类之初的变化不定的语言。三大语族开始成为固定的、永久的语言,或者可以说是历史的语言。④ 缪勒将语言和宗教看成是民族和文化得以出现的两大支柱,而《吠陀》由于其产生的特殊时代和内容兼具语言和宗教的特性而成为我们了解古代文化的重要材料。

---

  ① 〔英〕麦克斯·缪勒《宗教的起源与发展》,金泽译,陈观胜校,上海:上海人民出版社,2010年,第45页。
  ② 同上书,第35—36页。
  ③ 同上书,第38页。
  ④ 〔英〕麦克斯·缪勒《宗教学导论》,陈观胜、李培茱译,上海:上海人民出版社,2010年,第57页。

一、《吠陀》

《吠陀》，从狭义上讲，是指印度最古老的吠陀诗集，即《梨俱吠陀》《娑摩吠陀》《夜柔吠陀》和《阿闼婆吠陀》，统称"四吠陀"或"吠陀本集"。广义上的"吠陀"，除了四吠陀外，还包括解释四吠陀的梵书、森林书、奥义书以及经书。在四吠陀中，《梨俱吠陀》最为古老，产生于公元前3000到前2000年间。当时，雅利安人从西北入侵印度，移居至印度河两岸地区。后三吠陀是它的派生作品，成书较晚。后三吠陀的神曲，不是《梨俱吠陀》中部分神曲的重复，便是在它基础上的发展。缪勒认为，"不仅在印度，而且在整个雅利安世界，都没有任何东西比《梨俱吠陀》的赞歌更为古老。我们在语言上是雅利安人，在思想上也是，因此《梨俱吠陀》是我们最古老的书"①，它是雅利安文化最古老的记载，也是连接古老的雅利安文化和近代文化的桥梁。

《梨俱吠陀》是一部集体创造的神曲集，共收入不同时期作者的颂歌或神曲1028首，分为10卷，作者都是世袭的婆罗门祭司。公元前7世纪以前，印度还没有文字记事，而且没有任何证据证明印度人在佛教开始时或在古代《吠陀》文献时期结束之前就已掌握了书写技巧，这种古代赞歌、《梵书》乃至《经文》之所以能够保存至今，完全是靠记忆，而且是靠最严格训练下的记忆。② 实际上10卷神曲完全靠祭司们的记忆和口授，一代一代地传下来。尽管后来有了手稿，现在又有了印制的经本，但他们不是靠书面经本学习神圣知识的。他们还是像几千年前的祖先那样靠的是口传心授，从而使《吠陀》的传承从未中断。③ 缪勒曾经谈及，有位叫作山卡·潘都朗的印度学者，正在为其编辑的《梨俱吠陀》收集各种读本，这些读本不是手抄的，而是口传的。他在1877年3月2日写道："我正在以你的范本为基础，收集为数不多的、活的《梨俱吠陀》手稿，我已经发现许

---

① 〔英〕麦克斯·缪勒《宗教的起源与发展》，金泽译，陈观胜校，上海：上海人民出版社，2010年，第95页。
② 同上书，第95—96页。
③ 同上书，第97页。

多不同点,只有进一步细致考察它们,才能说是不是不同的读本。"① 不知道这里提到的所谓"活态读本"是否已经顺利出版,也不知道祭司们学习和记忆口传《吠陀》的目的只是单纯地为了保存《吠陀》,还是出于某种仪式和信仰的目的表演《吠陀》？如果是后者的话,将会成为我们研究口传文化的重要材料。

二、雅利安文化的发现

18、19世纪的西方学者通过研究古代印度语言,确认吠陀语和梵语属于印欧语系,而且,通过《梨俱吠陀》和波斯古经《阿维斯陀》之间的语言、神话和宗教的比较研究,证明两者存在密切的文化亲缘关系。同时,在小亚细亚出土的泥版文书中,有公元前14世纪赫梯王和米丹尼王签订的合约,以吠陀神密多罗、伐楼那、因陀罗和那娑底耶为见证者和保护者。因此,多数学者认为,大约在公元前1750年左右,居住在中亚地带的部分雅利安人(史称印度—伊朗人)离开故乡,向南迁徙。一支向西,进入伊朗,成为伊朗雅利安人;一支向东,进入印度,成为印度雅利安人。② 根据当时语言学、历史学研究中的一些成果,学者们对雅利安文化提出了如下假设：

(一)母语的存在

通过对6种罗曼语系方言,包括意大利语、渥来基亚语、雷埃特语、西班牙语、葡萄牙语和法语的比较,缪勒认为：首先,它们全都是一个共同模式的不同变体;其次,不能把这些形式中的任何一种当作其他语言加以借用的词源;再次,在这6种语言里,虽然没有一种是这些动词赖以产生的语言,但却具有构成它们的基本成分。

> 所有这些方言表明,有一种更为古老的语言,它与这些方言的关系,如同拉丁语和各罗曼语系方言的关系——只是那个较早的时期,

---

① 〔英〕麦克斯·缪勒《宗教的起源与发展》,金泽译,陈观胜校,上海:上海人民出版社,2010年,第97页。
② 季羡林《印度古代文学史》,北京:北京大学出版社,1991年,第4页。

没有任何文学作品把这种母语的只言片语保存至今。这个母语在近代诸雅利安方言(如梵语、古波斯语、希腊语、拉丁语、哥特语、温德语,以及凯尔特语)的诞生中消亡了。①

母语的消亡伴随着的是众多具有血缘关系的子语言的诞生。通过语言学者们的研究,人们发现并证明了母语言分化的证据。

(二)母语的分化

缪勒在对印度最古老的诗歌集《吠陀》的研究中发现,欧洲各国神话中神的名字,如古希腊神话中的宙斯(Zeus),古罗马神话中的朱庇特(Jupiter),北欧神话中的"提俄"或"提尤"(Tyr)等,都可以从《吠陀》中出现的神的名字特尤斯(Dyaus)中找到其发展演变的痕迹,即古希腊、罗马和北欧神话与公元前三千纪中叶出现在印度河中上游地区的雅利安文化有着密切的关系。缪勒认为,雅利安族的祖先至少在早于《荷马史诗》和《吠陀》产生之前一千年的时候,就已经开始崇拜一个不可见的"神",他们用同一个名称称呼他,而且是在他们自己的语汇中所能找到的最好、最崇高的名称,那就是 Dyaus,"光亮"和"天空"。② 这就是说,五千年前或者更早,语言还没有分裂的雅利安人称之为"特尤—父亲"。四千年前或者更早一点,向旁遮普河南进发的雅利安人称之为"特尤斯—父亲"。三千年前或者更早一点,居住在海勒斯邦特海岸的雅利安人称之为"宙斯—父亲"。大约两千年前,意大利的雅利安人仰视明亮的苍天,称之为"朱庇特"。大约一千年前,同一位天父或万众之父,也在阴暗的日耳曼森林中,接受我们的祖先,即条顿系统的雅利安人的祈祷,其古老的名字是"提尤"或"提俄"。那时或许已经是最后的余响了。③

在《吠陀》中,特尤斯不仅指蓝色的天空,还是人格化的天空,此外,它还有别的含义。缪勒认为,从词语的构成来看,宙斯、朱庇特、提俄、与

---

① 〔英〕麦克斯·缪勒《比较神话学》,金泽译,上海:上海文艺出版社,1989 年,第 21 页。
② 〔英〕麦克斯·缪勒《宗教学导论》,陈观胜、李培茱译,上海:上海人民出版社,2010 年,第 66 页。
③ 〔英〕麦克斯·缪勒《宗教的起源与发展》,金泽译,陈观胜校,上海:上海人民出版社,2010 年,第 138 页。

《吠陀》中的特尤斯是同根词,而且都是关于太阳和月亮的升起和落下等自然现象的。因此,缪勒提出了一个著名的等式:

$$Dyaus = Zeus = Jupiter = Tyr$$

这就是说,《吠陀》里的梵文"特尤斯必特"就是希腊文的"宙必特"和拉丁文的"朱庇特"。这就是说当这三种语言还没有分开以前,这个词的意思应该是"天父"。缪勒认为这个词不单是词,它是最古老的诗,人类最早的祷告词,或者至少是我们所源出的这支人的最早祷告词,可以肯定,这一祷告词是说出来的,是在梵文和希腊文还未形成之前,为不可知的大神取的名字。① 进而认为,欧洲各国的神话都是从古代的雅利安神话中派生出来的。② 这一结论支持和证明了印欧语系的这种同源关系。

三、雅利安文化的意义

雅利安文化被发现首先在于其文化史的意义。时人希望通过对雅利安文化的研究去还原印欧语系各分支的发展历史。缪勒希望通过比较语言学的研究,准确地描绘出雅利安族在分裂之前的最早的文化。他强调说,如果我们运用已经掌握了的比较语言学所提供的材料,对雅利安民族原始的、未分化的族系的理智状态,就会了解得更加透彻。尽管语言比较的方式无法准确无误地展示古代雅利安文化的全貌,但至少是一种可以尝试的途径。

通过语言词汇的比较,缪勒为我们粗略地描述了古代雅利安人的生活情况。缪勒认为,在古代雅利安文化中,"父亲"一词已经出现了,这表明雅利安人承认妻子的儿女是自己的,只有自己才有权享有父亲的称号。③ 古代雅利安人兄弟姐妹的称谓也相当规范,因此,缪勒认为在那个时代里,兄弟和姐妹之间的关系非常密切,且已被视为是神圣的。在古代雅利安人的家庭中,丈夫在家中的角色或者是君主,或者是强壮的保护

---

① 〔英〕麦克斯·缪勒《宗教学导论》,陈观胜、李培茱译,上海:上海人民出版社,2010年,第66页。
② 〔英〕麦克斯·缪勒《宗教的起源与发展》,金泽译,陈观胜校,上海:上海人民出版社,2010年,第138页。
③ 〔英〕麦克斯·缪勒《比较神话学》,金泽译,上海:上海文艺出版社,1989年,第23—24页。

者,或者是子民的王。由此我们得知早期的雅利安人已经有了稳定的家庭,两性的分工也很明确。①

从信仰上看,雅利安人崇拜自然,因为《梨俱吠陀》中的很多称谓就是自然现象本身,如苏尔耶(太阳)、阿耆尼(火)、伐由或伐多(风)、波(门者)、尼耶(雨云)、摩录多(暴风雨)、提奥(天空)、普利提维(大地)、乌霞(黎明)、罗特利(黑夜)等等。②

在民间建筑方面,缪勒认为,由于希腊语、拉丁语、梵语,以及斯拉夫语、克尔特语和条顿语中都有"房子"一词,由此可知在这几种语言还没有分裂之前,也就是早在雅利安族的远祖阿伽门农和摩奴之前一千年,雅利安人已经不住帐篷,而是住在固定的房屋里了。在梵语和希腊语中都有"城堡"这个词,我们同样可知雅利安人即使没有城镇,也一定有城堡或营地。又如,梵语、拉丁语、条顿语和克尔特语中都有"国王"一词,由此可知雅利安族在上述的史前时期应该有国王治理的政府。③

从工艺方面看,雅利安民族在分化前,就已经掌握了非常重要和有效的金属制品,铁器已被运用于人们的生活。不论防御还是进攻,人们都已认识到金属制品的意义。④ 从某种意义上说,雅利安文化的历史就是印欧语族文化的历史。因此,对雅利安文化的发现和研究对时人来讲意义重大。

四、雅利安文化与神话时代

19世纪的语言学家们认为,没有语言的人类是不存在的,而且,即使是未开化人的语言也有着十分完善的人为语法,他们的词汇中也有着丰富的让任何诗人都感到羡慕的名词。⑤ 在缪勒看来,在语言的最底层蕴含着我们后来称作图形论、万物有灵论、拟人说、神人同形同性论的真正

---

① 〔英〕麦克斯·缪勒《比较神话学》,金泽译,上海:上海文艺出版社,1989年,第40页。
② 季羡林《印度古代文学史》,北京:北京大学出版社,1991年,第8页。
③ 〔英〕麦克斯·缪勒《宗教学导论》,陈观胜、李培茱译,上海:上海人民出版社,2010年,第65页。
④ 〔英〕麦克斯·缪勒《比较神话学》,金泽译,上海:上海文艺出版社,1989年,第50页。
⑤ 〔英〕麦克斯·缪勒《宗教的起源与发展》,金泽译,陈观胜校,上海:上海人民出版社,2010年,第45页。

萌芽。他认为这萌芽是一种必然性,是语言和思维的必然性,而不是后来所表现的自由的、诗情画意的观念之物。① 由于《吠陀》成书于公元前3000年到前2000年之间,被认为是最接近雅利安文化分裂之前的母语的作品,因此,《吠陀》中的语言是我们了解古代雅利安文化的重要材料。

根据当时语言学家们关于语言的形成、词根的组成、语义的分化、语法结构的系统性等方面的研究成果,缪勒认为,从非常之早的时代起,理性思维就存在了。理性思维的存在可以说是语言出现和发展的前提。但是,语言的发展有一个过程,一个由简单到复杂,由偶然、随机到稳定、规范直至完善的发展过程。缪勒将语言的发展分为如下四个阶段:

(一)词的形成期(rhematic period)

在语言发展的这个阶段,一些最必要的观念的表达方式形成了,诸如代词、介词、数词,以及生活中常用的一些简单词汇已经具备了其初级形态。胶着状态的语法也基本出现了,尽管还不是非常规范和稳定,也没有明确的民族特点,而是囊括了图兰语、印欧语、闪米特语等言语方式的"概念"上的语法。这就是说早期的人类已经意识到了语法的必要性,但是还没有能力进行规范。这个时期构成了人类历史的第一步。②

(二)方言期(dialectical period)

缪勒认为,在这个时期的初始阶段,由于政治方面的而非个人方面的决定性的影响,语法中那些不固定的成分变得稳定了,它们不再仅仅是胶着状态的性质,而被看作为一体的。在这个阶段,世界三大语族中至少有两个语族,即闪米特语族和印欧语族,已经脱离了胶着状或称游牧阶段的语法状态,形成了自己独特的语法特征。在这期间,人类逐渐被划分为不同种族和语族的时代。③

---

① 〔英〕麦克斯·缪勒《宗教的起源与发展》,金泽译,陈观胜校,上海:上海人民出版社,2010年,第118页。
② 〔英〕麦克斯·缪勒《比较神话学》,金泽译,上海:上海文艺出版社,1989年,第8—9页。
③ 同上书,第9页。

(三) 神话期(mythic period)

缪勒认为,在人类思维的历史长河中,这个时期或许是最难理解的,而且很有可能动摇我们所特有的关于人类理智发展是否合乎规律的信念。在这个阶段,一方面我们看到的是语言清晰、稳定,一如既往地朝着日趋规范、稳定的方向变化和发展,而这种发展无疑受制于人类从语言出现的早期阶段就已经具备的科学而又理性的思维方式。但是,另一方面,这一时期又是神话出现的黄金时期,这些古代神话,无论是古代希腊、罗马、意大利还是古代印度的神话,其中似乎都充满着太多不合理、不恭敬的成分。① 大多数古代神话,无论就其自身内在的还是其文字的意义而言,都是荒谬可笑、非理性的,而且经常是和思维、宗教、道德的原则背道而驰的。古希腊神话,恰是在其思想、宗教、道德出现之后,才从口传历史的暮色苍茫中走到人们面前来的。那么,是谁发明、创造了这些神话呢?②

(四) 民族语言期

许多民族如印度、波斯、希腊、意大利和日耳曼,都形成了民族语言和民族文学的最初轮廓。③

缪勒认为,未分化的雅利安时期正好处于当时学者们希望找到的"神话时代",因此,缪勒希望通过《吠陀》走进这个所谓的"神话时代",揭开这段历史的面纱。这项研究不仅能使我们了解雅利安民族的历史,更有助于我们了解神话的产生及其发展、演变情况。④

第三节 《吠陀》的语言

未开化的人是否具有理性思维的能力呢? 在缪勒看来,答案是肯定

---

① 〔英〕麦克斯·缪勒《宗教学导论》,陈观胜、李培茱译,上海:上海人民出版社,2010年,第21页。
② 〔英〕麦克斯·缪勒《比较神话学》,金泽译,上海:上海文艺出版社,1989年,第11页。
③ 同上书,第13页。
④ 同上书,第23页。

的。"就我们所能追溯的人类足迹的范围而言,甚至在最低的历史阶段上,我们也看到了健全而适宜的理智,作为一种天赐的礼物,从一开始就属于人了。而那种认为从兽类野蛮行为的深渊中慢慢地产生了人性的观点,再也无法坚持了。"① 语言的形成、词根的组成、语义的逐渐分化、语法结构的日益系统和精湛,这一切成果都在证明人类从很早开始就具有了理性思维的能力。② 缪勒认为,语言产生于行动。古人的某些最简单的行动如打击、摩擦、推动、投掷、编织、测量等,总是伴随着某些不自觉的发音。这些发音最初很不明确,变化多端,但后来逐渐变得越来越明确。③ 这就是说,语言源于人类不自觉的、本能的偶然发音。但是随着古人对语言在表达和交流方面功能的认识越来越明确,人类开始有意识地创造并使用语言。

虽然未开化人具有理性思维的能力,但是在语言发展的初期阶段,语言本身的特点决定了古人独具特色的语言表达方式和特点。缪勒认为,未开化人的语言有着丰富的语言形式,他们有关特定对象的名称极多,如太阳可以有几十种不同的名称,表面看来好像是词汇丰富,但换个角度看则反映出古语缺乏逻辑的和强有力的一般化象征的特点。例如关于某种动物,古代可以有很多词,甚至这种动物的幼年、中年、老年、雌性、雄性的称谓也都各不相同。但是,古语中却很有可能没有"动物"这个词。此外,古代语言往往有许多格,用以表达与对象接近、与对象并行、趋向对象或进入对象,但由于没有宾格,没有役格,这种语言尽管可以称之为丰富,无疑也是贫乏的。

在缪勒看来,尽管早期的语言有这样或那样的缺陷,然而并不影响它们都是抽象思维的杰作,相形之下,有独创性的哲学家有时也写不出能与之媲美的作品。在某些方面,未开化人的方言语法提供了证明,证明这些人以前曾有过比现在高得多的精神文化。④ 如果将语言的产生看成是为

---

① 〔英〕麦克斯·缪勒《比较神话学》,金泽译,上海:上海文艺出版社,1989年,第8页。
② 同上。
③ 〔英〕麦克斯·缪勒《宗教的起源与发展》,金泽译,陈观胜校,上海:上海人民出版社,2010年,第116页。
④ 同上书,第45页。

了配合人的主动性的动作和行为的话,那么早期的语言必定带有主动性、拟人化、多词同义和一词多义以及诗性的特点。

一、主动性

缪勒认为原始语言的任何词根都具有主动形式,例如把事物说成是主格的,人用脚"踢"了石头,可以说成是石头"踢"了脚。人们在说早、晚、冬、春到来之时,如果不使自然带有与人一样的独立性、主动性和性别,是不可能的。语言的这一性质使表现事物某一特征的言语过程成为一种不自觉的艺术创作过程。当雅利安人说"太阳在呼吸"时,他们绝非指太阳是人或者动物,而且还会用肺和嘴呼吸。古代雅利安人既不是偶像崇拜者,也不是诗人。他们说"太阳在呼吸",旨在表达太阳像我们人一样是一种存在,而且是主动的,可以起落、工作和运动。再如,月亮被称作"测量者",甚或称作"木匠",但我们不能因此就认为远古的语言构造者们无法区别人和月亮。原始人的观念当然和我们不同,但我们绝不能因此而认为他们愚笨之极。古人并非不能区别称作测量者的人们和称作测量者的月亮、真正的母亲和称作母亲的河流①,而是语言发展初期这种带有主动性的语言特点决定了他们只能如此描述他们视野中的事物。

二、多词同义(synonymy)和一词多义(homonymy)

古代雅利安语言的另一个特点是多词同义,即同样一个事物,因为形态、属性或古人理解方式的不同而有多个名称。例如:在《吠陀》里,Vi 指"鸟""飞者",也指"箭"。② 大地被称为 Urvi(宽广)、Prithvi(辽阔)、Mahi(伟大)和其他许多名字,有学者搜集到了 21 个曾用于大地的名称,这 21 个词都是同义词。③ 古代雅利安人会以不同的称呼来谈论河流,或者称作"奔跑者",或者称作"喧闹"。如果河流是沿着直线奔流的,就称作"耕者"或"犁"或"箭";如果河流滋润田地,就称之为"母亲";如果河流把一

---

① 〔英〕麦克斯·缪勒《宗教的起源与发展》,金泽译,陈观胜校,上海:上海人民出版社,2010 年,第 118 页。
② 同上书,第 119 页。
③ 〔英〕麦克斯·缪勒《比较神话学》,金泽译,上海:上海文艺出版社,1989 年,第 75 页。

个国家和另一个国家分开,并成为天然屏障,就称作"守卫者"。在所有这些名称中,你会看到河流被理解为人的行为。因为人能够奔跑,所以河流也在奔跑;因为人能够喊叫,所以河流也在吼叫;由于人会犁地,所以河流也耕地;由于人能够警戒,所以河流因而成为卫士。河流最初不被唤作"犁",而是"犁者"。不仅如此,就是犁本身在很长一段时间里也被当作一种动因,而不仅仅是一种工具。犁是分开者、撕裂者,因而经常和拱地的猪、凶残的狼共享一名。① 后来随着语言的发展,大部分名称逐渐变得毫无用处,而且最终在文学语言里大都会被一些固定的名称所取代。缪勒认为,越是古老的语言,在同义词方面越是富有。②

有多词同义,自然就会有一词多义,两者是相辅相成的。前面提到的许多用以表达大地的词汇,同时又具有其他的意义。例如 Urvi(宽广)不仅用作大地的名字,而且也指河流;Prithvi(辽阔)不仅意指大地,而且也指苍天和黎明;Mahi(伟大、强劲)既用于大地,也用于牛和语言。所以,在雅利安语言中,大地、江河、苍天、黎明、牛和语言都变成了同音异义词。然而,缪勒认为,在雅利安时代,所有这些名称应该都是简单和可理解的。③ 多词同义和一词多义只能使雅利安语言的词汇更加丰富,同时也增加了人们对词汇选择和使用的余地,更便于人们表达和理解。在缪勒看来,从共时性的角度看,多词同义和一词多义几乎不会影响当时人们的交流和沟通,而且还是非常有利于语言的发展的。但是,如果从历时性的角度看,问题就来了。在语言的发展过程中,一旦某些词义被固定在某些文字之上,这些文字的其他含义或者其他文字上的类似含义就会逐渐被忘记。它们变成了仅在家庭会话中延续传承的名称;或许祖父和父亲还能够理解,但对儿子来讲,就变得陌生了,到孙子辈时就只是猜测着理解了。④ 这是语言发展过程中不可避免的现象。

---

① 〔英〕麦克斯·缪勒《宗教的起源与发展》,金泽译,陈观胜校,上海:上海人民出版社,2010年,第117页。
② 〔英〕麦克斯·缪勒《比较神话学》,金泽译,上海:上海文艺出版社,1989年,第75页。
③ 同上。
④ 同上。

三、抽象词汇贫乏

雅利安语言的另一个显著特点是具有明显的诗性特点。例如,在我们眼前太阳升起是一种现象,但在他们眼里这却是黑夜生了一个光辉明亮的孩子;而在春天,他们会说太阳(或天)和大地热烈地拥抱在一起,并把巨大的财宝滋润于自然的怀抱之中。① 在缪勒看来,雅利安人的语言之所以具有诗性的特点,主要是因为在语言的初期阶段,语言本身有着许多天生的"缺陷"。

雅利安语言的所谓"缺陷"之一表现在缺乏抽象词汇。前面我们谈到雅利安语言语法形式丰富,名词词汇繁多,但是抽象词汇极度贫乏。我们非常熟悉的抽象名词对雅利安人来说几乎是无法想象的。我们很难想象没有抽象名词的语言是一种什么样的情境,但是,事实是越是回溯语言的历史,这类有用的表达方式的数量也就越少。② 一般说来,在所能涉及的语言范围里,一个抽象名词仅仅是把一个对象抽象为一个概念,但在思想中要把性质的概念作为主体,却是极其困难的事情。缪勒举例说,假如我们说"我爱美德",实际上丝毫不涉及任何有关美德的具体观念,因为美德不是一个实物,它不能独立存在,因此,仅靠它自己不能形成任何我们的大脑可以表达出来的印象。当人们第一次说"我爱美德"时,这句话所表达的原意应该是"凡是有美德的东西我都喜爱"。③

此外,缪勒还提到另外一类词,尽管不能说这类词是抽象的,但就其形式而言,它们不仅非常古老,而且至今依然常见,例如白天和黑夜、春天和冬天、黎明和黄昏等。如果我们说白天或者黑夜,其意义或许指某个季节,或许指某个时间段,或许指某个历史时期。但是时间不是独立存在的事物,它只是一种性质,只是借助于语言而变成一种实体。④ 这个观点同样适用于集合名词,如天、地、山川、河流等。当我们说"大地养育了人"时,并没有特指哪一片土地,而是指作为整体的大地的概念。人们想象不

---

① 〔英〕麦克斯·缪勒《比较神话学》,金泽译,上海:上海文艺出版社,1989年,第68—69页。
② 同上书,第59页。
③ 同上。
④ 同上。

能纳入感官的东西,不论我们把它称作整体、一种能力或是一种观念,在我们的言语中,都无意识地把它变成了某种独立存在的东西。①

四、助动词的实词性

缪勒认为在神话学的语言中,没有纯粹的助动词。古代语言中的助动词像各种实体中的抽象名词一样,在动词中占有同样的位置。它们形成较晚,而且最初全都具有较具体的和较有表现力的性质。这些助动词在变成枯萎的、较少生气的形式——以便适于人们抽象的散文的要求——之前,必定经过一系列的变迁。② 例如,he will go(他将去)中的"will"在现代英语中已经失去了"希望"的本意,只表示"将要"的意思。德语"我应该去"中的"应该"(skal)也是如此。雅格·格林认为,"我应该"的原意为"我已被杀"。因为古代条顿法律中最重要的罪行是过失杀人罪,许多情况下要以赎金来赎罪。因此 skal 的原意是"我有罪"。后来,当这一丰富的表达方式缩略为法律术语时,便有可能产生新的表达方式,如 I have killed a free man, a self, 即"我是个有罪的自由人,一个农奴",至少意为"我是(为杀人而付赎金的)自由人,一个农奴"。格林用此方法解释了较后出现的比较不规则的表达方式,如 he shall pay,即"他是个应付赎金的罪犯"。如此这般的词意变化,无疑显得歪曲和异想天开,但若考虑到日常使用的每个单词,一经分析之后都立即显现出相似的变化和渐进的历史发展,就很合理了。如果我们说"我有义务去"或"我应该赔偿"时,并不记得这些表达方式的本来面目——在那个遥远的时代,人们是被迫而走,受约束而付赎金的。③

以赫西俄德的神话为例,缪勒认为,我们只要用助动词替代了动词,就可把神话的语言变成逻辑的语言。如:

> 赫西俄德把黑夜称作命运之神的母亲、毁灭的母亲、睡眠的母亲和梦之乡的母亲。这位母亲所生的儿女都没有父亲。她还被称为责

---

① 〔英〕麦克斯·缪勒《比较神话学》,金泽译,上海:上海文艺出版社,1989年,第59—60页。
② 同上书,第65页。
③ 同上书,第67—68页。

备之母、苦恼之母、众星之母。众星站在海洋女神的那边,守卫着美丽的金苹果和苹果树。黑夜还生了复仇、欺诈、淫欲以及老年和竞争。

用现代的表达方式置换后,上述神话则变成了下面的内容:

"夜幕降临众星闪烁","我们睡了","我们做梦","我们死了","夜里我们面临危难","每夜的狂欢导致竞争、气愤的争吵和苦恼"。

这样,我们就把赫西俄德的语言翻译成了现代的思想和现代的会话方式。这些都不是神话学意义上的语言。①

另外,古代雅利安语言中,几乎所有的词都必然有其表示性的词尾,那在头脑里也自然会产生性的观念,因而这些词不仅获得个性,而且获得性的特征。早期的语言中没有中性词,中性词是后来的产物。②

任何一种语言形式,在某种程度上可说是人的智力的框架。凡说词汇有性别区分的语言民族,其特点是具有较高的推理观念,因此人的作用往往转化为其他生物的甚至无生命物质的作用,于是出现了拟人化。几乎所有的神话传说都是由此产生的。③

五、比喻用法非常普遍

在我们的谈话里是东方破晓,朝阳升起,而古代的诗人却只能这样想和这样说:"太阳爱着黎明,拥抱着黎明。在我们看来是日落,而在古人看来却是太阳老了,衰竭或死了。"④缪勒举例说,在现代诗歌中我们可以经常看到如下一些诗句:

人类,高兴地看到她自己的衰老有了一个极好的影像,

冬天像一位步履艰难的老人,

拄着拐杖,在阴沉沉的天下行走,

---

① 〔英〕麦克斯·缪勒《比较神话学》,金泽译,上海:上海文艺出版社,1989年,第68—69页。
② 同上书,第60页。
③ 〔英〕麦克斯·缪勒《宗教学导论》,陈观胜、李培茱译,上海:上海人民出版社,2010年,第25页。
④ 〔英〕麦克斯·缪勒《比较神话学》,金泽译,上海:上海文艺出版社,1989年,第68页。

披裹着斗篷,蹒跚踱步,
好像痛苦更扰乱了他的虚弱。
……①

年龄!用春天的鲜花编成你的眉毛,
唤来一长列欢笑的小时,
吩咐他们跳舞、唱歌,
而你,也混进这欢乐的圆圈。②

在读到这些诗句时,我们会从诗歌表达情感的特殊方式和途径上去阅读诗歌,会认为这是诗的语言,带有夸张、比喻和拟人化的成分。但是,有意思的是如果在《吠陀》中读到这些诗句,我们则更愿意将其看成是神话学意义上的语言,认为古人真的会相信冬天是一个穿着斗篷,拄着拐杖,步履艰难的老人。一个很重要的原因是我们不相信古人会有诗人的激情和情怀,不相信古人有思维和思考的能力。③

第四节　语言疾病说

前文我们谈到,缪勒关于印欧语系语言文化研究的一个重要成果就是证明了欧洲三大主神宙斯、朱庇特和提俄与《吠陀》中的特尤斯为同根词,并进而得出他们来源于一个共同的母文化——雅利安文化的结论。在此基础上,我们有理由认为古希腊、罗马和北欧神话必然也与《吠陀》中的神话有着密切的关系。那么,《吠陀》中的神和神话又是怎样的呢?

一、《吠陀》中的神和神话

通过对《吠陀》文本的研究,缪勒发现了一个有趣的现象,即《吠陀》中既不存在现代神话学意义上的各种神,也没有关于神的各种故事。

第一,《吠陀》崇拜的主要客体是"devas",其与拉丁语"deus"同词

---

① 〔英〕麦克斯·缪勒《比较神话学》,金泽译,上海:上海文艺出版社,1989年,第61页。
② 同上书,第62页。
③ 同上书,第63页。

源,出于词根"div",与"光明"及"光辉"联系在一起,因此,雅利安人早期的神灵与古希腊相似,主要与"天空"相联系,如天空之父特尤斯。他们被赋予了人的形象,但同时又具有他们所代表的自然现象的特征。例如太阳神苏利耶尽管有人的形体,但他的手臂却仍然由阳光组成;火神阿耆尼的唇与舌、手与脚也是燃烧着的火焰。《吠陀》中的各种自然神更像是一种自然崇拜,而不是后来人们观念中抽象和概念化的神。①

第二,《吠陀》中所谓的神的称谓极其混乱和随意。一些名称在某些赞美诗篇中被用作普通名词,但是在其他诗篇中却被用作神的名字。例如,在《吠陀》中,太阳有许多名称,包括苏利耶、沙维德利、密多罗、普善、阿底提等。而《吠陀》中的特尤斯有的时候是"天",有的时候是"发光的或照耀的东西",有的时候则是创造者。如《梨俱吠陀》(VI.51.5):"特尤斯,天父!普利西维,慈悲的地母!阿耆尼,火兄弟!伐苏斯,明亮之物!怜悯怜悯我们吧!"《梨俱吠陀》(I.191.6):"特尤斯是你的天父,普利西维是你的地母,苏摩是你的兄弟,阿底提是你的姐妹。"《梨俱吠陀》(IV.1.10):"特尤斯,父亲、创造者。"这说明,在《吠陀》时代,特尤斯的神性并不固定。②

第三,《吠陀》中神的地位也并非始终如一。同一个神,有时表现为至高无上的,有时又是与众神平等的,有时则低于其他神。例如,在《吠陀》里,天和地都是至上神,接受祈祷。据说因陀罗和阿耆尼是他们的儿女。天神和地神创造了世界,保护着世界。但是,在一些诗篇中,又有因陀罗创造并支撑着天和地的说法;有的时候,因陀罗又被说成是特尤斯的儿子。③《梨俱吠陀》(I.131.1):"在因陀罗面前,神圣的特尤斯和伟大的普利西维都鞠躬致意。啊,因陀罗,你震撼了天顶。"④

第四,一般认为,特尤斯是最古老的一个神,不仅是《吠陀》雅利安人的神,而且是整个雅利安族的神,其地位相当于古希腊神话中的宙斯、古

---

① 林太《梨俱吠陀精读》,上海:复旦大学出版社,2008年,第65页。
② 〔英〕麦克斯·缪勒《宗教的起源与发展》,金泽译,陈观胜校,上海:上海人民出版社,2010年,第177页。
③ 同上。
④ 同上书,第178页。

罗马神话中的朱庇特和北欧神话中的提俄。而且，前文我们也提到缪勒曾经论证说宙斯、朱庇特和提俄来自《吠陀》中的特尤斯。但是，出人意料的是在印度的晚期文学中，特尤斯作为神祇却无可稽考，甚至作为阳性名词也是查不出来的。在印度，特尤斯只是一个阴性名词，其意义仅指苍天而已。如何解释出现较早的特尤斯并没有作为神的形象在印度保留下来，反而是其后来的变体如古希腊的宙斯、古罗马的朱庇特和北欧的提俄成为神了呢？这其中到底发生了什么事情，导致早期的非神性名称后来演变为神性名称呢？①

由此缪勒得出结论说，早期的父亲们（Fathers）创造上天诸神以及恶魔或邪恶精灵的说法，其实只是无稽之谈，印度人的神实际上都不曾真正存在过。古人所崇拜的东西只是自然现象的不同名称而已，但是，由于某种原因，这些名称在语言发展的过程中逐渐模糊、人格化并最终被神化。② 这就是说，早期的未开化人并没有明确的神话意义上的神的概念，也没有创造各种神话，神话是后来出现的。

二、神话之谜

神话之所以令人着迷，一个重要的原因是神话从文本上讲是世界性的，世界各地的人虽然有着非常充分的理由来展示他们的不同，但是，在神话学意义上，人类是一致的，因为世界各地的人类毫无例外，都讲着相似的神话。许多神话无论是在印度、波斯、希腊、意大利、斯拉夫的土地上，还是在条顿的土地上，都可以找到，而且，它们无论在形式上还是特性上都是一致的。

一般说来，神话的文本大都荒谬无理。前文我们曾经谈到，无论是印度还是希腊、意大利的神话中似乎都充满着太多不合理、不恭敬的成分。大多数古代神话的内容不仅荒谬可笑，而且还经常和思维、宗教、道德背道而驰。更令人不解的是，神话高度发达的民族不仅包括未开化民族，也

---

① 〔英〕麦克斯·缪勒《宗教的起源与发展》，金泽译，陈观胜校，上海：上海人民出版社，2010年，第176页。
② 〔英〕麦克斯·缪勒《比较神话学》，金泽译，上海：上海文艺出版社，1989年，第80—81页。

包括古希腊等哲学、道德、思想高度发达的民族。很难想象一个思想幼稚的民族会产生像泰勒斯、赫拉克利特和毕达哥拉斯这样的伟人。① 另外，神话当中会有很多残忍的情节。例如克洛诺斯会活生生地吞吃自己的孩子，吞下石头，却吐出他的活生生的子孙来。而在非洲和美洲最低级的部落里，我们却几乎找不到比这更骇人听闻和更令人厌恶的说法。②

关于神话的另一个让人不可思议的地方是，我们可以接受高度理性的希腊人创造了光怪陆离、荒谬残忍甚至伤风败俗的神话，但却无法想象这些神话会在后来的各个时代中依然存留和传播。人类可以说是毫不怀疑地欣然接受了神话中的一切。缪勒认为，"有许多印度土人，虽然他们通晓欧洲的科学，也吸收了各种纯自然神学的原理，然而却对毗湿奴和湿婆的形象顶礼膜拜。人们知道这些雕像只是些石头，也承认自己在感情上厌恶圣典上所说的那些归之于这些神的不道德或不纯洁的品质；不过最为虔诚的婆罗门坚持认为这些传说有着极为深远的意义"③。事实上，这些神话的名称不仅保存下来了，虚构的故事也得以长期流传，而且，它们还满足了一代接一代人宗教的、诗歌的以及道德的需要，尽管奇怪而又不无教益，然而都不成其为真正的难点。④

在缪勒看来，神话的表达方式，即把所有事物人格化、所有关系拟人化的行为十分独特，完全是原始语言的必然产物。语言是思想的载体，没有语言就无法思想，没有思想人类也就无需创造和发明语言。神话和语言互为因果，神话需要借助于语言来展示，同时古代语言的特点和形态也只能通过神话来保存。因此，在缪勒看来，神话是人们研究古代语言和思想的重要材料。神话的表达方式和思想观念都受未开化人说话方式的制约，因此，如果不研究未开化时期的语言特点，我们就无法正确地理解神话。缪勒坚信成长的人类文明史中有一个性质截然不同的"神话时代"，正是这个时代造就了神话。

前文我们已经详细讨论了雅利安语言的"主动性""拟人化""比喻说

---

① 〔英〕麦克斯·缪勒《比较神话学》，金泽译，上海：上海文艺出版社，1989年，第11页。
② 同上书，第13页。
③ 同上书，第14页。
④ 同上书，第16页。

法""一词多义"和"多词同义"等特点,也发现了随着时代的发展以及语言的分化、变化和逐渐成熟,早期语言中的一些词汇失去了其原有的意义并由此造成后人阅读和理解上的障碍。在缪勒看来,正是这种阅读和理解上的障碍为后来神话的发生和发展提供了空间和可能性。由此,缪勒将神话看成是语言的疾病(the disease of language)。

三、语言疾病说

缪勒将语言称作诗歌的化石,认为正像一位艺术家不知道他正在抚摸的陶片的意义在于其包含着人类生活的遗迹,当人们称某人为父亲时,也不知道正把他称作保护者。对缪勒来讲,词本身的故事就是个神话。由于词的原生意义的丢失,使得我们在面对这些词时,无法感知其在未开化时期的原有含义。

(一)词汇的误用和误解

缪勒认为,在神话时代,每个词,无论是名词还是动词,都有其充分的原生功用,都是笨重的和复杂的,它们的内涵非常丰富,远远超出它们所应说的东西,因此,才会给后人创造神话提供了条件。按照缪勒的看法,神话产生的一个主要原因是由于后人把前人遗留下来的名词相混并误用。如"宙斯"本义是"天",相当于梵文中的"特尤斯",假如古时候有人说"天降雨",亦即"宙斯降雨",在后人将宙斯神化的同时,关于宙斯的神话也就这样产生了。

在研究《创世记》中"上帝创造了亚当,并用亚当的肋骨造出了夏娃"这则神话时,缪勒认为,"每个研究古代语言的人都立即看出决不可按字面的意义来理解这段话"①。因为首先,在《创世记》中,还有一段上帝造人的神话:"上帝就照着自己的形象造人,乃是照着他的形象造男造女。上帝就赐福给他们。又对他们说,要生养众多,遍满地面,治理这地。"那么,如何理解上帝又用亚当"肋骨"造夏娃的情节呢?

---

① 〔英〕麦克斯·缪勒《宗教学导论》,陈观胜、李培茱译,上海:上海人民出版社,2010年,第21页。

缪勒认为,凡是熟悉古代希伯来语特点的人,都能立即看出这种传说的意图。因为当我们用现代语言说某个东西与另一个完全一样时,希伯来人说是某物的骨头,阿拉伯人则说是某物的眼睛。这是闪语的习惯用法。由此我们可以如此解释这则神话,即亚当跟夏娃说:"你跟我是一样的。"但这一思想用希伯来语表述则成了"你是我的骨中的骨,肉中的肉"。缪勒认为,由于后面几代人不断重复这句话,一个具有某种喻义的习惯用法逐渐失去了其喻义,人们开始从字面上理解和接受这句话,并使自己相信第一个女人是用男人的一根骨头造成的,并且是一根肋骨,理由很简单,可能是少了一根肋骨关系不大,少了别的骨头则不行。这样的误解一经成立,由于它很怪,就站稳了脚跟,因为人们从太古起就爱好无法了解的事物,这种爱好在古代民族中是能破坏人们对简单的、自然的和健康的事物的鉴赏力的。①

(二)词义的转换

缪勒认为,在语言的发展过程中,一些词汇的语源真义被忘却之后,经常是一种新义应运而生,这是一种在现代语言里依然存在的语源学本能。② 前文我们谈到,语言的早期有多词同义和一词多义的现象,因此会出现一个事物有两个甚至多个名称的情况。但是,随着语言的逐渐成熟,事物的名称常常会固定在一个或几个词汇上,这就使得一些词汇原有的意义消失了,造成词义消失而词汇本身还在的情况。后人在阅读古代诗歌时,在无法理解词汇原有意义的情况下,通常会根据自己的理解赋予这些词汇以新的意义,从而造成神话的出现。

古语中一个事物有两个名称的情况非常常见,但是在传承的过程中,由于词义的丢失,使得两个同义词被赋予了不同的意义。例如,古代太阳、月亮等事物的两个同义词后来有可能或者被描绘为兄弟姐妹,或者被说成父母儿女,所以我们看到 Selene(月亮)和 Mene(月亮)并肩而立、

---

① 〔英〕麦克斯·缪勒《宗教学导论》,陈观胜、李培茱译,上海:上海人民出版社,2010年,第22页。
② 〔英〕麦克斯·缪勒《比较神话学》,金泽译,上海:上海文艺出版社,1989年,第76页。

Helios(太阳神)和 Phoebos(太阳神)共存于世的情况。在大多数希腊英雄的身上,我们可以发现希腊诸神的人化形式,在许多例证中,他们具有的名字都是其神圣原型的称号而已。尽管同一个词经常用于不同的对象,但更经常发生的情况是形容词在用于某种对象时,和某个名词联在一起。那些曾用于海的词也用于苍天,太阳一旦被唤作狮子或狼,便被赋予利爪和鬃毛,而其原有的动物隐喻则被忘记了。太阳神因其有金色的光芒而被说成"有金手",于是手也用和光芒同样的词来表达。但当同样的称号用于阿波罗或因陀罗时,神话就产生了。正像我们在德语和梵语神话中发现的那样,神话告诉我们因陀罗失去了他的手而换上了金手。[①]

(三)思想与思维方式的错位

古代的词和古代的思想是互为表里的。当语言还没有发展到拥有足够多的一般化和概念化的词汇时,古代语言中无论是自然的还是超自然的力量,均具有人的形式。我们说受到内在的或外在的诱惑,古人则愿意说是诱惑者,它具有人或某种动物的形状。我们说上帝随时给予我们帮助,他们则称主为磐石、堡垒、盾、高塔,甚至说神是"生他们的磐石"。如果我们执着地只从外表的、物质的方面来理解古人所说的话,而忘记了语言在具体事物和抽象事物之间、在纯精神概念和粗俗物质之间作出区分,而仅从字、词的意义上来理解古人的话,那么就会出现理解错误,而且必然会理解错误。[②] 缪勒认为这是我们的错误,而不是古人的。我们的错误在于总是用现代语言去解释古代语言,用现代思想去解释古代思想。

加德纳(Gardiner)在他的《1835 年赴祖鲁人地区纪实》一书中记载曾问起当地人他们的父亲是谁,当地人回答说他们是"从一根芦苇上长出来的",或者说是"从芦苇丛中来的"。一些学者接受了当地人的这种说法,认为他们真的相信自己是芦苇的后代。但是缪勒认为,祖鲁人起初可能说过这样的话,但是祖鲁人的芦苇,即乌瑟兰加,严格说来是一根能长

---

① 〔英〕麦克斯·缪勒《比较神话学》,金泽译,上海:上海文艺出版社,1989 年,第76—77 页。
② 〔英〕麦克斯·缪勒《宗教学导论》,陈观胜、李培茱译,上海:上海人民出版社,2010 年,第20—21 页。

出分枝的芦苇,用于比喻来表示人的来源。父亲是他子女的乌瑟兰加,这种说法的原意决不是要告诉人们人真是从芦苇里长出来的。乌瑟兰加的意义跟梵文中的 vamsa 相同,他们要表达的意思不过是说他们都是一个祖先的子孙,同一个种族的成员。"乌瑟兰加"一词后来表示种族,由于它还保留了原有的意义,即芦苇,于是不习惯隐喻语言和思想的人,就会认为人是从芦苇来的,或者是从芦苇取来的;还有一些人则把乌瑟兰加当作专名,认为它是人类的祖先。①

(四)隐喻的丢失

语言的隐喻性特点是神话发生的基础之一。缪勒认为,古代人关于无限的隐喻和象征只能取自那些在已知的世界里看上去威严雄伟的东西,如各种天体,或者不如说是这些东西的属性。但是,这些属性因而失去了其原初的隐喻感,并通过逐渐被人格化为神祇而凭借自身的素质获得了自主性。因此,神话产生了。

塞勒涅和恩底弥翁的神话是一则非常有名的希腊神话,讲的是月亮女神塞勒涅一天晚上在山野中游逛时,发现了正在野外酣睡的年轻俊美的牧羊人恩底弥翁,无法自拔地爱上了这个俊美的年轻人,所以每天晚上都要去看他。塞勒涅非常喜欢恩底弥翁在月光下酣睡的样子,因此希望他永远不要醒来。后来塞勒涅向宙斯求救,宙斯答应帮忙,将恩底弥翁放进一个山洞里,他再也没有醒过来。塞勒涅和恩底弥翁后来生了 50 个孩子。

缪勒考证说,塞勒涅(Selene)原意指的是月亮,古代众多月亮词汇中的一个。恩底弥翁(Endymion)这个词是"落日"的意思,喻义是恩底弥翁的生命只有一个白天,当其生命完结之后便进入永久的安睡,他是一轮落日。从古语原意上看,人们说"塞勒涅拥抱着恩底弥翁"的意思应该指的是"日落月升","塞勒涅亲吻着进入梦乡的恩底弥翁"应该是"现在是夜晚"。但是后来,随着语言的发展,太阳、月亮有了相对固定的词,塞勒涅

---

① 〔英〕麦克斯·缪勒《宗教学导论》,陈观胜、李培茱译,上海:上海人民出版社,2010 年,第 27—28 页。

和恩底弥翁两个词汇的本义被遗忘了,只留下了"塞勒涅拥抱着恩底弥翁"的语句。为了使这个语句仍然有意义,人们便对这句话进行了神话式的解读,塞勒涅和恩底弥翁就变成了神话中的两位神。①

这些表达方式在其意义已不再为人们理解之后还保留了很久。由于人类思维对于原因的思虑和对于原因的发明是同样迫切的,所以不需要什么个人努力,而靠一致的赞许,便产生了这样一个故事:恩底弥翁必定是个曾被少女塞勒涅热恋的青年美男子。假如孩子们想要了解更多的东西,总是有位老奶奶高兴地告诉他们更多细节,如恩底弥翁是黎明之神的儿子等等。假如这些理由中的某一个被一位众所周知的诗人引用了,它就会变成一个神话,并被后来的诗人反复咏诵。最后,恩底弥翁几乎变成了一种象征,不是落日的象征,而是被一个纯洁少女热恋的英俊小伙子的象征,于是成了青年王子最喜爱的名字。由此看来,神话是没有历史证据的。②

这就是一个传说的成长史:最初只是一个词,或许只是某些流行的词中的一个,并且在流传到遥远的地方后,失去其本来的意义,成为对日常思想交流毫无用处的词,成为众人手中的伪币,但不仅未被抛弃,反而作为古玩珍品的装饰品保存下来了,几个世纪以后,又被古文物研究者辨认出来了。③

第五节　神话

缪勒通过语言比较的方式解读了许多古希腊神话。他认为,以古希腊神话为例,如果只就古希腊语言本身,人们是无法破解神话的内容和来历的,因为希腊语汇在希腊语内部找不到答案,而且如果不涉及梵语和其他同语系的方言,它们对语言学家来说,就永远只能是具有传说意义的声音而已。希腊神话中的一些神或英雄的名字,从希腊语的观点来看,也是

---

① 〔英〕麦克斯·缪勒《比较神话学》,金泽译,上海:上海文艺出版社,1989年,第84—85页。
② 同上书,第85页。
③ 同上书,第86页。

不可理解的,除非把它们和印度、波斯、意大利或德国所找到的同时代证据相比较,否则不可能揭示它们的原始特征。① 在这一节我们将以古希腊达佛涅神话和古印度优哩婆湿神话为例来看一下缪勒比较神话学的研究思路和具体方法。

缪勒的研究重点主要集中在古希腊与太阳、黎明等自然现象有关的神话,之所以如此,首先是因为《吠陀》中有着大量涉及太阳和黎明的诗句。例如:

> 灿烂的太阳从空中升起,
> 在漫长的途中放射光波。
> 现在,众生被太阳唤醒,
> 朝着目标,从事工作。(Ⅶ.63.4)

《梨俱吠陀》中有二十多首关于黎明的诗,在吠陀诗人的眼中,黎明是最优美的自然景象。例如:

> 仿佛自恃体态娇美的欲女,
> 亭亭玉立,盼望我们看见,
> 这天国的女儿,驱散黑暗,
> 带着光明,来到我们面前。(Ⅴ.80.5)

> 你是我们眼中的吉祥女,
> 你光芒远射,照彻天空,
> 辉煌灿烂的朝霞女神啊,
> 你袒露胸脯,大放光明。(Ⅵ.64.2)②

在缪勒看来,黎明是雅利安神话真正的和最丰富的源泉之一,其他层次的神话,包括冬天和夏天的斗争、春回大地、自然的复苏等,在大多数语言里,都不过是讲述日夜冲突、黎明的返回,以及整个世界复苏的更古老故事的折射和扩展。另外,那些关于太阳英雄穿云破雾与黑暗搏斗的故

---

① 〔英〕麦克斯·缪勒《比较神话学》,金泽译,上海:上海文艺出版社,1989年,第94页。
② 季羡林《印度古代文学史》,北京:北京大学出版社,1991年,第10页。

事,也都来自同一源泉。①

其次,缪勒认为,在自然界里,没有什么景象比黎明更振奋人心了。哲学一直教导说"无动于衷"是最高的智慧。然而在古代,光明的力量却是自然赋予人类的最伟大的恩赐。光明给人类带来勇气,是人类的依靠,没有什么比失去光明更让人恐惧了。

一、达佛涅神话的起源

在古希腊神话中,达佛涅神话有很多文本,主要情节如下:

> 太阳神阿波罗用弓箭射杀了巨蛇(Python)后,看到了同样手持弓箭的小爱神厄洛斯,忍不住嘲笑了他。受辱的厄洛斯非常愤怒,他向阿波罗射出了一支金箭,使他对达佛涅一见钟情。然后,又向达佛涅射出了一支铅箭,这样,达佛涅便会拒绝所有的爱情。阿波罗疯狂地追逐达佛涅,就在他将要抓住达佛涅的瞬间,达佛涅喊道:"大地母亲,救救我!"话一出口,她的两条腿突然不能挪动了,长出了树根,身上出现了一层灰色的树皮,头发变成了树叶,双臂变成了树枝。达佛涅变成了月桂树,阿波罗伸出的手只抓到了月桂树树干。阿波罗后来视月桂树为圣树。

缪勒对这则神话进行了如下分析:Ahan 在梵语里是天的名字,据说代表 dahan。在梵语里,词根 dah 意为燃烧,从这个词根出发,可以按照与 dyu(白天)相同的方式,构成"白天"的名称(dyu = 明亮——dyu = 白天)。根据格林律的法则,尽管梵语中的 daha 在哥特语中表现为 taga,而不是 daga,然而在一些学者看来,daga 和 daha,从某种意义上说,在起源上是一致的,意为"白天",也可以是"黎明"。在德语里,tagt 是"早晨(黎明)",在古英语中,dawe 是白天,而盎格鲁—萨克逊语则称白天为 dagian。由此缪勒得出:Ahana 是《吠陀》中黎明的诸多名称之一,它在《吠陀》中只出现了一次(《梨俱吠陀》I.123.4):"Ahana(黎明)来到千家万户,使人们知道每天的到来;Dyotana(黎明)活跃的少女,永远回来——她总是享有一

---

① 〔英〕麦克斯·缪勒《比较神话学》,金泽译,上海:上海文艺出版社,1989年,第97页。

切善美之中最好的东西。"①

前文缪勒已经谈到,古代雅利安人的语言具有主动性、拟人化和诗性的色彩,因此,在古老的雅利安神话语言里,他们会用"黎明死在太阳的拥抱中",或"黎明在太阳面前飞舞",或"太阳破碎了黎明的车驾",来表达"太阳升起,黎明逝去"的自然现象。例如,《梨俱吠陀》IV.30 中,庆贺因陀罗(《吠陀》中主要的太阳神)业绩的赞美诗有下面的诗句:

> 因陀罗啊! 你强壮的、雄赳赳的行为,
> 打击了女人们难以征服的特尤斯的女儿(黎明)。
> 啊,无论特尤斯的女儿多么强大,
> 你,伟大的英雄因陀罗,都把她磨成碎片
> 黎明从因陀罗撕碎的车驾里慌忙逃走,公牛会撞击她的。
> 她的车驾被撕磨成碎片,散落在那里,她逃之夭夭。②

《梨俱吠陀》I.115.2 中说"太阳在她身后追求她,就像一个男人追求一个女人一样","她——黎明,她的马车由白马驾驶——在狂欢中,被两个 Asvins(双马童)弄走了"——就像琉喀帕德斯被狄俄斯库里兄弟抢走一样。

如果我们把 Dahana 转换或直译成希腊语,Dahana(达佛涅)就站到了我们的面前,而且她的整个历史也都迎刃而解了。达佛涅是"年轻的、美丽的——阿波罗爱着她——她在他面前飞舞,当他用明亮的光芒拥抱她时,她却死了"。或者,像《吠陀》(X.89)中另一位诗人所描绘的:"黎明来到他的身边,当他开始呼吸时,她便很快死去了——非凡的他照耀着天空。"缪勒认为,只要人们用古代诗人的眼去观看、用古代诗人的心去感受大自然,就可看到达佛涅和阿波罗——黎明在天空中奔跑和摇摆,当明亮的太阳突然出现时,她便逐渐消逝了。达佛涅变形而成为月桂树,这是在希腊成长起来的原有神话的独特发展。在希腊,达佛涅不再意指黎明,而变成了月桂的名字。③

缪勒认为,没有《吠陀》为助,达佛涅的名字及其有关的传说就永远

---

① 〔英〕麦克斯·缪勒《比较神话学》,金泽译,上海:上海文艺出版社,1989 年,第 94—95 页。
② 同上书,第 95 页。
③ 同上书,第 96 页。

是个不解之谜,因为后来的梵语也没有为这个名字提供答案。这也表明《吠陀》对比较神话学之目标的价值所在,这门科学,若离开《吠陀》,就只能是猜测性的工作,既没有固定的原则,也没有可靠的基础。①

二、优哩婆湿神话的创造

(一)早期文本

首先,在优哩婆湿故事的各种版本中,最古老的是《梨俱吠陀》(X.95)中的片段,其中只有优哩婆湿和补卢罗婆娑的对话是用诗体写成的:

> 哎呀,老婆呀,
> 回心转意吧,
> 可怕的人呀!
> 让我们谈一谈吧。(X.95.2)

《梨俱吠陀》中,优哩婆湿回答道:

> 啊,补卢罗婆娑呀!
> 回到你的命运那里去吧,
> 我是跟风一样难以捕捉的。(X.95.3)

这就是说,一个被后世广为传颂的爱情故事,在早期的《梨俱吠陀》中只是几句对话而已,很难想象,如果没有后人的解释,人们该如何理解这些对话。

(二)中期文本

《梨俱吠陀》之后的《百段梵书》给出了一个十分完整的优哩婆湿故事,情节如下:

> 优哩婆湿是一位仙女,她爱上了伊罗的儿子补卢罗婆娑。他们结婚的时候,她对他说:"你一天可以拥抱我三次,可是,不要勉强和

---

① 〔英〕麦克斯·缪勒《比较神话学》,金泽译,上海:上海文艺出版社,1989年,第97页。

我躺在一起,不要让我看到你的裸体,因为这样对我们不礼貌。"他们同居了很久,优哩婆湿怀孕了。后来,乾闼婆①们不高兴了,他们想出了一条让优哩婆湿回来的方法。优哩婆湿的床头上拴着一只母羊和两只羊羔。乾闼婆偷走了一只羊羔。优哩婆湿大惊失色,喊道:"有人偷走了我的羊羔,好像我这里没有英雄好汉似的。"后来,乾闼婆们又偷走了第二只羊羔。优哩婆湿又喊道:"有人偷走了我的羊羔,好像我这里没有英雄好汉似的。"补卢罗婆娑心里想,"我在这里,怎么能说这里没有英雄好汉呢?"因此,他赤裸着身体跳了起来,在他看来,穿衣服已经来不及了。这时,乾闼婆们放出一缕光芒,优哩婆湿在日光下看到了自己赤裸的丈夫。于是她消失了,只说了一句话,"我回去了",然后就走了。补卢罗婆娑走遍了俱卢国,到处寻找优哩婆湿的踪迹。最后,他来到了一个荷花池边,池中一些幻化成天鹅的仙女们正在戏耍。优哩婆湿看到了补卢罗婆娑,说道:"这就是和我长期生活的那个男人。"她的朋友说:"让我们显形于他吧。"她同意了,于是,她们在他面前出现。补卢罗婆娑认出了优哩婆湿,便用前面提到的《梨俱吠陀》中的诗句(X.95.1,2,14,15,16)相互对话。最后,优哩婆湿心软了,可怜起他来,对他说道:"在一年最后的那个夜里,你到这里来,可以同我睡一夜觉,你的儿子也会生出来了。"补卢罗婆娑按时来到了约好的地方,在那里,他看见了一座金宫,便走了进去。优哩婆湿对他说:"明天早上,乾闼婆要施恩于你,你可以挑选一个东西。"补卢罗婆娑说:"你就是我要的东西。"优哩婆湿回答说:"你去跟他们说,让我成为你的一部分。"第二天早上,补卢罗婆娑见到了乾闼婆,乾闼婆让他选择一个东西。激动的补卢罗婆娑脱口而出:"让我成为你的一部分。"乾闼婆说:"好吧,你还不曾掌握那种圣火,有了圣火,你就可以献祭,也就可以成为我们的同类了。"于是,乾闼婆向补卢罗婆娑传授了取火献祭的秘密。补卢罗

---

① 印度神话中的天神。

婆娑照办了,最终变成了乾闼婆。①

在《百段梵书》中,《梨俱吠陀》中的几句对话被演绎为一个情节丰富的故事。这就是说,后人根据自己的理解和想象添加了必要的人物以及人物之间的冲突。但是无论如何,在《百段梵书》阶段,这也只是一个故事而已,而且《百段梵书》讲这个故事是为了表明专门仪式的重要性,认为这种靠摩擦生火的仪式是补卢罗婆娑从乾闼婆那里获得的不朽的取火献祭仪式。

(三)近代文本

在《百段梵书》之后,史诗《摩诃婆罗多》和许多《往事书》中也都有这个故事,而且,与《百段梵书》中的故事相比,情节更加丰富。后来,故事到了迦梨陀娑手里,还被改编成了五幕戏剧。从相当零散的、结构极其松散的诗句,发展到五幕戏剧,正是在后人丰富想象的基础上,优哩婆湿的故事被固定下来,成为一个家喻户晓的神话。

缪勒认为,尽管优哩婆湿神话是在后人不断的解释和演绎的过程中逐渐完善的,但是,人们的这种解释和演绎并非毫无根据和原则。根据对"优哩婆湿"一词的词源、词根、词缀、词尾的一系列考证,缪勒认为,优哩婆湿最初只是一个名称,其意为黎明。根据该词的词性,人们很容易将其解释为"黎明女神"。

缪勒又查找了"优哩婆湿"在《吠陀》的其他诗篇中出现时的语义,如"充满生气""具有强烈的光芒",这些似乎都在表明其语义为"黎明的光辉出现了"。《梨俱吠陀》中的那两组对话也可以证明优哩婆湿和补卢罗婆娑所谓的相爱神话实际上就是诗人眼中的"太阳和黎明"。补卢罗婆娑原本就是"太阳"的专有名词,意为"赋予强烈的光芒",具有艳丽而引人注目的红色色彩。所以,诗句很可能是在描述"太阳出来了,它的光芒驱散了黎明",或者是"太阳追赶黎明,黎明逃跑了,以躲避太阳的追赶"。

缪勒又例举了许多诗文来证明自己的分析,例如,在一些诗篇中,优

---

① 〔英〕麦克斯·缪勒《比较神话学》,金泽译,上海:上海文艺出版社,1989年,第104—106页。另参考季羡林《优哩婆湿》,北京:人民文学出版社,1962年,第106—108页。

哩婆湿自言自语地说:

  噢! 黎明!
  当你和他结婚共居时,
  你到他的住所去,
  白天黑夜被他拥抱。

然后,她告诉补卢罗婆娑说他是被神创造出来的,以便阻断黑暗的力量,而这都是归于因陀罗和其他太阳神的任务。甚至优哩婆湿同伴的名字也意为黎明,例如,补卢罗婆娑说:"当我这个凡夫俗子伸开双臂环抱这些轻飘飘的仙女时,她们就像受惊的母鹿和不服驾驭的马一样,颤抖着从我这里跑开了。"没有哪一位女神像黎明这样如此频繁地被称作男人的朋友。"她走遍千家万户","她留恋每个男子","她不卑不亢","她带来财富","她总是如此,不朽和神圣","她永远不老","她是年轻的女神,但却会使男人变老",因此,补卢罗婆娑称优哩婆湿是"凡夫俗子中的不朽者",在最后的诗文里,他对他的爱人讲了如下的话:

  我,最明亮的太阳,把优哩婆湿迷住了,
  她充满了空气(和光),她弥漫天际。
  你的祈祷会深深赐福于你!
  回来吧,我的心在燃烧。

  缪勒认为,古代诗歌只是古代语言的模糊的回音。人们必须明确地承认,甚至在《吠陀》里,诗人对优哩婆湿和补卢罗婆娑的原意,同荷马对提托诺斯乃至厄伐斯的原意一样毫无所知。对他们来说,这些人物是英雄,是一种模糊不定的东西,既不是人,也不是神。但是对我们来说,这些人物尽管与我们相距甚远,但却显示出自己的真实意义。[1]

  在缪勒看来,诗歌是诗人的创作,表达的是诗人的情感。缪勒甚至为我们勾勒了古代诗人的创作情境:如果古代诗人的痛苦异常深刻而神圣,这种情感远远超过了其他的苦难心境,那么这位古代诗人的心就和大自然的心融为一体,在大自然的沉默痛苦中,他看到自己所感受到的和在内

---

[1]〔英〕麦克斯·缪勒《比较神话学》,金泽译,上海:上海文艺出版社,1989年,第107页。

心遭受过的,有着崇高的相似性。在夜幕降临、日光消退之际,诗人想到自己的光再也不会亮起来了。当他看到太阳亲吻着黎明,也幻想着白天和欢乐会永远持续下去。而当黎明忧虑,变得暗淡而离去时,当太阳看来在到处寻找她,由于看不到她而用非常明亮的眼睛到处搜寻她时,想象也在诗人的脑海里油然而生。当他用有韵律的语言讲述太阳的悲欢离合时,他会想起自己的命运,而这应该就是诗歌的起源。①

---

① 〔英〕麦克斯·缪勒《比较神话学》,金泽译,上海:上海文艺出版社,1989年,第108—109页。

第二章
神话—仪式学派

作为起源研究的一个重要流派,神话—仪式学派产生于 19 世纪后期,主要代表人物包括弗雷泽、哈里森、胡克、拉格伦等。在进化论思想的影响下,神话—仪式学者对神话的起源,尤其是神话与仪式的关系感兴趣。他们认为,在古代人的生活中,神话本身不能独立存在,而是与仪式结合在一起的。神话与仪式的关系是互为本体,没有仪式就没有神话,没有神话也就无所谓仪式。随着社会的发展,仪式与神话分离,各自沿着自己的方向发展。但是,无论如何变化,神话和仪式还是有着很多相似的地方,神话的解读必将其放置在仪式当中,反过来仪式的解读也是如此。

第一节 罗伯逊·史密斯与爱德华·泰勒

一、罗伯逊·史密斯

神话—仪式理论的开创者是苏格兰考古、《旧约圣经》和阿拉伯文化专家威廉·罗伯逊·史密斯(William Robertson Smith, 1846—1894)。史密斯在《闪米特宗教演讲录》(*Lectures on the Religion of the Semites*)中提出,对于现代宗教来说,信仰是至关重要的,而对古代宗教则不然,因为在古代宗教中,至关重要的不是信仰,而是仪式。[1]

---

[1] R. A. Segal ed., *The Myth and Ritual Theory*, Malden: Blackwell Publishers, 1998, p.1.

(一)神话是仪式的理由

史密斯认为,在古代社会,行为先于观念,人们总是先有行为,然后才给自己的行为寻找一个理由。宗教产生之前,仪式行为在人们的生活中占有重要地位。但是,没有人会无缘无故地参加或举行一些活动,因此,人们开始为自己的仪式行为寻找各种各样的理由和借口。在古人看来,理由不重要,重要的是仪式行为,因此,人们会不断地调整和改变举行仪式的理由。在史密斯看来,人们为仪式行为寻找的各种理由就是我们现在所谓的神话、故事和传说等民俗事项。① 在古人的世界里,神话本身是"次要的",但是仪式是强制性的。神话是可选择、可更改的,但是仪式一旦确立,任何神话都必须与之相合。甚至可以说,神话是在最初赋予仪式的非神话原因被遗忘之后,才得以产生的。②

(二)仪式是神话的基础

史密斯是第一位将神话和仪式联系在一起的学者,他认为,早期人类不会因为神话、故事和传说而举行或参与某些仪式,这就是说,神话、故事和传说并不具有某种神圣性,也不是一种文化力量。人们通常只是习惯性地严格按照仪式的程序举行和参与仪式活动。只有当人们出于某种原因,一定要了解仪式的来历时,或者仪式渐趋消亡时,神话和故事才会被讲述,而且因为讲述者和讲述时间的不同,神话和故事的文本可能是多种多样的,这也是为什么神话、故事的文本极其不固定,存在多种异文。在史密斯看来,尽管神话必须放置在仪式当中,但绝不是说神话和仪式就是同等重要的。如果没有神话,仪式是不是会存在我们不清楚,但是,可以肯定的是,如果没有仪式,肯定就没有神话。③

---

① R. A. Segal ed., *The Myth and Ritual Theory*, Malden: Blackwell Publishers, 1998, pp.1-2.
② 〔英〕罗伯特·A. 西格尔《神话理论》,刘象愚译,北京:外语教学与研究出版社,2008年,第229页。
③ R. A. Segal ed., *The Myth and Ritual Theory*, Malden: Blackwell Publishers, 1998, pp.1-2.

(三) 神话与仪式

史密斯将宗教的发展概括为五个阶段:其一是仪式阶段,在这个阶段,仪式单独存在,神话和故事偶尔出现,但并不重要。其二是神话阶段,人们用神话和故事来解释仪式。随着仪式的逐渐消亡,用来解释仪式来历的神话和故事的地位越来越重要。其三,神话和故事与仪式分离,成为哲学、诗歌的素材。其四,神话成为一种重要的文化力量,被用来宣讲教义、书写历史、捍卫传统和保卫宗教。最后,神话被完全神圣化,成为历史和教义。[①]

(四) 阿多尼斯神话

阿多尼斯神话的主要情节如下:阿多尼斯非常英俊,在他还是婴儿的时候,女神阿芙洛狄特把他藏在盒子里,交托冥后珀耳塞福涅抚养。珀耳塞福涅揭开盒子,看到婴儿如此美貌,便不肯还给阿芙洛狄特。于是阿芙洛狄特来到阴间,要求冥后把阿多尼斯还给自己。两位女神争执不下,最后由宙斯出面调解。宙斯判决阿多尼斯每年的一半时间在阴间跟珀耳塞福涅同住,另一半时间跟阿芙洛狄特住在阳间。后来阿多尼斯被野猪咬死了,阿芙洛狄特非常悲伤。[②]

阿多尼斯是一个闪米特神,因此,史密斯在他的《演讲录》中谈到了阿多尼斯。史密斯的一个总的观点是古代宗教没有"罪"的意识,因此献祭仪式的主要目的并非在于忏悔。史密斯从非道德的、神话的角度解释了为死亡的阿多尼斯所作的仪式性"恸哭与哀悼",并将之与较晚产生的"耶稣基督是为人类的罪而死的基督教观念"加以对照:

> 对于一年一度的仪式的解释,如果除了某个神死而复生的故事之外,还提供了其他更多的描述(譬如阿多尼斯神话),那么这些额外的解释应是来源于自然界万物的枯朽与再生。阿多尼斯,又称化

[①] R. A. Segal ed., *The Myth and Ritual Theory*, Malden: Blackwell Publishers, 1998, pp.1-4.
[②] 〔英〕J. G. 弗雷泽《金枝:巫术与宗教之研究》,汪培基、徐育新、张泽石译,北京:商务印书馆,2012年,第523—524页。

育之神,被其膜拜者看作是自然界万物生长与丰产的本源。他的死亡因此意味着自然界生命的暂时中断……膜拜者对这一自然界生命死亡的哀悼乃是出于一种自然而然的感同身受,并不包含着任何道德观念,正如现代人看到秋天树叶凋零时心生感伤一样。①

换句话说,最初存在的只是对阿多尼斯神的献祭仪式,以及施行这一仪式的不知什么非神话的原因。这个仪式不仅包含了献祭的杀戮,还包含了对阿多尼斯的哀悼,以及对他死而复生的期盼。一旦实施这一仪式的原因被遗忘,阿多尼斯作为植物之神死而复生的神话就被创造出来,以此对原先的仪式作出解释。② 史密斯认为,神话和仪式的关系是:神话是对仪式本身的解释。

二、泰勒的神话—仪式观

爱德华·泰勒(Edward. B. Tylor,1832—1917)是英国著名的人类学家,被称为人类学之父。1871 年,泰勒《原始文化》的出版标志着人类学的诞生。

(一)神话与仪式

泰勒认为神话是古人的一种陈述,是古人对物质世界的一种解释,而非对仪式的解释,因此,神话独立于仪式之外发挥作用。在泰勒看来,神话是一种口头讲述,而仪式则属于古人的一种行为活动,是古人用来掌控世界的一种手段,因此,二者是两种不同的文化现象。

(二)神话与信仰

作为一种陈述,神话的内容等同于信条,只能以文本内容的形式呈现,而非以行为的方式呈现,因此,作为古人认识世界、理解世界的一种方式,神话的功能是解释世界,而这种解释本身就是目的。在泰勒看来,神

---

① 史密斯《闪米特宗教演讲录》,第 392 页,转引自〔英〕罗伯特·A.西格尔《神话理论》,刘象愚译,北京:外语教学与研究出版社,2008 年,第 230 页。
② 〔英〕罗伯特·A.西格尔《神话理论》,刘象愚译,北京:外语教学与研究出版社,2008 年,第 230 页。

话比仪式更加重要,因为对古人而言,解释比行为有意义得多,而且,宗教信仰的神圣性和崇高性大多依赖于神话。现代宗教之所以从其古代和原始的崇高地位上跌落下来,一个重要的原因就是现代宗教割裂了其与神话和仪式的关系。①

第二节　弗雷泽

弗雷泽(James George Frazer,1854—1941)1854年出生于苏格兰,1869年进入格拉斯哥大学,1874年转入剑桥大学。他早年所学专业是古典文学,但是从19世纪80年代起,受人类学之父爱德华·泰勒的影响,逐渐对人类学产生了浓厚兴趣。1871年,泰勒的人类学奠基之作《原始文化》出版,弗雷泽深受启发,并从此开始用自己一生的时间从事文化的比较研究。1887年,弗雷泽的《图腾制》出版,十年后,弗雷泽将这部小册子扩展为4卷本的《图腾制与族外婚》。1890年,弗雷泽2卷本的《金枝》出版,后几经修改,最终完成令作者声誉鹊起的12卷本《金枝》,于1915年出版,并不断重印。在很长的一段时间内,弗雷泽在剑桥大学的一个学院里只担任普通研究员,直到1907年,才被聘为利物浦大学社会人类学教授,后又转回剑桥大学任教,并在这里度过了以后的大半生。

弗雷泽一生著述极多,有人称其为史上最勤奋的学者,因为在六十年的学术生涯里,他几乎把自己所有的时间都花费在了图书馆里。他每天要在图书馆里工作十二个小时,而且节假日也不例外。这一点,我们可以从他百科全书式的著述中得到验证,因为他所有的著述都依赖于他从图书馆中阅读得来的资料,如果不是如此广泛的阅读,其著述也就没有了基础。弗雷泽的著述主要包括:《金枝》12卷(1907—1915),《图腾制与族外婚》4卷(1910),《旧约中的民俗》3卷(1918),《永生信仰和死人崇拜》3卷(1924),《自然崇拜》2卷(1926),《火的起源神话》(1930),《原始起源论的创立和演化》(1935),《原始宗教对死亡的恐惧》2卷(1933—1936)。

---

① 〔英〕罗伯特·A.西格尔《神话理论》,刘象愚译,北京:外语教学与研究出版社,2008年,第230页。

一、《金枝》

《金枝》是弗雷泽的代表著作,他一生中的大部分时间都用在了对《金枝》的资料搜集和撰写上。

这部举世闻名的著作主要内容如下:在罗马附近内米湖畔的阿里奇亚丛林中,有一座森林女神狄安娜的神庙。神庙中有一棵大树,无论白天还是黑夜,大树旁边都会有一位充满警惕的守卫者,时刻提防有人前来折取大树的树枝。因为,任何一个折取了树枝的人都会获得挑战大树守卫者的资格,并有望接替大树守卫者的职位。这个守卫者就是神庙的祭司,按照当地的习俗,神庙的祭司通常是由一名逃亡的奴隶来担任的,而且,一旦这名逃亡的奴隶被任命为祭司,其奴隶身份就不再被追究,并且还要被尊为"森林之王"。然而逃亡奴隶"祭司"的职位极其不稳定,他必须时刻警觉,因为任何一个逃奴只要有能力折取他日夜守护的这棵树上的一节树枝,就有资格与他决斗。一旦挑战者杀死了现任祭司,就可取而代之,成为新的祭司和"森林之王"。《金枝》一书主要目的就是试图解读深藏在这一古老习俗后面的信仰和观念的奥秘。

关于这一习俗,弗雷泽提出了两个问题,一是为什么内米湖畔狄安娜神庙的祭司,即"森林之王",在就任这一职位前必须杀死其前任?二是为什么在与他的前任决斗之前,首先要折取一截被称为"金枝"的树枝?三是为什么这一神庙祭司除了祭司之外,同时还有一个"森林之王"的称号?[①]《金枝》一书的目的就在于解释这一承袭制度的内涵及其产生的原因。关于这一习俗,弗雷泽提出了如下假设:

首先,这一习俗,即后任通过杀死前任来取代其位置的承袭制度非常残忍而又野蛮,与当今文明的意大利社会格格不入,因此,它绝不是现代社会的产物,一定是史前时期流传下来的,而且那时候的意大利还处于比我们所知的任何历史时期都更为野蛮的状态。[②]

---

① 〔英〕J. G. 弗雷泽《金枝:巫术与宗教之研究》,汪培基、徐育新、张泽石译,北京:商务印书馆,2012年,第21页。
② 同上书,第15页。

其次,对这一习俗的来历和意义,仅从古罗马文化本身出发,很难获得圆满的解释,因此,必须将视野扩展到其他文化中与之相似的文化现象。弗雷泽认为,如果我们发现类似内米承袭祭司职位的野蛮习俗在别处也存在,或者曾经存在过,而且一旦能够在其他文化中发现导致这种习俗产生的动机,甚至如果能够证实这些动机在人类社会中已经广泛地甚至普遍地起着作用,且在各种不同环境中形成了种种大致上相同但在细节上却有所差异的习俗,最后,如果还能够说明这些动机连同它们所派生的习俗在古希腊罗马时代确实还活动着,那么,我们就完全可以断定在更远古时代,正是这些同样的动机诞生了内米祭司职位承袭的习俗。①

再次,弗雷泽接受了当时风行一时的进化论思想,认为人类文化经历了相似的历史发展过程,认为人类最初质朴的人生哲学基本上是相似的,因此,可以通过考察其他文化中还存在的与此相似习俗的动机,来解读内米湖畔的这种承袭制度。弗雷泽认为,由于缺少直接说明怎样产生祭司职位的材料,因而我们的推断可能永远也得不到彻底证实,但随着我们所指出的这些材料的完整程度以及它们所达成的条件,这一论断也许将或多或少成为可信的。②

二、巫术与宗教

弗雷泽认为,在人类掌握了科学的思维方式之前,人类认识问题、解决问题的途径和方式经历了巫术和宗教两个不同的发展阶段。

(一) 巫术

古人根据自己对自然万物的观察,发现自然界中事物的发展变化存在着某种规律性,例如电闪雷鸣标志着大雨的临近,燕子的到来标志着春天的到来等等。这就是说,一个事件总是必然地和不可避免地紧随着另外一个事件而出现,并不需要任何神灵或人的干预。因此,古代巫术的基

---

① 〔英〕J. G. 弗雷泽《金枝:巫术与宗教之研究》,汪培基、徐育新、张泽石译,北京:商务印书馆,2012 年,第 7—8 页。
② 同上书,第 8 页。

本概念与现代科学的基本概念有着某种相似性。在古人的观念中,只要掌握了事物变化的规律就可以掌握和控制自然。① 巫师掌握了自然变化的规律和模式,他们在巫术仪式中通过念诵咒语,促使上天降雨、牲畜繁殖、果实成长,也可以通过念诵咒语阻止疾病和自然灾害的发生。② 这就是说,巫术时代的人们没有超自然的信仰,也不依赖神灵,而是完全依靠人类自己的力量与自然抗争。

弗雷泽将古代巫术统称为"交感巫术"。交感巫术的思想原则可以概括为两个方面:第一是"同类相生"或果必同因,即认为相似的事物之间具有某种关联性;第二是"物体一经互相接触,即使是接触中断后,物体之间还会继续远距离地相互作用"。前者称为"相似律",后者称为"接触律"。在"相似律"原则基础上产生的巫术被称为"顺势巫术",即人们认为通过模仿就可以实现任何他们想要做的事情。在"接触律"原则基础上产生的巫术被称为"接触巫术",即人们认为可以通过一个物体来对一个人施加影响,只要该物体曾被那个人接触过,不论它是否为其人体的一部分。③

例如,从古至今,在很多国家和地区人们都尝试过通过破坏或毁掉象征敌人的偶像来伤害或消灭对方的方法。人们相信,象征敌人的偶像如果受到伤害,其象征对象本人也会受到伤害;在偶像被毁掉的同时,本人也会死去。④ 但是,由于巫术的前提是一种错误的"相似联想"和"接触联想",因此,随着时间的推移,古人迟早会意识到巫术固有的谬误和无效,

---

① 〔英〕J. G. 弗雷泽《金枝:巫术与宗教之研究》,汪培基、徐育新、张泽石译,北京:商务印书馆,2012年,第86页。
② 同上书,第519页。
③ 同上书,第25页。
④ 同上书,第27—28页。

由此被促使着尝试去寻找一种关于自然的更为真切的理论,和一种更为有效地利用其资源的方法,最终导致宗教的出现。①

(二) 宗教

弗雷泽认为,随着社会的发展和人类知识的增长,人们逐渐对巫术仪式失去了信心,因为人们发现节序的更替、季节的转换、农作物的成长并非巫术仪式的结果,而是由于自然的背后有着一种更为强大的力量。②从中,人们意识到了自我的渺小和自然的伟大。他们开始将自然解释为一个有着巨大能力的无法超越的存在,并逐步屈从于这种超自然力量。人们失去了借助于巫术控制和引导自然的信心,并且越来越多地把希望寄托在拥有超自然力量的"神"的身上。因此,宗教渐渐地取巫术而代之,巫师也渐渐地让位于祭司、牧师。祭司放弃了那种直接控制自然进程去为人们谋福利的企图,而寻找一种达到同样目的的间接途径,这就是诉诸神的权威为他完成那些他已不再幻想可以由自己来完成的事情。最终,巫术仪式或者沦为带有娱乐色彩的表演或化装游行行为,或者沦为儿童的游戏。③

宗教时代的一个重要特征是人们相信超自然力量的存在,相信自己可以通过祈祷、拜神和严格的自律来取悦神灵并获得神灵的帮助。在世界上很多地区,国王是古代巫师或巫医一脉相承的继承人。一旦一个特殊的巫师阶层从社会中被分离出来并委以治国安邦的重任之后,这些人便获得了日益增多的财富和权势,直到他们的领袖们脱颖而出,发展成为神圣的国王。国王,同时又是巫师或祭祀,成为人们崇拜的对象。④

三、《金枝》习俗之解

弗雷泽认为,在巫术阶段,巫师是一个部族的象征,因此,一般是被挑

---

① 〔英〕J. G. 弗雷泽《金枝:巫术与宗教之研究》,汪培基、徐育新、张泽石译,北京:商务印书馆,2012 年,第 87—89 页。
② 同上书,第 519 页。
③ 同上书,第 516 页。
④ 同上书,第 156—157 页。

选出来的,他们不仅身体强壮,智慧超群,而且多才多艺,总而言之,都是由部族中最优秀的人担任。根据顺势巫术的原理,作为部族的象征,人们不允许巫师有任何瑕疵,包括体力和智力,也不会允许巫师自然死亡,无论是病死还是老死。因为在古人看来,这种正常死亡会给他们自己和他们的财产带来非常严重的后果,例如致命的瘟疫会使人畜全亡,土地不再增产,甚至自然本身的结构都要瓦解。为了预防这些大灾难,人们会在巫师开始表现出某些衰老的迹象时杀死巫师;或者,人们一旦发现巫师出现任何问题,新的巫师便会取代前任巫师,而取代的方式只能是通过杀死前任的方式,以保证部族整体的利益不受损害。在古人的观念中,在巫师自然精力衰减前将他处死,就能保证世界不会因其衰退而衰退,灾难就会消除。① 这就解释了为什么内米湖畔狄安娜神庙的祭司,即"森林之王",在就任这一职位前必须杀死其前任的问题。

但是,随着社会的发展,巫师的地位越来越高,权力越来越大,因此,为了避免被杀死,他们就选择将一些逃亡的奴隶或其他生活于社会底层的人士作为自己的替身,由替身替代自己死亡,然后再上演复活的仪式。弗雷泽列举了墨西哥的杀神风俗,认为没有一个民族像古代阿兹台克人那么普遍地、隆重地遵循以人代神作献祭的风俗。在节日之前,他们会挑选一个俘虏,奉为神灵,给他充足的吃喝,给他供物,向他礼拜,但是,到了节日期间,会残忍地将其杀害:"祭司们抓住他,把他面朝上仰着按倒在一块石头上,一个祭司划开他的胸膛,伸手掏出他的心脏捧着祭祀太阳。对这位已死亡之神的尸体并不像一般人牲那样让他滚下庙里的阶梯,而是抬到庙下面去,砍下头来,穿在矛尖上。"② 这就是为什么狄安娜神庙的祭司由逃亡的奴隶担任。

折取一截"金枝",然后获得杀死前任资格的习俗被弗雷泽解释为"金枝"与"槲寄生"同义。这里所谓的槲寄生,顾名思义,就是寄生在其他植物上的植物,依靠从寄主植物上吸取水分和无机物而生存。槲寄生

---

① 〔英〕J. G. 弗雷泽《金枝:巫术与宗教之研究》,汪培基、徐育新、张泽石译,北京:商务印书馆,2012 年,第 914—915 页。

② 同上书,第 909 页。

四季常青的特点,使得古人将槲寄生看成是人们灵魂的寄存处。因此,获取了金枝,不仅意味着取得了同在任祭司决斗的权利,同时更象征着已经掌握了在任祭司的命运,因此,折取金枝者同时获得了信心和气势上的优势。① 这种习俗普遍存在,根据弗雷泽的考证,欧洲以外,世界上很多古代文化,如古巴比伦、亚述、犹太、古阿拉伯等文化中都有,在非洲大陆尤其普遍。②

四、神话与仪式

弗雷泽认为,在巫术阶段,人们只需要仪式,不需要神话,因为神话的核心人物是神,而在巫术阶段,人们的观念中是没有超自然力量或者说神的概念的。在弗雷泽看来,巫术的核心是巫术仪式,人们认为通过仪式本身与仪式所产生的效果之间的交感或相似关系,能引导和影响自然的进程。例如,在德国,人们把从田里收获的最后一捆谷物称为谷物妈妈,会为这最后一捆谷物穿上妇女的服装并将其收藏起来,第二年打谷时,打最后一下的被称为五谷妈妈的儿子,人们把他和五谷妈妈捆在一起到村里游行。到了特定节日的前一天,由一个7岁的女孩将谷粒揉搓下来,撒到新谷当中,喂牲口可使牲口兴旺,撒在地里可使农业丰产,增强土地的繁殖能力。③ 弗雷泽认为,早期的巫术仪式具有如下特点:首先,仪式没有固定的祭司,人们只需要按照固定的仪式程序进行操作。其次,人们不需要在特定的地点举行仪式活动。再次,谷物妈妈并非神灵,只是作为谷物的象征。最后,人们对待谷物妈妈的态度不是依靠牺牲、祈祷和赞美,而是希望通过以相似律为基础的顺势巫术和以接触律为基础的接触巫术感染土地。④

当巫术衰落时,巫术仪式逐渐消失,这时,人们开始讲述神话,神话的核心是说明和阐释仪式想要表达的内容,包括人们对事物发展变化规律

---

① 〔英〕J.G.弗雷泽《金枝:巫术与宗教之研究》,汪培基、徐育新、张泽石译,北京:商务印书馆,2012年,第1076页。
② 同上。
③ 同上书,第637—639页。
④ 同上书,第654—655页。

和规则的理解。弗雷泽认为,早期的神话是配合巫术仪式的内容来演出的。一个神话只有在它成了神圣仪式表演者说出和演出的"字书"以后,才会出现最明显、最准确的细节。①

随着巫术的衰落,部族的巫师成了国王,早期的国王身兼巫术的巫师和宗教的祭司两种特性;随着宗教的影响力越来越大,国王的祭司身份越来越明确。祭司与巫师最大的不同在于巫师使用巫术,而祭司的主要行为包括祈祷和奉献牺牲。弗雷泽认为,宗教包含理论和实践两大部分,这两者中,显然信仰在先,因为必须相信神的存在才会想要取悦于神。但是,如果这种信仰不导致相应的行动,那它仍然不是宗教而只是神学。反过来,如果只有行为,没有信仰,也不构成宗教。② 弗雷泽这里所谓的信仰,指的是与神的信仰相关联的神话,而行为则包含一系列的与宗教活动相关联的仪式。例如,在古代埃及,底比斯人和所有其他供奉底比斯的神阿蒙的埃及人都奉公羊为神兽,不杀公羊。弗雷泽认为,与前面提到的德国人将田里的最后一捆谷物作为谷物妈妈一样,早期的古埃及人是将活羊作为一种象征的,但是,随着宗教观念的出现,人们会将活羊杀死,将羊皮内部填充扮作神,最后发展到供奉人形的神像,而不是披着羊皮的神。在弗雷泽看来,巫术仪式中的羊是不需要解释的,但是,由羊而来的人形的神则需要神话进行解释。③ 那些关于古代巫师及其巫术仪式的神话成为宗教产生的基础。神话将古代巫师神化,被神化的巫师就成了宗教中"神"的原型。弗雷泽认为,神话产生于巫术向宗教的进化过程中,神话是巫术没落的结果,是宗教产生的前提和准备。④

五、阿多尼斯神话的仪式解读

阿多尼斯神话是一个广为流传的神话,有众多版本,以下是一篇较为常见的文本:

---

① 〔英〕J. G. 弗雷泽《金枝:巫术与宗教之研究》,汪培基、徐育新、张泽石译,北京:商务印书馆,2012年,第938页。
② 同上书,第86—88页。
③ 同上书,第786页。
④ R. A. Segal ed., *The Myth and Ritual Theory*, Malden: Blackwell Publishers, 1998, pp.3-7.

阿多尼斯的母亲斯密耳娜因受到某种诅咒,无法自拔地迷恋上了自己的父亲,用计在黑暗中与父亲幽会,并且怀上了他的孩子。当她的父亲发现与自己同床的竟然是自己的女儿时,便立即拔出宝剑要杀死自己的女儿。斯密耳娜仓皇出逃,其父在后面紧追不舍。眼看无法逃出父亲的追赶,情急之中,斯密耳娜请求众神让她隐身,以逃避父亲的追杀。众神非常同情斯密耳娜的遭遇,便将她变成了一棵没药树,即斯密耳娜树。十个月后,没药树开裂,阿多尼斯诞生。长大后的阿多尼斯俊美异常,爱神阿芙洛狄忒情不自禁地爱上了他。为了独自占有阿多尼斯,阿芙洛狄忒把阿多尼斯藏在了一个箱子里,交给冥后珀耳塞福涅保管,但是没有告诉她箱子里是什么。一天,珀耳塞福涅偷偷打开了箱子,看到阿多尼斯的瞬间,也不由自主地爱上了他,并拒绝将其还给阿芙洛狄忒。两个人争执不下,后来只好请宙斯来调解。宙斯提议阿多尼斯一年中跟阿芙洛狄忒和珀耳塞福涅各在一起四个月,剩下的四个月由他自己决定。阿多尼斯选择跟珀耳塞福涅在一起四个月,将自己的四个月给了阿芙洛狄忒,因此,一年中会有八个月的时间跟阿芙洛狄忒在一起。一天打猎时,阿多尼斯被野猪的獠牙刺死。为了悼念阿多尼斯,众神将美酒洒在了他的血泊处,结果从中长出了银莲花。据说和阿多尼斯一样,这种花的生命也是转瞬即逝。①

弗雷泽认为,阿多尼斯神话经历了这样三个发展阶段:

(一) 巫术阶段

在西亚和希腊等地,每年都举行阿多尼斯的节会。主要由妇女号啕大哭,哀悼阿多尼斯的死亡。人们把他的偶像装扮成尸体的模样,像送葬一样抬出去,然后扔到海里或河里。随着阿多尼斯偶像尸体一起扔进水里的,还有"阿多尼斯园圃"。节会期间,人们要用各种花草植物建造一个"阿多尼斯园圃"。这里所谓的"阿多尼斯园圃",指的是填满土的篮子

---

① 〔英〕罗伯特·A.西格尔《神话秘钥》,刘象愚译,北京:外语教学与研究出版社,2013年,第173—174页。

或者花盆,主要或者完全由妇女在里面种上小麦、大麦、莴苣、茴香以及各种花卉,并照管八天。一般而言,这样种上的植物生长很快,但是由于没有根系,所以八天之后就枯萎了。人们会将枯萎的植物和阿多尼斯的偶像一起扔到水里。①

在巫术阶段,人们相信自然事物的发展有其自身的规律,因此,古人千方百计地寻找各种发现规律和控制自然的手段。古希腊人举行的这种仪式,即在装满土的花盆中播种,不是祈求神灵让万物生长,而是促进植物生长,特别是农作物生长的顺势巫术。人们希望通过顺势巫术,诱导大地生长出各种植物。人们相信,通过这种顺势巫术,可以得到他们希望得到的结果。由于巫术阶段还没有神,阿多尼斯还不是一个植物之神,或者我们可以说阿多尼斯就是草木本身。不是植物象征着阿多尼斯,而是阿多尼斯象征着植物。②

(二)神话阶段

随着社会的发展,神话和仪式分离,人们认为阿多尼斯的死亡伴随着的是植物的枯萎和死亡。人们相信阿多尼斯去了冥府,去和珀耳塞福涅住在一起。由此我们才看到了上面那篇神话文本。

(三)宗教阶段

在宗教阶段,诸神取代了巫师,因此阿多尼斯也就变身为植物之神。作为植物之神,人们祈求阿多尼斯能够保证农作物的生长,保证丰收。弗雷泽认为,人们为阿多尼斯实行哀悼的仪式,是为了祈求阿多尼斯的原谅,而不是为了使他复生。这是由于在人们的观念中,阿多尼斯之所以死去,并非是因为他去了冥府,而是因为人们把它从田里割下来,在打谷场上把它碾成粉末,是人类杀死了他。阿多尼斯的死亡是象征性的,实际上他依然活着,会惩罚人类,所以人类才会举行哀悼仪式,祈求阿多

---

① 〔英〕J. G. 弗雷泽《金枝:巫术与宗教之研究》,汪培基、徐育新、张泽石译,北京:商务印书馆,2012 年,第 546 页。
② 同上。

尼斯的原谅。①

第三节　简·哈里森

简·哈里森(Jane Ellen Harrison，1850—1928)，英国著名的古希腊研究学者，"剑桥仪式学派"(又称"剑桥学派")的主要代表人物之一。1850年，哈里森出生于英国约克郡。17岁时进入一所著名的女子学院读书，后又进入剑桥大学纽纳姆女子学院，是首批进入该校的女学生之一。1874—1879年，在该校从事希腊古典文化的研究工作。1879年，成为主持希腊古典文学艺术学士学位考试的负责人，被称为"英国最有才华的女人"。1879年，来到伦敦大英博物馆从事考古学兼及古希腊神话研究。1898年回到母校做研究员。哈里森才华横溢，学识渊博。在语言方面，她精通希腊语、希伯来语、西班牙语、波斯语、俄语等多种语言。在学术上，她的足迹遍及欧洲所有古代文化的遗址。代表著作有《希腊宗教导论》(1903)、《古希腊宗教的社会起源》(1912)、《古代艺术与仪式》(1913)、《再论希腊宗教》(1921)等。

哈里森深受文化进化论的影响，认为文化是一个进化的过程，神话也是如此：从远古时代随意的即兴舞蹈、表演，演进到具有固定的、程式化的表演仪式，再到仪式的衰亡，再到作为仪式的有机组成部分——神话最终脱离仪式，并自成体系。哈里森否认神话是用来释源的，认为神话最初并不是要说出某事的起因。"穷本溯源"的观念是古老的理性主义者的荒谬理论的一部分。② 她指出，神话是具有巫术目的和效用的故事。③ 哈里森的学术主张深受尼采的"酒神精神"和弗雷泽《金枝》一书的影响，她认为所有的神话都源于对民俗仪式的叙述和解释。

---

① 〔英〕J. G.弗雷泽《金枝：巫术与宗教之研究》，汪培基、徐育新、张泽石译，北京：商务印书馆，2012年，第542页。
② 〔英〕简·哈里森《古希腊宗教的社会起源》，谢世坚译，桂林：广西师范大学出版社，2004年，第318页。
③ 同上书，第319页。

一、仪式的起源

在哈里森看来,远古人类会有一种情感表达和表现的冲动。例如,在遥远的古代,当人们满载猎物而归,所有的人都无比喜悦,他们喊叫,他们手舞足蹈,这就是所谓的情感表达的冲动。一旦人们的这种行为被集体所接受,语言、音乐和舞蹈等行为不断重复,且形成一种有规律的模式化的表现形式,按照哈里森的说法,古人不仅"表达"了情感,而且借助某种仪式化的行为"描绘"出了那种使我们产生情感的思想,就产生了仪式。人们不仅在狩猎归来时举行这种仪式化的表演,而且还将表演扩展到狩猎活动出发前及其他活动中。但是,无论如何,仪式一旦固定下来,便会周而复始地重复举行或表演。

二、仪式的类别

哈里森认为,仪式是古人生活中的一个有机组成部分,不仅种类繁多,而且无处不在。例如在古代希腊,仪式可以分为两种不同的类别:一种是敬奉仪式,与古老的奥林波斯神崇拜有关,欢快、理性;另一种是驱邪仪式,与鬼神、英雄及阴间神灵有关,压抑、沉重。[1] 古人生活中比较常见的仪式包括死而复生仪式、成年礼仪式、出生仪式、丧葬仪式、婚礼仪式等等。

(一)死而复生仪式

对于古人而言,死而复生仪式非常普遍。哈里森认为,原始仪式一般都包括两个层面,即作为表演的行为层面和作为叙事的话语层面。动作巫术起源于一种再生仪式,这种仪式强调唤起人类的一种集体愿望,即渴望与外界的力量合而为一,或者支配这些力量。[2] 古人通过表演、造型、行为、装饰等手段,展现那些真切的激情和渴望,即大自然的生命力必将

---

[1] 〔英〕简·哈里森《希腊宗教研究导论》,谢世坚译,桂林:广西师范大学出版社,2006年,第9页。
[2] 〔英〕简·哈里森《古希腊宗教的社会起源》,谢世坚译,桂林:广西师范大学出版社,2004年,前言第5页。

死而复生。① 例如,在古埃及神话中,丰饶之神俄西里斯(Osiris)是一个典型的复活之神。俄西里斯节期间,人们要用沙混合着田里的泥土制作很多俄西里斯的小塑像,神像的双颊染成绿色,脸染成黄色。这些神像是用一个金质的模子模塑的,暗示这个神是一具木乃伊。在古埃及历法中第四个月的第二十四天日落之后,人们把俄西里斯的肖像放进墓穴,同时取走上一年放进去的神像。对照另外一个仪式:在节日开始的时候,要举行一个开耕和播种的典礼,在一块农田的一头种上大麦,另一头种小麦,另外一个地方种上亚麻。与此同时,主持仪式的祭司诵吟"播种"仪式颂词。人们把沙子和麦种放进一个被称为"俄西里斯苗圃"的大瓦罐中,并用一个金水罐从尼罗河汲来新水浇灌它,让大麦生根发芽。这个仪式象征俄西里斯死而复活,因为"花园的生命就是神的生命"。② 这个仪式既展现了神的死亡和复活,同时也展现了生命的死亡和复活,以及生长于大地上的庄稼的死亡和复活。③

(二) 成年礼

在古人的观念中,人类从母体中的诞生被称为第一次诞生,这种诞生赋予人以生命,但是,此时的生命只属于其母亲和家族中的女性亲眷。成年之后,人类会有第二次诞生,第二次诞生通过成年礼仪完成,这种诞生使人进入社会,成为部落中的一员。④ 例如,在澳大利亚东南部,参加仪式的男孩们在某个指定地点集中,在那里,他们会看见一位身穿麻衣的老人躺在坟墓里,身上覆盖着薄薄的一层泥土和柴棍。墓穴被修整得十分整齐光洁。这位已经"下葬"的男人手中握着一束树枝。小伙子们被领到墓穴旁,开始唱歌。随着歌声的继续,被埋葬者手中的树枝开始颤抖。树枝颤抖得越来越激烈,越来越急促,最后,那个被埋葬的人从墓穴中站立起来。⑤ 并不是所有的成年礼都有非常具体的仪式过程,在一些地区,

---

① 〔英〕简·哈里森《古代艺术与仪式》,刘宗迪译,北京:三联书店,2008年,第13页。
② 同上书,第6页。
③ 同上书,第5—6页。
④ 同上书,第66页。
⑤ 同上书,第68页。

人们会采取比较温和的象征性方式,如给他们起一个新的名字、更换服装样式、改变发型和发饰等。①

哈里森认为,古人生活中的仪式,或者象征着生命从一个阶段向另一个阶段的过渡,或者表示从一种社会地位向另一种社会地位的转变。所有这些仪式中都包含有两个基本环节,即弃旧和从新,用以象征旧生命的死去和新生命的诞生。

三、仪式的特点

(一)模式化

仪式是一种模式化的活动,尽管并非真正的实践活动,但也并非与实践活动毫不相干,它是实际的实践活动的再现或预期。

(二)集体性

哈里森受法国思想家涂尔干宗教起源于集体行为和集体情感观点的影响,认为仪式的一个重要因素在于它的集体性,是由若干有着相同情绪体验的人们共同做出的行为,是一种集体情感的表达和宣泄,同时又是集体激情的展示。在野蛮人群中,个体的个性极为薄弱,个人感受不受重视,只有部族的集体感受才是最重要的,才能诉诸仪式。② 集体参与是仪式的首要特点。

(三)神圣性

除了具有集体性,仪式还必须带给人们一种神圣性,这种神圣性维护了部落集体的荣誉感,并且具有升华个人情感并使之与集体融为一体的功能。这种神圣性还有效保证了仪式的强度和持久性。

(四)周期性

仪式是周期性举行的。哈里森认为,对原始人来说,食物和后代是必

---

① 〔英〕简·哈里森《古代艺术与仪式》,刘宗迪译,北京:三联书店,2008年,第70页。
② 同上书,第19页。

需的,因为这是人类生存和延续的首要条件,否则人类本身就会消亡。人类在不同的季节周期性地举行巫术仪式,其目的就是为了满足这两方面的需要。简而言之,饮食和生育是所有仪式赖以存在的基石。① 在哈里森看来,周期性是一个关键性的概念,因为整个大自然的生命都取决于周期性事件的存在,例如地球、太阳、月亮、四季、心脏跳动、呼吸等等。周期性是人类理解生命现象的一个基本前提。因为仪式周而复始地再现、年复一年地重复、世世代代地延续,这一特点导致了那些促使仪式诞生的原初激情的形式化和抽象化。②

(五)巫术性

许多仪式带有明显的巫术性,强调唤起人类的一种集体愿望,即渴望与外界的力量合而为一,或者支配这些力量。

四、仪式的功能

(一)仪式化的重历

仪式可以再现一种场景,使得人们可以重新经历和体验一个事件。例如,在仪式中再现战斗或狩猎的场景,可以让人们重新体验和经历那种战斗或狩猎的激情。这种过程不是简单再现过去的事件,也不是停留在"告知"的层面,相反,仪式的过程带有"解除"仪式与过去的单纯事件关系的色彩,从而使之一般化、抽象化。

(二)情绪的释放

概念化的仪式成为欲望和激情在压抑和郁积之后的宣泄途径。哈里森认为,古人只有在集体性仪式的那种平凡、中庸的气氛中才能自得其乐,自由呼吸。③ 仪式能够帮助人们摆脱个人性的或者集体性的紧张、恐

---

① 〔英〕简·哈里森《古代艺术与仪式》,刘宗迪译,北京:三联书店,2008年,第27—28页。
② 同上书,第28页。
③ 同上书,第134页。

惧、哀伤、害怕等情感。这是一种心理层面的压力释放通道,从某种角度看,带有巫术色彩,或者说具有巫术的目的。①

(三)对未来的预演

人们可以预测未来,或者通过仪式将未来展示出来,增强信心。人们通过仪式预演一场战争,或者一种狩猎行为。通过仪式性的取胜和成功,以期得到仪式那样的结果。

五、仪式的衰亡与神话的发生

哈里森认为,古代仪式一旦固定下来就会有两方面的问题:

首先是不断重复的仪式展演会逐渐流于程式,进而陷入僵化并由此导致参与者失去热情和激情。最终的结果自然是仪式的解体。例如,古代送走冬天迎来春天的仪式,不可避免地会蜕变为千篇一律、枯燥重复的成规。如此必然使仪式陷入僵局,造成仪式内在精神的枯竭或消尽。参与仪式的民众也迟早会厌倦这种年复一年、毫无新意的过程。

其次是仪式的基础带有明显的巫术色彩,即人们相信仪式可以带来他们期待的结果,如召唤春天,迎来丰穰和繁衍。但是,仪式过程中的巫术色彩使得仪式本身就带有了一种致命的缺陷,因为,一旦那种相信人类能凭其巫术魔力让季节回归的信念瓦解,一旦开始怀疑仪式是否真的能够送走严冬,唤回春天,人们对于这种仪式的激情就会消散。在实际生活中,仪式并不能长期发挥效能,人们会逐渐失去对仪式的信念,随着仪式精神的瓦解和效能的丧失,仪式本身将逐渐衰微,或者仅仅作为一种儿童游戏而继续存在下去。但是,无论如何,仪式的行为模式会保留下来。②在哈里森看来,仪式不会最终消失,因为仪式最终会发展成为其他文化和艺术形式,如神话、文学、宗教、戏剧、美术、体育竞技等。许多文化现象的源头就是仪式。③

---

① 〔英〕简·哈里森《古代的艺术与仪式》,吴晓群译,郑州:大象出版社,2011年,第20页。
② 〔英〕简·哈里森《古代艺术与仪式》,刘宗迪译,北京:三联书店,2008年,第89页。
③ 同上。

哈里森认为,仪式中的激情和仪式中的活动不可避免地在人们的心目中打下深深的烙印,留下永久的印象,这些印象就是神的原型。在哈里森看来,春天庆典仪式活动肯定会创造出一位青春之神,例如,在希腊春社节上,会有一位扮演春天的年轻人,手持一花苞始放的新枝,新枝上束着羔羊的新绒。这个率领大家载歌载舞的年轻人年复一年地受到人们的拥戴和记忆,最后,会逐渐被抽象为一个神、一个精灵,成为春神。人们会认为是他给人间带来万象更新的春天。哈里森指出,这位被希腊人称为"青春领袖"的仪式带头人,一个活生生的凡人,在不断重复的仪式活动中被神化为精神领袖,最终成为神。① 在仪式盛行的远古时代,人们只需要仪式,不需要神话,因此,当时的仪式活动中并没有神话的讲述活动。但是,随着仪式的逐渐衰微以及"神"的出现,原来配合仪式的神话就有了其不可替代的价值和意义,变得越来越重要。在哈里森看来,仪式先于神话,神仅仅是由仪式而产生的欣悦的一种投射。

哈里森也从神话—仪式的角度分析了阿多尼斯神话。阿多尼斯的祭仪在每年的夏天举行。每年夏天,当雅典船队出海远航,雅典就会笼罩在一片哀伤的气氛中,大街小巷到处可见送葬的殡仪队伍,到处可见阿多尼斯的尸身塑像,到处都回荡着女人哀怨的挽歌声。在夏天举行的阿多尼斯仪式,与其说是复活的仪式,不如说是死亡的仪式。整个仪式强调的是植物的枯萎和死亡,而不是新生和生长。在哈里森看来,阿多尼斯是一个关于死亡的祭礼。她认为,古人在对自然现象的观察中一定会注意到自然的周期性变化,死亡现象较之其他更能引起人们的注意,阿多尼斯祭仪表现了阿多尼斯的复活,但整个仪式基本上就是一个悲哀的葬礼。

六、宙斯诞生神话的仪式解读

哈里森曾详细梳理、分析了古希腊宙斯诞生神话及其与仪式的关系。古希腊宙斯诞生神话的主要内容如下:

> 克洛诺斯(Cronos)是乌拉诺斯(天)和该亚(地)的小儿子。克洛诺斯把父亲打成残废然后取代了父亲的统治地位。他后来娶了自

---

① 〔英〕简·哈里森《古代艺术与仪式》,刘宗迪译,北京:三联书店,2008年,第72—74页。

己的妹妹瑞亚为妻。后来,克洛诺斯听到了一则预言,说他将和他的父亲一样会被自己的儿子推翻,于是,他便将妻子瑞亚生下的孩子一个接一个全部吞进了自己的肚子。宙斯是克洛诺斯的第十二个孩子,出生之后,瑞亚为了保证宙斯的性命,便将一块石头裹在襁褓中让克洛诺斯吞下,然后将宙斯藏到克里特岛,托女仙和枯瑞忒斯们抚养。宙斯长大后,用计迫使克洛诺斯将吞下的子女全部吐了出来,并将他同其他提坦神一起打入了塔尔塔罗斯。①

宙斯诞生的神话与古希腊的成年仪式非常相似:

> 当这些成人仪式进行到某个阶段时,部落中的妇女和儿童就挤在一起,然后人们就用毯子和灌木把她们严严实实地盖住。接着,一些男人从举行成人仪式的那个神圣的地方走到她们附近。其中有些男人挥舞着响板,有些从火堆中捡起燃烧的木棍,然后把木棍扔向女人,"让她们知道杜拉姆兰要把她们烧掉"。到了仪式稍后阶段,小伙子们同样披盖上毯子,在附近生起了一堆大火。当火堆发出哔哔剥剥的响声时,几个老人便挥舞着响板,并且告诉小伙子们杜拉姆兰就要把他们烧掉了。根据部落传说,杜拉姆兰是个威力强大的神,他说气话就像远处传来的雷鸣。另一个威力更大的名叫贝阿梅的神交给杜拉姆兰一项任务,把小伙子们带到灌木丛中去,并且把有关部落的法律、传统及习俗的知识教给他们。因此,杜拉姆兰便假装把小伙子们杀死、砍碎,再烧成灰烬,最后用这些灰烬捏成人形,使他们获得新的生命。②

哈里森认为,宙斯诞生的神圣仪式是通过狂欢的方式进行的,而且是在一些侍从的协助下进行的。这些侍从被称为枯瑞忒斯。这些枯瑞忒斯是一些年轻人,在仪式上他们手持兵器,一边舞蹈一边操演。他们操演的内容与宙斯诞生的情景相似:克洛诺斯出于自己的习性在他的孩子出生

---

① 参见〔美〕依迪丝·汉密尔顿(Edith Hamilton)《神话:希腊、罗马及北欧的神话故事和英雄传说》,刘一南译,北京:华夏出版社,2014 年,第 63—64 页。
② 〔英〕简·哈里森《古希腊宗教的社会起源》,谢世坚译,桂林:广西师范大学出版社,2004 年,第 16 页。

后就立即把他们吞进肚子里,而瑞亚则想方设法隐瞒自己分娩前的阵痛,孩子出生后便藏起来,千方百计保护自己的孩子。瑞亚获得了枯瑞忒斯的帮助。他们围在瑞亚女神四周,试图用鼓声和其他工具发出的巨响引起克洛诺斯的恐惧,并趁机把孩子偷偷抱走。这样,他们巧妙地救了孩子,此后孩子便由他们抚养。孩子后来又会被提坦(脸上涂着石膏的人)偷走,被撕得四分五裂。最后,这些被"撕碎"的孩子又重新复活。

在哈里森看来,颂歌中涉及的仪式是部落的成人仪式。枯瑞忒斯就是已经接受了成人仪式的年轻人。这些枯瑞忒斯为别的孩子主持成人仪式,教他们懂得部落赋予的责任,教他们跳部落的舞蹈,先是偷偷地从他们的母亲手中把他们带走,隐藏起来,接着假装把他们杀死,最后把他们带回来,这时候他们就成了新生的成年人,部落的正式成员。① 这种仪式的目的就是要确认一个年轻人在部落里获得了新生。这种所谓的新生是对集体生命的强调。哈里森指出,如果神话中包含有隐藏、杀死孩子或青年,然后又使其复活等内容,也许是某种再生仪式在神话中的反映。②

第四节　塞缪尔·亨利·胡克

塞缪尔·亨利·胡克(Samuel Henry Hooke,1874—1968)出生于英国的塞伦赛斯特(Cirencester),中学毕业于温莎的圣马可中学,后进入剑桥大学读书。毕业后,先后在加拿大多伦多大学、英国伦敦大学从事《圣经》和神话的研究。主要著作有《神话与仪式》(*Myth and Ritual*,1933)、《中东神话学》(*Middle and Eastern Mythology*,1963)等。③

一、神话与仪式

胡克的神话观与哈里森有很多相似的地方,例如,胡克反对历史学派

---

① 〔英〕简·哈里森《古希腊宗教的社会起源》,谢世坚译,桂林:广西师范大学出版社,2004年,第17页。
② 同上书,第18页。
③ S. H. Hooke, *Middle Eastern Mythology: From the Assyrians to the Hebrews*, London: Penguin Books, 1963.

和进化论学派将神话看作是真实的历史和想象的产物的说法,认为在人类社会的早期,人们不需要历史,只有神话。"神话是仪式过程中的口头解说部分"①,或者说,神话是仪式的脚本。在胡克看来,神话是功能性(functional)的,是古人在特定场合中为达到某种目的、实现某种愿望或者表达某种思想观念而创造出来的。② 对民众来讲,神话不是一种知识,而是一种力量,是一个部族生存和延续下去的精神力量。随着社会的发展,神话与仪式分离并进入其他文学表现形式,但是,神话的解读只能依赖于仪式。

胡克指出,古代近东地区仪式的基本模式是:1. 戏剧性地表现神的死亡和复生;2. 朗诵和象征性地表演创世神话;3. 仪式性的争斗,表现神战胜对手;4. 扮演主神之间的"圣婚"仪式;5. 凯旋式列队游行,由国王扮演主神。③

二、神话的分类

胡克将神话分为如下五种类型:

(一)仪式神话

带有明显仪式痕迹或者曾经作为仪式一部分的神话被称为仪式神话。在胡克看来,仪式神话出现较早,在早期人类的生活中占有重要地位。胡克认为,一些神话文本来自于寺庙的文献记载,如《金字塔铭文》《石棺铭文》《亡灵书》、宗教教义中的赞美诗、碑文等。④ 根据这些记载,他认为当时的尼罗河流域,以及底格里斯和幼法拉底河流域存在着高度发达的农业文明。生活在这些地区的埃及人和美索不达米亚人创造了一

---

① Lord Raglan, *The Genesis of Myth*, *In Quest of the Hero*, Princeton: Princeton University Press, 1990, p. 95.

② S. H. Hooke, *Middle Eastern Mythology: From the Assyrians to the Hebrews*, London: Penguin Books, 1963, p. 12.

③ S. H. Hooke, *Myth and Ritual*, London, 1933, p. 8. 转引自王以欣《神话与历史:古希腊英雄故事的历史和文化内涵》,北京:商务印书馆,2006 年,第 123 页。

④ 参见张玉安、陈岗龙《东方民间文学概论》第一卷,北京:昆仑出版社,2006 年,第 126—136 页。

系列的周期性举行的仪式活动。仪式活动由祭司主持,目的在于维护民众的幸福生活,抵抗各种自然灾害。在胡克看来,仪式除了行为和表演的部分,还包括口头讲述部分,如口头叙述、歌谣和咒语等。这些口头讲述内容在希腊语中被称为神话(mythos, or myth)。人们在仪式中讲述神话不是为了取悦观众,而是因为神话可以帮助人们进入一种状态,神话是功能性的,是一种力量。[①] 仪式神话通过借助于一些巫术行为来突出神话的权威性。

(二)起源神话

从神话内容上讲,凡是涉及事物的来历,如风俗习惯、山川地貌以及物种、季节、风雨雷电等自然现象的来历的神话统称为起源神话。[②] 胡克认为,起源神话也是出现较早的一种神话类型。

(三)宗教神话

在胡克看来,一些民族的人们在经历了一系列重大事件后,当部族趋于稳定时,为了纪念一些重要的人物或者事件,人们会周期性地举行一些聚会活动,以示纪念。在这些庆祝或纪念活动中,祭司或者部族中的其他重要人物会不断讲述这些重要人物和事件,并使得部族和这些人物之间建立起一种契约关系,并将这种契约关系神圣化。胡克认为,宗教神话出现较晚,通常表现为运用道德和神圣观念建立权威性。[③]

(四)英雄神话

这类神话重点讲述的是英雄的生平事迹,包括英雄的出生,英雄如何建功立业,如何成为国王,以及最终如何死亡等。英雄神话中的英雄通常都会有一个非常不平凡的受孕过程,成长过程也充满玄幻色彩。此外,非

---

① S. H. Hooke, *Middle Eastern Mythology: From the Assyrians to the Hebrews*, London: Penguin Books, 1963, pp. 11-12.
② Ibid., p. 13.
③ Ibid., pp. 13-14.

常值得关注的就是各地的英雄都有着相似的出生和成长经历。①

(五)末日神话

神话的一个典型特征就是"释源",几乎所有的神话都在讲述宇宙、世界、人以及日月星辰、生老病死等事物的起源。如果有起源神话的话,那么必然存在末日神话。许多宗教信仰都会给人们一个结局、一个未来,因此,几乎所有的文化都有末日神话。②

三、该隐和亚伯的神话

在《中东神话学》一书中,胡克对《圣经》中该隐和亚伯的神话进行了仪式性的解读。根据《圣经·创世记》第4章第1—16节的记载:

> 有一日,那人(亚当)和他妻子夏娃同房,夏娃就怀孕,生了该隐,便说:"耶和华使我得了一个男子。"又生了该隐的兄弟亚伯。亚伯是牧羊的;该隐是种地的。有一日,该隐拿地里的出产为供物献给耶和华;亚伯也将他羊群中头生的和羊的脂油献上。耶和华看中了亚伯和他的供物,只是看不中该隐和他的供物。该隐就大大地发怒,变了脸色。耶和华对该隐说:"你为什么发怒呢?你为什么变了脸色呢?你若行得好,岂不蒙悦纳?你若行得不好,罪就伏在门前。它必恋慕你,你却要制伏它。"
>
> 该隐与他兄弟亚伯说话,二人正在田间。该隐起来打他兄弟亚伯,把他杀了。耶和华对该隐说:"你兄弟亚伯在哪里?"他说:"我不知道!我岂是看守我兄弟的吗?"耶和华说:"你做了什么事呢?你兄弟的血有声音从地里向我哀告。地开了口,从你手里接受你兄弟的血。现在你必从这地受咒诅。你种地,地不再给你效力;你必流离飘荡在地上。"该隐对耶和华说:"我的刑罚太重,过于我所当的。你如今赶逐我离开这地,以致不见你面;我必流离飘荡在地上,凡遇见

---

① S. H. Hooke, *Middle Eastern Mythology: From the Assyrians to the Hebrews*, London: Penguin Books, 1963, pp.14-15.
② Ibid., p.15.

我的必杀我。"耶和华对他说:"凡杀该隐的,必遭报七倍。"耶和华就给该隐立一个记号,免得人遇见他就杀他。于是该隐离开耶和华的面,去住在伊甸东边挪得之地。

根据《圣经》的记载,我们了解到该隐和亚伯是亚当和夏娃的孩子。该隐是种地的,亚伯是牧羊的。收获的季节,该隐献给耶和华的是从自己土地上收获的农作物,而亚伯献给耶和华的是他羊群中头生的羊和羊的脂油。耶和华接受了亚伯的供物,没有接受该隐的供物。该隐很生气,同时也很嫉妒受到耶和华垂青的亚伯,因此谋杀了自己的兄弟。为了惩罚该隐,耶和华诅咒该隐,并迫使该隐逃离其杀死亚伯的土地,且永远不能回到这片土地。但是与此同时,耶和华又在该隐的身上留下了一个保护标记,因为有了这个标记,该隐在其他任何地方都会受到保护。因此,世界上也没有人能够伤害到该隐。

胡克认为,这则神话存在着许多问题,例如,因为按照一般的逻辑关系,亚当、夏娃被赶出伊甸园后,二人及他们的孩子该隐和亚伯是世界上仅有的人类。该隐杀死了亚伯,不应该担心会有人来报仇。但是在神话中,该隐却非常担心有人会报复他。他还曾经说道:"任何一个人如果在此地发现了我,都有权杀死我。"后来,该隐逃亡他地,并建立了自己的城邦,发明了音乐,成为一代领袖。其次,该隐并没有因为杀害自己的兄弟而遭受惩罚,相反,神之所以要在他身上留下标记,其目的并不是惩罚,而是奖励。①

四、神话的仪式解读

据胡克考证,这则神话由多个神话和传说的文本组合、连缀而成。

首先,这则神话反映了农耕社会和游牧社会之间的冲突。在苏美尔神话中农业之神和游牧之神就发生过剧烈的冲突,只不过不像该隐和亚伯的神话那样,有该隐杀死亚伯这样一个悲剧性的结尾。

其次,这则神话具有明显的仪式色彩。假如说农业部族和游牧部族

---

① S. H. Hooke, *Middle Eastern Mythology: From the Assyrians to the Hebrews*, London: Penguin Books, 1963, pp. 121-125.

同时举行了祭祀仪式以祈求神灵的保佑,农业部族的献祭被上帝拒绝的情节可以理解为那一年农业因遭遇某种灾害而歉收,因此,当地人必然要举行一个赎罪仪式。赎罪仪式上,人们会进行仪式性的屠杀行为,但是,屠杀本身就是一种犯罪,任何人都不愿意做。因为必须要有人做,因此,集体便达成一种共识,即实行屠杀行为的人节日期间必须离开本地,流放他处。而为了保护实施屠杀的人,人们会对他进行标记,以保证其安全。①

实际上,古巴比伦新年的庆祝活动的确与这则神话文本的情节发展相似。其庆祝活动是典型的农耕社会式的庆祝活动,但是在节日前,需要一个有自我牺牲精神的教士屠杀一头羔羊献给古巴比伦主神马尔杜克(Marduk)的儿子拿布(Nabu),并将羊血涂抹在拿布的祭坛上。完成这项工作后,这个教士因为犯了屠杀羔羊的罪行必须离开本地,自我放逐到沙漠中去,直到节日结束才能返回。②

作为希伯来新年庆祝活动的一个组成部分,"赎罪日"(Day of Atonement)的仪式内容也与该隐和亚伯的神话相似。根据《圣经·出埃及记》第12章的记载:

> 耶和华在埃及地告诉摩西和亚伦说:"你们要以正月为一年的第一个月。你们要告诉以色列全体会众说:初十,他们各人要按着父家取羊羔,一家一只。如果一家的人太少,吃不了一只羊羔,家长就要和靠近他家的邻居按着人数共取一只。你们预备羊羔的时候,要按着各人的食量计算。你们的羊羔要毫无残疾,一岁以内的公羊;你们可以从绵羊或山羊里取。你们要把羊留着到十四日,在黄昏的时候,以色列全体会众要把羊羔宰杀。他们要取点血,涂在吃羊羔的房屋两边的门柱和门楣上。当那一夜,你们要吃羊羔的肉,肉要用火烤了,和无酵饼与苦菜一同吃,不可吃生的,也不可用水煮;只可吃用火烤的。头、腿和内脏都一起吃。你们一点也不可留到早晨;如果有一

---

① S. H. Hooke, *Middle Eastern Mythology: From the Assyrians to the Hebrews*, London: Penguin Books, 1963, pp. 123-124.
② Ibid., p. 125.

点留到早晨,就要用火烧掉。你们要这样吃羊羔:腰间束上带,脚上穿着鞋,手中拿着杖,快速地吃;这是耶和华的逾越节。因为在那一夜我要走遍埃及地,把埃及地所有头生的,无论是人或是牲畜,都要杀掉;我也要审判埃及的一切神祇,我是耶和华。这血要在你们居住的房屋上作你们的记号;我击打埃及地的时候,一看见这血,就越过你们去,灾祸必不临到你们身上毁灭你们。这一日必作你们的纪念日;你们要守这日为耶和华的节;你们要世世代代守这节日作永远的定例。"

由此我们得知,该隐的逃亡实际上是一种仪式性的逃亡。他是整个部族的化身,他犯的罪是整个部族所犯的罪,而非个人犯罪,因此,他必须受到部族的保护,由此我们就可以理解为什么该隐的身上会留下保护性的标记。① 胡克认为,神话最早应该是仪式的一部分,但是,后来仪式和神话分离,只有借助于仪式,我们才能理解神话的真正意义。

第五节　拉格伦

英国民俗学家洛德·拉格伦(Lord Raglan,1885—1964)将弗雷泽神话—仪式理论中对于"国王"形象的研究扩展到了英雄神话的领域。在对神话进行研究的过程中,拉格伦对英雄神话中英雄的成长经历进行了梳理,概括出了英雄的成长模式,并重点讨论了英雄神话与历史的关系。

一、先在理论批判

(一)历史神话学派

拉格伦认为,在历史神话学者看来,远古时代的人们热衷于记录并向子孙后代传递他们部落或地方的历史。但是,也不知是什么原因,历史神话学者认为远古时代的人们无法真实而客观地描述和记录历史,只能以

---

① S. H. Hooke, *Middle Eastern Mythology: From the Assyrians to the Hebrews*, London: Penguin Books, 1963, p.129.

神话、寓言等形式记录和讲述历史。由于远古时期这些神话的制造者们并没有留下解读这些神话的"钥匙",后人好像只能通过剥开神话外衣的形式去发现神话中的历史事实。① 拉格伦反对用这种方式解读神话。首先,我们无法证明历史神话学者们的解读是正确的,因为没有任何方式和线索可以验证他们的结论。尽管一些学者尝试从各种考古发现中提取线索验证自己的观点,如通过对古希腊遗址的考古发现来证明《伊利亚特》中描述的战争的确发生过,但是拉格伦认为这不足以证明神话与历史有什么关联性。其次,如果神话、寓言等是古人记录历史的方式和途径,那么,如何解释神话之外其他大量的历史文献资料?因为很多历史文献资料是与神话同时存在的。

(二) 比较神话学派

比较神话学派认为神话源于古人对自然现象如太阳的东升西落、日食、月食等的描述。但由于语言的发展和变化,今人无法对古人关于自然现象的象征性描述的语句进行正确的解读,这是神话产生的前提和条件。比较神话学认为,神话是语言的疾病(the disease of language),是后人对古人的曲解。拉格伦反对比较神话学派的神话观,认为所谓古人关于自然现象的象征性的描述语句属于诗歌的范畴,并非古人的日常用语,因此不会存在后人曲解的情况。②

(三) 原始科学派

这派理论认为古代神话是古人对自然中的各种现象不断探索和思考的结果。古人对于自然、季节、宇宙以及人的生死等问题都非常好奇,希望能解读这些现象。但是限于科学技术水平和理解能力,古人无法给出正确的答案,只能参照人类自身来解读这些自然现象,因此,古代神话具有鲜明的拟人化、泛灵化特点,是古人想象的结果。拉格伦反对这种理

---

① Lord Raglan, *The Genesis of Myth*, *In Quest of the Hero*, Princeton: Princeton University Press, 1990, p. 89.

② Ibid., p. 92.

论,认为首先,古人对于自然的好奇和探索不一定必须通过语言来表达,这就是说,古人对自然的探索可以表现在行为、观察和实验等方面,可以以科学的形式呈现,语言不是唯一的方式和途径。其次,古人因为对自然界好奇而探索和思考各种自然现象的行为直接带来的结果不是神话,而是哲学和科学,因此,这种神话观是错误的。

二、拉格伦的观点

(一)神话的非历史性

在对世界各地的英雄神话进行比照后,拉格伦认为,各地英雄们的人生经历具有惊人的相似性。由此拉格伦断定,这些英雄们的生涯缺乏历史性,因为,各地英雄不可能都有着相似的人生经历。即使一些英雄神话中的英雄在历史上确有其人,但是,历史人物要想成为英雄神话中的英雄,就必须经过改造,或者说必须具有与神话中的英雄一样的成长经历,才能进入到神话中,因此英雄神话中的英雄与历史人物没有任何关系。神话也不是探索、思考和想象的结果。

(二)英雄神话与仪式

拉格伦认为,早期的神话是仪式的一个有机组成部分。例如,朋友分离时会一边握手一边说再见(good bye, God be with you 的缩写),在拉格伦看来,"握手"相当于仪式本身,而"再见"则相当于神话。拉格伦认为,不能简单地将神话看成是仪式的解说词,仪式本身和语言部分共同完成了仪式想要表达的内容,它们互相依存,缺一不可。①

(三)英雄、国王与神

拉格伦将神话中的英雄与仪式中的神等同起来,他认为,英雄就是国王,国王就是神。世界各地的英雄神话具有不可思议的相似性。例如神

---

① Lord Raglan, *The Genesis of Myth*, *In Quest of the Hero*, Princeton: Princeton University Press, 1990, pp.96-97.

话中的英雄在没有获得魔法武器(magic weapons)之前是无法打败妖怪的。而且只有英雄才能使用这种魔法武器,其他人根本没有资格得到和使用魔法武器。即使是再强大、再法力无边的妖怪,在魔法武器面前也无能为力。英雄神话之所以会有这样的情节就是因为英雄行为是仪式的主持者在仪式中挥舞和使用仪杖的情况。①

三、英雄模式

英雄的成长模式一般都包括三个部分,即英雄的出生、英雄继承王位和英雄的死亡。这三部分正好对应了人生礼仪的三种原则,即出生、成年和死亡。

英雄的出生

1. 英雄的母亲是王室处女
2. 英雄的父亲是一位国王,但是
3. 通常和他的母亲是近亲
4. 他的受孕很不寻常,因此
5. 他被称为神的儿子
6. 他出生时,有人想取他的性命,通常是他的父亲或外祖父,但是
7. 他却被偷偷地救走了,而且
8. 在遥远的国度中由养父母抚养长大。
9. 我们对他的童年一无所知,但是
10. 他成年的时候,回到或来到了自己未来的王国

王位的继承

11. 在与国王,或巨人、魔龙、野兽的战斗中取得胜利
12. 与公主(前任国王的女儿)结婚,而且
13. 成为国王
14. 在他的治理下,一度国泰民安,而且

---

① Lord Raglan, *Myth and Ritual*, *In Quest of the Hero*, Princeton: Princeton University Press, 1990, p.111.

15. 他还制订了法律,但是
16. 他后来失去了神的眷顾或臣民的爱戴

英雄的死亡

17. 被剥夺王位,逐出城市
18. 神秘死去
19. 死亡之地往往是在山顶
20. 他的子女不会继承他的王位
21. 他的遗体不会被埋葬,但是
22. 他通常会有一处或多处神圣的墓地

拉格伦按照他总结的这个模式分析比对了许多文化中著名的文化英雄,如英雄的成长有一项与此模式符合,他便记作1分,整理比对之后,得出如下结果:俄狄浦斯(20分)、忒修斯(20分)、帕修斯(16分)、伊阿宋(14分)、宙斯(15分)、摩西(21分),等等。

我们按照拉格伦的英雄模式理论,可以对古希腊《忒修斯》神话进行如下分析:

忒修斯的母亲埃特拉是特洛伊国王庇透斯的女儿(1)。他的父亲是国王埃勾斯(2)。埃勾斯婚后没有儿子,由于害怕有50个儿子并对他怀有敌意的兄弟帕拉斯,因此,他想瞒着妻子,悄悄再婚,希望能有个儿子继承他的王位。他的好朋友庇透斯刚好得到一则神谕,说他的女儿不会有公开的婚姻,却会生下一个有名望的儿子,于是庇透斯决意把女儿埃特拉悄悄地嫁给埃勾斯。埃勾斯与埃特拉秘密地结了婚,婚后不久,埃勾斯在海边跟新婚的妻子告别,告别时他把一把宝剑和一双绊鞋放在海边的一块巨石下说:"如果神祇赐给我们一个儿子,那就请你悄悄把他抚养长大,不要让任何人知道孩子的父亲是谁。等到孩子长大成人,能够搬动这块岩石的时候,你将他带到这里来。让他取出宝剑和绊鞋,叫他们到雅典来找我。"(4)埃特拉后来果然生了一个儿子,取名忒修斯。埃特拉从未说过孩子的生身父亲是谁。孩子的外公一直对外面说他是海神波塞冬的儿子

(5)。在他出生时,他被藏起来以避开帕伦蒂德艾,这个人企图杀死他(6)。他由乡下的外祖父收养。当忒修斯只有5岁的时候,赫拉克勒斯曾经拜访过他的外祖父。忒修斯非常仰慕这位大英雄,而且表现出了成为英雄的潜质(8)。我们对他童年的成长过程一无所知(9)。

  当他成年时,母亲埃特拉把儿子带到海边的岩石旁,向他吐露了他的真实身世,并要他取出可以向他父亲埃勾斯证明自己身份的宝剑和绊鞋,然后带上它们到雅典去。忒修斯抱住巨石,毫不费力地把它掀到一旁。他佩上宝剑,又把鞋子穿在脚上,然后前往雅典(10)。在旅途中,他杀死了五个强盗和一只猛兽(11)。最后到达雅典,并通过宝剑与父亲相认。忒修斯成了王子,并成为王位的继承人。他立下的第一个功绩便是诛杀叔叔帕拉斯的50个儿子。后来克里特的国王弥诺斯又派使者来索取贡物。由于曾经发生过纷争,因此弥诺斯要求雅典每九年送七对童男童女到克里特作为进贡。弥诺斯接到童男童女后,会将他们关进有名的克里特迷宫里,再由丑陋的半人半牛的怪物弥诺陶洛斯把他们杀死。忒修斯自告奋勇前往克里特。

  忒修斯娶了两位有继承权的公主,并且(12)继承了他父亲的王位,他父亲的死是他引起的(13)。有一段时间,他和平地治理着国家,并且(14)制订了法律(15)。但是,后来,他变得不得人心(16)。他被人从雅典赶走(17)。他奉墨涅斯透斯之命(20),从一座高山上(19)跳了下去。他的继承人和他没有血缘关系(18)。他埋葬的地方无人知晓(21)。他的遗骨据说被埋葬在雅典一圣墓之中。①

四、英雄神话与仪式

  拉格伦指出,在英雄成长模式中,首要条件是英雄一般都具有王室的身份,而且英雄往往是其母亲和父亲的头生孩子,除非其父亲是一位神。这就是说,英雄绝大部分都是王室的长子。在一些英雄神话中,英雄的父

---

① 〔德〕古斯塔夫·斯威布《希腊神话和传说》,楚图南译,合肥:安徽人民出版社,2013年,第143—161页。

母有时候是兄妹或其他近亲血缘关系,拉格伦认为这是一种历史残余物,即历史上曾经有过近亲结婚的风俗,神话中的某些情节即是这种风俗的表现。①

关于英雄的受孕,拉格伦认为英雄的受孕过程这一情节情况非常复杂。不同的英雄受孕的过程和形式差别很大,例如在赫拉克勒斯(Heracles)神话中,神以英雄的父亲的形象出现使得英雄的母亲受孕。在拉格伦看来,无论神是以什么形象或什么形式使英雄的母亲受孕,雷电、天鹅、公牛等等,都应该是某种仪式的一部分,如婚礼的仪式中或许有公主与假扮成神的或者戴有神的面具的丈夫结合的仪式。古埃及依然有法老王头戴面具接近王后的习俗。因此,英雄的受孕过程带有明显的仪式色彩。②

英雄的出生通常都会遭遇"假死",或者说"仪式性死亡"。这里所谓的"仪式性死亡"指的是英雄从出生开始,就不断遭遇各种危及其生命的危险,如英雄的父亲企图杀死刚刚出生的婴儿。但是英雄都会以各种方式给人以其"已经死亡"的假象而逃脱。拉格伦认为这种"假死"与流传于很多地方的成年礼不无关联。腓尼基人有一种仪式,即在莫洛神前焚烧自己的长子以献祭。但这只是一种仪式,人们不会真的烧死孩子,通常会用动物来替代。参加成年礼的孩子必须在仪式中模拟进入一种死亡状态,然后再重新复活,象征其前一阶段的终结和新一阶段即成年阶段的开始。因此,仪式性的死亡并非真死,而是配合仪式的假死。③

在英雄神话中,英雄的"假死"通常会表现为英雄离开故土,被另一个国家的国王收养。拉格伦提出可以从以下三方面解读这一情节:首先,也许这是一个真实存在的习俗,即在古代的某个时期,王子必须要由其他国家的国王抚养长大。许多神话故事中都有过类似的情节。其次,王子在继承其岳父的王位之前会举行一个认亲或收养仪式,证明王子或者是自己的亲生儿子,或者是收养的儿子,在经历了一番磨难之后最终回归家庭。再次,可能跟第二种相反,国王的亲生儿子要继承王位的话,必须在

---

① 〔美〕阿兰·邓迪斯《世界民俗学》,陈建宪等译,上海:上海文艺出版社,1990年,第213页。
② 同上书,第214页。
③ 同上书,第215页。

仪式中以外来人的身份出现,然后接受王位。总之,无论是哪种可能性,英雄离开故土都是仪式性的。

关于英雄模式的第 9 条,即英雄的成长过程我们一无所知,拉格伦认为,一般英雄神话不会具体描述英雄的成长过程,而是从出生、逃亡之后,直接进入到英雄即将跨入成年的阶段。之所以会如此,是因为英雄神话不是在描述一个真实的历史人物,而是关乎仪式的过程;又因为仪式不会展示人的成长过程,只展示人生的几个关键环节,如出生、成年或入会,以及死亡,因此,英雄成长过程的缺失正好与仪式过程相符,直接证明了英雄模式的仪式色彩。

接下来英雄要从他被抚养的地方返回到他将要统治的地方。这期间英雄要经历一段漫长的旅行。这一旅行对英雄来说至关重要,因为它是英雄展示自己能力的重要过程,英雄所有功绩的建立几乎都是在这一旅途当中发生的。但是有意思的是,英雄从来都是单打独斗,而非军队统帅。英雄的打斗对象也永远都是恶龙、巨人、怪兽等,而非普通人。英雄不仅勇敢顽强,能力超群,而且还智慧过人。在一些英雄神话中,英雄或者是成功破解谜题,如俄狄浦斯猜中了斯芬克斯的谜语,忒修斯成功逃出了迷宫;或者是成功预测天气,如摩西是在完成了包括降雨在内的一系列预测后才取得了信任。因为英雄接下来要继承王位,因此,在到达目的地之前,他必须用自己的行为证明自己的能力。[①] 英雄来到了自己将要统治的王国,通常都会杀死或象征性地杀死前任国王,然后替代原来的国王,或者娶了前任国王的女儿,或者娶了前任国王的遗孀。前任国王往往是英雄的亲生父亲。一般而言,英雄成为国王后,没有发动战争,没有扩充疆域,也没有大兴土木,但是,通常情况下会留下一部传统法典。英雄的结局往往或者是被罢免,或者是被流放,或者是意外地离奇死去。与英雄的出生相比,英雄的死亡往往过于平常,既不壮烈,也不令人感动,几乎没有什么价值,给人一种死不得其所的感觉。更加出人意料的是,英雄死

---

① 〔美〕阿兰·邓迪斯《世界民俗学》,陈建宪等译,上海:上海文艺出版社,1990 年,第 215—216 页。

后,他的儿子并没有继承王位。英雄也没有具体的墓地。①

拉格伦认为,英雄的模式仅仅是一种传统,不可能是一位真实历史人物的真实生平。拉格伦不反对英雄神话确实有历史人物的影子,但是,即使是真实的历史人物,一旦进入英雄神话,就必须具有英雄的成长模式。这就是说,历史人物只有在脱离了所有能体现其真实面目的个性之后,才能成为普遍意义上的英雄,或者说具有某种共性的英雄。从民俗学的角度讲,口传英雄神话中的英雄的成长模式是一种客观存在,历史英雄只有放弃真实的自己,放弃自己真实的经历,认同于英雄模式中英雄的经历,才能成为口传英雄神话中的英雄。

第六节 遮耐普

阿诺尔德·凡·遮耐普(A. Van Gennep, 1873—1957)出生于德国,后随母迁居法国。1892 年,遮耐普中学毕业后就读于巴黎大学文学院和东方语言学院,先后学习民族志学、社会学和比较宗教。毕业后做过法文教师,后从事翻译工作,他从小就表现出了极强的语言天赋,据称掌握了十几种语言,因此,翻译是他主要生活来源之一。除了翻译,遮耐普还为民族志和民俗刊物撰写了大量书评和文章。1904 年,他的著作《马达加斯加的禁忌与图腾》出版,1906 年,《澳大利亚的神话与传说:民族志与社会研究》出版,1909 年,《通过礼仪》出版,奠定其民俗学家的声誉。遮耐普一生著述颇多,共出版过 15 种专著,另外还发表了 160 多篇论文。1957 年去世,享年 84 岁。

在遮耐普看来,人类社会无论是宗教性的还是世俗性的,无论是贵族阶层还是平民阶层,无论是职业,如农民、工人,还是年龄、性别等因素,每当人们的宗教、身份地位和社会属性发生转变的时候,如由非宗教进入宗教,由非组织进入组织,由非成人进入成人社会,无一例外,都要举行仪式,以象征和标记某种"转换"和"通过"。这种仪式是世界性的、普遍性

---

① 〔美〕阿兰·邓迪斯《世界民俗学》,陈建宪等译,上海:上海文艺出版社,1990 年,第 220—221 页。

的,几乎所有的国家和民族都有自己的人生礼仪;非但如此,这些人生礼仪不仅结构相似、过程相似,而且对于礼仪的认知和解读也非常相似。

遮耐普是第一位发现并描述人生礼仪及其结构形态的学者,他的"通过礼仪"理论从开始出现到现在,作为民俗学甚至人类学、社会学等学科中的一种基本概念、基础理论和研究工具,一百多年来一直被广泛使用。

一、人生礼仪的种类

根据人生礼仪的性质、形态、目的和意义的不同,遮耐普把人生礼仪分为如下几种:

(一)交感礼仪(sympathetic rites)

指建立在相似的、相反的、接触过的、局部与整体的、影像与真实事物之间的互动关系信仰基础上的礼仪。例如,人们相信两个相似的事物之间一定有某种联系,如认为人的画像、照片与真人之间关联密切,对画像和照片的祝福和诅咒会最终传递给真人。又如,人们认为两个曾经接触过的事物,尽管后来已经分开,但是依然存在某种联系。就像人类喜欢探访名人故居,期待借其故居跟名人进行某种方式的交流和沟通。

(二)传递礼仪(contagious rites)

指建立在认为某种具有魔力的"灵物"可以通过身体或意念的接触而传递能量或能力基础上的礼仪。例如,在很多情况下,人们无法跟某种神圣的力量进行近距离的接触,于是会选择借助于某种"圣物",如手迹、用具、书籍、武器等进行远距离的力量和能量的传递,如通过触摸经书来获得神的眷顾。

(三)直接礼仪(direct rites)

指不需要通过第三者来进行沟通,人们或者用语言,或者用行为直接作用于对方的礼仪,如祝词、咒语或诅咒。直接礼仪非常常见,没有条件的限制,只要需要,人们可以随时运用以达到自己的目的。

(四)间接礼仪(indirect rites)

指要经过第三者的传达,或举行特殊的仪式来达到与灵界沟通目的的礼仪。例如,将某种武器先放置在某个具有神性的地方,或先接受某种供奉,然后再进行使用。人们认为这种被供奉过的武器的杀敌效果会更突出。

(五)积极礼仪(positive rites)

指通过主动举行或参与某些仪式活动而希望事情能向预定的方向发展。例如在新生婴儿的命名礼仪中,人们通常给孩子取一个与某个名人或伟人相同或相似的名字,期待孩子有所成就;婚礼中的"铺床"仪式中,人们常用的食物如核桃、花生、枣等就蕴含着希望新婚夫妻能早日生子,传宗接代的含义。

(六)消极礼仪(negative rites)

主要指的是禁忌,为避免受到伤害而拒绝做或说什么事情。例如在很多社会中,孕妇都会受到格外关注和保护。通常情况下孕妇会避免吃某些东西,如兔肉,据说吃了兔肉会生下兔唇的婴儿,又如鸡爪子,据说吃鸡爪子生下的孩子以后写不好字,等等。

遮耐普认为,人生礼仪从理论上虽然可以分为以上六种类型,但实际上,任何一种礼仪都应该是"复合"型的,是几种不同类型的礼仪组合在一起的结果。如"祝寿"礼仪就有可能同时包含着"交感礼仪""直接礼仪""积极礼仪"和"消极礼仪"四种不同的礼仪类型:给寿星老送寿桃、煮长寿面的行为属于"交感礼仪";向寿星老致辞"福如东海长流水,寿比南山不老松"的行为属于"直接礼仪";为寿星老举行"祝寿"活动本身就是一种"积极礼仪";而"祝寿"仪式中往往有很多语言或行为上的禁忌,这就属于"消极礼仪"。①

---

① A. Van Gennep, *The Rites of Passage*, Chicago: University of Chicago Press, 1960, pp.11-12.

二、人生礼仪的结构

人生礼仪的结构可以分为分离仪式(rites of separation)、通过仪式(transition rites)和聚合仪式(rites of incorporation)三个部分。①

(一) 分离仪式

人的一生可以分为许多不同的阶段,例如从出生到成年;从成年到订婚,再到结婚;从生到死;从小学到中学,再到大学等等。每到一个特殊阶段,人们都面临着"脱离"前一个阶段,"进入"后一个阶段的转折。因此,仪式的开始首先是"分离"。

(二) 通过仪式

被"分离"出来的人们需要经历一段时间的考验或训练,然后才能进入下一个阶段。这期间的人们处于两个阶段的中间状态,因而是"危险"的:既有可能被别人伤害,又有可能伤害到别人。所以,一般情况下,他们都会被隔离起来。当人们认为他们已经经受了足够的考验,或失去了危险性,或证明了自己的能力之后,才会被允许进入下一个阶段。

(三) 聚合仪式

重新被社会所接受的人不再是原来的那个人。我们会看到一个全新的人,无论是他的服装、服饰、发型,还是他的思想观念、责任、义务或权利,都发生了全新的变化。

如果说分离仪式象征着一个旧生命的死亡,那么,通过仪式象征着一个新生命的孕育过程,而聚合仪式则象征着一个新生命的诞生。

根据里弗斯(W. H. Rivers)的记载②,印度托达妇女从怀孕到生产需要经历如下的过程:

---

① A. Van Gennep, *The Rites of Passage*, Chicago: University of Chicago Press, 1960, p. 11.
② W. H. Rivers, *The Todas*, London: Macmillan, 1906, pp. 313-333. 转引自 A. van Gennep, *The Rites of Passage*, Chicago: University of Chicago Press, 1960, pp. 42-43。

(1) 妇女一旦怀孕,就不能再到村子里或任何具有神圣意义的地方去了。

(2) 怀孕五周的时候,人们要为孕妇举行一个名为"离开村子"的仪式。孕妇必须搬到一个临时搭建的房子里居住,不允许参加任何形式的社会活动。

(3) 孕妇祈求 Pirn 和 Piri 神的保护。

(4) 孕妇要在自己的两只手上各烫出两个疤痕。

(5) 然后,再举行一个离开临时搭建房子的仪式。

(6) 孕妇回到自己原来的家中,一直住到怀孕七个月。

(7) 怀孕七个月时,举行一个"弓箭仪式"以确定孩子的父亲是谁。(托达人实行一妻多夫制)

(8) 孕妇回家主持上述仪式。

(9) 孕妇生产。

(10) 两三天后,举行一个分离仪式,把产妇及其丈夫和孩子送到一个临时搭建的房子里。

(11) 在临时搭建的房子里,产妇、丈夫和孩子都要被涂上"不洁"的标志。

(12) 举行一个特殊的仪式防止这一家人受到"邪恶"力量的伤害。然后,一家人返回到村子里,开始正常的生活。

托达人的这个仪式主要是针对妇女而言的,而且重在强调"通过"仪式。因为,妇女的孕期长达近十个月,所以,人们自然会把重点放在孕期上。

从理论上讲,人生礼仪都应该包括上述三个部分。但实际上,每一种礼仪都有其侧重点。如在出生礼仪中,如果是从孩子的角度来看的话,几乎没有"分离"仪式,只有"进入"仪式。刚出生的孩子谈不上和什么状态进行分离,只是作为一个新生命进入这个社会当中。社会只存在一个接纳的问题。因此,出生礼仪强调的是孩子的社会化过程。而丧礼则重点强调的是"分离"仪式。因为死亡标志着一个生命的终结,我们为死者举行丧礼,一方面是为了表达哀痛之情,但另一方面,或者说更重要的一方面,我们是在把一个人的"死亡"公众化,把一个人永远"脱离"社会的事实公众化,并借助于丧礼重新整理因死者的死亡而导致的财产、权利、责任和义务的重新分配,人们希望通过丧礼使得这种重新分配的结果得到社会的认可。当然,丧礼还包含着复杂的"通过"仪式,因为丧礼中的很多活动都是为死者进入"信仰"中的另一个世界或另一种状态作准备。

中国的传统婚礼基本上包括了"分离""通过"和"聚合"三个部分的仪式,但突出强调的是"聚合"仪式。因为中国传统婚礼主要是对女性或者说新娘子而言的,新郎不存在离开家的问题,所以也就谈不上"分离""通过"和"聚合"。传统婚礼的主要过程就是把女方娶回家的过程,因此,对女性来说,就有一个与自己的父母"分离"或"脱离"自己家庭的仪式。另外,新娘子前往夫家的路上的仪式活动就相当于"通过"仪式,而到达夫家之后举行的一系列仪式活动就属于"聚合"仪式。总之,从实践的意义上看,"分离""通过"和"聚合"仪式在每一个具体的礼仪当中的分配不一定是均衡的,也不一定都会被充分展示。

作为第一位研究并发现"通过礼仪"的结构形式和重大社会意义的人类学家,遮耐普很早就注意到"语境"(context)在文化研究中的重要意义。他甚至先于马林诺夫斯基提出了文本与"语境"的密切关系问题。遮耐普认为,礼仪必须放置在其活的、完整的社会"场合"和语境中进行研究,任何企图把礼仪从其语境中"挖"出来的研究思路都不利于研究的深入进行。他从"实证主义"的研究理念出发,坚持认为,要想研究社会发展进程的规律,必须从实证和观察的角度下手,而不能单凭学者们天才的构想和大胆的推测。观察和实践才是唯一的出路。[1] 遮耐普的一些观点与当代民俗研究中的"语境论"(contextual theory)有着许多不谋而合之处。"语境论"认为,把民俗事项从其产生的语言、行为、交流、表演和表达环境中"剥离"出来的研究方法是非常不科学的,因为"语境"对我们理解和认识民俗事项有着关键性的作用。[2]

---

[1] A. Van Gennep, *The Rites of Passage*, Chicago: University of Chicago Press, 1960, pp. v-vii.
[2] 关于"语境论"的一些观点,可参考 A. Dundes, "Texture, Text, and Context", *in Southern Folklore Quarterly* 28 (1964), pp. 251-265; Dan Ben-Amos, "Toward a Definition of Folklore in Context", in *journal of American Folklore*, 84(1971), p. 10; R. Abrahams, "The Complex Relations of Simple Forms", in *Genre* 2 (1969), p. 105。

第三章
功能主义

19世纪末,起源研究出现了危机。以马林诺夫斯基(B. K. Malinowski,1884—1942)为代表的功能学派摒弃了人类学图书馆安乐椅上的研究方法,开始走向社会,通过田野调查来获得第一手资料。人们已经不满足于人类学派在非常有限的材料基础之上去对文化发展变化的规律进行推测和臆想,从而忽视了文化的特殊性,也不想重建人类文化的历史。"除非在我们对于各种文化现象的性质充分了解,及我们能一一规定它们的功能及描写它们的方式之后,猜度它们的起源及发展阶段是没有意思的。'起源''阶段''发展法则''文化生长'等概念,一直到如今,仍是模糊不明,而且是不能用经验来了解的。进化学派的方法最重要的是出于'遗俗'的概念,靠了这概念他们可以从现有的情状中去重构过去的'阶段'。但是,遗俗的概念是包含有'文化的安排可以在失去了功能之后继续生存'的意义。"[①]

马林诺夫斯基1884年出生于奥匈帝国统治下的波兰的克拉科夫,父亲吕锡安·马林诺夫斯基(Lucjan F. J. Malinowski)任职于雅盖隆大学,是一位杰出的语言学家、民族志学者兼民俗学者。吕锡安在求学期间就表现出过人的语言学天赋,他的博士论文就是根据他自己在西里西亚所作的方言田野研究而完成的。这篇论文被后人评价为"一部划时代之作",为"如何呈现研究成果树立了典范"并"开创了一种研究波兰方言学的科

[①] 〔英〕马林诺夫斯基《文化论》,费孝通等译,北京:中国民间文艺出版社,1987年,第12页。

学方法"。① 吕锡安还是一个勤勉的民族志学者,他对乡村生活的所有层面都进行了观察,有"波兰方言学之父"的美誉。② 遗憾的是在马林诺夫斯基 14 岁时,父亲去世,父子二人并没有机会在田野研究方面进行过任何形式的交流,但潜在影响还是显而易见的。1902 年,马林诺夫斯基进入雅盖隆大学,也就是父亲曾经执教的大学学习,主修哲学。但是出人意料的是,他大学期间花费了大量时间修习数学和物理学的课程,甚至到了近乎痴迷的地步。有人曾经作过统计,马林诺夫斯基大学期间学习数学和物理的课时占到了其总学时的三分之二,而他的主修课程哲学只占其总学时的三分之一。③ 马林诺夫斯基只用了四个学年就修完了课时,达到了毕业标准。1906 年 10 月,他参加了哲学和物理学的毕业考试,然后跟母亲一起前往加那利群岛休养。1908 年,马林诺夫斯基向学校申请博士学位并得到批准,于当年 11 月顺利获得哲学博士学位。

求学期间,由于身体的缘故,马林诺夫斯基曾经有过短暂的休养。休养期间为了学习英语,他阅读了弗雷泽的《金枝》,开始对弗雷泽和人类学产生了浓厚的兴趣。可以说,这部书改变了马林诺夫斯基的一生:

> 刚一读到这部名著,我便沉醉其中不能自拔。我意识到,人类学,就像詹姆斯·弗雷泽爵士展现的那样,是一门伟大的科学,它值得人们投入与任何更古老,更严密的科学相当的热忱,我急切地要为弗雷泽式的人类学献身。④

马林诺夫斯基拥有超凡的语言天赋,除了自己的母语波兰语,他还学会了法语、俄语、德语、意大利语、西班牙语和英语。有人说,马林诺夫斯基学习语言的诀窍就是买上一大堆小说,并依靠最少的语法或字典参考去读完它们。⑤ 由此可以得知,马林诺夫斯基选择阅读《金枝》,最初的目的显然是为了学习英语。《金枝》之所以被选中,不仅是因为弗雷泽在当

---

① 〔澳〕迈克尔·扬《马林诺夫斯基:一位人类学家的奥德赛》,宋奕等译,北京:北京大学出版社,2013 年,第 24 页。
② 同上书,第 26 页。
③ 同上书,第 98 页。
④ 同上书,第 16 页。
⑤ 同上书,第 63 页。

时的欧洲享有极高的学术声望,而且还因为其超群的文笔使得这部人类学著作具有很强的可读性,并因此拥有非常广泛的读者。在很长一段时间里,《金枝》一直是畅销书。马林诺夫斯基后来曾评价弗雷泽说他应该属于文学圈而非科学圈,因为他是通过古典著作而非物理学或动物学的路径进入人类学的。①

取得博士学位后,马林诺夫斯基先是到德国游学,后又到英国,并于1910年进入伦敦经济学院学习人类学,先后师从英国第一位社会学教授霍布豪斯(L. T. Hobhouse,1864—1929)以及塞利格曼(C. G. Seligman,1873—1940)、爱德华·韦斯特马克(E. A. Westermarck,1862—1939)。1914年,马雷特(R. R. Marett,1866—1945)教授得到一个考察澳大利亚的项目,需要一名助手,时年30岁的马林诺夫斯基由于曾经梳理和研究过有关澳大利亚土著的相关资料和论著,因而被选中并随队前往澳大利亚进行考察。在考察过程中,第一次世界大战爆发,马林诺夫斯基作为敌对国国民被限制活动,因此不得不滞留在澳大利亚和英属新几内亚。但幸运的是,他被允许在澳大利亚和由澳大利亚管辖的新几内亚地区进行田野调查。由于得到来自澳大利亚政府和当地商人的资助,马林诺夫斯基有足够的时间和经费在太平洋上的新几内亚,特别是其中的特罗布里恩德群岛(Trobriands)从事田野调查活动。实际上,早在马林诺夫斯基出发去澳大利亚进行调查之前,英国学术界已经有了进行实地的田野作业的呼吁,也有了一些初步的调查实践活动,但大都是出于调查者个人兴趣和学术意识的本能,并不系统。

从1914年8月到1918年10月,马林诺夫斯基用了近三十个月的时间,先后三次从澳大利亚出发到新几内亚地区从事调查和研究。调查伊始,尤其是第一次调查时,马林诺夫斯基还需要依靠翻译跟土著进行对话,后来第二次和第三次调查时,他就可以在没有翻译的情况下自如地跟土著进行交流。在长达三十个月的调查中,马林诺夫斯基掌握了大量的第一手资料,为他后来创立功能主义学派,建立自己的理论学说奠定了坚

---

① 〔澳〕迈克尔·扬《马林诺夫斯基:一位人类学家的奥德赛》,宋奕等译,北京:北京大学出版社,2013年,第260页。

实的基础。战后,马林诺夫斯基曾担任雅盖隆大学的教授,随后又转回伦敦经济学院,自1922年至1938年在那里任教。这一时期他的学术影响达到顶峰。第二次世界大战爆发时,他正在美国,决定战争期间一直留在那里。可是,在接受耶鲁大学终身教职后不久,就于1942年去世。①

第一节 理论背景概述

众所周知,功能主义对于人类学、民俗学的两大贡献在于,一是终结了人类学、民俗学图书馆安乐椅上的研究方法,二是以功能研究取代了起源研究,或者说,改变了原有的探讨人类文化进程和早期人类文化的研究取向。实际上,田野研究并非始于马林诺夫斯基,也并非人类学学科的原创。最早提出"田野"一词的是英国动物学家哈登(A. C. Haddon,1855—1940),其研究兴趣最初在珊瑚礁上动物种群的结构。一般认为,19世纪末20世纪初的田野调查与自然历史科学密切相关。人类学意义上的田野调查始于英国历史上有名的托雷斯海峡探险。

一、托雷斯海峡探险

19世纪末20世纪初,当马林诺夫斯基还在波兰的克拉科夫念中学的时候,英国人类学界正在发生一个重大事件:剑桥大学的托雷斯海峡探险活动。尽管探险者的名字对于当时的马林诺夫斯基来说并没有什么意义,但是参与这次探险的三位成员后来都成了左右马林诺夫斯基职业生涯方向的重要人物。从某种意义上讲,托雷斯海峡探险可以看作是现代人类学,即以田野考察为基础的人类学的开端。这次探险活动不仅展示了田野工作的价值和意义,而且还赋予了田野工作必要、合法且受人尊敬的地位。更为重要的是,田野工作还能像其他科学活动一样得到各种各样的赞助。②

---

① 〔英〕阿兰·巴纳德《人类学:历史与理论》,王建民等译,北京:华夏出版社,2006年,第70页。
② 〔澳〕迈克尔·扬《马林诺夫斯基:一位人类学家的奥德赛》,宋奕等译,北京:北京大学出版社,2013年,第179页。

(一)哈登

这次探险的构想来自哈登。哈登进入剑桥大学时学的是动物学,当时,进化论风靡欧洲,是科学的正统,哈登的思想不可避免地也带有了进化论的色彩。但是,与一般的进化论学者不同,他更关心的是特定地理区域内动物的类型分布,而非具有普遍意义的进化发展顺序。1888年,哈登曾远赴澳大利亚和新几内亚之间满布岛屿的托雷斯海峡,计划研究珊瑚礁上动物种群的结构。在前往托雷斯海峡的途中,哈登阅读了《人类学的问询和记录》以及弗雷泽关于原始人群风俗、信仰与语言的调查问卷,因此,在调查珊瑚和水生动物之余,他还用素描和拍照的方式记录了当地的传统舞蹈,并按照《人类学的问询和记录》的方式记录了当地的民俗。

1898年,哈登再次组建团队,带领其他六个成员完成了托雷斯海峡的探险,并因此成为英国田野人类学家中的领军人物。除了怀有"拯救"民族文化的情怀,哈登还大力推广这种类型的田野研究,由此创立了"剑桥流派"。巧合的是,哈登在前往托雷斯海峡进行田野调查时,活动摄影机刚刚被发明,哈登有幸携带着这种活动摄影机进入了田野,并拍摄了第一部田野电影,尽管只是四分钟的当地人舞蹈的视频片段,但哈登随后提出的利用摄像机全面系统地记录当地族群的日常生活、社会形态、政治经济、宗教文化以及生产技术的设想使他获得了影视人类学之父的名誉。①哈登认为,无论是英国政府还是科学家们都有责任在这些原始文化遭到西方文明侵蚀而不可避免地最终消失之前记录并保存它们。哈登后来放弃了自己的专业,选择从事人类学研究,是英国新老人类学之间承前启后的人物。

(二)里弗斯

托雷斯海峡探险的另一个重要参与者是里弗斯(1864—1922)。里弗斯最初学习的是药学,后来创立了英国第一所实验心理学实验室。哈

---

① 19世纪末,电影放映机器先后被英、法、美等国家发明。1895年,卢米埃尔兄弟发明了活动摄影机,后被哈登用来拍摄了第一部田野电影。

登让里弗斯负责探险中所有的心理学实验,在这次探险中,里弗斯对人类学的贡献是积极和持久的。正是由于这次探险,里弗斯发明了所谓的"谱系法",这一方法成为收集亲族信息的标准田野方法。20世纪初期,里弗斯在36岁的年纪转而研究人类学,并通过自己的努力,改变了人类学的研究方法和研究方向。①

(三)塞利格曼

托雷斯海峡探险的最后一个重要参与者是塞利格曼(1873—1940),他是在最后时刻自愿、自费加入探险活动的。塞利格曼原是位小有名气的医学病理学家,同哈登和里弗斯一样,在托雷斯海峡探险之后,一发不可收拾,非常着迷于人类学的田野作业,转而开始进行人类学的研究。他曾涉足人类学的很多领域,如体质人类学、人种、进化的分布论研究方法,以及新几内亚的人种学。② 在强烈的"拯救文化"观念的召唤下,塞利格曼义无反顾地投身到了田野研究中,并于1904年再次前往英属新几内亚探险。1907—1908年,他在妻子的陪同下,在锡兰的土著维达人中进行田野研究,同时还去了埃及和苏丹进行相关研究。1910年,塞利格曼的著作《英属新几内亚的美拉尼西亚人》出版。1913年,他成为伦敦经济学院教授并创立了该院的民族学专业。③ 马林诺夫斯基拿到博士学位后,于1910年来到伦敦,阅读了里弗斯的著作《托达人》,表现出了极大的兴趣,并亲自到剑桥拜访了哈登和里弗斯。四年之后,他获准进入伦敦政治经济学院学习人类学,师从塞利格曼。

二、田野的发现

在19世纪,有土著人生活的澳大利亚常被人们用来集中讨论早期人类社会的特征。澳大利亚数千年来一直与其他各地的文化发展相隔绝,所以是当时仅有的一个仍由狩猎采集生活方式主导的大陆。澳大利亚土

---

① 〔澳〕迈克尔·扬《马林诺夫斯基:一位人类学家的奥德赛》,宋奕等译,北京:北京大学出版社,2013年,第181—182页。
② 同上书,第182页。
③ 同上书,第182—183页。

著没有农业、动物驯化养殖,以及永久性的房屋和村落。将"土著"看成是"活的人类祖先"的观念根深蒂固,许多学者,包括涂尔干和弗洛伊德的研究从根本上都是假定澳大利亚土著处于进化序列的低端,因此是普遍的原始文化的代表,学者们认为其他文化都是从这种普遍的原始文化中进化发展出来的。①

1910年年末,马林诺夫斯基的好友惠勒的新书《澳大利亚部落与部落间的关系》出版,这为马林诺夫斯基提供了一个表明自己理论立场的机会。当时,马林诺夫斯基正在进行一项关于澳大利亚土著家庭的研究。通过大量阅读关于澳大利亚的民族志,他发现这些材料中很多都"含混、矛盾、令人疑惑"。他当时的想法是,他的任务就是要评估和比对这些资料来源。在阅读过程中,他发现这些材料并不够"科学",因为"那些白人谈论和表述土著见解的方式表明他们缺少专业训练,所以根本不能连贯而精确地表达他们的思想。更不可思议的是,无论行政官员、传教士还是商人都很务实,在很大程度上充满偏见与先入为主的判断,然而这却与追求事物的客观、科学的观点绝不相容。这些非专业人士通过习惯自以为是地把民族志者严肃对待的东西当成无聊的琐事,把科学的宝藏当成廉价的废物"②。马林诺夫斯基在书评中批评了那些安乐椅上的人类学者:

> 关于家庭生活的社会形式问题仍有一些问题有待厘清。目前最迫切的任务似乎是对所有不同民族志地区的事实作仔细的研究。……避免做出假设性臆测,或者讨论关于家庭起源或进化的一般性问题。……尽可能全面地描述所有关于澳大利亚真实家庭生活的事实。③

关于原始文化,马林诺夫斯基认为,早期学者过多依赖早期业余人种学

---

① 〔澳〕迈克尔·扬《马林诺夫斯基:一位人类学家的奥德赛》,宋奕等译,北京:北京大学出版社,2013年,第200页。
② 〔英〕马林诺夫斯基《西太平洋的航海者》,梁永佳、李绍明译,北京:华夏出版社,2002年,第4页。
③ 〔澳〕迈克尔·扬《马林诺夫斯基:一位人类学家的奥德赛》,宋奕等译,北京:北京大学出版社,2013年,第203页。

者的资料,使得研究无法提供可靠的研究成果。因为早期的业余人种学者在那时还没有掌握基本的田野调查方法,也没有明确的研究目的和知识,因此,早期业余人种学的资料对于现代学者而言是没有价值的。①

1913年,里弗斯提出了"集中式"田野工作的说法,他认为,英国人类学已经有太长时间满足于"考察工作"以及由此产生的"肤浅知识"了。这里所谓的"集中式"田野工作,首先要求研究者花一年或更长的时间与人数达四五百人的一个群体生活在一起,观察、记录并研究他们的生活及文化中的每一个细节。其次,调查者在研究中需要结识这一群体中的每一个成员,熟悉他们的身世、家庭、背景、信仰、性格等各种情况。再次,调查者不能满足于被普遍化了的信息,而是要在掌握当地语言的基础上通过具体细节研究生活和习俗的每一个特点。里弗斯认为,只有通过这样的工作,调查者才能对知识的广博有完全的认识。即使在文化已经发生巨大变化的那些地方,这样广博的知识也正在等待着探究者的到来。②

三、先在理论批评

(一)历史学派理论

马林诺夫斯基反对历史学派的研究观点,他认为,历史学派想靠追寻文化传播的路线而重构人类文化的历史。这派学者否认文化进化的重要性,认为在文化的发生中最重要的部分是模仿,或借用传入的器物及风俗。这派的方法是把世界各地文化的相同之处很细心地描绘出来,然后根据他们的推测和猜度来重构这些相同的文化如何在地面上传播的历史。但问题是学者所重构的结果很多是不相合的,如史密斯(E. Smith)和博厄斯(P. Boas)不同,培利(W. J. Perry)和施密特(P. Schmidt)不同,他们的不

---

① 〔英〕马林诺夫斯基《原始社会的犯罪与习俗》,原江译,北京:法律出版社,2007年,导论第2页。
② 〔澳〕迈克尔·扬《马林诺夫斯基:一位人类学家的奥德赛》,宋奕等译,北京:北京大学出版社,2013年,第266页。

同之处大部分是关于文化何处起源、何处流传、如何运输等问题。①

马林诺夫斯基认为该派的问题在于把"文化"看成是一些互不相干的文化特质所构成的堆积体,反对该派不加辨别地将种种概念,如文化特质、特质丛、文化丛等,或用于一单纯的器物或工具,如标枪、弓或钻火器;或用于一堆物质文化的模糊特性,如纪念某事的石碑、暗示性生活的贝壳;或用于文化的某一方面,如农业、多子崇拜;或用于模糊的集团原则,如对偶组织、氏族组织;或用于一宗教的崇拜典礼。该派认为每项文化特质都有自己的起源和历史,它们只是在偶然情况下碰巧组合在一起。而马林诺夫斯基为代表的功能学派认为文化是不能被视作一堆偶然集合的"特质"的,只有可以比较的要素才能相提并论,只有相合的要素才可以归入一调和的整体。每一个活生生的文化都是有效力功能的,而且整合成一个整体,就像是个生物有机体。如果把整个关系去除掉,将无法了解文化的任何一个部分。②

(二)进化论学派

马林诺夫斯基反对进化论学派把文化的发展看作是一串依照一定法则、有次序的自动退化过程。这一学派假定文化是可以分成简单要素的,但是,对于这种假定却不加深究。于是,他们提出了一套关于用火的进化学说,一套关于宗教发展过程的学说,以及婚姻制度发展过程的学说,以及陶器、家畜、农具等等学说。马林诺夫斯基认为,种种工具的变革多少有一定的进化法则,但是家庭、婚姻或宗教信仰却并不受制于任何简单而动人的退化次序。③他指出:"精确科学的旨趣应该把焦点放在对现实存在和可被观察的社会现象的机制与本质的理解与洞察之中,而不是为了让这些现象成为解答那些我们无法通过经验而知悉任何事的史前谜题的钥匙。"④

---

① 〔英〕马林诺夫斯基《文化论》,费孝通等译,北京:华夏出版社,2002年,第14页。
② 同上书,第14—15页。
③ 同上书,第13页。
④ 〔澳〕迈克尔·扬《马林诺夫斯基:一位人类学家的奥德赛》,宋奕等译,北京:北京大学出版社,2013年,第260页。

(三) 文化遗留物理论

马林诺夫斯基也批评了里弗斯关于"文化遗留物"的说法。里弗斯提出了"文化遗留物"的概念,认为其特指"那些无法由其现有用途解释,而只能从其历史中识别的传统的留存"。例如,里弗斯根据自己 1909 年在美拉尼西亚所作的田野调查得出结论说舅甥关系是"一个真正的社会遗留物",是过去"社会条件"的一个"活化石"般的"遗迹",并认为"遗留物"展示了人类强烈的守旧取向。[1] 马林诺夫斯基不同意这种观点,他认为"每一种习俗,无论有多过时或不再被使用,都在行使某种社会功能"。[2]

(四) 精神分析理论

马林诺夫斯基在对亲子关系的考察中,验证了弗洛伊德精神分析学的中心原则。[3] 对特罗布里恩德岛民来说,父亲是极度宽容的形象,并不是弗洛伊德假定的作为文化普遍性的权威形象;倒是孩子的舅舅拥有权威的位置,这是因为舅舅的权威来自他在孩子的母系亲属群体中作为年长者的地位。按照马林诺夫斯基所说,特罗布里恩德岛民忽视生理上的父权,因而那里父亲的角色就与父系社会中父亲的角色大不相同。[4]

对马林诺夫斯基而言,人类学、民俗学早期的各种理论之所以存在各种各样的问题,最主要的原因是它们没有采取一种科学的研究方法,即没有深入田野,进入研究对象的生活之中,与他们沟通,与他们交流,因此,它们的结论也就只能是一种推测和假设,经不住历史和现实的检验。

---

[1] 〔澳〕迈克尔·扬《马林诺夫斯基:一位人类学家的奥德赛》,宋奕等译,北京:北京大学出版社,2013 年,第 264 页。

[2] 同上。

[3] B. Malinowsky, *The Father in Primitive Psychology*, New York: W. W. Norton & company, 1927; *Sex and Repression in Savage Society*, London: Kegan Paul, 1927.

[4] 〔英〕阿兰·巴纳德《人类学:历史与理论》,王建民等译,北京:华夏出版社,2006 年,第 71—72 页。

第二节 田野调查

功能学派在民俗学领域掀起了一场革命。他们通过长时间的田野调查,收集活着的民俗材料,把研究的重点放在各种民俗事项为什么在民间得以保存和广泛流传上。如果我们说田野调查是民俗学的生命之所在,是学科的立学之本,似乎一点儿也不过分。众所周知,是田野调查成就了民俗学家,或者也可以说民俗学家的所有知识都来源于田野调查。没有田野调查就没有民俗研究。

一、田野的意义

众所周知,任何一门学问都应以绝对坦诚和毫无保留的方式告知其科学研究的结果。很难想象撰写一份物理学或化学的实验报告可以不对全部实验安排作出详细的描述,不对所使用的仪器、观测的方式、次数、时间等因素进行详细的说明,但是遗憾的是以往的民族志学者在撰写民族志著作时很少提供他们的材料来源信息以及他们的有关描述和观测是在怎么样的条件下完成并获得的。因此,如果一个学者在撰写民族志著作时闭口不谈他的资料来源,他的所有结论就只能被看成是一种猜测和推论,因此,也就不可能指望被严肃地对待。马林诺夫斯基认为,唯有符合以下条件的民族志材料才具有无可置疑的科学价值,即我们可以分辨出哪些材料是由直接观察与土著人的陈述和解说得来的,哪些材料是作者基于他的常识与心理领悟得来的。由此就要求学者必须进入田野,获得第一手资料。[①]

关于田野工作的重要性,马林诺夫斯基曾经举例说,一个生活在英国的外国人,如果不能理解这里的语言、人们的秉性、流行的观念、社会风貌中所体现的爱好与时尚的话,他就无法在英国的各种制度中生活,无法享受他们的体育与娱乐、进入英国的学校与大学体系,以及在英国的社会生

---

① 〔英〕马林诺夫斯基《西太平洋的航海者》,梁永佳、李绍明译,北京:华夏出版社,2002年,第18页。

活中自得其乐并参与英国的政治生活。另一方面,如果他和这些制度保持距离的话,他也将无法深入到英国式的思想方法中。在马林诺夫斯基看来,相同的道理经过必要的修正之后也适用于土著人社会。① 因此,田野调查对文化研究来说是必需的。

二、进入田野

关于田野工作的奥秘,即一个民族志学者唤起土著人的真正精神、展示部落生活的真实图景,靠的是什么魔法呢?马林诺夫斯基认为,根本没有什么捷径,成功只能靠耐心以及系统地运用常识和通行的科学法则。他将进入田野的方法归纳为三条:首先,学者必须怀有科学的目标,明了现代民族志的价值与准则。其次,他应该具备良好的工作条件,主要是指完全生活在土著人当中而无须白人介入。最后,他需要使用一些特殊的方法来搜集、处理和核实他的证据。②

为了能更好地进入田野,马林诺夫斯基主张民族志学者首先要接受良好的理论、方法以及学术研究方面的训练。他认为,良好的理论训练及对最新研究成果的熟悉是必需的,但是同时要警惕"先入为主的成见"。作为一个民族志学者,他带到田野的问题越多,思考也就越多,根据事实运用理论的能力也就越强。先入为主的成见在任何学科中都是有害的,但预拟问题却是科学思考者的主要禀赋,这些问题是通过观察者的理论学习发现的。

另外,民族志学者进入田野的目的和态度也非常重要。马林诺夫斯基认为,田野工作的首要理想在于清晰而明确地勾画一个社会的构造,并从纠缠不清的事物中把所有文化现象的法则和规律梳理出来,因此,学者必须抱有严肃、冷静、认真的态度,不能有一丝哗众取宠的心态,也不能把土著人当作一幅扭曲了的、孩子式的漫画描述给外界看。③

---

① 〔澳〕迈克尔·扬《马林诺夫斯基:一位人类学家的奥德赛》,宋奕等译,北京:北京大学出版社,2013年,第504页。
② 〔英〕马林诺夫斯基《西太平洋的航海者》,梁永佳、李绍明译,北京:华夏出版社,2002年,第4页。
③ 同上书,第8页。

马林诺夫斯基指出,要达到民族志田野工作的目标,必须牢记如下三条必由之路:

1. 部落组织及其文化构成必须以翔实明确的大纲记录下来。这一大纲必须以具体的、统计性资料的方式提供。

2. 这一框架应以实际生活的不可测度方面以及行为类型(type of behavior)来充实。这方面的资料必须通过精细的观察,以某种民族志日记的形式来收集,而这只有密切接触土著人的生活才有可能。

3. 应当提供对民族志、特殊叙事、典型说法、风俗项目和巫术程式的汇集,作为语言材料集成和土著人精神的材料。

总之,马林诺夫斯基认为,田野调查的目标就是把握他者的观点,理解他者的生活态度,以及他们的世界观。马林诺夫斯基尤其强调在田野调查中,应该意识到每一种文化都存在不同的制度让人追求其利益,存在不同的习俗满足其渴望,存在不同的法律与道德信条褒奖其美德或惩罚其过失。因此,如果研究制度、习俗和信条,或是研究行为和心理,不理会这些人赖以生存的情感和追求幸福的愿望,田野调查也就没有任何意义。[1]

三、田野调查方法

(一)住在土人中间

在马林诺夫斯基看来,早期图书馆安乐椅上的那些人类学家的研究之所以存在各种问题,且带有主观臆断的倾向,或者甚至可以说是失败的,大多是由于他们的研究材料出于业余人士如传教士、种植园主、医疗人员、商人等提供的游记、笔记等。这些人除了短期探访之外,没有一个真正生活在土著人的村落里,对土著人的生活和风俗可以说是只知其一,不知其二,如他们几乎无法分辨一种习俗是偶然的还是司空见惯的,是公众性的还是私人性的,土著人对某一活动是敷衍塞责、无动于衷还是积极

---

[1] 〔英〕马林诺夫斯基《西太平洋的航海者》,梁永佳、李绍明译,北京:华夏出版社,2002年,第18页。

热情、自觉自愿等。因此,真正的田野调查要求学者必须生活在土著人中间。① 在《西太平洋的航海者》一书中,马林诺夫斯基重点考察了独木舟与土著人的生活。他认为,从某种意义上讲,独木舟属于物质文化,人们可以对其进行详细的描述、拍照、完整记录其制作过程,包括制作过程中的仪式、咒语等习俗,甚至把它放在博物馆里供人观赏。但是,尽管材料详尽如此,也不能让人们认识到独木舟的民族志真相。因为上面提到的所有描述都只能代表一个民族志学者的感觉,而不是土著人的。在马林诺夫斯基看来,把我们的感觉和土著人的思想分开并加以正确解读是十分困难的事情,但是,如果研究者说着土著人的语言,并在他们当中居住过一段时间,便可以相当准确地观察他们的感觉,从而探出他们的喜与忧。他会很快分辨出什么时候他的行为和土著人吻合,什么时候有分歧。② 只有生活在土著人中间,才能一遍又一遍地看到风俗、庆典和交易,才能得到土著人赖以为生的信仰实例,抽象结构的骨架也就能很快地得到实际生活的血肉来充实。③

(二)语言能力

在《西太平洋的航海者》一书的开篇,马林诺夫斯基描述了自己初到田野中的场景:土著人好奇地围绕着他,他向周围的人分发烟草,营造出"一种和谐融洽的气氛"。但是,问题很快就出现了,问询工作中语言交流方面的障碍很快就让他感觉到这样将永难实现真正的自由交流。尽管可以依赖翻译,但是翻译常常会将语境自身所有的重要特征洗劫一空,而且会抹杀几乎所有的要点。于是马林诺夫斯基采取了其他补救的办法,如"收集详尽的数据,在村里进行普查,写下家谱,画出示意图,收集各种亲属称谓术语等",不过他感觉这些仍是死材料,要想真正理解它们,必须要跟土著人自由交流。④ 马林诺夫斯基特别强调语言在田野调查中的

---

① 〔英〕马林诺夫斯基《西太平洋的航海者》,梁永佳、李绍明译,北京:华夏出版社,2002年,第13页。
② 同上书,第98—99页。
③ 同上书,第14页。
④ 〔澳〕迈克尔·扬《马林诺夫斯基:一位人类学家的奥德赛》,宋奕等译,北京:北京大学出版社,2013年,第424页。

重要作用,他认为,掌握被调查对象的语言几乎就是一个必要条件,而且田野研究的成功有四分之三依赖于对当地语言的掌握。1932年时马林诺夫斯基曾告诉他的学生,拥有超凡的语言能力是他在人类学领域取得如此成就的关键,因为"不懂语言根本就无法深入"①。前文我们曾经谈到,马林诺夫斯基是一个难得的语言天才,精通多国语言,他进入田野后不久就迅速掌握了当地土著的语言,而且能用当地语言记录所有需要记录的内容,这对理解和研究土著文化有着不可替代的作用。

(三) 田野日志

为了实现表演者的完美化,他把记日记当成一种监控工具。记日记的目的"一定是巩固生活,整合思考,避免主题分散"。调查的主要工具就是他不断进行观察与分析的自我。② 马林诺夫斯基在1915年6月至1916年2月间共写完了13本这样的笔记。从这些笔记中,我们能够重构他当初在田野中的所作所为,因为他通常都记下了村庄的地点及研究日期。③ 田野日志还有一个重要作用就是在田野调查中可以随时修正和完善自己的记录。马林诺夫斯基曾经谈到他早期记录的很多信息都存在着瑕疵,而且不甚完整。不过,他日后又会重新阅读这些笔记,检查其中的论断,修改最初的观察记录,这有时是在几周之后,有时是在几个月甚至几年之后。他把这一检查程序称为"控制","已受控"一词出现在他笔记本的许多页上,就像保证真实性的印章一样。④

(四) 广泛涉猎

进入田野之后,需要注意的是不能只关注文化中的某些具体事物而忽视作为整体的文化,因此,调查者要使用各种方法收集处理各种材料,要像猎人一样主动寻找、核实,带的问题越多,就越能深入了解。马林诺

---

① 〔澳〕迈克尔·扬《马林诺夫斯基:一位人类学家的奥德赛》,宋奕等译,北京:北京大学出版社,2013年,第64页。
② 同上书,第541页。
③ 同上书,第428页。
④ 同上。

夫斯基认为,部落生活的方方面面都是相互影响的,若是把它们中的一小部分切割开来看会导致整体的破碎性。① 马林诺夫斯基在田野中的观察可谓无所不包,例如,他特别看重当地人的语言,认为语言在文化研究中是不可忽视的,因为语言是我们理解一个部落的社会心理和思维方式的重要的材料。他曾尝试建立一套完整的语言学理论:"这套理论能够解释语言的本质,进而解释语言的形式又是如何被生理因素、精神因素、社会因素及其他文化因素影响的;意义与形式的真实本质是什么,以及两者是如何协调的;这种理论能够提供一套能对语法概念给出可塑性、有根据的定义,它应该还是简练的。"②

此外,马林诺夫斯基同样对当地人的其他文化现象感兴趣,如园艺、土地所有制、季节更迭、婚姻、聘礼、性和饮食禁忌、食物分类、花园巫术、大型禁忌盛宴、狩猎猪和小袋鼠、狗巫术、斗殴和战争等。他还亲自记录当地人狩猎后的猎物分配、吸烟游戏、西米制作、山药生长以及到海湾地区的探险等。他考察了劳动力的性别划分、星宿名称、取火和火禁忌,还记下了移民情况、分娩、梦境、祖先和其他神灵、疾病和治疗等。他也没有忽略工艺,记述了木质盘子、网兜、贝壳装饰品、编织、勺子、网和武器等。他从阿胡亚那里收集的故事很多都是"具体实例",如果这些故事让他迟疑,他便只是随手记下,不作评注。直观上看,他领悟到了"土著人观点"的重要性。

马林诺夫斯基涉猎的方面还包括战争、石器、辱骂、求婚远征、舞蹈、神灵、巫师、葬礼、服丧、烹饪方式、吃饭时间、土地类型、数数方式、香味与颜色分类——这些只是他问询主题中的一部分。他还大致描述了特罗布里恩德社会最突出的特点:当地的和建立在血统基础上的集群、宗族图腾、园艺、土地所有制、族长地位。但若说他是在按照一个调查计划进行工作的话,从他的笔记中一大串被毫无规则地并置在一起的主题中丝毫看不出来。和在迈鲁岛一样,他是机会主义的,只要有谁愿意就任何事发

---

① 〔澳〕迈克尔·扬《马林诺夫斯基:一位人类学家的奥德赛》,宋奕等译,北京:北京大学出版社,2013年,第622页。
② 同上书,第623页。

表权威的意见,他都会记录下来。当没有"专家型"的信息人可供使用时,他就会借助《人类学的问询和记录》一书,刻板地提出那些设定好的问题。时间短暂,他希望不久就能启程去曼巴雷,因此主要目标就是让问题涵盖广泛,尽可能多了解特罗布里恩德的文化。①

(五) 关注细节

除了广泛涉猎,马林诺夫斯基还特别强调对细节的关注。例如,奥布拉库和临近村子里的死亡事例为对丧葬事物进行透彻的研究提供了机会。他早就在墨尔本准备好了一系列问题,问题清单证明了他的思考的详细周全:"仔细核对关于死亡与服丧的连续过程的叙述,探寻每个细节背后的土著人的心理学机制。"有些细节令人侧目,例如为什么服丧者迫不及待地要展示他们的鼻涕;为什么尸体要清洗,由谁清洗;为什么尸体上的洞窍在下葬前要被填塞;为什么某些亲属不能接触尸体或坟墓;为什么服丧者拍打尸体并抚摸鼻子和嘴;为什么一些贵重物品要陪葬;为什么一些遗骨尤为珍贵,而另一些则不是。② 在马林诺夫斯基看来,这些细节更像是土著文化中的血肉部分,只有关注细节,土著文化才会更加丰满,更加完整。

(六) 观念与思想

田野调查者还需要注意发现与了解土著人的精神,即他们的观点、意见和说法。这是因为在部落生活的每项活动中,首先存在着由风俗和传统规定的常例,其次存在着行动得以实施的具体方式,最后存在着包含在土著人观念中的对行动的评论。马林诺夫斯基认为,一个人服务于习惯性的义务,追随行动的传统规程,这是因为受到某些动机的驱使、某些观念的引导,并伴之以某些情感。这些观念、情感和冲动受到其文化的制约,因而也都是该社会的民族学特征。也正因为如此,必须进行深入了解

---

① 〔澳〕迈克尔·扬《马林诺夫斯基:一位人类学家的奥德赛》,宋奕等译,北京:北京大学出版社,2013年,第426页。
② 同上书,第543页。

和研究。① 马林诺夫斯基强调说,有一点必须要说明,我们研究的不是个人的思想和情感感受,而是土著人模式化的思想和情感方式,是他们作为社区成员的思想和感受。"在这种身份中,他们的心灵状态才获得了某种印记,并由于他们生活中的陈规惯例、传统习俗、作为思维工具的语言而变得模式化了。他们的社会和文化环境迫使他们以一种确定的方式思考和感受。我们需要找出典型化的思想和情感,使之与某一给定社区的习俗和文化对应,并以最有说服力的方式理清结论。"②

四、田野调查的原则

(一)田野调查中的伦理

有人曾经这样描述马林诺夫斯基和土著人的关系:他不请自来,然而他们却向他提供了关于他们生活方式的宝贵信息。他们领他进入自己的屋子和种植园,带他出海捕鱼。奥布拉库的老人和仪式专家们将自己的秘密知识传授给他:关于园艺、村庄前途、捕鱼、独木舟制作及其他技艺的神话与复杂巫术规则。比起任何一个单个的村民,他收集的巫术咒语的总量都要更多,种类也更丰富。他还被允许深入到他们关于宇宙信仰的神秘观念及丧葬的传统中。尽管受到周期性的热带困乏、疾病的侵袭及精力水平的起伏波动的困扰,他在奥布拉库的这一个月还是成果丰硕的。③ 当马林诺夫斯基离开时,当地人为他准备了盛大的送别宴。大量的芋头被收割、煮熟并被碾碎,做成了布丁。人们还为此杀了三只猪。宴会结束时,马林诺夫斯基还向当地人分发临别礼物。他上船时,奥布拉库的人们"就像有人去世一样嚎啕大哭起来"。④ 面对这样一群敞开自己家门,像对待亲人一样盛情接待一个与自己毫无亲缘关系的陌生人,而且情愿把自己的生活变成调查者"科学实验室中的样品"供人观察、比较、评

---

① 〔英〕马林诺夫斯基《西太平洋的航海者》,梁永佳、李绍明译,北京:华夏出版社,2002年,第17页。
② 同上。
③ 〔澳〕迈克尔·扬《马林诺夫斯基:一位人类学家的奥德赛》,宋奕等译,北京:北京大学出版社,2013年,第556—557页。
④ 同上书,第559页。

价的人群,我们没有任何理由不表示尊重。民俗学田野调查必须无条件尊重调查对象。采集信息和需要发表任何有关调查对象的论著必须经过调查对象的同意和授权。无论调查者的发现对他们自己来说有多么重要,在未取得授权时,研究和撰写必须终止。任何会对调查对象带来哪怕只是潜在损害或伤害可能性的调查报告都不应该出版或发表。

(二)学术立场

田野调查者必须放弃先入为主的学术偏见,这样才能正确理解和调查对象。例如,人类学派将人类的进化过程统一划分为野蛮时期、半开化时期和文明时期,并提出野蛮时期人的婚姻状况为乱婚、群婚状态。这一结论现在看来基本上属于推测,没有事实依据。马林诺夫斯基认为,当时有很多人总是一致拥护"原始性乱行为"和"群婚"的观点,在他们所有的论证和描述中都存在着"群婚"神话的阴影,而所有这些观念都是基于这样一个假设,即在原始社会中,个人完全受集体——游牧部落、氏族或部落——的支配,个人似奴隶般、被蛊惑地、被动地服从于群体的命令、传统、公共舆论和公告。这一关于原始人的意识和社会性的假设,仍然残存于法国涂尔干(Durkheim)学派、大多数美国人和德国人的著作以及一些英国人的文章中。[①] 在他看来,由于资料的不充分,许多学者提出的关于原始文化的假设只能是毫无根据的。[②] 他曾打趣说:"人类婚姻史阅读起来就像一部煽情的,甚至有些令人侧目的小说,从最初的一个有趣的三角关系开始,然后用一个合乎道德规范的结局来挽回之前不体面的所作所为,就像所有正经的小说那样,最终步入婚姻,从此过上幸福的生活。"[③]

实际上,关于这个问题,早在马林诺夫斯基之前,韦斯特马克就曾经提出过异议。韦斯特马克曾试图通过自己的工作验证摩尔根的这种婚姻

---

① 〔英〕马林诺夫斯基《原始社会的犯罪与习俗》,原江译,北京:法律出版社,2007年,导论第3页。
② 同上。
③ 〔澳〕迈克尔·扬《马林诺夫斯基:一位人类学家的奥德赛》,宋奕等译,北京:北京大学出版社,2013年,第202页。

进化理论,但是,随着不断累积证据,那些广为流传的理论"开始在他的手中渐渐崩溃"。1891 年,韦斯特马克出版了他的《人类婚姻史》一书,书中提出:

> 一夫一妻制是一种原始的人类制度,它植根于单个家庭;母权制社会并非人类社会发展中一个普遍经历的阶段;群婚不存在,没有什么乱交,而且整个问题应该从生物学与心理学的角度进行研究……必须通过全面详尽的……民族志证据的运用。①

韦斯特马克的观点得到了很多支持,马林诺夫斯基的田野调查也验证了韦斯特马克的观点。此后,学者们不再接受家庭是"所有社会进化中一种普遍存在的根源"这一天真的理论,也不再坚信从乱交到一夫一妻制所经历的那么多婚姻发展阶段,而认为"婚姻发源于家庭之中,而非家庭发源于婚姻之中"②。对于田野调查者来说,进入田野之前需要有必要的理论训练,但是,不能简单地将理论套用在所见所闻中,或者将田野变成理论验证的过程。

(三) 分析研究

要通过分析文本,发现与给定社区的制度和文化相一致的典型思维和感觉方式。这样的文本包括:民族志报告、特征叙述、典型话语、民俗条目和巫术公式的集合等,它们被考虑作为语料库,作为土著心态的文件。③ 马林诺夫斯基曾经明确说:

> 民族志者的责任是把所有观察到的细节加以整合,把所有相关的不同现象加以社会学的总和分析。首先,他要搜集那些表面看起来互不隶属但有一定意义的活动。接着,他要找出哪些是常见的、相关的方面,哪些是偶发的、不重要的方面;换言之,他要找出交易的全部法则。最后,他要构建这个大制度的图景,一如物理学家从他的实

---

① 〔澳〕迈克尔·扬《马林诺夫斯基:一位人类学家的奥德赛》,宋奕等译,北京:北京大学出版社,2013 年,第 202—203 页。
② 同上书,第 203 页。
③ 同上书,第 618 页。

验数据中构建理论一样。①

马林诺夫斯基认为自己不是一个轻刮地表试图找到一些民族志线索的"探矿者"或勘察者,而是一个正在深挖寻找主矿脉的矿工,这个主矿脉就是文化的源泉。还在伦敦上学时,他就将里弗斯作为自己的偶像,他的博大目标之一就是要将民族志放到科学的基础之上,给予它像化学与物理一样的权威。但他后来逐渐意识到里弗斯研究的出发点带有准历史学的色彩,即试图通过把诸社会视为在时间长河中由相分离的文化沉淀构成的地层学意义上的分层结构来研究"地质学式的历史",偏离了文化研究的方向。马林诺夫斯基更看重文化发展的内在规则和模式,而这种研究思路成为功能主义对学术发展的重要贡献之一。②

第三节 文化及其功能

在功能主义者看来,文化是建筑在人类的生物基础之上的。因为人是动物,所以人类要解决的第一个任务就是满足其作为普通生物生存和繁衍的基本需要,如谋取食物、燃料、住房、衣物等。这样,在满足基本生存条件的基础上,人类创造出了一个新的、第二性的、派生的环境,这个环境就是文化。马林诺夫斯基认为,人需要文化,人是文化的动物,从人类的产生到人类的发展,从人类社会的形成到现代文明的各个方面,实际上都是文化执行的结果。③

一、文化及其特点

马林诺夫斯基认为,文化包括一套工具及一套风俗——人体的或心灵的习惯,它们都是直接或间接地满足人类的需要。一切文化要素一定都是活动着,发生作用,而且都是有效的。文化要素的动态性质指示了人

---

① 〔英〕马林诺夫斯基《西太平洋的航海者》,梁永佳、李绍明译,北京:华夏出版社,2002年,第79页。
② 〔澳〕迈克尔·扬《马林诺夫斯基:一位人类学家的奥德赛》,宋奕等译,北京:北京大学出版社,2013年,第538—539页。
③ 王海龙、何勇《文化人类学历史导引》,上海:学林出版社,1992年,第134页。

类学的重要工作就是研究文化的功能。①

(一) 功能性

任何一种文化现象,不论是抽象的社会现象(如社会制度、思想意识、风俗习惯等),还是具体的物质现象(如手杖、工具、器皿等)都有满足人类实际生活需要的作用,也就是说,所有文化现象之所以被创造出来,之所以能够延续下来,一个重要的原因是它们都有用。

(二) 整体性

每一种文化现象都与其他文化现象互相关联、互相作用,都是文化整体中不可分割的一部分。例如,在马林诺夫斯基看来,知识、巫术和宗教就是文化的几大架构,这些内容不仅填满了文化所造成的鸿沟,而且消除了内在矛盾和社会混乱,并且由此促成了有机体的完整化,使人们在面对困苦、灾难、疾病和死亡时,能够有效而一致地应付。② 功能主义认为,既然人类需要文化,每一个文化现象必须要满足人类的某种需求,否则就会被淘汰。

(三) 活态性

马林诺夫斯基认为,文化是一种工具性的实体,文化的存在就是为了满足人类的需要,而且在满足人类需要的同时,不断创造出新的需要,所以,文化本身是一种动态系统。这是文化最大的创造力与人类进步的关键。③

(四) 可持续性

马林诺夫斯基认为,文化一旦形成独具特色的文化体系,其内在结构便趋于稳定,文化的真正要素便具有了相当的永久性、普遍性和独立

---

① 〔英〕马林诺夫斯基《文化论》,费孝通等译,北京:中国民间文艺出版社,1987年,第14页。
② 同上书,第80页。
③ 同上书,第91页。

性。① 也正是这种稳定性和持续性，使得文化成为一种力量，规范文化内部成员的思想、价值观念，约束人们的行为，将文化内部成员聚集在一起。

二、文化的基本功能

(一) 满足有机体的需要

文化的产生与人的需要密不可分，人类有机体的需要是第一个基本需要，从而形成了基本的"文化迫力"。马林诺夫斯基认为，世界上没有"自然人"，因为生物体的人会冻、饿而死。为了满足基本的生存需求，人类创造器具、开辟道路、建造房屋并通过各种手段获取食物以维持生命的基本需要。为了最大限度地保证这种基本需求，人类必须协同合作，于是建立了各种道德观念等以维护集体的利益。因此，有机体的需要是文化产生的基本需要。②

(二) 保证种族的绵延

马林诺夫斯基认为人类的第二个基本需求就是种族的绵续。如果从生物学的观点来看，若是人类的生殖只受生物性支配，那么两性交合，繁衍后代，种族绵续就不成问题了。但是，也正是在生育繁衍方面，人类创造了各种规则，促使或限制人类的自然冲动，并进而产生了关于伴侣、家庭的各种法则和标准。虽然人类在生物学上是一致的，但每个社会都有着各不相同的两性风俗。实际上，生殖繁衍在人类社会中已成为一种文化体系，由各种制度组成，比如标准化的求偶活动、婚姻、亲子关系、亲属及氏族组织。③

三、风俗

马林诺夫斯基认为，风俗是一种依靠传统力量而使社区分子遵守的

---

① 〔英〕马林诺夫斯基《文化论》，费孝通等译，北京：中国民间文艺出版社，1987年，第18页。
② 同上书，第4页。
③ 同上书，第26页。

标准化的行为方式,是功能性的。① 功能学派非常重视文化中的制度、风俗、工具及思想的功能,他们深信文化历程是有一定法则的。② 马林诺夫斯基特别提到了"产翁制"(couvade)的习俗。这是一种看起来非常奇怪的习俗,即一个男子在他妻子分娩后,要在产褥上表演种种生产的痛苦,而他的妻子反而会表现出若无其事的样子。产翁制是一个非常普遍的习俗,很多地方都有保留。进化论学者常把产翁制看作是古代风俗的"残余物",是文化由早期的母系氏族社会进化到父系氏族社会时残存下来的习俗。马林诺夫斯基不赞同这种观点,因为至今为止,学者们并没有明确的证据证明人类曾经经历过母系氏族社会阶段,所以,"残余"的说法也就不能成立。他认为,产翁习俗并非是一种"已经死亡"的习俗的残存,相反,如果将产翁习俗放置在其社会语境中的话,我们就会发现:

> 第一,任何地方,对于母道本身都有一种有创造作用的文化解释,用着仪式的举动使生理上的母亲成为文化上的母亲。第二,很多地方对于生理方面的父道是不加承认的,由是父道大部分须依赖传统而成立。最后,在这种风俗中,父亲常常有赖于母亲,甚至大部分只是她的替身。产翁是这种举动中最能表现及最明显的一种,但并不是一种独立的、古怪的风俗。它和它的布局,在确立亲子关系的文化上,是极协调的。产翁的功能,和其他的举动一般,是在用象征的方法把父亲同化于母亲,以确立社会性的父道。产翁对于我们,绝非一已死的及无用的遗俗或特质,而是一种建立在家庭制度的基础上的有创造性的仪式举动。③

马林诺夫斯基认为,任何一种习俗之所以能延续下去,必定有其存在的意义、价值和功能。必须进入田野,走进当地人的生活之中,从习俗的文化语境入手,才能发现其意义、价值和功能。

---

① 〔英〕马林诺夫斯基《文化论》,费孝通等译,北京:中国民间文艺出版社,1987年,第30页。
② 同上书,第14页。
③ 同上书,第35页。

四、巫术

在马林诺夫斯基看来，无论有多少知识和科学帮助人满足其需要，总是有限度的。人世中有一片广大的领域，非科学用武之地。科学不能消除疾病和腐朽，不能抵抗死亡，不能有效地增提升人和环境间的和谐，更不能确立人和人之间良好的关系，它并不能完全支配机遇、消灭意外及预测自然事变中的偶然遭遇，亦不能使人类的工作都适合于实际的需要并得到可靠的成效。在此领域中会产生一种具有实用目的的特殊仪式活动，在人类学中统称为"巫术"。① 马林诺夫斯基反对把巫术看作宗教信仰或科学发展中的一个进化阶段。他认为，巫术并非基于原始人类思想上的一种特殊品质（如前逻辑的、轻信的或易流于观念联想的主观倾向等），而且它既不是宗教的副产物，又不是宗教的反对者；相反，巫术有巫术的行动范围。它所采用的方法是与众不同的，它所受制的信仰，也完全缺乏宗教信仰中的整体超自然观。②

（一）普遍性

马林诺夫斯基认为，巫术是普遍通行的，与宗教和科学一样，是人类解决问题的一种途径和方式。一般而言，无论是在古代还是现代，人类在解决他们所面临的问题如生老病死时，首先选择的肯定是科学的解决方式，但是，因为科学不能解决所有的问题，如疾病、自然灾害和死亡等，因此就给巫术和宗教留下了生存的空间。在马林诺夫斯基看来，人们只有在知识不能完全控制处境及机会的时候才用巫术③，这就是说，巫术的存在不是原始科学，而是选择性的、功能性的，只在它可以发挥作用的地方发挥作用。例如，马林诺夫斯基在《西太平洋的航海者》一书中曾经谈到土著人在制作独木舟时同时需要巫术和技术，对当地人而言，二者缺一不可。当地人认为，无论巫术怎样神通广大，也不能补救低劣的技艺；而高

---

① 〔英〕马林诺夫斯基《文化论》，费孝通等译，北京：中国民间文艺出版社，1987年，第48页。
② 同上书，第74页。
③ 同上书，第53页。

超的技艺也必须依赖巫术的作用。巫术和技艺各有其范围,建造者利用他们的技巧和知识使独木舟平稳快速,但是,造得一样好的独木舟,如果其中一个比另外一个强,那一定是巫术的功劳。

(二) 文化功能

马林诺夫斯基认为,巫术的存在并不是可有可无的,它不是无用的废物,也不是工作的负担,而是一种心理力量。以前面提到的建造独木舟为例,巫术给造船活动以秩序,并在调动社区合作和集体劳力方面发挥着重要的作用。巫术激励了参与工作的人,使他们对工作的效率充满信心。这种心理状态对任何困难和复杂的事业都十分必要。巫师被认为是拥有特殊力量的人,可以控制独木舟。人们对他的信任使他成为自然的领袖,发号施令、制订日期、分配工作及策动劳力等。①

总的说来,马林诺夫斯基认为,在个人方面,巫术可以增加自信,发展道德习惯,并且使人对于难题抱着积极应付的乐观信心与态度,于是,即使处于危难关头,亦能保持或重作个性及人格的调整。在社会方面,巫术是一种组织的力量,提供自然的领袖,把社会生活引入规律与秩序,可以发展先知先觉的能力,并且,因为它常和权势联系在一起,便成为任何社区——特别是初民社区——中的一大保守要素。所以,由发展社会风俗,巩固社区和文化组织,而使变革与暴动不易发生,使各种活动更有效地进行,巫术就发挥了一种重要的文化功能。②

五、宗教

马林诺夫斯基认为,宗教并非产生于幻觉或妄解,而是出于人类计划与现实的冲突,以及个人与社会的混淆。原始宗教中的一大部分是关于人类生活中的种种危机,如受孕、出生、青春、结婚、死亡等。围绕着这些危机,人们会举行各种带有神圣色彩的宗教活动。例如,受孕一事常常被

---

① 〔英〕马林诺夫斯基《西太平洋的航海者》,梁永佳、李绍明译,北京:华夏出版社,2002年,第106页。
② 〔英〕马林诺夫斯基《文化论》,费孝通等译,北京:中国民间文艺出版社,1987年,第73页。

转世、投胎、巫术的受孕等信仰所包围;出生也伴随有一套精灵的观念,如关于人类灵魂的形成、个人对于社区的价值、个人道德力量的发展、命运的推测的可能性等;青春时的成年礼仪也带有复杂的神话和信仰背景。① 对于一个将死的人,永生的信仰和临终的宗教仪式都会使他相信人类是有来世的,而且这个来世可能会比现世更加美好。所以,死前的仪式能满足一个垂死的人在莫大的精神冲突中所需要的情绪上的安慰。对活着的人来说这种仪式同样重要,因为死亡带给人们的恐惧和忧虑情绪无论是对个人还是对社区都是危险的,倘若没有丧葬仪式的调剂和安抚,很难想象人类要如何摆脱这种困扰。马林诺夫斯基认为,丧葬仪式中的守尸、埋葬,以及人们对死者所做的一切,都是生人与死人间的一种精神上的合作。一句话,宗教信仰可以使个人摆脱精神上的冲突而使社会避免瓦解的状态。只有在多次亲历过别人葬礼之后,人们才能正确地面对死亡。②

宗教和人类基本的、生物性的需要密切相关,尽管这种关联是间接的。在马林诺夫斯基看来,人类生活中的每一项重要危机都含有情绪上的扰乱、精神上的冲突和可能的人格解组。宗教信仰在于将人们精神冲突中的积极方面转变为传统的标准化的思考和接受模式,让无法接受的内容转变为可接受的,而且只能通过惯有的接受模式去接受,以获得某种精神上的纾解。所以,一方面,宗教信仰满足了一种固定的个人的精神需要;另一方面,宗教信仰及其仪式使人生的一些重要举动和社会契约公开化、标准化,并被加以超自然裁认,于是增强了人类团结的维系力。③

第四节　神话

在马林诺夫斯基看来,神话既不是单纯的记叙,不是某种形式的科

---

① 〔英〕马林诺夫斯基《文化论》,费孝通等译,北京:中国民间文艺出版社,1987年,第78页。
② 同上书,第77页。
③ 同上书,第78页。

学,也不是艺术或历史的一个分科,更不是一个说明前因后果的故事。作为对现代生活中依然存在的远古现实的描述,作为援引先例对现实进行辩解和证实的手段,神话为我们提供了一种远古时代的道德价值、社会秩序与巫术信仰等方面的模式。因此,在文化传统的延续、新老事物之间的关系以及人们对远古过去的态度等方面,神话都发挥了与之密切相关的独特作用。① 马林诺夫斯基认为,过去人们研究神话时,总是把神话的内容看成是理解神话的关键,实际上,从古代典籍当中寻找出的神话片断没有任何信仰背景资料,也没有当时那些信奉者的任何资料,更没有当时的社会组织情况、人们的行为模式及风俗信仰的资料,因此,这种已经脱离了其文化语境的神话材料也就谈不上有多少利用价值了。

一、先在理论批评

(一) 自然神话学派

马林诺夫斯基反对自然神话学派的观点,即将神话看成是古人幻想或者想象的结果。该学派的学者认为,原始人对自然现象有着浓厚的兴趣,而且这种兴趣突出地表现出哲理性、沉思性和想象力等特点。原始人试图表达和解释月亮的盈亏圆缺或太阳横过天空时规律而又有变化的路线,创造出象征性的拟人化狂想故事。在这些学者看来,每个神话都以这种或那种自然现象为核心或基本事实,将其编织成故事。至于神话以何种自然现象为基础,学者们的意见不一,一些学者认为是月亮,一些认为是太阳,此外,还有以风、天气和天空的颜色来作为神话的要素的。② 马林诺夫斯基认为,这纯粹就是学者们的异想天开:

> 根据我自己对未开化部落中还在流传的神话的研究,我应该说,原始人对自然界的纯艺术或纯科学兴趣非常有限;在原始人的观点和故事中,象征主义只占很少的成分;事实上,神话不是凭空臆造的故

---

① 〔英〕马林诺夫斯基《巫术科学宗教与神话》,李安宅译,上海:上海文艺出版社,1987年,第146页。
② 〔英〕马林诺夫斯基《神话在生活中的作用》,见《西方神话学论文选》,上海:上海文艺出版社,1994年,第259—260页。

事,也不是随意联想,而是一支非常努力的、极为重要的文化力量。①

(二)历史学派

马林诺夫斯基同样反对历史学派把神话看成是古代历史真实记录的观点。德国和美国历史学派支持这种观点,在英国,里弗斯是这一学派的代表。"不可否认,历史以及自然环境一定会在所有的文化成就——神话也不例外——留下深深的烙印,但是,把神话只看成是编年史,如同把神话视为原始自然主义者的苦思冥想一样,也是不正确的。这种学说也赋予了原始人以某种科学冲动和求知欲望。"②原始人必须从事繁重的劳动以谋求生存,必须同各种各样的困难作斗争,因此,他们的兴趣大多侧重于"实用"。

(三)进化论学派

在泰勒和弗雷泽看来,神话关乎的完全是物质现象,如洪水、疾病、死亡等,因此,进化论学派将神话看成是野蛮时期的产物。而在马林诺夫斯基看来,神话更多的是关乎社会现象,如婚姻、纳税、仪式等。马林诺夫斯基抨击泰勒,并且宣称原始人"对出现在他们神话中的任何事物并不想要解释,并不想要弄清楚时,他其实是要表明,神话并非像泰勒所认为的那样,是为了解释而解释。然而,神话必定依然是解释,因为它们只有通过对各种现象的解释,才能发挥自己的调和功能"。③

(四)传播学派

与自然神话学派将神话看成是象征性的或者虚构的相反,传播学派试图通过追寻文化传播的路线而重构人类文化的历史。这派学者否认自动进化的重要,而认为文化的发生中最重要的部分在模仿,或借用传入的

---

① 〔英〕马林诺夫斯基《神话在生活中的作用》,见《西方神话学论文选》,上海:上海文艺出版社,1994年,第260页。
② 同上。
③ 〔英〕罗伯特·A.西格尔《神话秘钥》,刘象愚译,北京:外语教学与研究出版社,2013年,第299页。

器物及风俗。这派的方法是把世界各地文化相同之处很细心地描绘出来,据此,多少靠了他们猜度,来重构这些相同文化如何在地面上传播的历史。但是,尽管具有相同的观点,也进行了相似的研究,学者们重构的结果却不尽相同。而他们的不同之处大部分是关于文化起源于何处、传播的路线和过程等。①

由于神话学一直是各门学科的汇合点,还有很多领域的学者对神话进行过研究,例如,古典人文学者更关心宙斯是月亮还是太阳,或者是历史人物。历史学家、社会学家、文学研究者、语法学家、日耳曼文化专家和古罗马文化研究学者、凯尔特语学者及斯拉夫语学者都在各自的圈子内不断进行各种方式的神话探讨。逻辑学家、心理学家、形而上学论者和认识论者也同样对神话学表现出极大的兴趣,更不用说像通神论者、现代占星术者和基督教科学派教徒这些人了。最后,还有精神分析学家,他们将神话看成是一个民族的幻想,而且认为只有置自然、历史和文化于不顾,深深地潜入人类的无意识中才能解释神话。②

二、神话及其特点

马林诺夫斯基在他的《西太平洋的航海者》一书中将神话定义为:"神话是土著人对超自然事件的叙述,尽管他们也清楚这些事件今天再不会发生,但却十分相信它们曾经发生过。社会承认的叙述内容、事件留下的痕迹、传下来的超自然力量、与巫术有关的社会制度,所有这些都昭示着一个事实,即神话是活生生的现实,尽管故事发生在很久以前,那时的秩序是人具有超自然的力量。"③

(一) 相对性

在马林诺夫斯基看来,神话是相对的。神话是故事(story)的一种类

---

① 〔英〕马林诺夫斯基《文化论》,费孝通等译,北京:中国民间文艺出版社,1987年,第12页。
② 〔英〕马林诺夫斯基《神话在生活中的作用》,见《西方神话学论文选》,上海:上海文艺出版社,1994年,第261—262页。
③ 〔英〕马林诺夫斯基《西太平洋的航海者》,梁永佳、李绍明译,北京:华夏出版社,2002年,第263页。

型,但是并不是所有的故事都可以称为神话,就像艺术和文学这两个概念一样,"神话"概念本身是有意义的。在我们将某一类民俗事项称为神话时,已经将其与"故事"和"传说"加以区别了。这就是说,我们对神话的定义一定是相对于"故事"和"传说"而言的,因此,要想定义神话,就必须同时考虑"故事"和"传说"的概念。例如,对于西太平洋地区的土著人来说,他们的神话(lili'u)就是一个相对的概念,是相对于传说(libogwo)和故事(kukwanebu)而言的。传说,当地人称为老话(old talk),被认为是真实的、曾经发生过的事件;而故事,则被认为是虚构的,限于娱乐场合讲述。[①]

(二)真实性

神话是真实的,存在于未开化社会中的神话,即那种仍然有着原始形式、未经雕琢的神话,不仅是人们讲述的故事,也是人们经历的现实。从性质上看,它不是虚构的,不像我们今天在小说里看到的那些东西,而是活生生的现实。从真实性的角度看,神话和传说都被看作是曾经发生过的事实,是真实的,但是,马林诺夫斯基明确指出,当地人可以明确地区分传说的真实和神话的真实。具体说来,传说的真实表现为人们根据经验判断传说中的事情在现实生活中的确有可能发生过,而神话的真实表现为神话中发生的事情在现实生活中永远不可能发生,但是人们却坚信其曾经发生过。例如,神话中人能破土而出,死而复生,尽管根据经验,这些事情现实中永远不可能发生,但是,当地人却对此深信不疑。当地人会认为神话人物的非凡经历来自于他们的巫术知识,由于巫术知识的失传导致人类失去了诸如破土而出、死而复生的能力。他们相信,如果巫术能够恢复,那么人们便可以死而复生、返老还童。[②]

(三)神圣性

对于讲述者而言,神话是神圣的,与神话讲述群体的宗教信仰密切相

---

① 〔英〕马林诺夫斯基《西太平洋的航海者》,梁永佳、李绍明译,北京:华夏出版社,2002年,第260—263页。
② 同上。

关。神话赋予广袤的山川以色彩和意义,并将其改造成有生命的、可亲近的东西,例如,一块石头竟有了人格;远处的斑点竟成为信标,成为神圣的英雄传说;一个毫无意义的地貌竟被赋予特殊的含义,虽然模模糊糊,却得到人们的深情景仰。①

三、神话的功能

马林诺夫斯基认为,神话在原始文化中具有不可或缺的功能,是人类文明的非常重要的组成部分。神话的功能,既不是解释的,也不是象征的,而是一种对非常事件的叙述。根据对这些事件的叙述,人们建立起部落的社会秩序、经济组织、技术工艺、宗教、巫术的信仰和仪式。神话的继续存在,并不依赖于其文本的叙述所引起的文学兴趣,而是人们试图通过对原始现实的描述而作用于社区的现行制度和活动。神话的意义在于它能用往事和前例来证明现存社会秩序的合理,并提供给现社会以过去的道德价值的模式、社会关系的安排以及巫术的信仰等。② 总的说来,神话有如下功能:

1. 神话不是聊以消遣的故事,而是一种积极的文化力量。或者说,神话就是巩固和增强传统文化,通过把传统文化追溯到更高、更好、更为超自然的最初事件,来赋予传统文化以更大的价值和威望。③

2. 神话不是古人对于各种自然现象的理性解释或艺术幻想,而是原始信仰与道德智慧的实用样本,或者说参照文本。

3. 神话表达、增强并理顺了信仰。例如,神话的主要功能之一在于给整套巫术提供基础。巫术支撑制度,神话也是它的根基。这恐怕就是神话在社会学上最重要的地方,它通过相关巫术对社会制度发生作用。④

4. 神话捍卫并增强了道德观念。马林诺夫斯基认为,神话是道德准

---

① 〔英〕马林诺夫斯基《西太平洋的航海者》,梁永佳、李绍明译,北京:华夏出版社,2002年,第259—260页。
② 〔英〕马林诺夫斯基《文化论》,费孝通等译,北京:中国民间文艺出版社,1987年,第73页。
③ 同上。
④ 〔英〕马林诺夫斯基《西太平洋的航海者》,梁永佳、李绍明译,北京:华夏出版社,2002年,第263页。

则的主要依据。① 神话被赋予建立风俗、决定行为模式、树立制度的权威和重要性的规范力量。在马林诺夫斯基看来,库拉这一大范围的、具有跨部落性质的交换形式便从这些古老的神话传说中得到它的重要地位和价值。在库拉行为中,人们重视的诚信、慷慨、礼节便是在这些传说中取得其约束力量。马林诺夫斯基称之为神话对风俗的规范作用(normative influence)。②

5. 神话保证了仪式的效用并且提供引导人的实践准则。神话的真实性和神圣性的特点,决定了它在民众生活中的重要地位,因此,每当仪式、礼俗、社会或道德规则需要证明其合理性,需要古代的、现实的和神圣的证据时,神话就开始发挥作用了。③

神话对原始文化产生的巨大作用主要表现在宗教仪式、道德影响和社会原则等方面。由于宗教道德观念与科学或历史关系不大,因而神话所依据的是一种与之完全不同的心理状态。④

6. 神话,这种部落的神圣口头传说,是帮助原始人继承其文化遗产的一个有力手段。⑤

---

① 〔英〕马林诺夫斯基《神话在生活中的作用》,见《西方神话学论文选》,上海:上海文艺出版社,1994年,第249—250页。
② 〔英〕马林诺夫斯基《西太平洋的航海者》,梁永佳、李绍明译,北京:华夏出版社,2002年,第281页。
③ 〔英〕马林诺夫斯基《神话在生活中的作用》,见《西方神话学论文选》,上海:上海文艺出版社,1994年,第249页。
④ 同上书,第260页。
⑤ 同上书,第260—261页。

第四章
民间故事形态学

弗拉斯米尔·雅可夫列维奇·普罗普(Vladímir Jákovlevié Propp,1895—1970),俄罗斯著名民间文学家,1895 年生于圣彼得堡,1918 年毕业于圣彼得堡大学文史系斯拉夫语系俄罗斯语文专业。1918 年至 1928 年,普罗普在圣彼得堡(1924 年改名为列宁格勒)的几所中学担任俄语和文学的教学工作,主要学术方向为民间文学。① 受德国哲学精神以及欧洲时代精神的熏染,普罗普认为自己是一个"作为哲学家的经验论者":"任何科学的最高成就都是对规律性的揭示。在纯粹的经验论者看到零散的事实的地方,作为哲学家的经验论者能发现规律的反映。不过那时我已经觉得这一规律的揭示可能会有更广泛的意义。"② 在个人学术兴趣上,普罗普曾说:"我喜欢给一切东西分类并把它们系统化。"③ 这一切都为其故事形态学研究提供了条件。

普罗普一生著述颇多,有六部专著和一部论文集。其研究涉及故事学、史诗学、民俗学、民间文艺学和美学多个领域,其中以故事学研究的成就最高。④ 而普罗普研究民间故事的缘起,他自己曾陈述道:沙皇时代的

---

① 参考普罗普 1945 年 5 月 8 日自传,见〔俄〕弗·雅·普罗普《故事形态学》,贾放译,施用勤校,北京:中华书局,2006 年,封面前勒口。
② 参见《神奇故事的结构研究与历史研究》,见〔俄〕弗·雅·普罗普《故事形态学》,贾放译,施用勤校,北京:中华书局,2006 年,第 179 页。
③ 参见〔俄〕A. H. 玛尔登诺娃《回忆弗·雅·普罗普》,贾放节译,《俄罗斯文艺》2000 年第 2 期,第 51 页。
④ 参见〔俄〕弗·雅·普罗普《神奇故事的历史根源》,贾放译,施用勤校,北京:中华书局,2006 年,译后记第 479 页。

大学对语文学家们的文学训练很薄弱,其中民间文学更是完全不受重视。为了填补这一空白,普罗普大学毕业后便阅读了阿法纳西耶夫编选的著名故事选本《俄罗斯民间故事》,并对其进行研究。他碰到一系列与被逐的继女有关的故事,并发现在考验中,继女可能落到严寒老人手里,可能落到林妖手里,或者落入熊掌。"这竟是同一个故事!严寒老人、林妖和熊考验、奖赏继女的方式不一样,但行动却是相同的。难道没有一个人发现这一点?"①普罗普认为这些故事相同是因为角色有相同的行为,这激发了他的兴趣,于是他开始从人物行为的角度来研究故事。

普罗普将其故事研究工作分为两部分:形式的分析和内容的阐释。与之对应的研究著作分别是1928年发表的《故事形态学》和1946年问世的《神奇故事的历史根源》。

《故事形态学》,原名《神奇故事形态学》,1928年出版,被誉为普罗普的开山之作。全书共十章,分别阐述了故事研究的历史、研究方法与材料、故事角色的功能、功能项所具有的双重形态意义和几种情况、故事的其他成分、根据角色排列的功能项、新角色进入行动过程的方式、角色标志及其意义、故事的整体研究方法。书末附有普罗普对所用材料、符号和编号的介绍,多年后反思其研究的文章,以及故事分析图式表。

第一节 理论背景概述

一、俄罗斯形式主义思潮

普罗普故事形态学研究与俄国形式主义(Russian Formalism)有着密切关系。作为一种文学批评流派,俄罗斯形式主义在20世纪初期风行一时,影响深远。俄罗斯形式主义的奠基者和主要代表人物之一是维克托·鲍里索维奇·什克洛夫斯基(Viktor Borisovich Shklovsky,1893—1984)。1914年,什克洛夫斯基只有21岁,但是他的《词的再生》一书的

---

① 参见《神奇故事的结构研究与历史研究》,见〔俄〕弗·雅·普罗普《故事形态学》,贾放译,施用勤校,北京:中华书局,2006年,第181页。

出版,却标志着俄罗斯形式主义思潮的开始。什克洛夫斯基在书中提出了"形式主义方法"的基本原则。什克洛夫斯基指出:"词语是形象和形象的硬化。修饰语是革新词语的手段。修饰语的历史是诗学风格的历史。旧的语言艺术家和作品的命运也和词语本身的命运一样:它们经历了从诗歌到散文的道路。物的死亡。未来主义的任务——使事物复活起来——是使人重新感受到世界。"①什克洛夫斯基从词语出发,开始关注诗歌的语言问题,奠定了形式主义的格局。

1917年年初,什克洛夫斯基与鲍里斯·艾亨巴乌姆一起在彼得堡成立了诗歌语言理论研究会,简称"奥彼亚兹",主要成员还有维克托·日尔蒙斯基等人。在"奥彼亚兹"成立之前,1914年至1915年冬,以罗曼·雅各布森为首的莫斯科语言小组成立,主要成员有鲍里斯·托马舍夫斯基等人。俄国形式主义一些重要学说、理论的提出,从根本上来说源自于这两个以青年学者(主要研修语言学)为主要成员的学术小组的聚会和出版活动。

1916年,什克洛夫斯基《作为程序的艺术》发表,此文被誉为俄罗斯形式主义的纲领性论文,与其后来发表的《情节分布构造程序与一般风格程序的联系》一文组成了《关于散文理论》一书,是俄罗斯形式主义的代表著作,社会影响极其广泛。但是好景不长,俄罗斯形式主义只存在了不到二十年的时间,20世纪30年代,什克洛夫斯基发表文章表示放弃形式主义,标志着俄罗斯形式主义的结束。

俄罗斯形式主义的主要观点如下:

(一)文学性

什克洛夫斯基曾旗帜鲜明地说:"我的文学理论是研究文学的内部规律的。如果用工厂的情况作为比喻,那么,我感兴趣的就不是世界棉纱市场的行情,不是托拉斯的政策,而只是棉纱的支数及纺织方法。"②雅各布逊于1921年出版的《俄罗斯现代诗歌》一书当中也写道:"文学科学的

---

① 陈太胜主编《20世纪西方文论新编》,北京:北京师范大学出版社,2011年,第91页。
② 胡经之主编《西方文艺理论名著教程》(下),北京:北京大学出版社,1989年,第214页。

对象不是文学,而是文学性,也就是使一部著作成为文学作品的特性。"他同时认为文学科学没有必要充当哲学史、文化史、心理学等的附属物,自觉地下降为这些学科的"不完善的二流材料"。"文学性"是文学的"内在性质"、审美属性,这是文学被理解为文学并区别于其他语言产品的标志。在雅各布逊看来,这样的美学属性时刻存在于作品当中,而作品的阅读过程就是这样的美学属性的显现过程,因此文学科学的研究有必要将之科学地揭示出来。① 在什克洛夫斯基看来,文学作品是否具有艺术性与作者的个性、心理、世界观等等是毫无关系的,因为作品是否为艺术品,是不以作家的主观愿望为转移的。作者的生平如何,是否懂得生活都与文学无关紧要,重要的是作者是否懂得文学,是否能对自己发现的素材独具匠心地进行艺术的安排。② 俄罗斯形式主义将文学研究的重点直接放置于文学作品本身,将作者本身及其历史时代背景、政治环境诸因素排除在作品研究之外。

(二)艺术程序

什克洛夫斯基认为,人类的一切情感、观念都是文艺创作的原材料。他把对这些原材料的一切旨在引起一定审美效果的艺术安排称为艺术程序。因为只有艺术程序才能把各种自然材料或素材升华为审美对象,才能使人在对作品的欣赏中感受到艺术性。在什克洛夫斯基看来,作品的艺术性尽管与人的感受方式不可分离,但更重要的是与作品的构成方式紧密关联。一首诗之所以不能称之为诗,一个重要的原因是作品本身不具有诗的形式结构,没有经过诗的艺术加工,也就是说,没有别出心裁地通过艺术技巧把素材变形为艺术作品,这就使我们无法去感受作品的诗意性和艺术性。③ 雅各布逊也认为,如果文学科学试图成为一门真正的科学,就应当把"程序"作为其唯一的主角。④ 这里所谓的艺术程序,包括"对语音、意象、激情等材料的合理安排,对节奏、句法、音步、韵律等的一

---

① 陈太胜主编《20世纪西方文论新编》,北京:北京师范大学出版社,2011年,第93页。
② 胡经之主编《西方文艺理论名著教程》(下),北京:北京大学出版社,1989年,第225页。
③ 同上书,第228页。
④ 同上。

定使用,运词手法、叙述技巧、结构配置等。它们作为艺术程序的共同目的在于使作品富于艺术性,产生反常化的效果"①。

(三)反常化

俄罗斯形式主义将反常化看成艺术程序中的重要一项。雅各布逊认为,"日常语言中有许多婉转的措辞,客套用语,含蓄的说法,影射暗示,约定俗成的表达方式。当我们要求讲话明快、自然、有表现力时,我们就把沙龙里流行的那些陪衬的东西抛开,对各种事物直呼其名,而这些称呼也具有崭新的反响,在这种情况下,我们就说:c'est le mot(正是这个词)。我们一直习惯于用一个名字来指一个事物,要想找到一个有表现力的称呼,相反就得利用隐喻、暗示、譬喻。利用比喻使我们感觉事物更为明显,并且帮助我们理解它。换句话说,当我们找一个能够给我们展现事物的准确的词时,我们总是选择一个不太常用的词,至少在那种情况下不常用的词,一个违反常规的词"②。"反常化"可以使作品更具有感染力。什克洛夫斯基认为,反常化程序是一种广泛存在的艺术程序,可以说,凡是有形象的地方,它几乎都存在。

(四)文本结构形式

什克洛夫斯基有句名言:"形式为自己创造内容","文学作品是纯形式,它不是物,不是材料,而是材料的比"。③ 什克洛夫斯基认为,在文艺中,内容总是必须表现为形式,不然就会化为乌有。当人们从作品中抽取所谓的内容时,实际上已不是艺术内容而是别的什么异物了。艺术内容只存在于形式中,脱离了艺术形式就什么都不是。反之,形式总是含蕴着某种内容,即便是毫无内容,它也表达了毫无内容的内容,含蕴无意义的意义,不然它也就不是艺术形式,而是别的什么东西。从这样的角度看,如果说形式成分意味着审美成分,那么艺术中的所有内容也都成了艺

---

① 胡经之主编《西方文艺理论名著教程》(下),北京:北京大学出版社,1989 年,第 229 页。
② 陈太胜主编《20 世纪西方文论新编》,北京:北京师范大学出版社,2011 年,第 82 页。
③ 胡经之主编《西方文艺理论名著教程》(下),北京:北京大学出版社,1989 年,第 236—237 页。

形式。① 鲍·艾亨鲍姆在他的长篇论文《"形式方法"的理论》当中总结1916—1925年间形式主义的发展态势和总体倾向时,认为有五个方面值得注意,其中就包括"从形式的新含义的一般概念出发引发的手法、功能问题"和"情节作为结构与素材参与结构之间的关系"。② 形式主义非常注重文学作品的叙事结构,因为这是文学作品是否具有文学性的关键所在。

普罗普生活的年代,正是俄罗斯形式主义异常活跃的年代,普罗普在大学时代曾拜访过青年彼得堡语文学家与诗人小组③,因此,从某种意义上说,其研究直接受到了俄罗斯形式主义,尤其是什克洛夫斯基《关于散文理论》一书的启发。普罗普的故事形态学研究抛开了附着在民间故事上的所有外在因素,如文化传统、宗教、民族性、民族心理、政治制度等,而是集中在故事的文本之上,对民间故事的形式进行考察并确定其结构的规律性。普罗普专注于故事的情节及其构成,试图勾勒出民间故事之所以具有故事性的内在法则。通过对《俄罗斯民间故事》中101个神奇故事所作的形态比较分析,普罗普得出神奇故事的结构要素,即31个功能项,以及这些功能项的组合规律、相互关系及其与整体的关系。

二、母题研究

以民族志材料解释故事,在往昔的历史中寻找故事母题的根源,这种研究范式并不新鲜。"在普罗普之前比较人类学派的重要人物兰格、弗雷泽、列维-布留尔及俄国历史诗学学派的代表维谢洛夫斯基都在这个领域做出过贡献。"④而普罗普区别于前人之处在于:他不是对单个母题做孤立的研究,而是将神奇故事作为一个整体来加以系统的考察。之前普罗普对神奇故事所做的结构研究工作显示出故事之间的血缘关系密不可

---

① 胡经之主编《西方文艺理论名著教程》(下),北京:北京大学出版社,1989年,第235—236页。
② 陈太胜主编《20世纪西方文论新编》,北京:北京师范大学出版社,2011年,第92页。
③ 〔俄〕弗·雅·普罗普《故事形态学》,贾放译,施用勤校,北京:中华书局,2006年,序言第4页。
④ 贾放《普罗普〈神奇故事的历史根源〉与故事的历史比较研究》,《民间文化》2000年第7期,第47页。

分,在此基础上,他得出研究的两个重要前提:"第一,神奇故事的任何一个情节离开别的情节都无法进行研究;第二,神奇故事的任何一个问题离开其与整体的关系亦无法进行研究。凭借这两个前提研究工作踏上了一条全新的道路。"①

三、故事类型研究

普罗普认为,20世纪初期,在民间故事文本的搜集和整理方面,学者们花费了大量的时间和精力,也取得了相当的成果。很多民间故事集,如《格林兄弟民间故事集》、广泛流传于阿拉伯地区的《一千零一夜》,以及阿法纳西耶夫整理的百科全书式的俄罗斯民间故事集,都得以出版和译介。前辈学者们的努力使得我们有了充分的民间故事资料,但是,故事学的研究却始终不尽如人意,依然存在很多问题。②

首先是故事的研究角度问题。20世纪前三十年中,故事的学术研究始终停留在或者说更多地侧重于"起源研究"方面。人们将研究的重点集中放在故事产生的时代、成因、特点及其演变过程等方面。普罗普认为这是有问题的,因为在没有确定"何为故事"之前,研究故事的起源问题可以说是盲目的。③

其次是研究的方法问题。众所周知,民间故事文本数量丰富,如果不对故事进行初步的分类,研究根本无法展开。因此,20世纪以来,许多学者尝试对民间故事进行分类,例如,有学者将民间故事分为"神奇故事"(fantastic tales)、"日常生活故事"(tales of everyday life)和"动物故事"(animal tales)三类。初看起来,这种分类没有什么不妥,但是,仔细想想,很多动物故事不也充满"神奇"色彩吗?同样,"神奇故事"中难道没有动物吗?而且一些动物通常还扮演着相当重要的角色。④

故事学领域通行的故事分类方法是阿尔奈—汤普森体系,简称"AT

---

① 〔俄〕弗·雅·普罗普《神奇故事的历史根源》,贾放译,北京:中华书局,2006年,第5页。
② 〔俄〕弗·雅·普罗普《故事形态学》,贾放译,施用勤校,北京:中华书局,2006年,第1—2页。
③ 同上书,第2页。
④ 同上书,第3—4页。

分类法"。尽管这种分类体系的出现对于民间故事研究来说是革命性的,为我们"破译"故事提供了一个非常有效的工具,但是,普罗普认为,这种分类方法过分依赖分类者的直觉,分类随意,缺乏客观标准,因而容易导致逻辑上的混乱,有失科学性。例如,AT 分类法将民间故事分为五大类,包括"动物故事""普通故事""笑话和轶事""程式故事"和"不分类的故事"。在普罗普看来,这种分类方法存在很大的问题,比如,AT 分类法的标准之一是根据故事主人公的形象来对故事进行划分:如果故事的主人公是动物,便归入"动物故事"中;如果故事的主人公是人,便归入"普通故事"中。这很容易造成故事类型相同,但是因为主人公形象不同而被分在两种不同的故事类型中。举个例子,从故事情节结构安排上看,《小红帽的故事》与《狼和七只小羊》应该属于同一故事类型,但是,因为《小红帽的故事》的主人公是人,因而被编在"普通故事"中,序号为 AT333;而《狼和七只小羊》的主人公是羊,因而被编在"动物故事"中,序号为 AT123。

一个显而易见的问题是,在《小红帽的故事》中,狼的形象非常重要,因为除了具有狼的外形和吞吃主人公的行为之外,它跟人几乎没什么区别,包括可以毫无障碍地与人对话和交流。而面对这样一个形象,故事的主人公小红帽没有表现出丝毫的怀疑,故事的讲述者、听众和读者也不会因为其中的"狼"的形象而把《小红帽的故事》归入"动物故事"中,这到底是因为什么呢?普罗普认为,决定故事类型的,不是故事的主人公是人还是动物,而是故事的结构,尽管我们并不清楚这种结构是什么。①

另外,一些学者将"主题"(theme)作为故事分类的依据之一,这也是有问题的。例如,1924 年,沃尔科夫(Volkov)教授出版了一本故事学的著作,将幻想故事依据"主题"划分为 15 类,包括:1. 无辜的被迫害者,2. 傻子,3. 三兄弟,4. 屠龙者,5. 获得未婚妻,6. 聪明的姑娘,7. 被施魔法,8. 拥有护身法宝者,9. 魔物,10. 不忠的妻子,等等。② 普罗普认为,这一分类毫无章法可循。其中第一类是根据故事的开场定义的,第二类是根据

---

① V. Propp, *Morphology of the Folktale*, University of Texas Press, 1968, p.6.
② Ibid., p.8.

主人公的品行定义的,第三类是根据主人公的数量定义的,总之,因为没有统一的分类标准,这种分类基本没有什么科学性。①

第二节　故事形态研究

普罗普在《故事形态学》的序言中明确提出,"形态学"(morphology)一词意味着形式研究(the study of forms)。"形态"一词源于植物学,在植物学中,所谓的形态学,指的是植物的各个组成部分、各部分之间,以及部分与整体之间的相互关系的学说,也就是关于植物的结构的学说。② 普罗普认为,我们完全可以对民间故事进行形态方面的研究,因为民间故事的结构,包括情节、情节组合、情节发展顺序等因素具有明显的规律化、程式化的特征。因此,完全可以借用形态学的方法来进行民间故事的结构研究。③ 关于形态学,歌德曾经说过:

> 形态学理当获得合法的地位,它把在其他学科中泛泛论及的东西作为自己的主要对象,把那些散落在各处的东西收集起来,并确立一种令人可以轻而易举地观察自然事物的新的角度。形态学所研究的现象是相当重要的,它借助于理性的运作对现象进行比较。④

普罗普正是受到歌德这一说法的启发,将歌德运用于植物学和骨学中的带有广泛本体论内涵的"形态"一词用在了故事研究中。普罗普认为,自然领域与人类创作领域是分不开的,因为有某种东西将它们联结在一起,它们有着某些共同的规律,这些规律可以用相同的方法进行研究。⑤

一、前提和假设

普罗普认为,当今的数理科学已经拥有了严整的分类法和被学界认

---

① 〔俄〕弗·雅·普罗普《故事形态学》,贾放译,施用勤校,北京:中华书局,2006年,第6页。
② 同上书,序言第7页。
③ V. Propp, *Morphology of the Folktale*, University of Texas Press, 1968, Author's Foreword.
④ 〔俄〕弗·雅·普罗普《故事形态学》,贾放译,施用勤校,北京:中华书局,2006年,序言第7页。
⑤ 同上。

可的统一术语系统,它们在自己的术语系统中不断完善自己的研究方法,但是故事研究却一直没有建立起一个类似的系统。在他看来,资源非常丰富的民间故事亟需一种科学有效的分类体系,因为这是故事研究的基础和前提。那么民间故事中是否存在可以用来分类的标准、结构或原则?普罗普认为答案是肯定的。在他看来,民间故事的一个重要特点就是类同性(相似性)和规律性(程式化),这使得故事形态研究成为可能。①

(一)角色功能的存在

首先,普罗普认为民间故事中存在着角色功能。民间故事中存在着一些情节,这些情节一般会有一个相对稳定的主干,普罗普称之为功能或行动。例如:

1. 沙皇赠给好汉一只鹰。鹰将好汉送到了另一个王国。
2. 老人赠给苏钦科一匹马。马将苏钦科驮到了另一个王国。
3. 巫师赠给伊万一艘小船。小船将伊万载到了另一个王国。
4. 公主赠给伊万一个指环。从指环中出来的好汉们将伊万送到了另一个王国。②

普罗普认为,故事情节中存在着不变的因素和可变的因素。变换的是角色的名称(以及他们的物品),不变的则是他们的行动或功能。故事里的人物无论多么千姿百态,无论是老妖婆、严寒老人,还是熊和林妖,都在做着同样的事情,或者在考验主人公,或者在辅佐主人公。严寒老人做事的方式可能与老妖婆不同,但目的都是一样的。由此普罗普提出,功能的实现方法可以变化,因为它是可变的因素,但功能本身是不变的因素。这就使我们有可能根据角色的功能来研究故事。③

(二)故事产生于生活

普罗普的故事研究的基本出发点是故事源于生活。他认为,进行故

---

① 〔俄〕弗·雅·普罗普《神奇故事的历史根源》,贾放译,施用勤校,北京:中华书局,2006年,第23页。
② 〔俄〕弗·雅·普罗普《故事形态学》,贾放译,施用勤校,北京:中华书局,2006年,第17页。
③ 同上。

事研究,必须联系故事的外围因素,联系故事创作和流传于其中的社会历史文化语境,尤其是广义上的宗教。他甚至认为,如果同一种母题在宗教文献和故事里都能见到,那么宗教形式是原生的,而故事形式则是派生的。另外,古代神话、巫术和宗教仪式、社会法则和日常习俗也是故事产生的主要源泉。但是社会历史是不断发展变化的,这种变化和发展也会在故事当中留下清晰的印记,因此,故事研究必须结合社会历史及其发展来展开,否则我们将无法正确解读故事。①

(三) 材料的选择

为了研究的有效性,普罗普限定了自己的研究样本,他首先选择了阿尔奈民间故事分类法中第300—749号的"神奇故事"作为自己的研究材料。其次,普罗普在俄罗斯民间文学家阿法纳西耶夫的《俄罗斯民间故事集》中随机选取了101篇故事作为自己的研究样本。再次,普罗普希望通过自己的分析,找出民间故事中的不变因素和可变因素,为后人进行民间故事的故事性、叙述结构及其成因的研究奠定基础。

另外,在这本书中,普罗普还讨论到研究材料的问题。他提出一个十分大胆的观点:"即使材料尚未全部发掘,开始研究也是可能的。这同样也是本书的前提之一。"②其根据便是对民间文学材料重复性和规律性的观察。他认为,民间文学研究者不必陷于材料的汪洋大海,而重在逐渐摸索出规律。"如果规律是正确的,那么它在所有的材料中都将是正确的。"③这样的说法在20世纪30年代的苏联民间文学界可谓惊世骇俗。"当时民间文艺学家们的基本前提是以穷尽全部材料为目的",但"时间证明了普罗普当时提出而难以被接受的方法宗旨的正确性"。④

---

① 〔俄〕弗·雅·普罗普《故事形态学》,贾放译,施用勤校,北京:中华书局,2006年,第155—157页。
② 同上书,第23页。
③ 同上书,第24页。
④ 叶列米纳《弗·雅·普罗普〈神奇故事的历史根源〉一书及其对当代故事研究的意义》,转引自贾放《普罗普〈神奇故事的历史根源〉与故事的历史比较研究》,《民间文化》2000年第7期,第48页。

二、角色功能

(一) 民间故事的基本成分

普罗普认为,民间故事中所谓的角色功能可以代替维谢洛夫斯基所说的"母题"或贝迪耶所说的"要素"的那种组成成分。角色的功能是故事的基本成分,研究者应该首先将它们划分出来。在普罗普看来,民间故事中的角色功能项极少,但是人物极多,由此我们便可以理解神奇故事的双重特征,即一方面是它的惊人的多样性,另一方面是它亦很惊人的单一性或者说重复性。

普罗普认为,角色功能指的是从其对于行动过程意义角度定义的角色行为,具有如下特点:

1. 角色的功能充当了故事的稳定不变因素,不依赖于由谁来完成以及怎样完成。它们构成了故事的基本组成成分。神奇故事的出场人物无论其外表、年龄、性别、职业类别如何不同,其名称以及其他静态标志如何不同,在行动过程中所做的事情都是一样的。稳定因素与可变因素的关系便由此确定。例如:

a:国王派伊万去寻找公主,伊万出发。

b:姐姐派弟弟去找药,弟弟出发。

在这里,派遣出去寻找是稳定的因素。派遣者和出发者、派遣的缘由则是可变因素。[1]

2. 神奇故事已知的功能项是有限的。跟神奇故事中大量的角色相比,角色功能的数目惊人地少。这一点可以解释民间故事的两个侧面:一方面千变万化、丰富生动、绚丽多彩;另一方面又引人注目地如出一辙,周而复始。[2] 普罗普通过自己的研究认定民间故事中的神奇故事只有31个功能项,而且几乎所有神奇故事中的行动都在这31个功能项中展开。

---

[1] 〔俄〕弗·雅·普罗普《故事形态学》,贾放译,施用勤校,北京:中华书局,2006年,第153页。
[2] 〔法〕列维-斯特劳斯《结构人类学》,张祖建译,北京:中国人民大学出版社,2006年,第595页。

普罗普甚至认为世界各地所有神奇故事中的行动也都局限于这些功能项中。尽管不是所有的神奇故事里都有这 31 个功能项,但是缺少一些功能项并不会对其他功能项的交替顺序产生影响。所有功能项的总和就构成了一个系统,一个结构组合。这个系统极为稳定。①

3. 功能项的排列顺序永远是同一指向的。普罗普认为,出于逻辑的需要和艺术的需要,一个功能项会引出另一个。任何一个功能项都不会排斥别的功能项,它们全都属于一个轴心,而不是几个轴心。② 所有神奇故事在情节发展上都是严格地按照这 31 个功能顺序发展的,甚至连次序都不会改变。具体到某一个故事,其情节发展也许会跳过这 31 个功能中的几个,但绝不可能脱离或颠倒 31 个功能所规定的发展方向和发展顺序。著名人类学家列维-斯特劳斯曾对普罗普故事形态学进行过总结:

> 试以普罗普所概括的一个简单的民间故事为例,于是便有以下公式:
>
> $\alpha^1 \delta^1 A^3 B^1 C \uparrow H^1 — I^1 K \downarrow W^0$
>
> 这 11 个符号依次读作:"一个国王有三个女儿"——"女儿们外出散步"——"在一座花园里暂留"——"被一条恶龙劫走"——"发出求救信号"——"三位主人公现身"——"展开搜寻"——"与恶龙搏斗"——"胜利"——"公主们获救"——"归来"——"酬答"③

4. 所有神奇故事按其构成都是同一类型。普罗普在第三章按照神奇故事本身记述的顺序列举出了角色的 31 项功能。它们不一定全都出现在任何一个民间故事中,但出现了这些功能的故事,其功能会以一种可预见的序列发生。④

---

① 〔俄〕弗·雅·普罗普《故事形态学》,贾放译,施用勤校,北京:中华书局,2006 年,第 153 页。
② 同上书,第 58—59 页。
③ 〔法〕列维-斯特劳斯《结构人类学》,张祖建译,北京:中国人民大学出版社,2006 年,第 114 页。
④ 参见〔美〕阿兰·邓迪斯《北美印第安人民间故事的结构类型学》,见〔美〕阿兰·邓迪斯《民俗解析》,户晓辉编译,桂林:广西师范大学出版社,2005 年,第 15 页。

三、神奇故事的 31 个角色功能项

1. 起始状态：

交代故事中的家庭人员及状况，包括主人公的姓名、社会关系、生活背景等。

2. 准备状态：

(1) 缺失(absentation)，代码为 e：一个家庭中的最后一个具有保护功能的成员消失。（长者离家出走、死亡，或不具备自我保护能力的主人公自己离开了安全的家。）

(2) 禁令(interdiction)，代码为 6：主人公（或潜在受害者）被告知不能做一些事情。（不许做什么事情，或失去保护的主人公被强迫做一些危险的事情。）

(3) 违背禁令(violation)，代码为 b：主人公（潜在受害者）违背禁令。此时会有一个新的人物进入故事，这个人常常是主人公的加害者（如蛇妖、强盗、后母等），其作用在于打破安宁，带来灾难，或造成伤害。

(4) 打探(reconnaissance)，代码为 B：加害者试着去得到一些信息，例如询问宝物或其他事物的所在地，一般采用问问题的方式。也有相反的形式，即受害者或主人公去问加害者，或者采用巧遇的形式与加害者相遇等。例如，直接问孩子："你们在哪儿拿的这些宝石？"或者让主人公忏悔自己为什么能得到帮助。

(5) 打探成功(delivery)，代码为 w：加害者得到了他想得到的信息，或者通过对话的形式，或者引诱主人公说出信息。例如，主人公得到了一只宝船，用宝船搭救加害者，因此泄露了宝船的秘密。

(6) 诡计(trickery)，代码为 r：加害者企图欺骗受害者，并得到他想得到的东西。加害者或者通过劝说的方式，如女妖建议带上指环，或者通过施魔法，如给继子的衣服上插进一枚魔针，或者采用其他欺骗或强迫的方式，得到了他想要得到的东西。

(7) 上当(complicity)，代码为 g：潜在受害者受骗并不自觉地帮助加害者达成了愿望。受害者或者接受了加害者的劝说戴上了指环，或者机械地听从加害者的指令，因为中了魔法，所以不自觉地受骗。

3.情节初步发展：

（8）伤害(villainy)，代码为 A：潜在受害者或主人公家庭中的某一成员受到了伤害，或者什么东西丢失。加害者或者绑架了什么人，如蛇妖掠走了国王的女儿；或者夺取或强占了宝物，如坏公主盗走了具有魔力的衬衫，后妈吃掉了池塘里的大鱼，熊偷走了燕麦，后妈赶走了继女，蛇妖逼公主做妻子等。

（8a）短缺(lack)，代码为 a：家庭中的什么人缺乏或急需什么东西。例如，急需一个妻子，急需找到长着金羽毛的鸭子等。

（9）发布消息(mediation)，代码为 B：急需帮助的消息传出（一般是通过发布布告，提出奖赏条件）。主人公出现，并开始寻找或决定对受害者进行救援。

（10）积极响应(beginning counteraction)，代码为 C：主人公与布告发布者签订契约，决定马上行动。

（11）出发(departure)，代码为↑：主人公踏上征程。

（12）神秘人物赠与者初次出现(the first function of the donor)，代码为 д：主人公受到神秘人物赠与者的考验、攻击、盘查，为他以后得到帮助奠定了基础。例如赠与者让主人公为自己照料马群、寻找食物、掀起沉重的石头，或者请求主人公救命，摆脱枷锁的束缚等以考验主人公的人品。

（13）主人公的反应(the hero's reaction)，代码为 Γ：主人公对上述考验的反应。一般情况下，主人公都经受住了各种考验。

（14）获得或接受宝物(provision or receipt of a magical agent)，代码为 Z：经受了考验的主人公得到了一件有魔力的宝物。例如，主人公获得了骏马、神鹰、神奇的指环、有魔力的宝剑等。这些宝物能够帮助主人公与加害者进行各种形式的对抗。

（15）被引导或遣送至目的地(spatial transference between two kingdoms, guidance)，符号为 R：主人公被神秘人物通过魔法，如飞翔、穿地、骑乘鸟、龟、马、狼、飞毯等方式送到了他要去的地方或要找的人附近。

4.交战开始：

（16）交战(struggle)，代码为 Б：主人公与加害者的交战开始。交战可以是双方面对面的搏斗，也可以是游戏和比赛中的斗智行为。例如，与蛇妖玩纸牌、斗法等。

（17）受伤并留下伤痕（branding，marking），符号为 K：在交战过程中，主人公的身体往往会受到伤害，留下印迹或伤疤，作为后面确认功能的依据。

（18）胜利（victory），代码为 Π：加害者被打败。可能是战败，可能是比赛失败，也可能是被打死或被赶走。

（19）最初的灾难或缺失被消除（the initial misfortune or lack is Liquidated），代码为 Л：劫难终于过去了。例如，失去的东西或人又回来了，中魔法者被解除了魔法，运用宝物捉到了长着金羽毛的鸭子等。

（20）主人公归来（return），代码为 ↓：主人公正在返回其出发地的途中。

（21）遇险（pursuit，chase），代码为 $Π_p$：主人公遇到危险。例如，追捕者（妖怪、巫婆、狼、公鸡等）尾随主人公，企图加害主人公。

（22）获救（rescue），代码为 C_n：主人公又一次逃过劫难。主要是得到了动物或超自然力量的帮助，例如骑鹅飞走，通过变成石头、水罐或水井逃过劫难。为了增强故事的曲折性，有的时候主人公还要经受新的磨难。这一现象意味着一个民间故事可以由两个或两个以上的功能系列组成，普罗普称之为"回合"。主人公要不断地经历各种磨难，完成各种任务，由此使得故事的故事性更强。

在这里，第 8 到第 15 各项功能有可能会重复出现。

（23）主人公回归但没有被察觉（unrecognized arrival），代码为 X：主人公返回，但通常会以另一种身份和形象回归，如裁缝、厨子、马倌等，因此，几乎没有人能够认出主人公。

（24）胜利被窃取（unfounded claims），代码为 Φ：假冒的主人公出现，并得到了奖赏。

5. 结局：

（25）给主人公出难题（difficult task），代码为 Э：主人公接受一系列考验。例如，接受吃喝的考验、火的考验、猜谜题、捉迷藏、耐力的考验、眼力的考验、竞技的考验等。

（26）通过考验（solution），代码为 P：主人公顺利通过各种考验。

(27)主人公被认出(recognition),代码为 Y:因为找到了信物,认出了伤痕、标记、印迹等原因,主人公受到了肯定,被承认了。

(28)败露(exposure),代码为 O:假冒主人公或加害者的身份被识破,事实澄清了。

(29)易容(transfiguration),代码为 T:主人公的面貌焕然一新。例如,主人公变回原来的样子,或通过更改装束使得形象发生变化。

(30)惩罚(punishment)代码为 H:加害者受到了惩罚。例如,加害者被放逐、关押、拷打或处死刑。

(31)结婚(wedding),代码为 C:主人公结婚,并获得了王位。有的时候表现为夫妻破镜重圆。

第三节 故事的叙事结构

民间故事的研究不能仅仅局限于对故事的功能项的总结和概括,普罗普认为,还必须进一步对故事的叙事结构作出描述,即"按照故事成分和这些成分彼此之间的关系,以及它们同整体的关系"①。于是,在"功能项"的基础上,普罗普提出了"回合""行动圈"等概念,以探讨这些功能项的组合规律、相互关系以及它们与整体的关系。

一、叙事回合

普罗普认为,从形态学的角度说,任何一个始于加害行为或缺失,经过中间的一切功能项之后终结于婚礼或其他作为结局的功能项的过程都可以称为神奇故事。一个完整的神奇故事可能包含多个任务、多次尝试、多次试探、多次战斗等等,神奇故事中每一项任务的完成普罗普称为一个回合。每一次遭受新的加害或损失,每一个新的缺失,都创造一个新的回合,因此,一个故事可以包含多个回合。②

---

① 李扬《中国民间故事形态研究》,汕头:汕头大学出版社,1996 年,第 6 页。
② 〔俄〕弗·雅·普罗普《神奇故事的历史根源》,贾放译,施用勤校,北京:中华书局,2006 年,第 87—88 页。

通过对选定的101篇神奇故事文本进行的系统的梳理和研究,普罗普认为,神奇故事中回合与回合的结构方式可以表现为如下几种:

1. 一个回合跟着一个回合。

2. 新的回合在第一个回合结束之前降临。行动被一个片段的回合打断,在片段结束后才降临第一个回合的结局。

3. 片段本身也被打断。

4. 故事可以从一下子降临两个危险开始,可能先彻底消除一个,然后再消除第二个。如果主人公被杀害,而且他的宝物也被窃取,那就先解决杀害问题,然后再解决窃取问题。

5. 两个回合可以有一个共同的结尾。

6. 有时一个故事里有两个寻找者。①

普罗普研究指出,神奇故事可以由一个回合构成,也可以由多个回合构成。

如果故事是由两个回合构成的,其中一个是正面的结尾,另一个则可能是反面结尾。例如,回合一是善良的妹妹出去挑水,得到了宝贝;回合二是邪恶的姐姐也假装出去挑水,得到的却是惩罚。

整个回合可能三重化,例如,蛇妖劫持了姑娘,回合一和回合二分别是三兄弟中老大和老二轮流出发去寻找,结果都以失败告终;回合三是老三出发营救,不仅救出了姑娘,同时也解救了他的兄弟。

可能第一个回合中就获得了宝物,到了第二个回合才使用它。例如,回合一是兄弟们出发寻找宝马,然后得到了宝马;回合二是蛇妖威胁公主,兄弟们在宝马的帮助下救出了公主。

如果在彻底消除灾难之前突然感到某种缺乏或不足,引发了新的寻找,即新的回合,但不是新的故事,那我们看到的也是一个故事。例如,在与蛇妖战斗时武器损坏,主人公需要短暂离开,去寻找新的武器,然后再继续战斗。②

---

① 〔俄〕弗·雅·普罗普《神奇故事的历史根源》,贾放译,施用勤校,北京:中华书局,2006年,第88—89页。

② 同上。

二、行动圈

普罗普认为,许多功能项是从逻辑上按照一定的范围联结起来的,这些范围整体上与完成者相对应,这就是行动圈。在普罗普看来,神奇故事包含如下几个行动圈:

1. 加害者行动圈。主要包括:加害行为(A),作战或与主人公争斗的其他形式(Б),追捕($П_p$)。

2. 赠与者行动圈。主要包括:准备转交宝物(Д),将宝物提供给主人公(Z)。

3. 相助者行动圈。主要包括:主人公的空间移动(R),消除灾难或缺失(Л),从追捕中救出(C_{II}),解答难题(P),主人公摇身一变(T)。

4. 公主及其父王的行动圈。主要包括:出难题(3),留下印记(K),揭露(O),认出(Y),惩罚第二个加害者(H),婚礼(C˙)。公主与其父王无法按照功能精确地截然分清界限。出难题作为一项由对求婚者的敌对态度引出的行动,最常见的是由父亲执行,父亲经常会惩罚或下令惩罚假冒的主人公。

5. 派遣者行动圈。包括的只有派遣(承上启下的环节,B)。

6. 主人公的行动圈。主要包括:动身去寻找(C↑),对赠与者要求的反应(r),婚礼(C˙)。第一个功能项(C↑)对于充当寻找者的主人公是典型的,作为牺牲者的主人公要完成的只是其余的事情了。

7. 假冒主人公的行动圈。主要包括:动身去寻找(C↑),对赠与者要求的反应,其表现总是负面的(r_{neg}),还有,作为一个专门的功能项——欺骗性的图谋(Φ)。

三、故事叙事的可变因素

从一方面说,神奇故事是不变的,普罗普甚至认为所有的神奇故事实际上只有一个故事。但是从另一方面说,讲故事者在以下领域又是自由的和可以创造的:

1. 他选择跳过哪些功能项,或者相反,选择使用哪些功能项。

2. 选择功能项的实现方法或形式。讲述者可以根据情况删改细节,例如将马车、轿子替换为汽车等等。许多新变体、新情节和新故事正是通过这些途径创造出来的。

3. 在选择角色名称以及标志物上讲述者是完全自由的。普罗普认为,从理论上讲,此处的自由是最充分的:树可以指路,仙鹤可以赠马等等。但是,讲述者一般情况下只能在有限的范围内进行,不会滥用这种自由,例如,在民众的观念中,某类人物、某些动植物、某些名称的形象是固定的,如蛇妖是典型的加害者,老妖婆是典型的赠与者。任何试图改变蛇妖加害者形象的尝试有可能导致讲述的失败。

4. 讲述者在语言手段的选择上是自由的。普罗普这里所谓的手段主要包括讲述者的语言风格、技巧、语气等方面的问题。①

第四节　民间故事的仪式解读

普罗普认为,民间故事研究必须扩展研究范围并找到使神奇故事得以产生的历史根源。但是,普罗普也指出,进行历史根源的研究并不等于对故事进行历史研究。俄罗斯民间文学中有一个历史学派,代表人物为弗谢沃洛德·米勒。历史学派主张研究隐藏在民间文学作品背后的历史事实和历史事件。普罗普的观点是,我们既不去猜测历史事实,也不打算证实它们与民间创作的一致性。他关注的是历史上的哪些现象与俄罗斯的故事相符合并且在何种程度上决定并促使了故事的产生。普罗普将其称为现象的起源学研究,而不是现象的历史研究。②

普罗普在《神奇故事的历史根源》一书第一章开宗明义,指出这部著作的任务是阐明"历史往昔的哪些现象(不是事件)与俄罗斯的故事相符合并且在何种程度上确实决定以及促使了故事的产生"③。接下去,他对"历史往昔"的概念加以扩展并使之更为准确。在他看来,故事所对应的

---

① 〔俄〕弗·雅·普罗普《故事形态学》,贾放译,施用勤校,北京:中华书局,2006年,第109—110页。
② 〔俄〕弗·雅·普罗普《神奇故事的历史根源》,贾放译,施用勤校,北京:中华书局,2006年,第1—2页。
③ 同上书,第2页。

并不是直接的生产形式,而是与不同历史发展阶段中的生产形式相适应的社会制度。具体而言,便是作为该制度具体表现形式的各种法规,包括宗教、仪式与习俗等。许多故事的情节和母题正是在这些法规的基础上产生的,其中最为重要的,便是在原始民族生活中具有重大意义的成年礼仪式。除此之外,神话、原始思维的形式也都在故事起源的考察中占有一席之地。

一、民间故事与仪式

故事母题与仪式之间的对应关系是多种多样的,普罗普循着弗雷泽、维谢洛夫斯基等人开辟的道路,将仪式分析运用于神奇故事的具体研究中,并作了淋漓尽致的发挥。

普罗普指出,民间故事与祭祀、宗教活动有着密切的关系。故事保留着很多仪式与习俗的痕迹,而且许多母题只有通过与仪式的对比才能得出其起源学的解释。例如,有一个故事说,一位姑娘把母牛的骨头埋在园子里,而且往上面浇水。普罗普认为这种习俗或仪式的确有过,动物的骨头出于某种原因不是被人们吃掉或毁掉,而是要埋起来。因此,如果我们能证明哪些母题起源于类似的仪式,那么这些母题的起源就已经在一定程度上获得了解释。民间文学研究的目的之一就是系统地研究故事与仪式的这种关系。①

普罗普认为,民间故事与仪式的关系有如下三种:

(一)直接对应型

一种是仪式或者习俗与民间故事完全吻合,如一些故事中有国王的孩子被囚禁在黑暗的地窖里。历史上确实曾经发生过这样的事情,因此,故事与仪式和习俗的关系就是显而易见的了。但是,普罗普认为这种情况非常少见。②

---

① 〔俄〕弗·雅·普罗普《神奇故事的历史根源》,贾放译,施用勤校,北京:中华书局,2006年,第9—11页。
② 同上书,第15页。

(二) 重解型

另一种情况是故事与仪式之间并不是直接对应的,需要对故事进行重解,才能获得故事与仪式之间的关系。普罗普认为,仪式中某些由于历史变化而变得无用或费解的因素被故事替换成更容易理解和合乎逻辑的因素,但二者之间的联系仍有迹可循,这是最为普遍的类型。故事中常有主人公将自己缝入皮囊,然后被鸟儿送到他所要去的地方这样的情节。例如,伊万落到了一个满是动物尸体的大坑里,他正想办法逃出去的时候,看见一只大鸟正叼着一头牲畜。伊万于是把自己裹在牲畜的皮囊中,被大鸟叼出了大坑。普罗普认为古代确曾有将死人缝入皮囊的习俗,如奥瓦赫族人的图腾是水牛,这个民族的人的尸体便会被缝在水牛皮里。① 这一习俗与古人的安葬仪式非常相似。普罗普通过自己的研究表明二者从外部形式到内涵都是吻合的,不同之处在于故事是生者将自己缝进去,而在仪式中是他人将死者缝进去,这就是重解过程中常发生的变形。②

(三) 转化型

这种情况普罗普称为反用,即在故事中所保留的仪式痕迹与仪式本来的内涵或解释意义相反,这其实是重解型的特例。如历史上曾有过人祭的习俗,将一个姑娘投入河中以求五谷丰茂,但在故事中却是主人公把送给怪兽吃的姑娘解救出来。在这种仪式存在的时代,这样的"解救者"会被作为大逆不道的渎神者而遭受五马分尸,因为他危及了人民的福祉和作物的丰收;而做祭品的姑娘是英雄,有时甚至自愿赴死。但随着这种制度的没落,这一仪式由神圣变为无用和令人厌恶,于是那位渎神者反而变成了英雄。类似的例子证明:"情节有时产生于对往昔曾有过的历史现实的否定态度。"③

普罗普认为,作为一条规则,仪式与故事的关系一旦确定,仪式就要

---

① 〔俄〕弗·雅·普罗普《神奇故事的历史根源》,贾放译,施用勤校,北京:中华书局,2006年,第260页。
② 同上书,第10—15页。
③ 同上书,第13页。

服务于解释故事中相应的母题。在作为一种狭义的概括方法使用时,似应一直如此。事实上,有时正好相反。常有这样的情况,尽管故事起源于仪式,可仪式却十分模糊,倒是故事将往昔保存得如此真实完好,以至于仪式或其他现象只有通过故事才能得到真正的阐释。故事在某种情况下可以作为研究仪式的文献材料。①

二、民间故事与成年礼

普罗普特别关注成年礼仪式,他称之为"神奇故事的远古基础"。比如故事中孩子们被赶入树林,主人公被妖婆亚加痛打或接受其他考验,主人公得到宝物或神奇的相助者,故事结尾的婚礼等等,都可以在成年礼仪式中找到呼应。

普罗普认为,成年礼是氏族社会制度所特有的法规之一,这个仪式在性成熟时举行,青年人通过这个仪式进入氏族社会,成为其中享有完全权利的成员并获得结婚的权利。假定男孩在举行仪式时死去,然后重新复活成为新人,这就是所谓的暂死。被描绘为怪兽吞食孩子的情节导致死亡与复活。为了举行这个仪式,有时要搭盖专门的动物外形的房子或窝棚,门就是嘴。割礼就在这儿举行。举行仪式总是在森林或灌木丛的深处,要避人耳目。仪式伴随着肉体的折磨和损伤。暂死的另外一种形式表现为男孩象征性地被烧成灰、水煮、火烤、砍成碎块,然后复生。复生者获得新的名字,皮肤上留下印记或其他表示通过了仪式的记号。男孩或多或少都经历了长时间的严峻的磨炼:教给他狩猎的方法,告诉他宗教的秘密、历史知识、日常生活守则和要求等等。他经受了成为猎人和社会成员的训练,经受了舞蹈、唱歌及其他生活中必经的训练。②

普罗普在《神奇故事的历史根源》一书的第三章,对民间故事中的"神秘的树林"进行了详细的考察,勾勒了成年仪式在故事中的对应母题和情节。

---

① 〔俄〕弗·雅·普罗普《神奇故事的历史根源》,贾放译,施用勤校,北京:中华书局,2006年,第11页。
② 同上书,第54页。

(一) 树林

故事中常常出现"树林"或"灌木丛"。在普罗普看来,世界各地故事中的树林与成年礼仪式中出现的树林关系密切,因为成年礼仪式一直就是在树林里举行的,没有树林的地方,人们则会把孩子送到灌木丛里。"树林"之所以非常重要,普罗普认为是因为树林环绕着另一个王国,一条通往另一个世界的道路是从树林中穿过的。在美洲神话中,有一个关于一个人去寻找亡妻的情节,他进入树林以后发现身在死人国里;在密克罗尼西亚神话中,树林的背后有一个太阳国;等等。总之,成年礼仪式与树林的联系牢不可破。

(二) 老妖婆

民间故事中经常出现老妖婆的形象,普罗普认为老妖婆是成年礼仪式中"冥国"的把守者,或者说是"死亡之国"的看门人。

(三) 小木屋

故事中常常出现的小木屋一般情况下既没有窗户也没有门,主人公只能破墙穿行。普罗普将其看作是警戒的哨卡,主人公在遭到盘问并经受考验获得进入资格之前是无法进入小屋的。普罗普将小木屋看成成年礼仪式中通往死亡世界或者另一个世界的通道。主人公必须要进入这个通道以完成成年礼仪。

(四) 难以接受的气味

进入小木屋后,主人公大多会因为身上带有特殊的气味而被识别出来,普罗普将这种气味解释为"生死气味"。在民间故事中,生活在死亡之国或另一个国度的人往往通过气味判断出有"生人"或"活物"闯入了。例如在一则非洲传说中,一个姑娘的母亲去世了,但死者来帮助女儿给果园松土,人们认出了她,于是她便离开了,并带走了女儿。"在那儿,母亲把她的女儿藏在茅屋里一个关着的房间的下面,不许她出声。过了些时候,熟人亲友们来作客,他们都是些影子。但他们在茅屋里刚刚落座,就皱起了鼻子发问道:这屋子里有什么呀？是什么东西的味道？这儿有股呛人的活物的味儿,你这里藏着什么？"①这与成年礼仪式中的"死亡"象征仪式一致。

此外,故事中的其他母题如"款待吃喝""白骨脚""老妖婆的瞎眼""树林女王的主宰者""树林的女主宰者""老妖婆的难题""睡眠的考验""被赶入树林的孩子们""被劫的孩子们""预售""打呀打""疯狂""断指""死亡的证物""暂死""碎尸与复生""老妖婆的炉灶""绝技""神奇的礼物""充当岳母的老妖婆"和"改头换面",在普罗普看来,都与成年礼仪式——对应。②

孩子们去树林里就是去死神那儿,这就是树林为什么会作为劫孩子的老妖婆的住处、作为地狱的入口出现。在林中进行的活动与真实的死亡没有截然分明的区别。仪式消亡了,而死亡依然存在。曾依附于仪式的东西、曾发生在被授礼者身上的事情,现在已经只能发生在死人身上。以此不仅能解释此树林与彼树林,而且能解释很早曾有过的将死者又炸又煮的情形,就像对被授礼者所做的那样,还能解释被授礼者要接受气味的检验,后来成了外来人去另一个世界时得接受气味的检验。但这还不是全部。随着农业和农业社会宗教的出现,所有"树林里的"宗教变成了一连串的鬼魅,伟大的魔法师成了邪恶的巫师,野兽的母亲和女主人成了把孩子拖去吃掉(而且绝非象征意义上的)的妖精。消灭了仪式的那种社会制度也消灭了仪式的创造者和体现者:烧孩子的妖精,自己被故事讲述人、史诗传统的体现者烧烤着。无论在任何地方——在仪式中也好、在宗教信仰中也好,都没有这个母题。但是,一旦故事开始独立于仪式而流传,它就出现了,并表明情节不是在创造了仪式的那种社会制度下被创造出来的,而是创造于取代这种制度、使神圣恐怖的东西变成半英雄式和半喜剧式的怪诞之物的社会制度之下。③

民间故事母题中有许多起源于各种社会制度法规,其中成年礼仪占

---

① 〔俄〕弗·雅·普罗普《神奇故事的历史根源》,贾放译,施用勤校,北京:中华书局,2006年,第66—67页。
② 同上书,第49—131页。
③ 同上书,第130—131页。

有一个特殊的位置。在普罗普看来,下列母题起源于整套的授礼活动:孩子们被送到、被驱逐到森林里或被林妖劫走、小木屋、野兽、主人公遭老妖婆殴打、断指、向其他人展示死亡的假象、老妖婆的炉灶、碎尸与再生、吞下与吐出、获得宝物或神奇的相助者、改头换面、森林里的师傅与绝技。后来到结婚前的下一个阶段和归来时刻则反映大房子、房中摆满食物的桌子、猎人、强盗、小妹妹、棺中美女、在神奇的花园和宫里的美女和邋遢鬼、丈夫出席妻子的婚礼、妻子出席丈夫的婚礼、禁入的储藏室以及其他母题。这些对应使我们可以断定,成年礼系列是故事的远古基础,所有这些母题一起构成了无数千姿百态的故事。①

三、民间故事与萨满巫术仪式

民间故事中,"死而复生"是一个常见的母题。例如,在《白雪公主》中,白雪公主在吃了皇后给她的毒苹果后死去,但是,她并不是真正地死亡,后来在王子的帮助下死而复生。一般而言,导致故事中姑娘死亡的物品有三种:一种是能刺进皮下的东西,如针、发卡、梳子、动物或植物身上的刺等;另一种是能进入体内的有毒的东西,如毒苹果、毒汤汁或饮料等;最后一种是能穿戴的东西,故事中的主人公穿上了衬衫、裙子、袜子,戴上某些首饰如项链、耳环等以后死去。复活的方法十分简单,或者将插入皮肤的物体如针拔出,或者摇晃尸体让死者吐出吃下的物品,或者将衬衫脱下来、将指环摘下,死者便会复活。②

普罗普认为,众所周知,几乎全世界都把疾病归咎于人体内进入了某种外来的东西,而治病就是有萨满将这种东西取出来。③

第五节　民间故事的神话解读

故事与神话的关系一直是个众说纷纭的话题,普罗普对此提出了自

---

① 〔俄〕弗·雅·普罗普《神奇故事的历史根源》,贾放译,施用勤校,北京:中华书局,2006年,第465—466页。
② 同上书,第153页。
③ 同上书,第153—154页。

己的见解。他认为,"神话与故事的区别不在其形式而在其社会功能",而且,"神话的功能并非一成不变,它取决于民族的文明程度"①,即神话的功能在自身发展尚未形成国家的那些民族和在古代文明国家是不同的。普罗普"将神话作为故事可能的源泉之一"②。对于这一观点,列维-斯特劳斯曾提出异议,认为普罗普"缺乏神话与民间故事之间真实关系的知识",人类学家知道"神话与民间故事并肩共存","发掘一种共同的实质,只是各自运用不同的方法。它们之间并不是一种孰先孰后、原始与派生的关系,而更多地是一种互相补充的关系"。③ 普罗普在与其论战时论及这个问题,他除了依然坚持"神话作为一个历史范畴要比故事古老","它们的界限不在形式方面"的立场外,又对故事与神话各自的本质属性作了更明确的界定,对神话的各分支系统与故事的关系作了更细致的说明,并分析了神话在不同历史阶段的存在情况及其作用的变化。④

普罗普认为,如果忽略它们在文化和社会中的功能,神话和故事几乎没有什么区别,所以,在一些国家和民族,人们常常把神话称为"原始人的故事"。许多学者因此将神话看成是故事的早期或者说原始形态,并认为神话最终有一天会变化成故事。这些学者从故事史的角度看待和理解神话,将神话当成分析、理解故事的钥匙。普罗普对这种研究方法持怀疑态度,认为我们对神话的认识还不够,主要原因之一是我们读到的神话文本基本上都是一些片段的、零散的书面记录及各种形式的译本。一旦经过书面记录和文本翻译,这些神话基本上已经失去了原有的风貌了。

一、作为故事源泉的神话

"进入蛇妖的腹中"是民间故事中常见的母题。例如:"蛇妖说,'钻到我的肚子中来',然后蛇祖露出身体,男人就钻了进去。他去看火,去

---

① 〔俄〕弗·雅·普罗普《神奇故事的历史根源》,贾放译,施用勤校,北京:中华书局,2006年,第16页。
② 同上书,第15页。
③ 〔法〕克洛德·列维-斯特劳斯《结构和形式:关于弗·普罗普的一部著作的思考》,见《结构人类学(2)》,张祖建译,北京:中国人民大学出版社,2006年,第608页。
④ 参见〔俄〕弗·雅·普罗普《神奇故事的结构研究与历史研究》,见《故事形态学》,贾放译,施用勤校,北京:中华书局,2006年,第177—199页。

看芋头,去看甘蔗,去看土生果实,去看制陶技艺,他去看了所有的东西。"①最后这个人带着所有的东西从蛇的腹中出来。这个人后来或者成了伟大的猎人,或者成了伟大的萨满,或者成了民族和文化的缔造者。

与蛇妖作战的母题非常普遍,很多国家和民族的民间文学中都有,如古埃及、古巴比伦、古希腊、古罗马、古印度和古代中国等。这一母题甚至进入了基督教,而且还被天主教奉为经典,虽然不无阻力。② 在俄罗斯故事中,与蛇妖作战的完整图景包括两个关键:一个是战斗本身,另一个是母蛇妖的追赶和它试图吞下杀死它女婿或儿子的主人公。普罗普认为,与蛇妖作战的母题不是新产生的,而是出自之前曾经存在过的吞食母题,而且是累积而成的。

普罗普根据自己对古代遗留下来的各种材料,例如神话、造型艺术和口头讲述的梳理和研究,指出,古代曾经有一种入会仪式,即参加礼仪的人要钻过一种怪兽形状的建筑物,模拟被怪兽吞食、消化,然后再被怪兽吐出,经历过这种仪式后,被吐出的人就会获得一种崭新的身份。这一仪式在太平洋诸岛被记录得最好。在前德属新几内亚,为了行割礼,人们要建一座专门的茅舍。对当地人来说,这座茅舍应该是吞食男孩子们的怪物巴尔鲁姆,一种有着蛇的形状的怪兽。参加割礼的人从兽嘴也就是茅舍的入口进入,越往尾部走,茅舍就越低越窄,象征被吞食到怪兽的腹部。然后进入仪式的下一个程序,即仪式主持者做出吞吃和被卡住的样子,然后喝下一口水,再作呕吐状,吐到从茅舍中出来的人身上,模拟人被怪兽吐出的过程。普罗普认为,这一仪式的一个组成部分就是仪式的口头讲述部分,即神话。在遥远的古代,人们只有在举行仪式的时候,才讲述与其相关的神话,否则,神话的内容是保密的,不会被公开讲述。但是,随着社会历史的发展,仪式逐渐消失了。一旦仪式消失,人们才开始考虑将与仪式相关的神话记录下来。在普罗普看来,我们看到的只是神话的残骸,

---

① 〔俄〕弗·雅·普罗普《神奇故事的历史根源》,贾放译,施用勤校,北京:中华书局,2006年,第293页。
② 同上书,第288页。

神话在失去其神圣性质的同时,也开始失去其形式。①

普罗普认为,在野兽腹中逗留赋予从那儿返回的人以魔力,包括对野兽的统治权,返回者因此成为非凡的猎手。这一点揭示了仪式和神话产生的基础,它们的思维基础是史前的,其根据可以理解为"吃与被吃同为一体"的观念。为了加入图腾动物之列,变成它,从而进入图腾氏族,人们就需要被这个动物吃掉。虽然神话与仪式之间不可能完全吻合,但是由于神话、故事都比仪式存在得更为长久,所以,我们还能在神话和故事中看到仪式的残余。②

在普罗普看来,神话在故事中的这种残余并不构成故事的功能角色,或者说,神话残余并非故事的功能性主干,也并非情节发展中的必需选项。神话残余可以轻易地脱落,而且它的脱落和缺失对情节发展没有任何损害。③

二、神话内容在故事中的变体

远古时期的神话在故事中的残留,一种是如上文所述,神话的内容残存于故事情节中,另外一种则表现为神话原初形象在故事中的反转和变体。例如,一般情况下,无论在仪式中还是在神话里,吞食者本人(怪物、野兽、蛇妖)原地不动,运动的是被吞食者,如孩子们离开家,被怪物吞下去,然后又被吐出来,再回到家里。但是实际上,还有另外一种性质的神话,即主人公在被吞下之后,在吞食者的腹中被运到了另一个国家,在那儿被吐出来或者主人公自己破腹而出。而这个吞食者常常会被主人公杀死。有这样一个故事:父亲让孩子去办事,但孩子不听话,跑去玩水,还和伙伴们一起下海划船。小船突然摇晃起来,不听话的孩子落入水中,马上被一条大鱼吞了下去。小孩在鱼肚子里躺了些时候,觉得饿了。他东张西望,看见鱼的肝正挂在他的头的上方。他用贝壳把鱼肝割了下来。大

---

① 〔俄〕弗·雅·普罗普《神奇故事的历史根源》,贾放译,施用勤校,北京:中华书局,2006年,第289—293页。
② 同上书,第292页。
③ 同上书,第289页。

鱼疼得受不了,于是把小孩吐了出来。①

在分析故事中的类似母题时,普罗普认为这可以理解为人们对远古时代神话和仪式的完整过程和内容的遗忘,但是神话和仪式的细节部分还残存在人们的记忆中,而且这些残存的记忆被运用于艺术创作。普罗普把它们看作是远古神话母题变体和扭曲后的残余,故事中的情节属于对神话母题的创造性加工,即旧事物的消亡和新事物的萌生。②

在普罗普看来,讲神话的人尽管在许多地方还保留着旧有的形式,却已经忘记了这种联系。静止的变成了移动的,恐怖的变成了惊险的甚至是喜剧式的,必需的变成了无用的和有害的。在这种情况下,主人公已不再获得任何异乎寻常的品行,相反,他在吞食者的身上看到的是敌人,因而在被吞食后要杀掉它,待在蛇的肚子里杀它可以从内部击败它。③ 杀死吞食者被赋予了浓厚的英雄主义色彩,成为塑造英雄的手段。

例如,有这样一个故事:主人公离家外出,父亲告诉他他会遇到狼,狼会把他吞进肚子里。主人公后来真的遇到了狼,在跟狼对话的过程中,他冲进了狼的肚子。在狼的肚子里,主人公找到了不少人,有的刚刚死去,有的只剩下白骨,有的奄奄一息。主人公用刀刺向狼的心脏,将狼开膛破肚,救出了狼肚子里所有的人。古代神话中主人公通过被动物吞食而获得勇气和能力的母题在这里被重新解读,变成了主人公因为杀死吞食者而成为英雄。杀死吞食者成为故事塑造英雄的一个重要途径和方式。

第六节 民间故事与原始思维

民间故事中有很多形象或情形可以说是超越现实的,是没有现实依据的,例如故事中常常出现的长着翅膀的飞马、会说人话的狐妖、善于变换形体的巨龙等都不是现实中的事物。普罗普认为,一些学者站在纯粹经验主义的立场上将故事作为某种史实记述来考察,试图证明史前真有

---

① 〔俄〕弗·雅·普罗普《神奇故事的历史根源》,贾放译,施用勤校,北京:中华书局,2006年,第302页。
② 同上书,第303页。
③ 同上书,第299—301页。

长着翅膀的马、会说话的妖,并且断定故事是关于那个时代的记忆碎片,这显然是错误的。因为无论如何,这些事物都不可能存在过。但是,从某种意义上说,普罗普又认为故事中的形象或情形是符合历史事实的。普罗普所谓的符合,指的是它们符合的不是客观史实,而是某种客观史实在思维和思想中的体现。①

一、故事与原始思维

普罗普认为,无论是神话还是仪式,都是某种思维的产物。尽管解释并确定这些思维形式有时是十分困难的,但是民间文学研究必须要明确哪些观点是某些母题的基础。在普罗普看来,原始思维不懂抽象概念,它表现在人的活动、社会组织形式、民间文学及语言之中,常见的情形是一个故事母题用上述任何一个前提均无法解释,例如,某些母题的基础是与我们所习惯的理解不同的另一种对空间、时间和集合的理解。由此可以得出一个结论,即原始思维的形式也应该用来解释故事的起源。例如,如果老妖婆威胁说要吃掉主人公,这绝不意味着古代食人习俗的残余,食人妖婆的形象可以作为某种思维形式(就这个意义而言也是历史的),而非现实生活的反映。② 因此,在探讨故事的历史根源时,一定要关注民间故事与古代思维的关系问题。

二、原始思维的载体

民间故事中能够帮助主人公的宝物有很多种,其中一类宝物就是动物身体的一部分,如动物的皮、毛、齿等。普罗普认为,宝物的最古老的形式就是动物的部分肢体,例如,领头的鸟从头上拔下一根羽毛交给主人公,说:"把这根羽毛收好,如果发生什么事情,你只要拿出这根羽毛,我就会马上出现。"普罗普借用了弗雷泽的巫术理论,认为原始思维的一个重要内容就是交感巫术。他们固执地认为,动物的局部可以代表整个动

---

① 〔俄〕弗·雅·普罗普《神奇故事的历史根源》,贾放译,施用勤校,北京:中华书局,2006年,第20—21页。
② 同上书,第21—22页。

物,拥有虎的皮,便拥有了老虎的力量,拥有了鹰的羽毛,就有了飞翔的能力,"如果身上带着一张狐狸脸、紫貂脸或白鼬脸,那就会一切顺利"①。

在原始思维中,局部还可以召唤整体,例如,一块打火石能够召唤出十二个勇士。在一个白罗斯故事里,主人公在森林小屋中找到了一个烟袋荷包,里面没有烟草,却有个火镰或者一小块火石。主人公在火石上敲了一下,结果跳出了十二条好汉,询问主人公需要自己做什么。著名的阿拉丁神灯的故事也是通过摩擦指环召唤神灵的。②

与此相似,古人认为在狩猎中起主要作用的不是工具、经验和技术,例如,不是箭、网、套索、捕兽器等,而是巫术的法力,即招引动物的本领。如果动物被射杀了,不是因为猎手机智勇敢,而是因为猎手掌握了使野兽中箭的咒语。普罗普认为,古人的生活中巫术无处不在,因此,巫术思维也就不可避免地会在民间故事中得以表现。后来,随着生产工具的发展和完善,咒语具有的魔力逐渐会转移到工具之上,例如,如果有时能用石头砸死野兽,那么石头就会令人尊敬,成为被崇拜对象。人们甚至会认为工具可以离开人自主工作,如此才出现了故事中"桶自己出去打水""箭自己发出射中了鸟儿"等等。

"替身"的观念也与原始思维密切相关。在故事《美人瓦西里莎》中出现过一个木偶。母亲就要死了,临死时,她把女儿叫到床前,从被子下面掏出一个木偶递给女儿,然后告诉女儿说:"我要死了,除了母亲的祝福以外,我把这个木偶留给你,你要永远把它带在身边,而且不要给任何人看。当你遇到困难的时候,你就给它吃点儿东西,然后问它该怎么办。"普罗普认为,在很多民族的迷信观念中,木偶起着替身的作用。例如,在古埃及巫术中,使用带有巫术目的的木偶是广为人知的。"众所周知,奥斯加克人、果尔特人、基里亚克人、鄂罗奇人、中国人,在欧洲是马里人、楚克什人及其他许多民族为了纪念死去的家庭成员而做'木头人'或木偶。它们被认为是寄放亡者灵魂的地方。自己吃什么也给这个木偶吃

---

① 〔俄〕弗·雅·普罗普《神奇故事的历史根源》,贾放译,施用勤校,北京:中华书局,2006年,第245页。
② 同上书,第249页。

什么,而且完全像照料活人一样照料它。"①在普罗普看来,民间故事中保存了原始思维的痕迹,是我们研究原始思维的材料。民间故事的研究也必须关注原始思维,在原始思维的框架中解读故事。

三、思维方式变化的反映

普罗普认为,在漫长的历史发展过程中,人类的生活方式和思维方式不断发生变化,这些变化都会反映在民间文学作品中。例如,在神奇故事中,围绕着主人公的活动,经常会出现一个"相助者"形象。相助者会将自己的宝物赠与主人公,帮助主人公实现自己的愿望。普罗普指出,神奇故事发展到这一步,主人公的行为就是配合相助者及其宝物,因为相助者会瞬间将主人公送到任何他想去的地方,并帮助主人公打败各种先前无法战胜的妖怪以完成自己的使命。故事中的相助者一般都有自己的宝物如飞毯、鹰、马和狼等,它们的作用之一就是瞬间把主人公送到另外一个国度。② 我们以神奇故事中的马为例,在一些神奇故事中,能帮助主人公的宝马都不是普通的马,而是飞马,长着翅膀的马。

在普罗普看来,人类文明史上,人类对马的认识和使用要晚于对森林中的动物的认识和使用。人与林中动物的交往早已在久远的历史中消失,但是对马的驯养或许还有迹可循。在远古时代,跟人类关系密切的应该是森林中的动物如鹿、兔子等,因此,那个时候的神奇故事中,帮助人们的也许是森林中的动物。随着历史的发展,马出现了并成为人类生活中不可或缺的帮手,因此,在神奇故事中,森林动物会逐渐退出,为马所取代。但是,普罗普认为,人们并不是简单地直接用马替代原来的鹿、兔子等,经济生产的新形式并非立即就创造出了与其对应的思维形式,这期间一定会有一种过渡,或者说新形式与旧思维发生冲突的时期,其中包括对马的命名。普罗普举例说,一些民族"在语言中有把马叫成鸟的现象,即旧词语转到新形象上。在民间文学中也是如此:马具有了鸟的形象,飞马

---

① 〔俄〕弗·雅·普罗普《神奇故事的历史根源》,贾放译,施用勤校,北京:中华书局,2006年,第254—255页。
② 同上书,第208页。

的形象就这样创造出来了。我们现在知道'马'在史前期意味着'鸟',但'鸟'在语义上是与'天空'联系在一起的,而在地球上的人类日常生活中以及史前的物质环境里代替马,当然是鸟所不能的"①。

在普罗普看来,民间故事中出现的长着翅膀的飞马并不是古人真的相信有这个样子的马,而是在人类社会历史发展过程中,人们生活和思维方式的改变带给了人们一些困惑,并在民间故事中留下了痕迹。

第七节　民间故事与历史

民间故事是社会历史现实的产物,因此,古代的社会历史现实,包括古代的生产方式、婚姻、制度、法规等必然会反映在民间故事当中。但是普罗普也认为,民间故事毕竟是一种创作,不会直接反映古代的生活和制度,需要我们通过情节进行解读。例如,在故事中我们看到主人公是去远方而不是在自己周围寻找未婚妻,这很可能就是族外婚制度的反映。因此,民间故事的研究要求我们必须关注故事是在什么样的社会生活和制度下被创作出来的。②

一、民间故事是古代社会法规的反映

民间故事有着程式化的开始,一般表现为"从前,在一个很远的地方",或者"从前,在一个遥远的国度里"等等。然后故事会从一个家庭开始,一个原本和睦、完整、幸福的家庭会因为保护者形象的缺失而改变。一般表现为,长者离家、去世、外出,或者失去自我保护能力的孩子单独外出。接下来便是非常有意思的"禁令"功能。禁令功能通常表现为保护者形象在离家之前会告诫孩子"不许走出院子""不要下楼""不要打开箱子"等。但是,"禁令"通常是一定要被打破的,否则,也就不会有接下来故事的发展了。之后便是受害者受到伤害,或者"被蛇妖转走",或者"被

---

① 〔俄〕弗·雅·普罗普《神奇故事的历史根源》,贾放译,施用勤校,北京:中华书局,2006年,第213页。
② 同上书,第8—9页。

施魔法变成了天鹅"等等。普罗普将"禁令""打破禁令"和"受到伤害"等三项功能概括为"囚禁的孩子",将它们看成是古代国王对自己的儿女们曾经采取过的措施和规定的记忆,而且认为它们保存得惊人地完整。①

普罗普认为,弗雷泽在《金枝》中展现了曾有过的国王或最高祭祀及其子女们置身其中的那个复杂的禁忌系统。他们的一举一动都受到一整套法典的严格限定,施行起来极为烦琐。例如,在某些社会中,法典的规则之一就是国王在任何时候都不得离开王宫。而且在许多地方,国王是任何人在任何时候都不能与之对视的。此外,关于国王,弗雷泽还例举了如下几条禁令:国王不应该让自己的脸见太阳;国王不应该接触地面,应该住在高出地面的地方,如塔里;国王的脸不应该被任何人看到,他与臣民说话时要隔着帘幕。关于这些禁忌,弗雷泽解释说,在原始人看来,领袖或国王被认为具有支配自然,支配天空、雨水、人、牲畜的魔力,人民的平安有赖于国王的平安,因此,精心地保护好国王,也就魔术般地保住了全体人民的平安。②

这些古代的禁忌在民间故事中都有反映,例如:"皇帝爱护自己的孩子胜过爱护自己的眼睛,他造了一座地下宫殿让孩子们住进去,就像把小鸟放进笼子里,好让狂风吹不到他们,阳光照不到他们。""国王的女儿一生下来就被关进一座塔里,没有见到过阳光,没人知道她的容貌。""公主有着一头浓密的金色长发,身穿漂亮的衣服,佩戴着贵重的宝石,被关在阁楼里,从没有呼吸过自由的空气。"③普罗普将这些母题看成是古代历史现实的反映,如国王的家庭中有很多禁忌:禁止见光,禁止被人看见,禁止吃食物,禁止与人交往,等等。这些曾经的历史现实最终进入故事,成为故事情节的一部分。故事运用幽禁及幽禁被打破的母题作为国王儿女被蛇妖及其他不知从何处突然冒出来的东西劫走的艺术铺垫和起因。④

---

① 〔俄〕弗·雅·普罗普《神奇故事的历史根源》,贾放译,施用勤校,北京:中华书局,2006年,第28—29页。
② 同上书,第29—30页。
③ 同上书,第32—34页。
④ 同上书,第40页。

二、民间故事是古代生活习俗的反映

古人的生活习俗也会在故事中有所反映。例如,民间故事中的主人公最终都会有相助者帮助他们完成各种不可能完成的任务。其中,鹰常常以相助者的身份出现。在《海王与绝顶聪明的瓦西里莎》这个故事里,主人公想把鹰杀掉,但那只鹰请求主人公养着自己:"你最好把我带到你那儿去,养我三年。"鹰一般情况下都会向主人公承诺自己以后一定会加倍报答主人公。鹰通常也会十分挑剔和贪食,但主人公都会耐心地给予鹰所要的一切。"庄稼汉听从了鹰的话,把鹰带回了自己的小木屋,用肉把它养起来。庄稼汉时而杀只羊,时而宰头牛犊,可家里并不只是庄稼汉光棍一个,还有一大家子人呢。不久,大伙都抱怨起来,说庄稼汉把钱都花在了鹰的身上。"①

普罗普认为,故事中鹰受到供养的母题完全是一种历史现象。在西伯利亚的一些民族那里,鹰是受到供养的,而且人们供养鹰也有特殊的目的。人们认为"应当一直把它养到死,然后埋葬它"。在这种情况下,人们从来不抱怨喂鹰的花费,因为他们相信鹰会加倍回报的。据说在远古时代,鹰有时候会出现在人们过冬的住所旁。在这种情况下,主人会拿出自己一半的牲畜来喂鹰。开春后,鹰飞走时,会向主人行致谢礼,然后主人便会迅速暴富。例如,一些故事中,鹰最终带给庄稼汉很多金子、银子和宝石,以答谢庄稼汉的喂养。②

在一些地区,鹰受到供养也可能是古代一些祭祀仪式的反映。普罗普指出,在历史上某个时期,喂养是杀祭祀动物前的准备,即送它前往主宰者那里,旨在唤起后者的善心。在故事中宰杀被重解为宽恕、放生和飞走,而主宰者的善心则被重解为交给主人公一件赋予他威力和财富的物件。③

---

① 〔俄〕弗·雅·普罗普《神奇故事的历史根源》,贾放译,施用勤校,北京:中华书局,2006年,第210页。
② 同上书,第210—212页。
③ 同上书,第212页。

第五章
精神分析理论

20世纪初,西格蒙德·弗洛伊德(Sigmund Freud,1856—1939)的精神分析理论初次进入人们的视野时,精神分析学只是一种精神病的治疗方法。但是,令人始料未及的是,精神分析学如今已经成为一门影响极其广泛的学科,即关于无意识心理过程的科学,广泛应用于心理学之外的很多学科,如民俗学、宗教学、文学、艺术等领域,成为现代西方的一种主要的社会思潮。

弗洛伊德是世界现代史上的一位巨人,他的理论不仅对许多学科都产生了震撼性的影响,而且在人类文化研究史上也具有里程碑的意义。他曾经说过,科学对妄自尊大的人类有过三次沉重的打击:第一次是哥白尼的"太阳中心说",因为它粉碎了"地球中心说"的古老幻想;第二次是达尔文的"进化论的观点",因为它推翻了将人类与动物隔离开来的高墙,由此开始,人类已经明白自己不再是世界的中心和万物的主宰;第三次便是"精神分析学说",可以说它让"狂妄的人类"遭受了最沉重的一次打击,因为人们发现,他们个人并不能主宰自己的心灵,而且实际上,"自我"并不是自己的主人。① 由此可见精神分析学说的出现对人们的意识观念产生的重大影响。

弗洛伊德1856年出生于摩拉维亚(Moravia)弗莱堡(Freiburg)的一

---

① 参见弗洛伊德《精神分析学中心理学的若干基本理论》,莫斯科、彼得格勒,1923年,第195—198页。转引自波波娃《精神分析学派的宗教观》,张雅平译,上海:上海人民出版社,1992年,第12页。

个犹太商人家庭。他3岁时,全家迁居莱比锡,4岁时,又迁往维也纳,其后,他的一生都是在维也纳度过的。上中学以前,弗洛伊德在家里接受古典文化教育,1866年至1973年,他进入维也纳古典中学读书,成绩优异,曾连续七年名列前茅,直至毕业。中学期间,除了母语捷克语和意第绪语外,弗洛伊德还学习了德语,并能阅读希腊语、拉丁语、法语和英语。后来,又学习了意大利语和西班牙语。① 17岁时,弗洛伊德以最优异的成绩和荣誉毕业于古典中学。从中学时期开始,弗洛伊德就非常喜欢甚至崇拜达尔文的进化论学说。中学毕业前夕,在听了卡尔·布鲁尔(Carl Bruhl)教授朗诵的歌德的诗《大自然》之后,深受启发,决心专攻医学。

1873年,弗洛伊德考入维也纳大学医学院。大学期间,他曾做过解剖学教授卡尔·克劳斯(Carl Claus)的助手,后又跟随恩斯特·布吕克(Ernst Brucke)从事解剖学的实验。弗洛伊德非常崇拜布吕克,在其实验室做了六年的助手。布吕克是生理学研究方面的权威,致力于研究当时并未得到广泛认可的一种观点,即所有生命过程最终都可以用物理和化学来解释。由于这种观点与宗教学相背离,因此,研究还是带有一些挑战性的。弗洛伊德深受布吕克的影响,一生都是忠实的决定论者。②

通过布吕克教授,弗洛伊德结识了约瑟夫·布罗伊尔(Josef Breuer, 1842—1925)。布罗伊尔长弗洛伊德14岁,是一位成功的医师和资深的生理学家,被弗洛伊德当作慈父般的朋友。布罗伊尔治疗安娜的歇斯底里症的过程对弗洛伊德影响很大,对精神分析理论的产生有着重要的意义。1881年,弗洛伊德顺利毕业并获得了医学博士学位。毕业之后,他本打算留在布吕克的实验室从事神经医学的深入研究,但是,他想要结婚,如果继续留在实验室,他的收入将不可能供养妻子和家庭,因此,不得不放弃这一研究工作。1882年,弗洛伊德进入维也纳全科医院工作,起初担任外科医生,后又前往内科任职,1883年转到精神病治疗所任副医师。1885年,弗洛伊德被任命为维也纳大学医学院神经病理学讲师。同

---

① 〔美〕彼得·克拉玛《弗洛伊德传》,连芯译,南京:译林出版社,2016年,第20页。
② 〔英〕A.斯托尔《弗洛伊德与精神分析》,尹莉译,北京:外语教学与研究出版社,2013年,第169页。

年,在布吕克推荐下,弗洛伊德获得了一笔奖学金,这使得他有机会前往巴黎就学于沙可(Jean Martin Charcot,1825—1893)门下从事催眠法、歇斯底里症和创伤性神经症的治疗和研究工作。这段时间的学习对于弗洛伊德来说非常重要,也是他创立精神分析学的关键阶段。弗洛伊德被沙可的思想所鼓舞,实现了从神经学家到精神病理学家的转变,从对人类躯体的研究转向对人的心理的研究。

1886年2月,弗洛伊德从巴黎回国,4月,在维也纳开办了自己的私人诊所。他先是尝试用从沙可那里学来的"催眠法"进行精神病的治疗,后来发现其作用是有限的,而且存在很多问题,因此最终放弃了催眠法,创立了"自由联想法"。1895年,弗洛伊德与布罗伊尔共同研究歇斯底里症的成果《歇斯底里研究》出版,为他的精神分析学的创立奠定了理论基础。在这部书中,弗洛伊德在医学史和心理学史上首次使用了"精神分析学"这一概念。1900年,《梦的解析》一书出版,该书至今仍被许多人推崇为弗洛伊德最伟大的著作。

《梦的解释》出版后,一批年轻的学者成立了"星期三精神分析学会"(Wednesday Psychological Society),1908年,该学会发展为"维也纳精神分析学会",当时参加的人后来都成了杰出的分析学家,如阿德勒(A. Adler,1870—1937)、兰克(O. Rank,1884—1939)和荣格(C. Jung,1875—1961)等。1900年以后,弗洛伊德进入研究高峰期,成果频出。1904年,《日常生活的精神病理学》(The Psychopathology of Everyday Life)出版,1905年,《性学三论》(Three Essays on Sexuality)、《笑话与无意识》(Jokes and the Unconscious)和《少女杜拉的故事》(The Story of Patient Dora)出版,弗洛伊德逐渐建立起自己的学术声誉。1907年,弗洛伊德与荣格相识,相见恨晚。1908年,第一届国际精神分析大会(International Congress of Psychoanalysis)在萨尔兹堡召开并创建了自己的会刊,精神分析研究进入鼎盛时期。1910年3月,第二次国际精神分析大会在纽伦堡召开,"国际精神分析学会"正式成立,荣格当选为第一任会长。①

1913年,弗洛伊德的另一部非常具有代表性的著作《图腾与禁忌》出

---

① 〔奥〕S. 弗洛伊德《精神分析纲要》,刘福堂等译,合肥:安徽文艺出版社,1987年,序言。

版。在这部著作中,通过对乱伦恐惧、情感矛盾等许多特征的研究,弗洛伊德声称自己发现了三大真理:第一,梦是无意识愿望或者说婴儿时期的欲望以伪装的形式的达成;第二,俄狄浦斯情结是人类普遍的心理情结;第三,儿童具有性爱意识和动机。这些观点在当时产生了极为广泛的影响。但是,1911年之后,精神分析研究领域发生了分裂。弗洛伊德先后与阿德勒、兰克和荣格发生分歧,个人感情恶化。阿德勒从"国际精神分析学会"退出,建立了"个体精神分析学会"。兰克被驱逐出精神分析领域。荣格也于1914年退出了"国际精神分析学会",创建了自己的"分析心理学"。1923年春,弗洛伊德被诊断患了口腔癌并先后接受了32次手术治疗。虽然非常痛苦,但为了保持神志清醒,他拒绝使用止痛药并在治疗癌症期间继续为病人诊疗和著述。1933年,纳粹执政后对犹太人展开了迫害,1934年,弗洛伊德的著作在柏林被公开烧毁。1938年,纳粹占领维也纳,弗洛伊德被迫离开自己的故乡前往英国伦敦。1939年,弗洛伊德最后一部著作《摩西与一神教》(*Moses and Monotheism*)出版。同年9月23日,弗洛伊德卒于伦敦,享年83岁。①

第一节 理论背景概述

作为时代的产物,精神分析理论的产生有其深厚的理论和思想渊源。无论是当时的哲学、宗教、科学、人类学,还是精神病学的理论和方法,都为精神分析理论的产生提供了坚实的理论基础。

一、学术背景

(一)进化论思想的影响

达尔文的进化论思想非常吸引弗洛伊德,尤其是其自然选择的理论。达尔文在1871年出版的《人类的由来》一书中宣称,人类和其他物种一

---

① 〔美〕亨利·艾伦伯格《弗洛伊德与荣格:发现无意识之浪漫主义》,刘絮恺等译,北京:世界图书出版公司,2015年,第72页。

样,都有一个进化的过程。弗洛伊德在维也纳大学求学期间,生物学家们正在世界各地寻找物种进化的证据。弗洛伊德曾经写道:"达尔文的观点深深地吸引了我,因为这将使我们对这个世界的认识迈进一大步。"作为一名无神论者,弗洛伊德反对非理性的思想。达尔文的物种起源理论否认了上帝的存在,更坚定了弗洛伊德的唯理主义倾向。① 中学时期的弗洛伊德就受到了唯理主义思想和自然科学经验论思想的影响,这两种思想对他后来世界观的形成同样具有重要的意义。他相信人的理性无所不能,相信科学的世界观将最终胜利。

(二)心理学的影响

精神分析学的主要源流之一是赫尔巴特(J. F. Herbart,1776—1841)的联结心理学(associationistic psychology)。赫尔巴特是著名的教育学家和心理学家,在弗洛伊德求学期间,赫尔巴特的联结心理学风靡奥地利。赫尔巴特提出了"意识阈限"的概念。他认为,阈限下的那些观念是无意识的。当一个观念上升到意识,它必须和现存于意识中的其他观念相一致,那就是被统觉了。而那些不一致的观念则不能在意识中同时存在,因而被排斥在意识之外,赫尔巴特称其为抑制。在赫尔巴特看来,阈限下的那些观念并不会停止活动,它们会不时尝试冲上意识阈限转化为意识。②赫尔巴特所谓的二者之间的阈值浮动冲突的张力、无意识为进入意识而进行的各种努力,以及这种努力所呈现出来的间接效应、自由涌现的联想等与弗洛伊德的"无意识"概念非常相似。虽然我们并不确定弗洛伊德一定读过赫尔巴特这些著作,但是,弗洛伊德中学时期所读的教科书中,赫尔巴特的心理学占有重要的地位。③

---

① 〔美〕玛格丽特·玛肯霍普《西格蒙德·弗洛伊德:精神分析学派的创立者》,潘清卿译,西安:陕西师范大学出版社,2004年,第15页。
② 〔奥〕S.弗洛伊德《精神分析引论新讲》,苏晓离、刘福堂译,合肥:安徽文艺出版社,1987年,序第4—5页。
③ 〔美〕亨利·艾伦伯格《弗洛伊德与荣格:发现无意识之浪漫主义》,刘絮恺等译,北京:世界图书出版公司,2015年,第204—205页。

（三）动力精神医学的影响

精神分析的另一个主要源流是动力精神医学。动力精神医学主要代表人物为沙可，对弗洛伊德精神分析学的建立贡献卓著，表现在五个方面：第一，它的主要方法是催眠，而弗洛伊德早期正是使用催眠术来进行自己的治疗和研究。第二，它对歇斯底里症的临床表现进行了深入研究，弗洛伊德正是从歇斯底里症患者身上获得了其决定性的考察结果。第三，它提出人类具有两种心灵模式，一是基于意识与无意识的精神（psyches）同时共存的模式，一是由多种人格形成一个人格丛的模式。弗洛伊德初期采取的是第一种模式，后来转变为包含了自我、超我、本我的人格丛集类型模式。第四，它提出造成人类精神系统障碍的精神能量有可能与某种原欲、无意识和情结有关，尽管当时人们并不能明确是什么。第五，它指出医生与病人之间的有效治疗工具是"关联"。①

（四）哲学思想的影响

弗洛伊德声称自己是一名科学家，曾经一再表现出对哲学的轻蔑，但是，当时许多哲学家的思想对弗洛伊德的影响是显而易见的。弗洛伊德的无意识理论甚至可以追溯到柏拉图，他的本能学说也可以从古希腊朴素的唯物论那里找到萌芽。② 在历史上，"无意识"的说法并非始自弗洛伊德，在他之前，许多哲学家如德国伟大的数学家和哲学家莱布尼茨就提出了单子论。莱布尼茨认为，单子是单纯的、精神性的实体，世界就是由这种精神实体构成的。在莱布尼茨看来，人的心灵并不是"一块白板"，而是有着我们觉察不到的潜在的"微小知觉"，正是这些微小知觉构成了人们的趣味。这里所谓的"微小知觉"与弗洛伊德的"无意识"非常相近。③ 19世纪法国物理学家、心理学家费希纳（Gustav Theoder Fechner，

---

① 〔美〕亨利·艾伦伯格《弗洛伊德与荣格：发现无意识之浪漫主义》，刘絮恺等译，北京：世界图书出版公司，2015年，第204—205页。
② 〔奥〕S.弗洛伊德《精神分析引论新讲》，苏晓离、刘福堂译，合肥：安徽文艺出版社，1987年，序第3页。
③ 同上书，第4页。

1801—1887)对弗洛伊德无意识思想的发展也有贡献。例如,费希纳认为心理活动像一座冰山,露出水面的只是一小部分,大部分藏在水下,因此,有很多观察不到的力量在对它起作用。此外,叔本华和尼采的唯意志论也对弗洛伊德影响很大。弗洛伊德曾经说无意识概念在叔本华的唯心主义哲学中占有非常重要的地位,坦言自己从他那里得到了很多启示。精神分析并不是首先迈出这一步的。前辈学者,尤其是伟大的思想家叔本华,他的无意识"意志"相当于精神分析中的"欲望"。① 托马斯·曼曾经说过,精神分析就是"从形而上学转译成心理学"的叔本华之概念。弗尔斯特(F. W. Foerster)甚至说,如果没有彻底研究过叔本华,根本不应该碰精神分析。这种研究将会让精神分析师们了解,他们比自己原先所相信的还要更正确一些。② 同时,尼采的观念在精神分析中更是随处可见,例如,人类的自我毁灭本能,通过攻击本能转向内在而产生良心与道德、悔恨与神经症的罪恶感,文明源于本能的潜抑,意识受到无意识以及情绪性思考的自我欺骗,本能的种种变化(各本能的组合、冲突、转置、升华、潜抑以及转向反对自己)等等。③ 毋庸置疑,当时的哲学人文资源为弗洛伊德思想的形成提供了坚实的基础和丰富的营养。

(五)人类学的影响

受进化论的影响,当时的人类学研究出现了很多影响广泛的学者和研究成果。其中,泰勒(E. B. Tylor)的《原始文化》、弗雷泽的《金枝》《图腾与外婚制》和安德鲁·兰(A. Lang)的《图腾的秘密》(*The Secret of the Totem*)等,都为弗洛伊德的图腾和宗教研究提供了丰富的资料。在阅读了包括泰勒、弗雷泽以及其他人类学者的著作后,弗洛伊德注意到:原始人类和神经症患者一样,具有相同的对乱伦的厌恶;在原始的禁忌与神经性畏惧症之间,有着相同的非理性特质——巫术过程中的思考与神经症

---

① 〔奥〕S. 弗洛伊德《精神分析引论新讲》,苏晓离、刘福堂译,合肥:安徽文艺出版社,1987年,序第5页。
② 〔美〕亨利·艾伦伯格《弗洛伊德与荣格:发现无意识之浪漫主义》,刘絮恺等译,北京:世界图书出版公司,2015年,第215页。
③ 同上书,第215页。

性的幻想呈现出相同的无所不能的特质。因此,在《图腾与禁忌》一书中,弗洛伊德提出了一个涵括极广的理论,提供共同的基础以解释神经症的症状、原始民族的社会与文化表现及文明的起源:其共同的核心在远古的弑父(primeval father)故事中可以看出,都是俄狄浦斯情结观念的衍生。①

二、歇斯底里症与催眠疗法

(一)歇斯底里症

精神分析理论的产生始于弗洛伊德对歇斯底里症的治疗过程。对精神病或心理失常、意志错乱的认识与治疗是一个古老的课题。歇斯底里症(hysteria,又译为"癔症")由来已久,主要表现为:记忆部分或选择性丧失,尤其是对于创伤性事件的记忆丧失;行动能力部分或选择性丧失;肢体瘫痪、抽搐、失语、对外界刺激麻木;等等。早在古希腊时期,人们就已经注意到这种病症,并试图给出解释。因为歇斯底里症的患者多为女性,因此,古人将此病归因于子宫兴奋或刺激。19世纪以前,人们一直是从巫术的角度认识这种疾病的,认为患者是恶魔附体,因此,要治愈就必须通过"驱邪"的手段,如击打病人的身体,将患者体内的恶魔驱赶出去。18世纪中叶,维也纳医生麦斯默尔(1734—1815)发明了"通磁术",他认为,精神病患者并不是邪魔附体,而是一种流动着的磁液失去平衡的缘故,精神病的治疗,就是要设法使病人体内的磁液恢复平衡。麦斯默尔通常会在他的治疗室中放一只木桶,让病人围桶而坐,他从桶中取出铁棍为患者通磁。在治疗过程中,患者一般会进入昏睡状态。麦斯默尔的通磁术后来被英国医生布雷德进一步修正和发展,他认为,昏睡状态并不是通磁的结果,而是由一种心理作用引起的。通磁术实际上就是催眠术。因此,他采用了"催眠术"这一概念,并开始应用于歇斯底里症的治疗。②

---

① 〔美〕亨利·艾伦伯格《弗洛伊德与荣格:发现无意识之浪漫主义》,刘絮恺等译,北京:世界图书出版公司,2015年,第186页。
② 张英《精神分析学述评》,沈阳:辽宁大学出版社,1986年,第2—4页。

(二) 催眠疗法

沙可因治疗歇斯底里症而声名远播。根据自己的治疗经验和研究，沙可否定了以往的巫术疗法，确定了歇斯底里症的分类学地位，并将此症归入功能性疾病或神经症之列，以便与器质性神经疾病相区别。为了证明歇斯底里症是精神病而非器质性疾病，沙可不仅利用催眠暗示再现了歇斯底里症，而且还借此消除了这些症状。① 催眠疗法主要是通过各种方式让患者进入睡眠状态，然后唤醒患者的隐痛，使之得以宣泄。催眠术之所以治疗有效，主要是因为在催眠状态中，被催眠的患者不仅仍然保持清醒时的记忆，而且还能回忆起很久以前发生的甚至已经忘记的痛苦的经历。而正是这些痛苦的经历使得患者产生各种精神障碍。医生一旦帮助患者唤醒已被遗忘了的心灵创伤，并把它们倾吐出来，精神病就会得到治愈。

1880年12月，布罗伊尔治愈了一位名叫安娜的病人，这一病例对弗洛伊德走上精神分析的道路具有重要的影响，弗洛伊德甚至把它作为其精神分析的开端。安娜是一位非常有才华的少女，但是患有严重的歇斯底里症，表现为瘫痪、记忆缺失、精神颓废、厌恶感以及视觉和言语紊乱。布罗伊尔使用催眠法治疗她，发现在催眠的情况下，她能回忆起一些似乎会引起某些症状的特殊经验。例如，安娜曾有过一段时间无法正常饮水。在催眠状态下，她说出在童年时曾经看见一只讨厌的狗从玻璃杯里饮水。这件事情一旦说出来，安娜再用玻璃杯饮水就没有困难了，这种症状也没有再复发。② 弗洛伊德对这种催眠术非常感兴趣。但是，当弗洛伊德实际尝试用催眠法治疗歇斯底里症时，发现这一疗法存在两个问题：首先，对有些病人，催眠疗法取得的治疗效果大多是暂时的，因为，病人的病情常常或者反复发作，或者一个病症很快被另一个病症所取代，无法从根本上治愈。其次，由于各种各样的原因，许多患者无法接受催眠术，因此，也

---

① 〔瑞士〕让-米歇尔·奎诺多《读懂弗洛伊德》，陆泉枝译，上海：上海译文出版社，2016年，第7页。
② 〔美〕彼得·克拉玛《弗洛伊德传》，连芯译，南京：译林出版社，2016年，第45页。

就无法展开治疗。后来,弗洛伊德不得不放弃催眠术,另外开辟了一种治疗方法,即"自由联想法"。

三、自由联想法

由于不满足于当时医学界对精神病人普遍使用的催眠疗法的疗效,弗洛伊德开始尝试使用一种颇为有效的"自由联想法",即通过与病人漫无边际的谈话,让病人随便说出他们所想到的一切,无论他们的想法多么荒唐无稽。其目的是让病人把压抑在无意识中的可能引起病人异常行为的原因倾诉出来,释放被压抑的本能力量。这种技术上的变化是革命性的,不仅对精神分析,而且对大多数之后出现的精神疗法及其他情况下人与人之间的互助都产生了持久的影响。自由联想的使用使病人采取主动,而使精神分析师采取一种比人们传统上认为医生应该有的态度被动得多的态度。催眠疗法主要依赖病人的服从和医生的权威,自由联想则要求病人保持更多的自主权。因此,精神分析成为一种帮助病人自助的手段。病人需要将精神分析当作一种更好地了解自己的手段,而不是向精神分析师寻求直接意见、正面建议或具体指示。[①]

我们可以通过下表来比较一下催眠疗法和自由联想法[②]:

催眠疗法	自由联想法
位置:病人坐着,面对催眠师	位置:病人躺在椅子上,分析师在其后面的椅子上,分析师可以看到病人,而病人看不到分析师
初步说明:如何开始催眠	初步说明:精神分析的基本规则
第一周:学习进入催眠	第一周:病人克服对基本规则的阻抗
接下来数周或数月:出现未知能力、新的角色、潜在的记忆	接下来数周、数月、数年:出现联想松弛的过程,零星的记忆和幻想,对分析师产生扭曲的形象
被催眠者年龄回溯	被分析者退行到前俄狄浦斯阶段

---

① 〔英〕A.斯托尔《弗洛伊德与精神分析》,尹莉译,北京:外语教学与研究出版社,2013年,第201页。
② 〔美〕亨利·艾伦伯格《弗洛伊德与荣格:发现无意识之浪漫主义》,刘絮恺等译,北京:世界图书出版公司,2015年,第180页。

续 表

催眠疗法	自由联想法
被催眠者的建议（易感人群使用之前的谈判）	向被分析者进行解释,对方有接受和不接受的自由
阻抗是困难元素	阻抗以及对阻抗的分析
"关联"常常作为治疗工具	应用移情和分析作为治疗工具
催眠的风险取决于治疗终止时的困难	通过移情神经症的处理来结束治疗

四、婴儿幻想

弗洛伊德的精神分析理论有两大基石,其一就是我们前面谈到的自由联想法,另一个就是"婴儿幻想"。因为在运用自由联想法跟病人进行交流的过程中,病人最终都会记起发生在幼年时期的事情,而且往往都是一些痛苦的、令人厌恶和恐惧的、被意识排斥的事情。概括起来,这些通过自由联想法回忆起来的事情具有如下特点:

首先,弗洛伊德认为,人的精神活动中存在着某种精神机制,他将这种精神机制称为"抑制"。抑制机制能将不愉快的记忆从意识中驱逐,并使它们沉潜于一个意识难以触及的区域。因此,在正常情况下,人们根本意识不到。

其次,当一连串的记忆被挖掘出来后,它们分分合合,在节点上汇聚,最后聚集于某件发生在青春期且本质上和性有关的事件上。但是,对弗洛伊德而言,这些青春期的事件最后也只是诱发性因素,它们唤醒了更加久远的无意识的儿时创伤记忆,这些无意识的记忆本质都和性有关。[①]

再次,许多心理障碍都来源于婴儿的幻想,即婴儿幻想自己在某种程度上受到了伤害,而这种伤害往往都属于性伤害。需要注意的是,弗洛伊德这里所谓的性,并不是我们所理解的仅限于生殖器官的性,他的性很广泛,用他自己的话说:"必须清楚地区分'性的'和'生殖器的'这两个概

---

① 〔美〕亨利·艾伦伯格《弗洛伊德与荣格:发现无意识之浪漫主义》,刘絮恺等译,北京:世界图书出版公司,2015年,第125—126页。

念。前者是一个更广泛的概念,包含了许多与生殖器无关的活动。性生活含有从身体的某些区域获得快感的功能,这种功能随后才承担繁衍的职责。这两个功能往往无法吻合一致。"① 这就是说,弗洛伊德所谓的性,大致有两方面的含义:一方面包含一切与"爱"有关的本能的力,自爱和父母的爱、子女的爱以及人类的一般爱;另一方面也包括生物本能的性,表现在三个区域,即口唇区、肛门区和生殖区,分别与生物的三种基本需要的满足相对应,即摄食、排泄与繁衍后代。

此外,弗洛伊德之所以使用"幻想"一词,主要是因为"幻想"不等同于已经发生的事实,仅仅是幻想而已。② 例如,在婴幼儿的成长过程中,假如他在与别人发生争执时用牙咬伤了对方,监护者为了警告孩子不许咬人,可能会对孩子说,"如果再咬人,就把牙拔下来",婴幼儿会牢记这种警告,以后即使只是产生了想咬人的念头,由于不能分辨想法和真实的行为,就会幻想自己受到了惩罚,而且认为自己的牙齿可能已经被拔下来了。在弗洛伊德看来,婴幼儿受到惩罚和伤害的记忆大部分都来自于这种幻想,而不一定是真的受到过伤害。正是这种幼年或童年时代痛苦的经历或幻想,构成了病人的心理障碍,引发了各种心理疾病,因此,心理医生必须要为病人找到"宣泄"这种情感的渠道。

第二节 无意识理论

弗洛伊德精神分析学说的主要内容是无意识理论,这就是说,精神分析学研究的对象就是无意识。弗洛伊德认为,人的精神生活包括两个方面,即意识和无意识。其中,意识并不重要,因为它只代表整个人格的外表方面,而深藏在意识背后的无意识则包含着种种力量,这些力量乃是人类行为背后的内驱力③,是人的行为的决定因素。用弗洛伊德的话说,

---

① 〔奥〕S.弗洛伊德《精神分析纲要》,刘福堂等译,合肥:安徽文艺出版社,1987年,第11页。
② 〔瑞士〕让-米歇尔·奎诺多《读懂弗洛伊德》,陆泉枝译,上海:上海译文出版社,2016年,第27页。
③ 〔奥〕S.弗洛伊德《精神分析纲要》,刘福堂等译,合肥:安徽文艺出版社,1987年,序言。

"一切精神过程实质上都是无意识的"。①美国学者弗洛姆曾经说过:"通过阐发人类现实的一个崭新方面——无意识,以启发和帮助人们用理性控制自己非理性情感、意欲,实现理性,提高人类的文明,这就是弗洛伊德的使命。"②

一、无意识的发现

在沙可诊所学习时,一个病例给弗洛伊德留下了深刻的印象:一位女患者接受催眠术后处于睡眠状态,别人提示她撑开一把放在角落里的雨伞,她照着做了。当医生问她为什么要撑开那把雨伞时,她认真地回答说,她想证实这是不是自己的伞。女病人对催眠暗示这件事完全没有记忆。后来,经医生一再提示,病人才想起了自己行为的真正原因。人常常对自己所完成的行为的真正原因不作猜想,因此,弗洛伊德认为大脑的工作并不总是有意识的,许多无意的动机都可能成为人们行为的基础,这些动机只有借助于一系列的手段,如暗示、诱导、催眠术等才能被发现。③生活中一种常见的现象是:一个人在非常认真地做一件事情,但是却做错了;在某些重要的演讲中,却说出了和原意相反的话。这些情况是无法用意识解释的,因为在人们的意识中,决不想做错和说错。弗洛伊德认为,在意识之外,应该还有一个支配人们行为的领域,即无意识。

后来,在进行神经官能症的发病机制研究时,弗洛伊德也注意到,人们未能得到满足的欲望和未能得到反映的冲突性情感是致病的原因。因为这类欲望和冲突性情感对病人来说或者是不愉快的,或者是难为情的,或者是有违社会道德的,因此,弗洛伊德认为,可能有一种特殊的防御机制控制着上述欲望和冲突性情感,他称之为"抑制"。在弗洛伊德看来,抑制如同一道堤坝,保护意识,使意识因忘记而不受焦躁、欲望和痛苦回忆的干扰。但是,这些被压抑进无意识之中的欲望和冲突性情感并不安

---

① 〔苏〕马·阿·波波娃《精神分析学派的宗教观》,张雅平译,上海:上海人民出版社,1992年,第31页。
② 〔美〕埃利希·弗洛姆《弗洛伊德的使命》,尚新建译,北京:三联书店,1986年,译者序。
③ 〔苏〕马·阿·波波娃《精神分析学派的宗教观》,张雅平译,上海:上海人民出版社,1992年,第27—28页。

分,它们不断制造某种心理紧张情绪,一旦压力超过限度,人们就会表现出某种病态综合症状。①

二、无意识、意识、前意识

(一) 无意识

弗洛伊德认为,无意识是一种特殊的精神领域,是一种不为意识所感知的精神过程。无意识具有如下特点:

首先,既然是无意识,那就是说无意识的内容永远不能成为意识的对象,不能为意识所感知。

其次,无意识与本能直接联系,其核心内容是人类与生俱来的本能,包括爱恋本能和破坏本能,又称死亡本能。在生物功能上,这两种基本本能是一种既互相冲突又互相结合的关系。例如,吃食物本质上就是对所食对象的破坏,但最终目的是合并吸收;性行为是一种侵犯行为,但其目的是最亲密的结合。两种基本本能这种同时并存而又互相对立的作用造成了所有丰富多彩的生活现象。② 本能的欲望和冲动是各种建立在"快乐原则"和"死亡本能"基础上的,互相独立、互不干涉的初始的心理活动。一个人出生后,会本能地按照"快乐原则"生活,但是,人在成长过程中必须要学习放弃"快乐原则",以便更好地融入社会,因此,那些不被社会、伦理道德和宗教法律所容许的内容会不断地被"抑制",被"压抑"进无意识。

再次,尽管永远不能成为"意识"的对象,但是意识可以接受那些能再现本能的概念,即以伪装的形式进入意识层面的无意识内容。人们可以通过梦,通过观看戏剧表演,通过阅读和听读故事、传说,通过讲述笑话、玩游戏等方式实现无意识欲望的宣泄和愿望的达成。例如,古希腊俄狄浦斯神话、悲剧《俄狄浦斯王》和莎士比亚的悲剧《哈姆雷特》等,都与

---

① 〔苏〕马·阿·波波娃《精神分析学派的宗教观》,张雅平译,上海:上海人民出版社,1992年,第29—30页。
② 〔奥〕S.弗洛伊德《精神分析纲要》,刘福堂等译,合肥:安徽文艺出版社,1987年,第6—7页。

弗洛伊德所谓的"俄狄浦斯情结"密切相关。

最后,无意识是人类动力的源泉。弗洛伊德认为,那些被"压抑"进无意识的内容并不安分,它们激情满满、动力十足,无时无刻不在寻找进入意识、被意识所接受的渠道、途径和方法。这正是人类文化创造能力的基础和源泉。从某种意义上说,人类得不到满足的本能欲望被疏导为社会容许的活动,这使得人类创造的文化形态不断丰富,人类也由此获得了相关的知识、技能、有益的习惯和规章制度等,文化领域中的物质财富和精神财富总量才得以累积和创造出来。①

(二) 意识

意识指的是心理同外界接触的表面表现,是与直接感知有关的心理部分。意识服从于"现实原则",调节着进入意识的各种印象,压抑着心理中那些先天的兽性的本能与欲望。意识从整体上看,与控制、限制、束缚和约束相关联,因此,在弗洛伊德看来,意识缺乏动力,不具有创造性。

(三) 前意识

在意识和无意识之间,弗洛伊德认为存在着一个前意识。前意识指的是无意识中可召回的部分,也就是人们能够回忆起来的经验。前意识是一种检查机制,其任务是防止无意识的本能和欲望直接进入意识之中。但是,当检查机制处于松懈状态时,如睡眠、疲劳、焦虑等,被压抑的本能或欲望会通过伪装的方式骗过检查机制,进入意识。前意识与意识和无意识的关系就像是一座漂浮在大海中的冰山:意识是露出表面的部分,但只是这座冰山的一小部分;前意识是介于表面和水中的部分,随着海水起落时而露出,时而埋入水中;无意识才是这座冰山的主体,埋藏在水中,表面上是看不到的,实际上却主宰着整座冰山。弗洛伊德认为这种比喻不一定准确,但却很形象,可以使人们对意识、前意识和无意识的

---

① 〔苏〕马·阿·波波娃《精神分析学派的宗教观》,张雅平译,上海:上海人民出版社,1992年,第67页。

关系一目了然。①

前意识可以被理解为是一种检查机制。这道检查机制对无意识的压抑,可以把本能冲动转化为情感表现而成功地对其实现控制。这就是为什么人们身上表现出的意识总是对情感加以控制,对肌体活动则加以放纵。

无意识是人们意识之外的东西,也就是说,是我们永远无法意识到的客观存在,那么,如何才能发现无意识的内容,进行无意识的研究呢?弗洛伊德认为,梦和精神病人的各种症状是探寻人类无意识领域的重要材料。梦是一种心理现象,是一种无意识愿望的达成和满足。因为睡梦中的人,检查机制处于放松状态,无意识常常可以以伪装的形式进入人们的意识当中,于是人们就会做一些离奇古怪的梦。至于精神病人,那是因为某些人的意识无法抑制他们的无意识,才会出现精神崩溃,由此导致各种精神疾病的产生。所以,梦和精神病人是我们探寻人类无意识领域的主要媒介物。

随着研究的进一步深入,弗洛伊德又发现许多民俗事项,如神话、笑话等也是人类无意识活动的载体。神话中离奇古怪的情节发展、令人费解的动植物及人类形象和行为,在某种程度上都可以说是人类无意识愿望以某种伪装形式的达成。精神分析理论的目的就在于把无意识转移到意识中来。我们因此才可能充分了解我们自己。

弗洛伊德假定无意识领域的存在,并没有否认意识的作用,他认为,这种假说"一点也没有脱离人们所习惯的那种普遍思维方式"。在他看来,意识活动仅能使人们知道自己的心理状态,至于别人的心理状态和意识,只能靠类比来进行推导,或者说靠观察他人相似的言行来达到了解他人意识的目的。②

三、人格说

1923年,在无意识理论的基础上,弗洛伊德又提出了"三部人格结构说",认为人格是由本我、自我和超我三部分组成的。

---

① 〔奥〕S.弗洛伊德《精神分析纲要》,刘福堂等译,合肥:安徽文艺出版社,1987年,序第9页。
② 同上书,序第10—11页。

(一) 本我

弗洛伊德把精神区域中最原始的本能称作"本我"(id)。本我是原始的、无序的、感性的"非逻辑领域","是我们个性中黑暗的、无法触及的部分",包含着人类一切与生俱来的东西。① 本我具有如下特点：第一是无组织性。本我是一种混沌状态，就像是一锅沸腾的激情，充满了各种本能的冲动和能量，不能产生任何集合意志。第二是无逻辑性。本我中是没有逻辑的，表现为相互矛盾的冲动同时存在。第三是无任何价值观念，更没有善恶和道德观，完全受快乐原则支配。第四是不存在与时间概念相对应的内容，时间的流逝不会抑制、削弱和消灭冲动，因为这些冲动都是长存不灭的，即使经过几十年，也依然会像新产生的一样。②

(二) 自我

弗洛伊德认为，自我是代表意识的那部分心理。在周围的客观现实世界的影响下，自我是通过推理、常识及对外界刺激或内心本能的推动进行延迟回应的力量。自我源自由身体表面而来的感觉，是身体表面的一种投射。自我充当了"本我"和客观世界之间的媒介。③ 自我具有如下特点：第一是推翻了本我的活动准则，即快乐原则，并以现实原则取而代之。第二是承担了复现外在世界以及因之保护本我的任务。自我在执行这项任务时，必须根据外界情况行事，并且在知觉遗留下的记忆痕迹中保留外在世界的真实图像；还要借助现实测验，消除外在世界的图像中由于内部刺激源泉的影响而造成的任何因素。第三是代表本我，控制通向能动性的途径，同时又在欲望和行为之间安插了思考其拖延的因素。在思考过程中，自我利用记忆所贮存的经验的剩余来达到思考的目的。自我与本我的不同在于它能综合自己的内容，把本身的心理活动聚集在一起并且统一

---

① 〔英〕A. 斯托尔《弗洛伊德与精神分析》，尹莉译，北京：外语教学与研究出版社，2013 年，第 219 页。
② 〔奥〕S. 弗洛伊德《精神分析纲要》，刘福堂等译，合肥：安徽文艺出版社，1987 年，第 14—15 页。
③ 同上书，第 15 页。

起来。简而言之,自我代表理智和审慎,本我代表尚未驯服的激情。①

(三)超我

在漫长的童年时期,正在逐渐成长的人依赖自己的父母生活。这段时期在他的"自我"中留下一种"沉淀物",形成一个特殊的媒介,父母的影响通过这一媒介而得到延伸,弗洛伊德称之为"超我"。仅就"超我"区别于"自我"或与"自我"相对抗这一点而言,它构成了"自我"不能不考虑的第三种力量。② 弗洛伊德认为,人格中的最高层次是超我,超我是道德化了的自我。它包括两个方面:一方面表现为人们通常所谓的"良心",另一方面表现为"自我理想"。在这里,"自我理想"确定道德行为标准,"良心"负责对违反道德标准的行动进行惩罚,谴责自我。"超我"最初是人们依照儿童阶段在其精神生活中执行赏罚的人物的形象,特别是父母的形象而建造起来的,是儿童成长于其中的那个社会的道德要求和行为标准的反映。这就是说,因为儿童最初并没有"超我"人格部分,这一功能就由父母和社会来执行,所以,儿童的"超我"中不可避免会留下父母和社会的影子。父母实施惩罚的职能,变成了超我中的"良心";父母实施奖励的职能,变成了"自我理想"。在弗洛伊德看来,人格的动力学就在于本我、自我和超我固定的交互作用,亦即自我在超我的监视下,只允许来自本我的性和挑衅的冲动得到表现。③

四、人格成长三阶段

弗洛伊德指出,人格的发展,是以性欲为中心的,经历了几个不同的阶段:

(一)口唇阶段

从出生到1岁半为婴儿的口唇阶段。这一阶段的动欲区是口唇。弗

---

① 〔奥〕S.弗洛伊德《精神分析纲要》,刘福堂等译,合肥:安徽文艺出版社,1987年,序第15页。
② 同上书,第3页。
③ 同上书,序第16页。

洛伊德认为,婴儿出生后,作为性感区出现并且使心理上产生利比多的要求的第一个器官是嘴。起初,所有精神活动要集中于满足这一区域的需要。① 婴儿的吮吸活动表明婴儿得到一种"性"满足。弗洛伊德这里所谓的性是一种广义的"性"。他说:"这种满足只能归因于嘴和唇的兴奋,因此,我们就把身体的这些部分叫做'初欲区',把从吮吸活动所得来的快乐叫做'性'的快乐。"②

(二)肛门阶段

从1岁半到2岁为幼儿的肛门阶段。这一阶段的动欲区是肛门。弗洛伊德认为,幼儿在这一阶段会通过排便或者玩弄自己的粪便获得快感。

(三)崇拜男性生殖器的阶段

从3岁到6岁为幼儿崇拜男性生殖器的阶段。这一阶段的动欲区是生殖器。弗洛伊德认为,儿童从3岁起,性器官的活动就已经开始了。幼儿不仅可以从摆弄生殖器的行为中得到一种快感,而且还会发现男女性器官的差异。例如,女孩会因为发现自己缺少男孩的生殖器官而焦虑,男孩会因为自己拥有男性生殖器官而女孩没有,所以产生担心失去生殖器官的焦虑。这一阶段,由于处于母子分离的状态,幼儿会产生"俄狄浦斯情结",即"杀父娶母"的愿望。这里所谓的"杀父娶母"只是一种幻想,即希望父亲消失,自己因此可以独占母亲。弗洛伊德认为,这种情结非常重要,既可以成为"宗教和道德的最后根源",又可能成为个人心理失常的病因。在他看来,只有当这种情结得到解决或被压抑之后,儿童的人格才可能度过这一阶段继续向前发展。而儿童在解决或压抑了这一情结以后,就进入了所谓"潜伏期",从大约6岁至12岁,性的发展出现了一次明显的停顿。③

---

① 〔奥〕S.弗洛伊德《精神分析纲要》,刘福堂等译,合肥:安徽文艺出版社,1987年,第12页。
② 同上书,序第18页。
③ 同上书,序第19页。

(四) 生殖阶段

弗洛伊德认为在这个阶段以后,生殖在生活中占有了统治地位。从这一时期开始,儿童开始从外界寻找自己的爱恋对象,同时开始准备进入社会。在弗洛伊德看来,如果人能够顺利度过前面我们讨论的三个阶段,而没有留下任何心理伤害痕迹的话,会自然进入"生殖的人格"阶段,成长为一个完美正常的成年人。"生殖阶段的人格"是最理想的人格,表现为豁达、豪放、自制、机敏、勇气和深沉。但是弗洛伊德认为达到这种人格的人不多。[1]

在弗洛伊德看来,人们在人格方面的许多差异都是由于上述各个发展阶段进展的情况有所不同所致。他指出,在人格的发展过程中,有两种阻碍作用:一种是"阻止作用",即人格由于某种原因停滞在某一阶段而不能继续发展;另一种是"回归作用",就是人格在已经发展到某一阶段之后,由于某种原因,又返回到早先阶段。一般而言,"口唇阶段的人格"特征为过度的依赖性,不现实而富于幻想,喜欢吮吸手指、咬指甲、暴饮暴食、过量吸烟、酗酒等等。这些行为模式被精神分析师们认为是对自己早期被迫断奶的失落感的一种补偿。"肛门阶段的人格"特征为对秩序和整洁的格外偏好。精神分析学家认为,这种偏好是对抗与粪便相连的肮脏与混乱的"反向形成机制"。婴儿时期,如果父母坚持要求婴儿只能在某个特定环境下排泄的话,孩子成年后就会表现为固执,以表达自己的反抗。吝啬、过度整洁、喜收藏、言辞富有学究气以及说话唠叨罗嗦等,也是这一阶段人格的反映。"崇拜男性生殖器阶段的人格"特征为鲁莽、冲动、实际上胆小怕事却往往故意从事自己所害怕的活动以证明自己的胆量和掩盖自己的恐惧等等。[2]

五、俄狄浦斯情结

"俄狄浦斯情结",又称"恋母情结""弑父娶母情结",是人类的一种

---

[1] 〔奥〕S. 弗洛伊德《精神分析纲要》,刘福堂等译,合肥:安徽文艺出版社,1987年,第21页。
[2] 同上书,序第20—21页。另可参见〔英〕A. 斯托尔《弗洛伊德与精神分析》,尹莉译,北京:外语教学与研究出版社,2013年,第194—195页。

带有普遍意义的精神活动。在人类的成长过程中，人格发展都要经历三个重要的阶段，即口唇阶段、肛门阶段和崇拜男性生殖器阶段。俄狄浦斯情结阶段发生于崇拜男性生殖器阶段，也就是儿童3岁左右。其特点是，儿童开始从外界寻找自己的"爱恋"对象。在此之前，他们一直是通过"吃"和"排泄"来获得快感的。儿童选择的第一个"爱恋"对象就是自己的母亲。同时，他们的视线中也就出现了第一个假想的"敌人"——父亲。所以，儿童心中就产生了一种"杀死父亲，独占母亲"的念头。这里所谓的"杀父娶母"并非是一种真实的、可感知的情感，而是与"因父亲的存在而苦恼"，希望"父亲永远不回家"或者"父亲永远消失"相类似的情感活动。也就是说，父亲不在家或者父亲不在场能够带给儿童一种愉悦之情。在弗洛伊德看来，俄狄浦斯情结只是一种幻觉，因为它产生于幼儿时期，而且，随着年龄的增长，绝大多数人都能成功地度过"俄狄浦斯"时期，并把这种情绪压抑进"无意识"当中，所以，我们基本上是感受不到的。

弗洛伊德认为，俄狄浦斯情结的克服对人格之形成具有决定性的影响。严厉的、令人惧怕的父亲形象有助于儿童克服对母亲的情感依赖，引导儿童的"自我"不断否定其俄狄浦斯情结，并使得与俄狄浦斯情结相连的那部分本能移置或者升华。儿童"自我"得到锻炼的同时，"超我"也就是良心开始形成。当其成长进入成年期，便会在外界寻找自己的爱恋对象并结婚生子。但这并不等于我们精神中的俄狄浦斯情结就消失了。实际上，俄狄浦斯情结会时刻寻找进入人们意识的途径。因此，我们才能够看到遍及世界各地的俄狄浦斯故事类型的很多异文、俄狄浦斯类型的神话及一些文学作品等。

一些学者尝试用弗洛伊德的无意识理论来阐释各种民俗事项，包括神话、故事、传说、游戏、仪式等。基本思路是希望发现这些民俗事项中都隐藏着哪些人类的无意识的欲望，人类又是怎样通过自己创造的文化现象来满足自己的无意识的欲望的。俄狄浦斯情结是精神分析理论中应用非常广泛的一个概念。

第三节 梦的理论

梦的理论是弗洛伊德理论中的一个重要组成部分,也是他最早建立的一个理论。在弗洛伊德看来,梦远非人们通常所认为的,是偶然的和无意义的联系的结果,也不是人们睡觉时肉体感觉的结果,而是自主的、有意义的心理活动的产物。像其他心理功能一样,梦可以接受系统的分析。

一、梦的研究史

弗洛伊德认为,人们对梦的研究已经有了几千年的历史,但人们对梦的科学认识却少有什么进步。在《梦的解析》一书中,弗洛伊德对梦的研究史进行了梳理。

(一)神灵启示说

一些学者认为,史前时代的人相信梦与超自然世界有关系,是神灵或魔鬼的启示,是未来的预告,因此,对梦者来说,梦是有重要意义的。但是,由于梦的内容的表现形式及其对做梦者的影响过于复杂,因此,很难用一种统一的概念予以解释。也就是说,古人认为神灵可以通过梦给人以启示,但是,由于梦过于复杂、奇幻,并不是所有的人都能理解梦,获得梦所传递的信息。一直以来,人们都在努力寻求一种方法,想把梦中那些无法理解的部分替换为容易理解的、有意义的内容,因此,催生了一批以解梦为业的占梦师或通灵师的出现。这种认识现在依然存在,包括一些哲学流派,如谢林的追随者们始终认为"梦是神圣的",主要是因为相对于其他精神活动,梦留给清晨醒来的人们的那些片段的、完全陌生的记忆,真的仿佛来自另一个世界。弗洛伊德认为这种态度是非科学的。

(二)精神寄托说

一些学者认为,梦即使不是另一个世界来的,至少也将睡眠者带入另一个世界。因为梦中的人们可以摆脱日常劳累和痛苦,可以实现现实生活中所不能实现的理想,梦是人们逃避现实的场所。因此,人们在梦中可以是英雄,可以是圣人,可以是君主。总之,梦在某种程度上可以说是人们实现理想的地方。

(三)现实生活延续说

一些学者认为,梦是人们清醒时的精神活动在睡梦过程中的延续。按照这种理论,人在睡眠时,心灵并不睡眠,仍然正常工作,不过,由于睡眠的缘故,其工作环境、条件与清醒时不尽相同。例如,哈夫纳说,梦是清醒生活的延续,因为人们的梦总是与他们不久前存在于意识中的观念相联系。卢克莱修在他的《物性论》中说,不管人们执着于追寻什么,人们的头脑总是专注于追寻的对象,梦中的情况亦是如此:辩护人寻根觅据进行辩护,将军则驰骋疆场……

弗洛伊德反对以往学者对于梦的解读,他认为,人们之所以会对梦有各种各样的误解,主要是因为梦具有如下一些特点,如记忆功能、回忆功能、选择功能等。

二、梦的特点

(一)记忆功能

人们可以在梦中使用自己从未学过的语言,了解自己从未学过的动植物知识,因此,梦醒后的人们无法解释自己所拥有的各种能力,于是就偏向于认为梦有独立生成信息材料的能力。弗洛伊德认为,这是因为梦可以展示人在清醒状态下根本没有想到要记住的一些事物。尽管在清醒状态下人们没有记住,也没想要记住一些事情,但是这些事情却可以留在人的记忆深处并通过梦的方式展示出来。

(二)回忆功能

弗洛伊德认为,梦具有回忆功能,而且这种回忆在清醒状态下办不到。例如,莫里说在一段时间里"Mussidan"这个词白天总是出现在他的头脑中。他只知道这是一个法国城镇的名称,其他一无所知。一天夜里,他梦见自己与一个自称来自 Mussidan 的人交谈。他问及这个城镇的位置,对方回答说它是多道格涅行政区的一个小镇。莫里醒后,不相信从梦中获得的信息,查阅了地名词典,答案竟完全正确。弗洛伊德认为,梦其实知道得更多,只不过这些知识的来源不明,被遗忘了。一些学者如希尔德布兰特认为,人们已经明确承认,梦具有惊人的再加工能力,有时候,它能将一些早已远去甚至被遗忘的童年往事忠实地带回到我们心中。

(三)选择功能

弗洛伊德认为,梦的选择功能是最引人注意,也是最难理解的一种功能,体现在梦对再加工材料的选择上:它并不像人们在清醒状态下那样,只重视最重要的功能,相反,倒是那些最无足轻重、最不引人注目的内容被选择作为梦的材料,即梦的内容通常并不来自那些重大的、具有深刻意义的事件,也不来自前一天所做的重要事情,而是来自一些无关紧要的琐事和毫无意义的杂事。例如,我们对从身旁经过的陌生人可能毫无印象,但是他额头上的一个痦子却可能主导我们做一个梦。

再回到梦本身来,在弗洛伊德看来,无论如何,梦的唯一根本特征是梦中形象的无条理性。在清醒状态下,人的观念活动由中心自我以逻辑的力量统摄在一起,然而到了梦中,它们就会消散、分解,被胡乱地搅拌在一起。在做梦时,人们心智中所有遵循逻辑原则、建立在关系和联系基础上的行动都退场了,梦中的想象完全脱离了因果规则的制约。在梦中,理智、思维、审美趣味、伦理判断似乎毫无用武之地。

三、梦是愿望的达成

弗洛伊德认为,梦是可以解释的,但是,几千年来,人们或者将梦的内容视为一个整体,并试图用另一个可以理解的、在某些方面具有相似性的内容来替代它,如将"七头瘦牛追赶七头肥牛"解释为"七年饥荒要吃掉七个丰年的全部盈余";或者将梦中的形象视为一种密码,如梦中的"信"象征烦恼,"葬礼"象征订婚礼,等等。[1]

在弗洛伊德看来,梦是一种心理现象,与我们清醒状态下的心理活动

---

[1] 〔奥〕S.弗洛伊德《梦的解析》,方厚升译,杭州:浙江文艺出版社,2016年,第84—85页。

有关,是一种愿望的达成。① 但是,从现实的角度看,让人印象深刻的梦总是跟焦虑、惊恐和忧伤有关,似乎跟愿望的达成是相背离的。弗洛伊德认为,梦分为两种,一种可以明确看出梦是如何达成愿望的,一种是需要经过分析来发现其内在意义的。有些梦尽管呈现出来的内容令人颇感痛苦,但是,通过解释,我们会发现痛苦的梦和焦虑的梦也是愿望的达成②,因为痛苦和焦虑可以用来遮蔽无意识的愿望。

弗洛伊德指出,梦达成愿望的途径分为两种:一种是愿望的直接达成,例如口渴的时候梦到一碗水,饥饿的时候梦到丰盛的食物,不想参加考试的时候梦到考试取消,不想上班的时候梦到自己住进了医院,等等;一种是愿望以伪装的形式达成,这就是说,当无意识中的愿望由于受到"自我"这个审查机制的限制而不能进入意识中时,会在梦中以伪装的形式,借助于某种象征物以顺利通过审查机制的检查,从而进入意识之中,实现某种无意识的愿望。

为了研究梦的愿望的达成途径,弗洛伊德将梦分为内隐的梦和外显的梦两部分。他将梦者对梦的内容的具体叙述称为外显(manifest)的梦,通常内容晦涩难懂,只有借助于梦者的自由联想予以解码,梦的意义才能浮现出来;将通过分析获得的梦的真实内容称为内隐(latent)的梦。在弗洛伊德看来,梦的核心内容通常表现为一种思想和记忆的综合体,结构极其繁杂,具有清醒状态思维过程的一切特征。③ 对弗洛伊德而言,梦的意义显然不在于其"显意",而在于其"隐意"。精神分析者的工作就是考察梦的显意和隐意之间的关系。在弗洛伊德看来,梦的隐意和显意就像是同一文本被译成了两种不同的语音,即梦的显意就像是用另一种表达方式将梦的隐意书写出来,我们必须对照原著和译本,从中找出翻译的符号和结构原则,然后才能解读出梦的隐意④,将做梦者的一种没有意义的、杂乱无章的梦成功地转变为有逻辑的、明白易懂的精神过程⑤。实际上,

---

① 〔奥〕S. 弗洛伊德《梦的解析》,方厚升译,杭州:浙江文艺出版社,2016 年,第 123 页。
② 同上书,第 124 页。
③ 同上书,第 288—289 页。
④ 同上书,第 260 页。
⑤ 〔奥〕S. 弗洛伊德《精神分析引论新讲》,苏晓离、刘福堂译,合肥:安徽文艺出版社,1987 年,第 2 页。

梦的隐意的重要性远远超过梦的显意,因为在弗洛伊德的理论中,梦是被压抑、被排斥的无意识愿望的伪装式的满足,是无意识内容的重要组成部分,是我们研究无意识内容的重要材料。

四、梦的材料及伪装手段

弗洛伊德指出,梦的内容材料来源于以下三个方面:首先,梦总是以最近几天曾经发生过的事情为进入点;其次,梦选择材料的原则迥异于清醒状态下的原则,即容易落脚于一些不重要的、易被忽视的小事;再次,梦会再现童年时期的最初印象,尤其是童年时期的琐事。① 弗洛伊德认为,在无意识中被压抑的这些材料通过梦反映出来;这些材料在性质上,大部分或者是幼稚的,或者是与意识标准不符的,因此被压抑到无意识当中,只有在睡梦中,由于检查机制处于放松状态,才以各种形式的梦表现出来。

而梦为了隐藏不被接受的想法和感觉,同时又要留有线索,于是必须以复杂的方式构成。② 为了骗过审查机制,达成愿望,梦借助于各种途径和方式将无意识的愿望伪装起来。在弗洛伊德看来,梦的伪装途径有如下几种:

(一)凝缩

所谓凝缩,就是说梦的显意简洁、紧凑、支离破碎,但是其隐意却冗长而丰富,或者说,外显的梦是内隐的梦的凝缩、摘要或简略的译本。尽管我们无法通过这些零散、简洁的材料彻底还原梦的隐意,但是,通过具体的分析、与做梦者的沟通,以及沟通过程本身引导出的更多细节,可以最大程度地发现梦的隐意。③ 弗洛伊德认为,凝缩工作通常是通过如下手段完成:一是省略措施,即将某些内隐因素省略掉,使得隐意以不完整、残缺不全的形式出现来迷惑审查机制④;二是以局部替代整体措施,即内隐的梦的许多复合物中,只有片段成为外显的梦的内容;三是重组措施,即

---

① 〔奥〕S. 弗洛伊德《梦的解析》,方厚升译,杭州:浙江文艺出版社,2016年,第151—152页。
② 〔美〕彼得·克拉玛《弗洛伊德传》,连芯译,南京:译林出版社,2016年,第77页。
③ 〔奥〕S. 弗洛伊德《梦的解析》,方厚升译,杭州:浙江文艺出版社,2016年,第261页。
④ 同上书,第263页。

将在某一方面具有共同特征的内隐的元素搜集在一起,形成新的形象,如"集合形象"或"复合形象"①。这样,内隐的梦的内容要比外显的梦的内容更加丰富。例如,在梦中,人们会从有关系的人中选择一位,借用其名,同时又借用另外一个人的外貌特征。有时,为了避免"A 仇视我,B 也仇视我"这样的重复表达,梦者在梦中造出一个由 A 和 B 构成的复合人物,或者让 A 做 B 所特有的某种动作。②

(二) 转移

梦的内容与核心隐意看起来已经完全不同,它原有的内容被其他的内容替代了。③ 转移也是无意识逃避审查机制的一种重要手段。转移的手段或是依据隐喻用一个可以被接受的内容替代一个无法被接受的内容,用疏远的内容替代亲近的内容;或者是用缺少意义的、似乎微不足道的琐碎事物替代那些重要的、意义重大的事物,即用不重要的内容替代重要的内容。例如一个人梦中拔除了一棵挡在他门前的大树,这样出门就更方便了。这里,阻碍他出门的大树有可能是对他管教甚严的父亲或母亲的隐喻,他将自己希望"杀死"的对象替换为阻碍出行的"大树",顺利地骗过检查机制。

(三) 戏剧化

所谓的戏剧化就是将抽象的东西转变为具体的东西,把思想翻译成视觉意象,也就是将梦中的隐意用视觉形象表现出来的过程。④ 例如,有人梦到自己的弟弟陷入一个盒子(kasten)里了,在分析的过程中,弗洛伊德将"盒子"替换为衣柜(schrank),这个梦的隐意就显示出来了,即应该自我"约束"(einschränken)一下的是这个弟弟,而非梦者本人。⑤ 梦把抽象的"约束"形象地用"柜子"表现了出来。在《梦的解析》中,弗洛伊德

---

① 〔奥〕S. 弗洛伊德《梦的解析》,方厚升译,杭州:浙江文艺出版社,2016 年,第 274 页。
② 同上书,第 297 页。
③ 同上书,第 287 页。
④ 同上书,第 376 页。
⑤ 同上书,第 372—373 页。

列举了大量类似的例子:在梦中,一天中的具体时刻往往代表着儿童的特定年龄,一位梦者梦到早上五点一刻,表示他5岁3个月大,而这个时间点的意义在于,这是他弟弟出生时他的年龄[1];一个男子梦见自己成了军官,席间就坐在皇帝的对面,这个梦意味着梦者与父亲处于对立的状态[2];等等。

(四)润饰

所谓的"润饰",是梦的最后一项工作,即将混乱的、不一致的和近乎支离破碎的梦的内容,发展成为某种统一的东西,某种具有连贯性的东西。梦在表面上甩掉了荒唐性、不连贯性的帽子,看似接近一个可以理解的事件了,我们也貌似得到一个带有某种逻辑性的、情节相对完整的梦。但是,在这个过程中,梦的各种意象实际上被重新安排的。这就是说,这些梦看起来是有意义的,但是这种意义与其真正的含义相去甚远。[3]

(五)投射

在后来的研究中,弗洛伊德又提出了"投射"的概念。这一概念的使用非常广泛,尤其是在民俗研究中。在弗洛伊德看来,颠倒和转化为对立面的方法是梦最喜爱的表现手段之一,同时应用也最广泛。首先,它有助于实现与隐意之中特定元素相反的愿望。对于梦中自我面对一段尴尬回忆时常有的反应,最佳的表达方式就是:"这件事要是能颠倒过来该有多好。"还有,这种颠倒手段对于避开审查机制特别有用,它会为如何伪装要表达的内容设定标准,从一开始就麻痹人们想要理解这个梦的念头。因此,如果一个梦顽固地否认自己的意义,我们要敢于将其显意中的特定内容颠倒过来,往往这样做了之后,一切就豁然开朗了。[4] 弗洛伊德列举了一个年轻的强迫性神经症患者做的一个梦,梦的内容是:父亲骂了自己一顿,因为自己回家太晚了。通过精神分析的方法,弗洛伊德认为这个梦

---

[1] 〔奥〕S.弗洛伊德《梦的解析》,方厚升译,杭州:浙江文艺出版社,2016年,第374页。
[2] 同上。
[3] 同上书,第448页。
[4] 同上书,第303页。

的原意是患者很生父亲的气,因为父亲每天都回家太早,他宁肯父亲根本就不回家,意思等同于"希望父亲死掉"。① 投射的策略是把自己从一个攻击者和伤害者变换为受攻击对象和受害者,从而达到欺骗检查机制的目的。把"我"憎恨某人,希望某人死掉等不被意识所接受的念头转换为某人憎恨我,希望"我"死掉,接下来,"我"所有的仇恨情绪就有了合理合法性。民族与民族之间的仇恨情绪往往都与这种投射有关,我们都容易假定其他民族具有攻击性和野蛮性,并因此将我们的敌视态度和情绪合理化。

总的说来,弗洛伊德认为,在梦的构建过程中,精神活动会分解为两种功能:生成梦的隐意以及将这种隐意转化为一种外显的梦。梦的隐意是完全正确的,是我们竭尽全部精力制造出来的,属于尚未进入意识层面的思想。经过上述各种转换过程,它们也可以成为有意识的思想,尽管其中可能有许多值得探讨、神秘难解的问题。② 用通俗一些的语言来表示,就是梦在检查机制制约下把内隐的梦的思想改变为另外的某种形式,从而把被压抑的本能欲望表现出来。

第四节 文明观

自1911年起,弗洛伊德便投身于宗教和人种学资料研究之中,以探讨文明的起源问题。弗洛伊德对弗雷泽和冯特(W. Wundt)的著作尤其感兴趣。在随后的两年内,他完成了《图腾与禁忌》的写作。《图腾与禁忌》出版之后受到了很多学者,尤其是人类学者们的批评,他们不仅认为弗洛伊德曲解事实,而且对其假设的普遍性也提出了质疑。然而弗洛伊德却始终坚持自己的观点,"尽管我不是人种学家,而是精神分析师,但是,我可以运用人类学的资料进行精神分析研究"③。从1926年到1930年间,弗洛伊德在其相继出版的三本书——《非专业的分析问题》(1926)、《一个幻觉的未来》(1927)、和《文明及其缺憾》(1930)中重点讨

---

① 〔奥〕S. 弗洛伊德《梦的解析》,方厚升译,杭州:浙江文艺出版社,2016年,第303—304页。
② 同上书,第461页。
③ 〔瑞士〕让-米歇尔·奎诺多《读懂弗洛伊德》,陆泉枝译,上海:上海译文出版社,2016年,第214页。

论文化与文明的问题。在《非专业的分析问题》一书中,弗洛伊德讨论了非专业文化研究者或者说精神病医生是否有资格从事文化研究,答案当然是肯定的。在《一个幻觉的未来》一书中,弗洛伊德讨论了宗教问题,认为宗教"是人类普遍的强迫性神经症",最终会被人类抛弃。在《文明及其缺憾》一书中,弗洛伊德讨论了文明的起源及其与本能的关系问题。

一、什么是文明

在弗洛伊德看来,文明包含着两方面的内容:一方面,它包括人类为了控制自然力量并攫取其财富以满足人类需要而获得的全部知识和能力;另一方面,它还包括调节人与人之间的关系,尤其是调节可用财富的分配所必需的规章制度。① 这就是说,文明既包含着人与自然的关系,又包含着人与人的关系。在人与自然的关系上,人类不仅表现出了充分的能动性,而且已经最大限度地满足了人类所需要的一切,用弗洛伊德的话说,人类在能力上已经接近万能的上帝了。但是,尽管如此,人类依然缺乏幸福感,一个重要的原因就在于,人类还必须处理人与人之间的关系问题。在弗洛伊德看来,在处理人与人之间的关系方面,人类并没有取得更大、更为明显的进步。尽管文明被认为是一个利于人类普遍利益的目标,但实际上,每个个体都是文明的敌人。因为人不可以单独存在,为了集体的利益,人们必须牺牲个人利益。跟文明相关的各种规章制度、风俗和命令都是为完成这一任务而产生的,它们的目的不仅在于影响财富的一定的分配,而且在于维持这一分配。②

二、文明的特点

(一)个人服从集体

在弗洛伊德看来,如果任由个人随心所欲,那么体格强壮的人将根据

---

① 〔奥〕S.弗洛伊德《论文明·一个幻觉的未来》,徐洋译,北京:国际文化出版公司,2000年,第2页。
② 同上。

自己的利益和本能冲动决定一切,所以,文明的第一个要求就是公正,即保证集体制订的法律条文不会因个人的喜好而改变。这就是说,人们必须要牺牲自己的本能来维护集体的利益。

(二)限制和约束本能

在弗洛伊德看来,文明的发展是以牺牲个人本能为代价的。前文我们谈到,弗洛伊德认为,人类与生俱来的本能之一就是以快乐原则为基础的攻击性,以保证自己可以最大限度地占有各种资源,因此,人类必须学会用道德、良心、法律等一系列手段去约束和限制这些本能。此外,人类还需要克制的本能包括弑父的冲动和性欲等。弗洛伊德指出,人类不幸的根源在文明产生之时就已经存在,也正是由于人类牺牲了某些本能才可能有我们今天的文明社会。[1]

(三)文明的代价

由于文化源于人类对本能的抑制,因此,文明程度越高,人类需要抑制的本能就越多,压力就越大。这就是说,文明程度的提高并不能增进人类的幸福感,因为文明是一种集体行为,与人的本能愿望背道而驰。

三、文明的起源

弗洛伊德认为,人们要想了解史前人类的思想和生活,必须或者借助于史前人类遗留下来的无生命的碑石器具,或者借助于能够反映古代人类生活、观念和思维方式的神话、传说、故事,以及残存下来的古人的风俗习惯和行为方式等材料。此外,现存的那些生产和生活方式依旧停留在原始和野蛮时代的人群更是我们了解古人可以参照的重要对象。"如果我们真的能在他们的精神生活中寻找到一幅保存完好的关于我们人类发展早期阶段之精神画卷的话,那么我们必定会对他们的精神生活产生一

---

[1] 〔奥〕S.弗洛伊德《精神分析纲要》,刘福堂等译,合肥:安徽文艺出版社,1987年,序第38页。

种特殊的研究兴趣。"①

(一)原罪(original sin)

弗洛伊德指出,远古时期,人类最初是以小团体或"游牧部落"为单位生活的。通常情况下,这些小团体都有一个强大的男性统治者,即伟大的"父亲"形象,他不仅将团体中的所有女性,包括其妻子们和女儿们,据为己有,而且,团体中的男性后代们,也就是这个"父亲"的儿子们,一旦进入成年交配阶段,就会被其"父亲"驱逐出自己的群体,以保证自己拥有绝对的交配权和对团体中所有女性的占有权。直到有一天,那些被父亲驱逐出去的兄弟们聚在了一起,合谋杀死了"父亲",并进而分食了"父亲",终结了那种父权制的群落组织形式。通过联合,他们终于有勇气去做并做成了单凭个人的力量无法做成的事情。对于同类相食的原始人来说,在杀死了其牺牲者之后将其分食这一点是没有问题的。那位暴虐的原初之父无疑是兄弟们畏惧和嫉妒的对象:通过分食他的行动,他们也完成了对他的认同作用,他们中的每一个也都获得了他的一部分力量。②在弗洛伊德看来,这种原始时代的弑父事件是真实的,且在人类历史上留下了不可抹去的痕迹。也就是说,他相信拉马克遭受质疑的有关习得特征遗传的假设,坚信习得的特征可以被遗传,宗教和道德的起源确实可以追溯到某个具体的事件。③

(二)禁忌

人类在犯下了这种"原罪"之后,懊悔不已,并最终导致了禁忌的建立以防止受禁的乱伦行为,也导致了图腾的产生以加强儿子们与父亲的居同作用。④ 弗洛伊德认为,野蛮民族的禁忌主要是用来阻止男人与其母亲和姐妹有乱伦的行为。族外婚制度通过使一个氏族的男子将其同族

---

① 〔奥〕S. 弗洛伊德《图腾与禁忌》,赵立玮译,上海:上海人民出版社,2005年,第6页。
② 同上书,第170页。
③ 〔英〕A. 斯托尔《弗洛伊德与精神分析》,尹莉译,北京:外语教学与研究出版社,2013年,第261页。
④ 〔奥〕S. 弗洛伊德《精神分析纲要》,刘福堂等译,合肥:安徽文艺出版社,1987年,序第36页。

的所有女子皆视为血亲的方式而阻止他们发生性关系。① 这让弗洛伊德尤其不解,因为禁止似乎只针对两性之间的性行为,并不会涉及部族的生死存亡,也就是说,两性之间的性行为带给部族的伤害远不如其他暴力行为带来的后果更为严重。在弗洛伊德看来,野蛮人似乎对乱伦有着一种异常巨大的畏惧感,或者至少对其高度敏感。如果有人违背了这种禁忌,就要接受严厉的惩罚。人们对于违背乱伦禁忌行为的惩罚实在是过于严厉,以至于整个氏族的人都极其热切地参与复仇,似乎是在处置一种威胁到整个共同体的危险性或者是加诸众人身上的罪恶问题。② 例如,在澳洲,人一旦与一个被禁止(通婚)的氏族的成员发生性关系,那么就必须接受"死亡"的处罚。不论事件中的女子是同属一族的成员还是战争中从其他部落掳掠而来的,该氏族的男子若以她为妻,就会遭到其族人的追杀,该女子也会遭遇同样的命运。③ 这些过于严厉的惩罚措施在弗洛伊德看来无法从理性的层面理解,只能从精神分析学的角度进行心理层面的分析。

四、图腾崇拜及其特点

(一)图腾崇拜

图腾崇拜由来已久,许多学者曾经对图腾崇拜进行过细致而又充分的研究。以澳大利亚土著人的图腾崇拜为例,弗洛伊德认为,图腾崇拜具有如下特点:

其一,每个部落都有自己的图腾。在土著人看来,图腾是一个氏族的共同祖先,同时也是其守护神与相助者。图腾如果说对其他部落而言是危险的,那么对于本部落来说,则能够向其部落成员发布神谕,识别并眷顾其子民。但是,该氏族的成员都要履行一项神圣的义务(这种义务易于被其成员自动认可):不杀害或者不毁坏其图腾,不食其图腾的肉(或

---

① 〔奥〕S. 弗洛伊德《图腾与禁忌》,赵立玮译,上海:上海人民出版社,2005年,第11—12页。
② 同上书,第10页。
③ 同上书,第11页。

者以其他方式利于其图腾)。①

其二,图腾象征通常都是动物,如袋鼠或者鸸鹋,也有可能是植物或自然现象,如雨、水、闪电,等等。

其三,图腾具有遗传性,其特征会在相关的家族中世代延续。图腾崇拜既可以经由母系也可以经由父系来传承。最初,所有的地方可能都盛行母系传承法,父系传承法只是在后来才取代了前者。与图腾的关系是每一位澳洲土著所有的社会义务之基础:它比部落成员身份和血缘关系都重要得多。②

其四,拥有同一个图腾的人们彼此之间不能通婚,也不能有性关系,否则,将受到极其严重的惩罚。

其五,尽管部族成员们严禁伤害图腾物,但是,在周期性举行的某些仪式活动中,人们却可以集体杀死图腾物,并一起分享图腾餐。③

(二) 图腾制度

在弗洛伊德看来,早期人类由于犯下了"弑父娶母"的原罪,因此不可救药地产生了一种深深的负罪感,而正是由于这种负罪感,使得人类不得不寻找一种可以宣泄和排遣这种原罪的渠道,因此创造出了图腾制度。图腾制度有两个核心禁忌,第一个是弑父的禁忌,表现为禁止杀死图腾动物,图腾动物被看作是"替代父亲"(Surrogate father)。④ 弗洛伊德认为,人们在图腾物身上寄托了两种情感,既尊重,又惧怕,甚至憎恶,表现为:一方面将图腾物看成是部族的祖先,自己是图腾物的后代,因此将其放置在神圣的位置上;另一方面又在特定的仪式中允许屠杀图腾物并分享图腾餐。在弗洛伊德看来,图腾餐或许是人类最早的节日,是对那次难忘的犯罪行为的重复和纪念。而正是这种行为引发了许多东西如社会组织、道德限制以及宗教的产生。⑤ 图腾制度的第二个核心禁忌是乱伦禁忌。

---

① 〔奥〕S. 弗洛伊德《图腾与禁忌》,赵立玮译,上海:上海人民出版社,2005 年,第 8 页。
② 同上。
③ 同上书,第 8—9 页。
④ 同上书,第 173 页。
⑤ 〔瑞士〕让-米歇尔·奎诺多《读懂弗洛伊德》,陆泉枝译,上海:上海译文出版社,2016 年,第 221—222 页。

弗洛伊德认为,性欲不是将人们联合起来的力量,反而是分裂的力量。虽然兄弟齐心推翻了父亲的统治,但是在女人的问题上他们仍然是对手,因为每一个人都希望能像父亲那样独占所有的女人。因此,要想共同存活下来,这帮兄弟别无其他选择,必须设立禁止乱伦的禁令。① 由此可见,人类文明向前迈出的第一步就是牺牲自由的性爱,并建立一个监视本我与自我的超我。人类获得幸福的重要来源之一——性爱,从此受到限制。②

在弗洛伊德看来,图腾制度中的精神过程与我们非常熟悉的、在精神分析学中被称为"延迟性服从"(Deferred obedience)的心理过程是一致的。他们通过禁止杀害那作为父亲之替代者的图腾来消解其弑父行为;通过放弃对那些已获自由的女人的性权利来否认其弑父的成果。他们就这样在其带有罪感的孝中创立了图腾崇拜的两条最基本的禁忌,也正是因为这一缘由,与俄狄浦斯情结中两种被压抑的愿望必然会形成一种对应关系。谁背离了这些禁忌,谁就犯下了原始社会的两宗大罪。③

五、宗教

关于宗教的产生,弗洛伊德借用了罗伯逊·史密斯的"图腾餐"的观念,认为古代社会中的图腾餐仪式再现了献祭仪式的原初形式。这种献祭仪式的意义是通过参与共餐而得到神圣化。在献祭仪式的发展过程中,人们增加了氏族神(the Clan deity)的形象,而且认为只有在假定"神"在场的情况下才能举行献餐仪式,"神"就像氏族的一员一样参与共餐,而且那些共享圣餐者正因为"神"的存在而获得了认同。神就是如此产生的。在弗洛伊德看来,说到底,神不过是一位被提升的父亲而已。与在图腾崇拜中图腾物被看作是部族的祖先一样,神也被信仰它的信众称为"父"。④

弗洛伊德认为,宗教是对父亲所持情感矛盾的极端表现形式。早期

---

① 〔奥〕S. 弗洛伊德《图腾与禁忌》,赵立玮译,上海:上海人民出版社,2005 年,第172—173 页。

② 〔奥〕S. 弗洛伊德《精神分析纲要》,刘福堂等译,合肥:安徽文艺出版社,1987 年,序第37 页。

③ 〔奥〕S. 弗洛伊德《图腾与禁忌》,赵立玮译,上海:上海人民出版社,2005 年,第171—172 页。

④ 同上书,第175—176 页。

的人类"弑父"并与兄弟们一起建立起"乱伦"的禁忌之后,随之而来的便是对亡父化身为部落神灵的狂欢仪式。由此,第一次宏大的献祭行动的记忆便以不可磨灭的形式固化下来,而宗教思想最终的不同发展方向则是这种记忆的合理化表现形式。弗洛伊德以基督教为例,认为耶稣献出了自己的生命,以拯救那些继承了这种罪恶的兄弟:"在基督神话中,原罪无疑是冒犯天父上帝的结果。"①

弗洛伊德指出,与图腾制度相比,宗教属于更高层次的精神活动,因为它首先是建立在对某些特定的人类个体之崇敬的基础上;其次是通过创造神的概念复活了古代的理想的父亲形象,将一位曾经被谋杀的父亲提升为神,并且称其为整个氏族的祖先。弗洛伊德认为这是一种比古代之人对图腾誓约更为庄重的赎罪企图。② 从某种意义上说,宗教源自人类对父亲的渴望。③

第五节 神话

在《梦的解析》中,弗洛伊德注意到在外显的梦的内容中,经常出现神话、传说、故事中令人感到熟悉的意象和情景。④ 因此,他认为,我们或许可以凭借精神分析的方法对诸多文化现象进行心理解释。实际上,在弗洛伊德及其后来者们的研究中,常常用精神分析法有效地解释宗教、道德、艺术等领域的社会文化现象。与此同时,许多文化现象也反过来印证了人类的心理现象。

一、神话与梦

在弗洛伊德看来,神话是个体脱离群体心理的途径,也就是说,自我意识的呈现要归功于我们能够以神话的方式进行思考的能力。神话与本

---

① 〔瑞士〕让-米歇尔·奎诺多《读懂弗洛伊德》,陆泉枝译,上海:上海译文出版社,2016年,第222页。
② 〔奥〕S.弗洛伊德《图腾与禁忌》,赵立玮译,上海:上海人民出版社,2005年,第178页。
③ 同上书,第177页。
④ 〔奥〕S.弗洛伊德《精神分析引论新讲》,苏晓离、刘福堂译,合肥:安徽文艺出版社,1987年,第23页。

能密切相关,从某种意义上说,神话学就是本能学,本能是一种神话意义上的实体。① 弗洛伊德将神话内容的那种模糊性、非逻辑性看成是神话的价值所在,因为人们必须通过精神分析,才能破解其内涵,因此,从某种意义上说,神话与梦相似。神话的文本相当于外显的梦,通过分析得出的神话内容相当于内隐的梦。弗洛伊德认为神话不是一种陋习,它们对于我们理解科学与文化至关重要,因为当我们进入人类心智的底层,就会惊奇地发现神话的存在。②

弗洛伊德并没有对神话进行过系统的研究,但是,在他看来,民俗材料,包括神话、故事、传说、歌谣、绕口令等内容是非常有用的精神分析材料,从某种意义上讲,这些材料与梦相同,对我们进行人类的无意识研究非常重要。在《梦的解析》一书中,弗洛伊德对古希腊俄狄浦斯神话进行了初步的研究,他认为,俄狄浦斯神话有着深刻的心理学根源,是婴儿"弑父娶母"欲望的一种象征化的表现而已。③ 神话像梦一样,是幻想的产物;同时,也像梦一样,是愿望的达成。

二、《俄狄浦斯王》与《哈姆雷特》

在《梦的解析》一书中,弗洛伊德重点分析了索福克勒斯的《俄狄浦斯王》和莎士比亚的《哈姆雷特》。他认为,只有通过精神分析理论的分析,我们才能理解这两部作品为什么会产生如此深远而又普遍的影响力。

根据古希腊神话,俄狄浦斯是忒拜国王拉伊俄斯和王后伊俄卡斯特的儿子,刚生下来就被遗弃,因为神谕曾警告拉伊俄斯,这个尚未出生的婴儿将会杀死自己的父亲。拉伊俄斯命人将婴儿杀死,但是婴儿却被人救活并收养,成为邻近王国的王子。俄狄浦斯后来对自己的身世产生怀疑,便求助于神谕。神谕警告他要远离家乡,因为命中注定他将来要弑父娶母。俄狄浦斯于是离开了他自以为的那个家。途中他遇到了拉伊俄斯王并在冲突中杀死了他。随后,他来到了忒拜城,猜出了斯芬克斯提出的

---

① 〔美〕罗洛·梅《祈望神话》,王辉、罗秋实、何博闻译,北京:中国人民大学出版社,2012年,第63—64页。
② 同上书,第65页。
③ 朱狄《原始文化研究》,北京:三联书店,1988年,第696页。

谜语,斯芬克斯自杀,解除了城中人无法出城的困扰。忒拜人非常感激他并推举他做国王,之后他又与伊俄卡斯特结了婚。俄狄浦斯在位多年,国泰民安,赢得了广泛的赞誉。在与王后生下了两男两女后,城里瘟疫流行,忒拜人去求神谕,得到的答案是只有把杀死拉伊俄斯的凶手驱逐出境,瘟疫才会停止。最后,俄狄浦斯发现他本人就是杀死拉伊俄斯的凶手,而且,他自己就是拉伊俄斯和伊俄卡斯特的亲生儿子。他精神受到了沉重的打击,刺瞎了自己的双眼,远走他乡,神谕应验了。①

弗洛伊德指出,索福克勒斯的悲剧《俄狄浦斯王》讲述的正是古希腊俄狄浦斯神话,其悲剧效果正是建立在神的超凡意志与人类无力摆脱命运操控之间的冲突之上,所以非常令人震撼。在观看这部悲剧时,人们突然发现在命运和神的意志面前,人是如此的渺小,几乎没有任何反抗的能力。弗洛伊德认为,悲剧《俄狄浦斯王》的感染力并不仅限于古希腊的观众,即使在当代,人们依然喜欢观看这部悲剧,而且在《俄狄浦斯王》之后,很多戏剧家也在不断地构思剧本,以表现同样的冲突,希望获得相似的悲剧效果。在弗洛伊德看来,《俄狄浦斯王》的悲剧效果实际上并不在于命运与人类意志之间的冲突,而在于用来提示冲突情节的材料具有某种特殊性。这就是说,是剧本中的某种冲突吸引了我们,震撼了我们,即剧本所表现的核心内容——弑父娶母。是我们内心深处的这种欲望与悲剧相互呼应,或者说是剧本满足了我们童年时期"弑父娶母"的无意识的愿望,因为俄狄浦斯王最终杀死了自己的父亲拉伊俄斯,并娶了自己的母亲伊俄卡斯特,我们童年的欲望在俄狄浦斯的身上得到了满足,弗洛伊德认为这才是这部悲剧延续千年持续受到人们喜爱的根本原因。②

莎士比亚的《哈姆雷特》同样也是一部伟大的悲剧。它与《俄狄浦斯王》有着类似的素材,但是处理方式却完全不一样。在《俄狄浦斯王》中,深藏于儿童心中的无意识幻想就像在梦中一样被揭示出来,并得到了实现,然而在《哈姆雷特》中,欲望仍然受到压抑,就好像在神经症患者身上

---

① 〔奥〕S.弗洛伊德《梦的解析》,方厚升译,杭州:浙江文艺出版社,2016年,第234页。
② 同上书,第236—237页。

那样,只有通过对压抑的结果的分析,才能获知其存在。①《哈姆雷特》的研究者们始终关注的一个核心问题是哈姆雷特的犹豫。实际上从剧本一开始,哈姆雷特父亲的鬼魂就将杀死自己的凶手是谁告诉了哈姆雷特,但是在复仇问题上,哈姆雷特似乎一直犹豫不决。纵观全部剧情,我们找不到这些犹豫的动机所在,剧本也没有交代。历代学者们对这种犹豫作出过各种解释,但结果都不能令人满意。歌德认为,哈姆雷特代表了一种类型人物,这类人物因心智活动过于旺盛而导致缺乏直接行动的能力。还有学者认为,戏剧家全力刻画的是一种病态的犹豫不决,或者说"神经衰弱"性格。然而,戏剧中的情节表明,哈姆雷特决不是一个缺乏行动能力的人物。例如,他可以一剑刺死挂毯后面的偷听者,也可以蓄意处死两位谋害他的大臣。然而,为什么唯独在复仇这件事情上他始终表现得如此犹豫不决呢?弗洛伊德认为,要想理解这个问题,必须借助于精神分析理论。在弗洛伊德看来,哈姆雷特犹豫的主要原因是这项复仇任务的特殊性质。哈姆雷特可以做任何事,但是唯独无法向杀死他父亲,又娶了他母亲的叔父复仇,因为叔父的所作所为恰好实现了压抑在他内心深处的童年的愿望。于是,驱使他复仇的那种憎恶感在他身上变成了自责,良心让他犹豫起来,觉得自己并不比凶手好到哪里去。②《哈姆雷特》从创作完成至今,始终拥有大量的观众,弗洛伊德认为,主要原因也是因为戏剧满足了观众童年时期被压抑的无意识的愿望。弗洛伊德指出,文学创作是人们宣泄无意识欲望的一种途径,反过来,无意识欲望也是人们创作的源泉和动力。

三、神话的意义

(一)愿望的达成

弗洛伊德认为,像梦一样,神话是经过伪装的愿望的达成。神话提供了某种形式的满足,并且从神经症患者本能与道德之间冲突的角度

---

① 〔奥〕S.弗洛伊德《梦的解析》,方厚升译,杭州:浙江文艺出版社,2016年,第237页。
② 同上书,第238页。

来说,它提供的是一种最佳的、可能实现的方式。在弗洛伊德看来,神话中所谓愿望的达成通常是象征性的,而非实际上的;是改头换面的,而非公开的;是无意识的,而非有意识的;是精神的,而非肉体的;是替代性的,而非直接的。神话的创作者或者读者可以通过将自己认同为神话中的大英雄的方式,在自己心中搬演那些他永远不敢在现实世界中付诸实施的行动。①

(二)还原和发展功能

弗洛伊德认为,神话是我们验证无意识领域存在的重要材料,也是我们发现无意识内容的主要渠道。神话让我们意识到我们内心中存在着的那些被压抑的、被遗忘的担忧、愿望、恐惧以及其他心理因素,因此,被认为具有某种还原功能(regressive)。此外,神话也展露了新的目标与新的伦理洞见和可能性。神话令那些原先并不存在的伟大意义得以迸发出来,因此,在这个意义上,神话是以更高层面上的整合来解决问题的,这就是神话的发展(progressive)功能。②

(三)释放压力

弗洛伊德认为,在人的无意识领域深处,都埋藏着动力十足的性本能和性攻击。这些本能由于受到文明社会的压抑而不能表现出来,甚至可能成为精神病的诱因。于是,动力十足却遭受压抑的攻击本能和性本能,便自然而然地要寻找合法的宣泄渠道。其中包括通过神话、故事、传说,以及诸多艺术表现方式将性暗示和攻击权威的主题合理地宣泄出来,让人们在某种程度上以合理和合法的渠道和途径重新体验那些失去的乐趣。③

---

① 〔英〕罗伯特·A.西格尔《神话秘钥》,刘象愚译,北京:外语教学与研究出版社,2013年,第267页。
② 〔美〕罗洛·梅《祈望神话》,王辉、罗秋实、何博闻译,北京:中国人民大学出版社,2012年,第76—77页。
③ 〔奥〕S.弗洛伊德《机智与无意识的关系》,闫广林、张增武译,上海:上海社会科学院出版社,2010年,第120页。

(四)整合和修复作用

尼采曾经说过,我们对神话的强烈渴求,是对共同体的渴求。一个人没有神话,就没有家园。如果要想成为一个群体的成员,就必须接受并共享这个群体的神话。① 当代弗洛伊德主义者,如美国的精神分析学者雅各布·阿洛(Jacob Arlow,1912—2004)等,将神话看作是对正常心理发展的促进。对这些学者来说,神话有助于人的成长,而不是让人停留在孩童阶段。神话可以帮助人们适应社会和物质世界,而不是让人像孩童般逃离这两个世界。神话还具有实现本我愿望的功能。②

> 精神分析能够对神话研究作出更大的贡献,并非仅止于说明神话中存在的那些常常出现于神经症患者无意识思维中的愿望。神话是一种特定类型的集体体验,是共有幻想的一种特殊形式。在某些共同需要的基础上,它帮助个人和个人所在的文化群体的成员之间建立起关系。与此相对应,研究神话可以从它在精神整合中发挥的作用出发,它如何在防范罪恶感与焦虑发生方面发挥作用,如何构成一种对现实以及个人所在的团体的适应形式,如何影响个体身份的定型以及超我的形成。③

当代精神分析学者认为神话可以以一种发展的方式展现我们与自然之间的联系。神话是有教育意义的。

四、兰克的神话观

奥托·兰克(Otto Rank,1884—1939)1884 年出生于维也纳的一个犹太人家庭,家境贫寒。1898 年,年仅 14 岁的兰克初中毕业后选择进入技术职业学校,因为他的哥哥保罗已经读了大学预科,贫穷的父母不可能供

---

① 〔美〕罗洛·梅《祈望神话》,王辉、罗秋实、何博闻译,北京:中国人民大学出版社,2012年,第37页。
② 〔英〕罗伯特·A.西格尔《神话秘钥》,刘象愚译,北京:外语教学与研究出版社,2013年,第268页。
③ 〔美〕阿洛《自我心理学和神话研究》,第375页,转引自〔英〕罗伯特·A.西格尔《神话秘钥》,刘象愚译,北京:外语教学与研究出版社,2013年,第268页。

两个孩子读大学,因此希望他能早点挣钱来分担家庭负担。1904年3月,兰克从技校毕业,之后在维也纳一家金工车间找了一份工作。但是,兰克非常不喜欢这份工作,因此,他把所有的精力都放在了读书上。兰克广泛阅读了各类书籍,其中包括哲学、文学、艺术、音乐等。他在20岁的时候开始阅读弗洛伊德的著作,一读便欲罢不能。弗洛伊德的《梦的解析》令兰克非常痴迷,他开始尝试分析自己的梦。① 1905年,在阿德勒的介绍下,兰克与弗洛伊德见面,弗洛伊德非常喜爱天赋异禀的兰克,先是资助他重返学校,致力于精神分析的非医学方面的研究,后来更是鼓励他将精神分析理论用于神话、文学、艺术等领域。在弗洛伊德的支持下,兰克后来发表了一系列著作和论文,成为一位影响广泛的非医学领域的精神分析学家。1812年,兰克毕业于维也纳大学,获得哲学博士学位。②

1909年,兰克在他的《英雄诞生的神话》(*The Myth of the Birth of the Hero*)一书中对神话进行了较为全面的定义:

> 神话涉及的是人类思维活动的普遍规律,对神话的本质进行心理学研究可以帮助我们揭示出人类思想活动普遍规律的源泉。从这种源泉中,在所有的时间和空间中都可以产生出同样的神话内容。从这种人类共同的源泉中可以诱导出一种本质的构成,它已经充分地表现在流传下来的神话主题之中。③

兰克重点研究了英雄神话,在《英雄诞生的神话》中,他讨论了许多国家和民族的英雄神话,这些英雄或者是神奇的国王和王子,或者是宗教、朝代、帝国城市的缔造者。尽管这些英雄神话出自完全没有联系,甚至连地理位置也相距遥远的不同民族,但是有意思的是,这些神话中英雄的生平却表现出了不可思议的相似性。兰克列举了众多神话,其中包括阿卡德的萨尔贡(Sargon)神话,以及摩西(Moses)、居鲁士大帝(Cyrus the Great)、特里斯坦(Tristan)、罗姆洛斯(Romulus)等神话,此外还列举了神

---

① 司群英、郭本禹《兰克:弗洛伊德的叛逆者》,广州:广东教育出版社,2012年,第2—22页。
② 同上书,第24—25页。
③ 〔奥〕奥托·兰克《英雄诞生的神话》,菲利普·弗罗因德(Philip Freund)编,纽约:1959年,第8—9页,转引自朱狄《原始文化研究》,北京:三联书店,1988年,第697页。

话和史诗中的很多英雄,如俄狄浦斯(Oedipus)、齐格弗里德(Siegfried)、帕里斯(Paris)、忒勒福斯(Telephus)、珀耳修斯(Perseus)、吉尔加美什(Gilgamesh)等。①

兰克对英雄神话中英雄的身世作了如下概括:

1. 父母都身居高位,通常是国王和王后。

2. 他还在母腹中的时候就经受磨难,例如母亲戒食或难产,或者父母因为某些禁令或外界干扰而只能暗中保持性关系。在母亲怀上他时甚至妊娠之前,某种神谕或梦境就警告他父亲,将要降生的儿子以后会对其安全形成威胁。

3. 因此,他的父亲(或者事实上的父亲)下令杀死这个婴儿,或者把他抛到绝境中去;绝大多数情况下,这个婴儿是被装在箱子里抛到河流中去的。

4. 然后,这个婴儿被野兽或者穷人如牧羊人救起,由母兽或出身低微的女人抚养。

5. 当他长大成人后,经历了许多奇异冒险,找到了出身高贵的父母,向父亲实施了毁灭性的报复并获得人民的承认,赢得了伟大的声誉。②

例如,著名的萨尔贡神话主要情节如下:萨尔贡,全能的国王,母亲是个女祭司,父亲不知道是谁,叔父住在山里。萨尔贡的母亲怀孕后秘密生下了萨尔贡,然后把他装在用沥青封好的芦苇箱里,放入了河中。提水人阿克发现了萨尔贡,将他救起,并当成自己的儿子抚养成人。萨尔贡后来做过园丁,并与伊斯塔相爱结婚,因为超凡的军事才能,率领军队东征西战并最终取得胜利,成为国王,建立了人类历史上第一个军事帝国,在位四十五年。③

在兰克看来,很难理解世界各地的神话具有如此多的相似性,尤其是一些神话中的英雄或者是"处女生子",因此父亲形象缺失(可以理解为"父亲"角色被合理杀死);或者是英雄出生后被父亲下令杀死,英雄死里

---

① 〔奥〕S. 弗洛伊德《摩西与一神教》,李展开译,北京:三联书店,1988年,第5页。
② 同上书,第4—5页。
③ 同上书,第5页。

逃生并最终杀死父亲,取代父亲成为国王,如俄狄浦斯神话等。关于神话的这种相似性,当时的学者提出了许多观点,例如,热衷旅游的德国学者阿道夫·巴斯蒂安(A. Bastian,1826—1905),德国民族学的创始人,在游历各国的过程中,发现了人类文化的相似性,因此提出了"心理一致说"的观念,认为人类的心智结构在本源上是相同的,因此,各地文化不可避免地要具有某些共同的特征①。德国东方语言学家、比较文学史学的创建者本法伊(Theodor Benfey,1809—1881)认为,神话的这种相似性源于这些神话都有一个共同的发源地,即印度②。兰克认为,即使关于神话相似性的观点是正确的,也只是解决了神话的发源地问题,即神话来自哪里,但是无法解释"神话的内容为什么是这样"的问题。在兰克看来,神话中的这些内容与儿童成长过程中的某些精神活动极其相似,运用精神分析理论可以帮助我们解读神话"为什么是这样"的问题。③

五、兰克的神话解读

(一)神话与梦

兰克认为,神话是和我们睡眠时创造产生的梦境相同的人类古老创造,甚至更为神奇。梦和神话之间的关系不仅表现在内容方面,而且表现在形式方面,对病理学、精神结构等方面作原动力的研究,可以证实把神话解释为人类的一种原始梦境是正确的。④ 弗洛伊德将梦看作是通往人类无意识领域的通道,兰克指出,像梦一样,神话也是我们进入人类无意识的路径。此外,梦是通过"凝缩""转移""戏剧化""润饰"和"投射"等手段展示无意识愿望的,在兰克看来,神话也是一样,也需要借助上述伪装的手段进入意识,因此,对神话的研究就是要透过这些伪装去发现其中隐含的真实内容。

---

① Rank, Raglan, Dundes, *In Quest of the Hero*, Princeton: Princeton University Press, 1990, p. 3.
② Ibid., p. 3.
③ Ibid., pp. 3-6.
④ 朱狄《原始文化研究》,北京:三联书店,1988年,第697页。

(二)神话中的婴儿幻想

在兰克看来,神话是成人通过退回到婴儿时的幻想创作出来的,神话中的英雄带有神话创作者儿时个人经历的烙印。① 神话的内容充满着儿童与父母之间的情感冲突,也充满着婴儿的幻想。在儿童的成长过程中,随着自我意识的形成,儿童与父母的内在关系不断发生变化,尤其是到了母子分离阶段,儿童开始具有反抗意识,反抗的目标自然是他的父亲。婴儿幻想父亲死亡或者消失,那么自己就可以独占母亲。这种"弑父娶母"的愿望"投射"到神话中,于是就出现了父亲下令杀死自己儿子的母题,婴儿幻想父亲由于惧怕儿子将会对自己形成威胁而不断对儿子施加控制手段。梦境和神话中的国王和王后总是相应地代表着父亲和母亲。其后,儿子对父母极度失望,因此希望解除同父母的关系,并开始怨恨自己的父亲。因此,兰克认为,英雄神话中通常出现的两个家庭,一个高贵之家,一个卑微之家,实际上都是儿童自己家庭的意象。② 神话是儿童幼年心理活动,尤其是婴儿幻想的一种投射和展示。

(三)神话的象征性

在《梦的解析》一书中,弗洛伊德指出,象征的方法不仅是梦伪装自己的一个重要途径,而且也是民间想象活动的重要方法。他认为,一个民族的民俗、神话、传说和笑话对象征的运用并不比梦更差。③ 兰克认为,神话中的许多母题都具有某种象征意义,例如,遗弃在箱子里的婴儿明显是生育的象征,箱子代表子宫,河水则代表羊水。在无数的睡梦中,婴儿同其父母的关系由溺水或被救出水来代表。④ 当一个民族的想象力把这类神话同某个著名人物联系时,就表明他已经被该民族承认为英雄,他的

---

① Rank, Raglan, Dundes, *In Quest of the Hero*, Princeton: Princeton University Press, 1990, p.71.
② Ibid., pp.13-48.
③ 〔奥〕S.弗洛伊德《梦的解析》,方厚升译,杭州:浙江文艺出版社,2016年,第323页。
④ Rank, Raglan, Dundes, *In Quest of the Hero*, Princeton: Princeton University Press, 1990, p.75.

生平已经被纳入了上述典型模式。①

(四) 无意识愿望的满足

与弗洛伊德一样,兰克将神话看成是被压抑进儿童无意识中的愿望的满足。在兰克看来,所谓英雄,乃是大丈夫似的挺身而起反抗父亲并取得胜利的人。上述这类神话把这种斗争追溯到了英雄降生的时期,让他违背父亲的意志而降生,并且逃脱父亲的罪恶企图而得到拯救。从象征的或者说无意识的层面来说,这位英雄之所以是英雄,不是因为他敢于夺取王位,而是因为他敢于弑父。弑父的目的无疑是独占母亲,因此,归根到底,神话是人类无意识愿望的达成和满足。

---

① 〔奥〕S. 弗洛伊德《摩西与一神教》,李展开译,北京:三联书店,1988,第5—6页。

第六章
分析心理学

分析心理学的创始人和主要代表人物为瑞士哲学家和心理学家卡尔·古斯塔夫·荣格(Carl Gustav Jung, 1875—1961)。荣格1875年出生于瑞士的克什维尔(Kesswil),父亲是瑞士新教牧师,在荣格出生不久便被派到一个偏僻的乡村做牧师。荣格童年时经常看到的是面孔忧郁深沉的父亲,身着黑色长袍,头带黑色高帽,一次又一次主持葬礼的情景。荣格从小性格孤僻,几乎没有什么玩伴,也不喜欢跟其他孩子一起玩,包括自己的妹妹。中学时期,家境贫寒的荣格进入了巴塞尔的一所贵族学校,体会到了贫富之间巨大的差异,甚至一度产生了厌学的想法,常常称病不去上学,自己在家阅读了大量书籍。后来,一个偶然的事件唤醒了荣格的责任意识,他迅速调整了自己的心态,刻苦学习,成绩一跃而上,一直名列前茅。

进入大学后,荣格一开始选择科学作为自己的研究方向,但是后来转而学习医学。一次,在阅读了克拉夫特-艾宾(Krafft-Ebing)的《精神医学教科书》(Lehebuch der Psychiatrie)后,对精神病学产生了浓厚的兴趣,最终确定了自己的专业方向。1900年,荣格到苏黎世的一所精神病院做助理医师。这一年,弗洛伊德的《梦的解析》出版,影响广泛。荣格阅读了这部著作,深受启发,此后一直关注弗洛伊德的著作和研究。

1907年,荣格把自己的论文和第一本著作《精神分裂症心理学》寄给弗洛伊德,弗洛伊德非常高兴,邀请荣格到维也纳做客。两个人一见如故,谈话持续了十三个小时。在此后的六年时间里,两个人一直保持密切联系,弗洛伊德一度将荣格视为自己的接班人,甚至在国际精神分析协会成立的时候，执意提名荣格担任第一任主席。后来，由于性格和学术观念上的分歧，二人分裂，1913 年，荣格辞去了国际精神分析协会主席的职务，同时也辞去了工作，沉寂了六年。

对于荣格来讲，六年的时间并没有虚度，而是让他有机会充分思考、总结和自我提炼，分析心理学的基本概念和理论架构如集体无意识、原型、人格动力、人格发展、心理类型等基本形成。1919 年，荣格重返学术界。1921 年，荣格最重要的著作《心理类型》(The Psychological Types)出版，为动力精神医学领域提供了一个全新且相当成熟的体系。此后，荣格逐渐建立起了自己的学术声望，其研究涉及多个领域，除了心理治疗以外，还包括哲学、宗教、艺术、文学、神话等。荣格尤其看重神话研究，认为神话是研究人类集体无意识的重要材料。他不仅广泛阅读了各文化中大量的神话文本，而且非常关注神话的相似性问题。荣格不仅用精神分析的方式来解释神话，还运用自己对神话的知识分析病人的梦及幻想，影响广泛。另外，荣格还格外关注一些文化现象，如炼金术、星相学、心灵感应、瑜伽、招魂术、飞碟等，虽然遭到一些人的非议，但他却坚持这些现象有助于解释人类的心灵。1961 年，荣格辞世，享年 86 岁。

荣格的代表作品包括《心理类型》(1921)、《自我与无意识的关系》(1928)、《心理学与文学》(1930)、《原型与集体无意识》(The Archetypes and the Collective Unconscious, 1934)、《分析心理学的理论与实践》(1936)、《心理学与宗教》(1938)、《心理学与炼金术》(1944)等。

第一节　理论背景概述

荣格认为自己是一个孤独、敏感而又书生气十足的人，自幼喜欢阅读，涉猎广泛并善于思考。大学学习期间，除了完成课业和工作，他还利用周末和业余时间阅读了歌德、哈特曼(Hartmann)、叔本华和尼采等学者的著作，为后来的学术研究奠定了哲学基础。此外，由于幼年孤独、虚弱、敏感，自认有过许多奇怪的、难以理解的经历、心理感应和梦，使得荣格对神秘思想也非常感兴趣，并阅读了大量相关著作。当然，对荣格影响最大的还是弗洛伊德的精神分析理论。

一、哲学的启发

荣格的很多观念深受西方哲学思想的影响。例如,古希腊哲学家柏拉图(Plato,约前427—前347)认为,人的一切知识都是由天赋而来,以潜在的方式存在于人的灵魂之中,因此,认识不是对世界物质的感受,而是对理念世界的回忆。荣格声称他的集体无意识中的"原型"概念(非个人的、非经验的,从未在意识中出现过)就是来源于柏拉图的这种"理念"。在柏拉图的思想中,理念是一种形式、一种范式,具有先验的、抽象的、共相的性质。这与荣格的"原型"概念非常相似。

叔本华(Arthur Schopenhauer,1788—1860)和尼采(Friedrich Wilhelm Nietzsche,1844—1900)对荣格思想的形成也有很大的影响。荣格曾经说过:"心灵上,研究康德与叔本华是我最大的历险。"①

叔本华,德国哲学家,唯意志论哲学的创始人,提出了生存意志论。他曾经说过:

> 一般而言,从外界得来的资料,在心灵暗昧深处进行反思,这样的反思进行时,就如同营养转换成液体、体质一样,几乎是不知不觉的。正因如此,我们往往说不出自身深处思维的起源。我们奥妙的内心生活,就是从这里诞生的。判断、思想、目的无可预料地从那里生起,令我们惊异……意识只是心灵的表面,正如地球一样,我们不知道地球的内部,只知道地壳。②

荣格的无意识概念与叔本华的观点可以说不谋而合。

尼采,德国哲学家,西方现代哲学的开创者。早在大学期间,荣格阅读了大量哲学著作,其中就包括尼采,尤其是尼采的《不合时宜的沉思》和《查拉图斯特拉》。荣格深受尼采思想的影响,甚至觉得自己跟尼采太相像了。在荣格看来,尼采是一位哲学家,但他更多的兴趣是在心理学而

---

① C. G. Jung, *The Symbolic Life: Miscellaneous Writings*, *Collected Works of C. G. Jung*, Volume 18, Princeton, N. J.:Princeton University Press, 1977, p.213.

② A. Schopenhauer, *The World as Will and Idea*, Volume Ⅲ, Translated by R. B. Haldane and J. Kemp, London:Routledge & Kegan Paul, 1883, p.328. 转引自〔英〕A.凯斯门特《分析心理学巨擘:荣格》,上海:学林出版社,2007年,第73页。

不是形而上学方面。尼采致力于寻找一种能够指导和丰富人的生活的世界观,是一位生命哲学家,他对生命的理解始终与精神相关联。尼采对人类精神底蕴的洞悉给了荣格很大的启示。早在荣格之前,尼采便已经看到神话是人类的精神家园,人的生活无论如何离不开神话:"希腊人知道并且感受到生存的恐怖和可怕,为了能够活下去,他们必须在它前面安排奥林匹斯众神的光辉梦境";"这个民族如此敏感,其欲望如此热烈,如此特别容易痛苦,如果人生不是被一种更高的光辉所普照,在他们的众神身上显示给他们,他们能有什么旁的办法忍受这人生呢?"①

二、神秘主义思想的影响

荣格思想的灵感很多来自于神秘主义教派,也正因为如此,荣格招致了很多批评,但这些都没能阻止荣格探索神秘主义思想并从中获取灵感。

(一) 诺斯替教(Gnosticism)

诺斯替教产生于公元1世纪,盛于2—3世纪,至6世纪逐渐消亡。诺斯替教派相信神存在于人心之中,反对将僧侣看作是神的代言人,认为救赎之道就在于自我认知(self-knowledge);相信人、宇宙、神性是对立的、分裂的,而人生的目的是将它们完美地统一在一起。实际上,不仅荣格深受诺斯替教的影响,许多学者,如黑格尔、歌德、拜伦、尼采、马克思、海德格尔等都拥有所谓的"诺斯替态度",即不满意现在的这个世界,相信世界可以改善,但是这种改善却是以历史为进程。人可以创造这种改变,而改变的关键在于"诺西斯"(Gnosis,知识)。②

(二) 炼金术(Alchemy)

炼金术是中世纪的一种化学哲学的思想始祖,是化学的雏形。荣格对炼金术感兴趣的目的在于尽可能地证明其心理学是否与炼金术相吻

---

① 〔德〕尼采《悲剧的诞生》,周国平译,北京:三联书店,1986年,第11—12页。
② 〔英〕安妮·凯斯门特《分析心理学巨擘:荣格》,上海:学林出版社,2007年,第84页。

合,因此,他阅读了大量炼金术的著作,尤其关注其中有关心理治疗的问题。① 炼金术士相信,炼金术的精馏和提纯贱金属,是一道经由死亡、复活而完善的过程,象征了从事炼金的人的灵魂由死亡、复活而完善;炼金术可以使人获得幸福的生活、高超的智慧、高尚的道德,可以改变人的精神面貌,并最终达到与造物主的沟通。

荣格曾经多次梦到一栋奇怪的、很大的房子,里面有很多书,出版日期是十六七世纪。其中几本有很多铜蚀版画,书里面是一种奇怪的字体和很多他未曾见过的符号。荣格一直非常困惑,不知道梦的内容到底象征什么。他曾广泛阅读宗教和哲学典籍,也没有找到可以帮助他理解这些梦境的材料。1928年,荣格阅读了卫礼贤(Richard Wilhelm)送给他的《太乙金华宗旨》(The Secret of Golden Flower),认为这本书帮助他发现了和他的患者心理发展过程一样的东西。在他看来,炼金术从基本金属中萃取黄金,在心理层面,就是从无意识基本金属中萃取无意识黄金,也就是实现心灵的升华。通过阅读《金花的秘密》,荣格发现炼金术用来著述的符号,竟然和他著述神话与原型的符号一样;而且,在原型转化方面,他的观念和炼金术的观念也非常接近。② 从炼金术中,荣格最终明白他梦中的奇怪房子及房中的事物就是炼金术的象征。

三、科学思想的影响

除了哲学和神秘主义思想,科学思想对荣格的理论也具有很大影响。例如,荣格曾用物理学、力学中的能量定律和熵定律来类比力比多及心理能的活动规律。但是,对荣格影响最深的还是生物进化方面的理论,尤其是拉马克学说,荣格认为,前一代通过经验所获得的特征能够遗传给下一代,而不需要下一代的重新获得,即所谓的获得法则,强调习性成为本能。③

---

① 〔瑞士〕荣格《梦·记忆·思想》,陈国鹏等译,北京:国际文化出版公司,2011年,第190页。
② 魏广东《心灵深处的秘密:荣格分析心理学》,北京:北京师范大学出版社,2012年,第58—59页。
③ 同上书,第60页。

四、弗洛伊德及其精神分析学的影响

分析心理学理论体系的建立与弗洛伊德及其精神分析学密切相关。早期的荣格在阅读了弗洛伊德《梦的解析》一书后,发现此书为自己在词语联想试验中观察到的压抑机制提供了最好的解释。荣格当时正在参与一项通过词语联想法对精神病患者进行测验的项目,在测验过程中,发现有一种压抑机制存在,而弗洛伊德的著作验证了他的发现。不仅如此,他还可以将自己研究中的发现纳入弗洛伊德的理论体系中,一切似乎都是那么完美。荣格非常高兴最终找到了一个可以借以展开心理研究的理论框架。尽管荣格不能接受弗洛伊德把被压抑的心理内容完全归于"性创伤"的观点,但总的来说他是一个坚定的精神分析学的支持者,且毫不留情地抨击任何反对弗洛伊德的人。

在荣格看来,弗洛伊德的贡献首先是将心理学引入了精神病学领域[①];其次,弗洛伊德对梦的心理学研究不仅将梦的研究从宗教和迷信的领域拓展到了科学的领域,而且其对梦的研究本身也非常体系化,并卓有成效。但是,随着研究的深入和分析心理学理论体系的逐渐建立,荣格选择了坚持自己的观点并最终与弗洛伊德分裂。

两个人的分歧表现在精神分析理论的一些基本概念上,如荣格最初全然不能接受弗洛伊德关于俄狄浦斯情结和性欲的理论,反对弗洛伊德一成不变的"性"解释,后者甚至将"性"提高到了宗教信仰的层面,将"性"看成是一种永恒的驱动力。"弗洛伊德理论把任何事物都归之于性,他对无意识的描绘使之看起来像某种储藏室,所有受到压抑和得不到允许的原始愿望以及其后产生的不允许的性愿望都储藏在那里。……弗洛伊德把许多事物都偷运到性这个概念中去了。"[②]例如,在释梦过程中,弗洛伊德认为梦中性的象征无处不在,任何东西或意象都可以被他看作

---

① 〔美〕L.弗雷·罗恩《从弗洛伊德到荣格:无意识心理学比较研究》,北京:中国国际广播出版社,1989年,第3页,转引自施春华、丁飞《荣格:分析心理学开创者》,广州:广东教育出版社,2012年,第33页。

② 〔瑞士〕C.G.荣格《荣格文集》第六卷《无意识的作用》,周朗、石小竹译,北京:国际文化出版公司,2011年,第5页。

是性的象征,如象征男性生殖器的树木、枪、棍棒等和象征女性生殖器的洞穴、容器等。荣格认为,性只是一种非常普通的生物行为,其对人的重要性甚至低于饮食,因此,不可能是一切梦的意象的根本症结。对荣格而言,性这个被广泛滥用的术语,对于激情的表现和人类灵魂明显多样性的目的来说太过贫乏了。①

在荣格看来,梦的象征就是真正的象征,这与弗洛伊德所谓梦的象征只是性的符号的观点不同。在分析心理学中,象征和符号的不同在于:象征的意义是未知的,它要求作放大的解释;而符号的意义则是已知的,它要求作还原的解释。

荣格坚持用现象学的方法来放大、阐释无意识,主张从象征的角度来看待无意识现象,认为对梦的分析需要借助与之结构相似的神话、宗教、历史、哲学等来进行。②

从理论方法上讲,弗洛伊德采取的是自由联想法,而荣格是词语联想法。纯粹就方法问题而言,弗洛伊德与荣格是一致的,但是两人的思想基础完全不同:弗洛伊德是坚定的经验主义者,主张将心理学原则限制在经验可以确认的事实范围之内,因此,从某种意义上讲,弗洛伊德研究的参照系是每一个个体的生活,所以其无意识概念仅限于个人的经历和经验;荣格的研究更倾向于一种形而上的思考,认为存在着一种身心一体的原始宇宙,因此将研究放置在作为整体的全人类的背景中,甚至包括各种动物和植物在内。荣格在弗洛伊德无意识的概念基础上,更区分出了个人无意识之外的集体无意识。

荣格的集体无意识概念超出了个人的经验和经历。例如,他认为新生婴儿的肺知道如何呼吸,心脏知道如何跳动,相互协作的整个器官体系知道如何活动,只因为婴儿的身体是遗传性机能经验的产物。人类努力适应生活的整个过程,种系发育的整个历史,都体现在婴儿身体的那个知道如何当中。那么,是盲目和恐惧促使我们否认了婴儿心理同样具有那

---

① 〔瑞士〕C. G. 荣格《荣格文集》第三卷《心理类型》,储昭华等译,北京:国际文化出版公司,2011年,英译者序第2页。
② 施春华、丁飞《荣格:分析心理学开创者》,广州:广东教育出版社,2012年,第34页。

种在其他器官中明显存在的机能遗传吗？如果说，对远古时代无知的恐惧促使我们拒斥了我们个体生活之外所有可能的心理经验，那么，这种恐惧又是什么呢？① 因此，如果我们必须承认这些遗传心理结构的存在是心理活动的基础，那么，那种主张它只源自于单个人生活中客观经验的无意识概念及其内容就注定要被丢弃了。

此外，弗洛伊德的无意识充斥着邪恶的力量，而荣格则认为无意识是一座宝库，与弗洛伊德"压抑"和"控制"邪恶的无意识相反，荣格主张应该理解无意识，正视无意识，因为无意识是能量的源泉。总之，荣格的分析心理学与精神分析学尽管有着密切的关系，但无论是从世界观、指导思想、基本概念还是方法论上都存在着很大的差别。

第二节　心灵结构

在荣格心理学中，人格作为一个整体被称为"精神"（psyche），精神包括所有的思想、感情和行为，无论是意识到的，还是无意识的。它的作用就像是一个中枢机构，调节和控制着个体，使他适应社会环境和自然环境。② 荣格认为，人一出生就是一个完整的整体，而不是各部分的组装和集合。与很多心理学理论强调人的个性是后天逐渐获得且完善的观点不同，荣格认为人类根本不需要为获得人格的完整性而奋斗，因为人格中的任何一个部分都不是通过经验和学习获得的，是先天配置好的。荣格特别强调心灵的整体性，认为维持、协调和保护这种与生俱来的整体性，避免人格各部分相互冲突、分裂才是人一生中最重要的事情，也是人奋斗的目标。心理治疗的任务也就是帮助患者重新获得其人格的整体性。在荣格看来，精神由三个彼此不同但又相互紧密相连的三个层次组成：意识、个人无意识和集体无意识。

---

① 〔瑞士〕C. G. 荣格《荣格文集》第三卷《心理类型》，储昭华等译，北京：国际文化出版公司，2011年，英译者序第3页。
② 〔美〕C. S. 霍尔等《荣格心理学入门》，冯川译，北京：三联书店，1987年，第29页。

一、意识

心理学是一门关于意识的科学。荣格把意识界定为精神与自我之间的关系,是人类心中唯一可以感知的那部分内容。意识在人出生之前就已经有了,例如婴儿一出生,就可以分辨出父母、玩具和周围环境,因此,我们得知婴儿是在运用自觉意识。意识与外部世界的关系是通过如下四种功能来实现的,即思维、情感、感觉和直觉。除了四种心理功能外,还有两种心态决定着自觉意识的方向,即外倾和内倾。

荣格认为,人们可以在意识中分辨出很多功能。这些功能把意识划分为内、外两个精神领域。荣格所说的外部领域负责使从外部环境摄入的事实、材料与意识的内容相联系并给予外部事实一个定位;内部领域则是一个居于意识内容与无意识假定过程之间的联系系统。

(一)感觉功能

荣格所谓的感觉是法国心理学家称作"实在的功能"的东西,即感官所给予人们对外部事实意识的总和。感觉告诉人们某物存在,但并不告诉人们某物是什么以及与之有关的他物的存在。

(二)思维功能

荣格所谓的思维指的是感官以其最简单的形式告诉你一个东西是什么。它给事物以名称。思维给出的是概念,因为思维就是理解和判断。

(三)情感功能

在人们的观念中,情感似乎是一种可怕的东西,但它却是一种客观存在。很多人都不相信情感是一种理性功能,而认为它是最无理性的。但是实际上,人类正是通过情调(feeling-tone),如恐惧、悲伤、愉悦等情感来感知世界。情感告诉我们的是事物的价值。

(四)直觉功能

荣格认为,感觉告诉人们一个事物的存在,思维告诉我们那个事物是什么,情感则告诉我们这个事物对于我们的价值。此外还有什么呢?那就是那个被称为直觉的东西。直觉是一种预见,是一种奇妙的能力。荣格认为直觉是一种知觉,这种知觉并不是在感官的支配下精确动作的,它通过无意识而起作用。①

通过所谓的感觉、思维、情感和直觉四种心理功能,婴儿逐渐成长。但是,人类会有选择地使用这四种功能,一般会较多利用其中的一种功能而较少利用其他功能。四种功能中某一种功能的优先使用,把一个孩子的基本性格同其他孩子的基本性格区分开来。例如,如果一个孩子是思维型的,其性格必然不同于情感型的孩子。② 这就是说,一个情感型的孩子在成长过程中会逐渐储存和累积跟情感相关的经验和知识,并本能地排斥或无视其他经验和知识。

(五) 个性化

尽管人类在出生时就是一个整体,但是这里所谓的整体更像是一颗种子,必须在保持内在统一性的前提下在后天的环境中逐渐生长成为一棵大树,这个成长的过程就是个性化的过程。个性化使得一个人的意识逐渐变得富于个性,变得不同于他人。在荣格看来,个性化的目的在于尽可能地、充分地认识自己或达到一种自我意识。

(六) 自我

人的个性化过程受制于"自我",荣格用"自我"来命名自觉意识的组织,它由能够自觉到的知觉、记忆、思维和情感等组成。尽管自我在全部心理总和中只占一小部分,但它作为意识的门卫却担负着至关重要的任务。某种观念、情感、记忆或知觉,如果不被自我承认,就永远不会进入意识。荣格认为,自我具有高度的选择性,它类似一个蒸馏所,许多心理材料被送进这个蒸馏所,但却只有很少一点被制作出来,达到充分自觉这一

---

① 〔瑞士〕C. G. 荣格《分析心理学的理论与实践》,成穷、王作虹译,北京:三联书店,1991年,第8—12页。
② 〔美〕C. S. 霍尔等《荣格心理学入门》,冯川译,北京:三联书店,1987年,第31页。

心理水平。自我还能保证人格的同一性和连贯性,因为通过对心理材料的选择和淘汰,自我就能够在个体人格中维持一种持续的聚合性质。至于允许哪些内容进入意识,起决定作用的是人的心理功能。一个人如果是情感型的,自我将允许较多的情绪体验进入意识;如果他是思维型的,那么思想比情感更容易被允许进入意识。

二、个人无意识

荣格认为,个人无意识是所有心理过程与内容的总和,这些心理过程能够并且经常能够变成意识,但是它们因存在不兼容性而受到压抑,被滞留在无意识当中。[1]

个人无意识的内容完全由个人因素,即由那些构造整体人格的因素所组成。所有不被自我认可的情感体验,按照荣格的理论,都被储存在个人无意识里。个人无意识容纳着那些与意识功能和自觉的个性化不协调、不一致的心理活动和心理内容,例如一段痛苦的经历、一段不堪的往事等等。一旦需要,个人无意识的内容可以被召唤出来,进入意识中,如某个人的名字、某段对话等。个人无意识的主要内容是带有浓厚感性色彩的情结(feeling-toned complexes),它们构成心理活动的个人及私人面向。[2]

个人无意识中的一个重要内容就是情结。在心理学上,一组一组的心理内容可以聚集在一起,形成一簇心理丛,荣格称之为情结(complexes)。情结是独立的、自主的,有自己的驱力,而且还可以强有力到控制我们的思想和行为。[3] 当我们拥有某种情结时,必须时刻调整与其保持一致,但是,当情结拥有我们时,会导致我们沉溺于某种状态而不能自拔。许多病人就是受制于某些情结而丧失了理性和正常思维,精神病医生分析治疗的目的就是通过各种方式消解病人的情结。

情结不都是负面的,从某种意义上讲,情结也是人类的灵感和动力的

---

[1] 〔瑞士〕C. G. 荣格《荣格文集》第七卷《人、艺术与文学中的精神》,姜国权译,北京:国际文化出版公司,2011年,第100页。
[2] 〔瑞士〕C. G. 荣格《荣格文集》第五卷《原型与集体无意识》,徐德林译,北京:国际文化出版公司,2011年,第6页。
[3] 〔美〕C. S. 霍尔等《荣格心理学入门》,冯川译,北京:三联书店,1987年,第36页。

源泉。情结可以激发人们的想象力和创造力,帮助人们取得事业的成功。人们会执着于某种情结,为自己制订更高的标准,让自己更有毅力。例如,假如一个人具有很强的"铁腕领袖"(strong leader)情结,那么他就会自觉地捡拾和积累相关的经验和联想,如崇拜英雄,以英雄人物自比,以拯救和担当为己任,富有强烈的自我牺牲精神等。因此,从某种意义上讲,荣格所谓的情结具有两面性:一方面有着消极、破坏的一面,给人们带来精神生活的障碍;另一方面又表现出生机勃勃的一面,引领人们步入更高的生活层次。

三、集体无意识

无意识的概念最早由弗洛伊德发现并提出,表示受压抑或者被遗忘的内容的状态。对弗洛伊德而言,无意识在本质上不过是被遗忘及受压抑的内容的聚集地,因而是个人性的。荣格不完全赞同弗洛伊德的观点,他认为无意识的表层或多或少无疑具有个人特征,可以被称为"个人无意识"(personal unconscious),但这种个人无意识是依附在一个较深的层次上,这种较深的层次不是来源于个人的经验,也并非一种个人的获得物,而是一种天赋(inborn),荣格称之为"集体无意识"。荣格说自己之所以选择"集体"(collective)一词,就是因为这种无意识不是个别的,而是普遍的。它和个人的心理正好相反,它所具有的行为的内容和模式在与它同样的地方和所有个体中或多或少地存在着。换言之,就因为它对所有的人来说都是相同的,因此,它组成了一种超个人(supra-personal)的共同心理基质,这种基质至今还存在于我们每个人的身上。①

关于集体无意识的发现,根据荣格的陈述,源于 1909 年他与弗洛伊德一起访美归来的途中所做的一个梦。在梦里,荣格梦见自己走入了一个有两层楼的房子里,当时感觉自己是在二层,屋子里的陈设古老。他很好奇,因此下楼来到了房子的一层,发现屋子里的陈设更加古老,好像是中世纪的家具陈设。房子还有一个通向地下室的楼梯,他来到地下室,发现屋子

---

① 〔瑞士〕C. G. 荣格《荣格著作集》第九卷,伦敦,1969 年,第 3—4 页,转引自朱狄《原始文化研究》,北京:三联书店,1988 年,第 701—702 页。

里的装饰和陈设根本就是古罗马时代的风格,地板是石片铺就的。在一些石片中,他找到一个拉环,拉动拉环发现了一个通往地下深处的通道,于是走了下去,发现了一个洞穴。"石洞的地面上盖有一层厚厚的灰土,灰土中散布着一些骨头和陶片,像是一种原始文化的遗物似的。我看到两个人的头盖骨,显然也是很古老的,都有些要裂开了。这时,我便醒了。"

在往返途中,荣格与弗洛伊德曾几次相互分析彼此的梦。当荣格向弗洛伊德讲述自己的这个梦时,弗洛伊德非常关注那两个死人的头盖骨,判断这是荣格非常希望某个人死去的联想。荣格不这么想,他认为梦中的房子是一种精神大厦的象征,楼上是意识层面,而洞穴则很可能就是无意识的第一层:

> (在梦中)我越深入,景象变得越生疏和越黑暗。在那个洞穴里,我发现的是一种原始文化的残存物,亦即我身上的原始人的那个世界。这个世界是意识几乎无法接近和照亮的。人的原始性精神近乎动物灵魂的生命,恰如史前时代的洞穴在为人所占有之前通常是由野兽所占据的一样。①

荣格认为,分析心理学是关于这种集体无意识心理的产物的科学。但是因为无意识是无意识,所以我们不能直接探索它,与它也没有联系。我们只能与意识的产物打交道,这些意识的产物源于无意识领域。② 我们也不可能直接把握无意识的过程,因为这些过程是探测不到的。无意识过程不是直接被领悟到的;它们只是在其产物中显现出来,根据这些产品的特殊性质,我们设想在它们背后一定还隐匿着某种东西,前者正是从后者中产生出来的。我们把这个黑暗隐蔽的领域称为无意识心理。意识的外在内容首先是通过感官从周围环境中得到的。其次,意识的内容也来自别的源泉,如来自记忆和判断的过程,而这些属于内在领域。意识内容的第三个源泉就是心灵的黑暗部分,即无意识。我们是通过特定的内在功能接近无意识这个领域的,这些功能并不处于意志的控制之下。它

---

① 申荷永《荣格与分析心理学》,北京:中国人民大学出版社,2012年,第45页。
② 〔瑞士〕C. G. 荣格《分析心理学的理论与实践》,成穷、王作虹译,北京:三联书店,1991年,第3—4页。

们是媒介物,无意识的内容经由它们而达于意识的表面。①

第三节 集体无意识

在荣格看来,无意识是意识之母,意识是从无意识状态中呈现出来的。我们的早期童年是无意识的,天性的最重要的功能便是无意识,而意识不过是它的产物。② 无意识心理不但比意识更为古老,而且要么与意识一道,要么无视意识,继续发挥作用。③ 荣格打破了弗洛伊德严格的环境决定论,认为无意识绝不是来自个人的经验和体验,也不是什么负面的、危险的内容,而是精神的基础,是某种崇高的、可以给人带来能量并自主调解精神事件的内容。因此,荣格对于集体无意识的发现是心理学史上的一座里程碑。

一、集体无意识及其特点

荣格认为,集体无意识是精神的一部分,其内容从未存在于意识之中,因此从未为个人所习得,其存在只能完全归结为遗传。④

(一)不可知性

集体无意识的内容是未知的,我们根本不知道集体无意识统辖的疆域有多广,因为我们对它基本上是一无所知的。我们仅仅可以通过一些直接的证据来证明存在着一个处于阈下的心理领域。关于这种不可知性,荣格举例说:

> 如果你查看我们周围的物理世界并将它与我们的意识对这世界的看法作比较,那么你看到的就将不是作为客观事实而存在的各种心理

---

① 〔瑞士〕C.G.荣格《分析心理学的理论与实践》,成穷、王作虹译,北京:三联书店,1991年,第36—37页。
② 同上书,第7页。
③ 〔瑞士〕C.G.荣格《荣格文集》第五卷《原型与集体无意识》,徐德林译,北京:国际文化出版公司,2011年,第223页。
④ 同上书,第36页。

图像。比如,我们看见色彩,听到声音,而实际上它们只是波的震荡。①对我们而言,色彩和声音是有意义的,但是"波的震荡"几乎说明不了任何问题。集体无意识也是如此,意识呈现出来的内容是那些通过我们的感官加以转换后所带给我们的心理图像,远非其原来的形态。

(二)遗传性

集体无意识在正常情况下既没有显示出向意识转变的倾向,也不能被任何的分析技术带入记忆中,因为它从未被压抑或忘记。② 因此,集体无意识的内容在人的整个一生中都不会被意识到。集体无意识的传承方式是生物遗传,它是人们通过遗传的方式从祖先那里继承下来的共同的无意识内容。

(三)人类经验的储藏所

集体无意识是人类经验的储藏所,它储藏着所有那些通常被荣格称为"原始意象"(primordial images)的内容。按照荣格的说法,集体无意识"是一间堆放过去的遗迹和记忆的仓库。研究无意识集体心灵的构造,可能会作出你在比较解剖学中也会作出的相同发现"③。集体无意识涉及人类最初的心理发展,人从他的祖先那里继承了这些意象。荣格认为,从个体出生的那一天起,集体无意识的内容就给个人的行为提供了一套预先设置的模式。"一个人出生后将要进入的那个世界的形式,作为一种心灵的虚像(virtual image),已经先天地被他具备了。"④这种心灵的虚像和与之相对应的客观事物融为一体,由此成为意识中实实在在的东西。

---

① 〔瑞士〕C. G. 荣格《分析心理学的理论与实践》,成穷、王作虹译,北京:三联书店,1991年,第5页。
② 〔瑞士〕C. G. 荣格《荣格文集》第七卷《人、艺术与文学中的精神》,姜国权译,北京:国际文化出版公司,2011年,第101页。
③ 〔瑞士〕C. G. 荣格《分析心理学的理论与实践》,成穷、王作虹译,北京:三联书店,1991年,第41页。
④ 〔瑞士〕C. G. 荣格《荣格文集》第七卷《有关分析心理学的两篇论文》,普林斯顿大学出版社,第188页,转引自〔美〕C. S. 霍尔等《荣格心理学入门》,冯川译,北京:三联书店,1987年,第43页。

如果集体无意识中存在着母亲这一心灵虚像,它就会迅速地表现为婴儿对实际母亲的知觉和反应。这样,集体无意识的内容就决定了知觉和行为的选择性。我们之所以很容易地以某种方式知觉到某些东西并对之作出反应,正是因为这些东西先天地存在于我们的集体无意识中。我们后天经历和体验的东西越多,所有那些潜在意象得以显现的机会也就越多。①

(四)思想意志管控所

在荣格看来,意识总是容易屈从于无意识的影响,无意识动机支配我们的意识作出决定,尤其是在至关重要的事情上,我们有时候会不由自主地作出与意识相违背的决定,尽管我们后来会解释说自己是无意的,但实际上是无意识在进行操控。荣格也认为不存在固有的思想,但集体无意识却存在着产生固有思想的可能性,它甚至限制了最大胆的幻想,把我们的幻想活动限制在某些范畴里;就像一种先验的思想,如果不是从其效果去考虑,那么就没有其他的办法来确定其存在。②

反过来,集体无意识的内容不从属于任何专断性意图,不受意识的控制。它看起来似乎在人的身上并不存在,但实际上却起着决定性的控制和推动作用。当人们遇到的情境与祖先们所经历的大致相同时,无意识内容便被激活,发挥着某种指导作用,人们会像他们的祖先一样对周围的事物作出反应,如对黑暗、蛇等事物的先天性的恐惧感。人类对某些事物的感觉有时候是本能的、与生俱来的,根本不需要后天经历或学习。集体无意识是人类历代祖先共同积累的经验,经过不断重复的积淀、浓缩,再积淀、再浓缩,以痕迹的形式埋藏于大脑结构中的心理内容,是大脑结构中的一部分,是人类心理结构的一部分,是由遗传而留下来的普遍性的精神机能,是普遍的先天反应倾向和图式。③

---

① [美]C. S. 霍尔等《荣格心理学入门》,冯川译,北京:三联书店,1987 年,第 43—44 页。
② [瑞士]C. G. 荣格《荣格文集》第七卷《人、艺术与文学中的精神》,姜国权译,北京:国际文化出版公司,2011 年,第 101 页。
③ 魏广东《心灵深处的秘密:荣格分析心理学》,北京:北京师范大学出版社,2012 年,第 82 页。

二、集体无意识的功能

(一)心灵的家

荣格将集体无意识看成是人类心灵的家,一个人类可以回归的场所。人们在日常生活中需要面对各种各样的问题,需要处理各种各样的事务,因此,疲惫的人类在特定时候应该周期性地退回到自己的内心深处,不是逃避,而是为了能够从无意识这个能力储藏所里汲取更多的有效能量,获得更多的启示,并适当修复自己的情绪。例如,荣格非常强调睡眠的重要性,认为人类走进无意识并与无意识交流的一个重要渠道就是睡眠,以达到走进无意识并与无意识进行交流和沟通,获得能量和启发的目的。

(二)发现自我

荣格认为,自我意识仅仅是完整的人的一部分,并不代表全部。人的自我意识越强,就离集体越远,而他自身又是集体的一部分,以至于他会发现自身是自相矛盾的。但是,既然任何生物都追求完整,意识不可避免的片面就不断地被我们之中的普遍的人所改正和补偿,最终我们的意识和无意识融为一体,更恰当地说,就是把自我同化入更广大的人格之中。[1] 无意识心灵就像我们的身体一样,分析心理学的一个重要目的就是通过自觉的意识使一切无意识的东西成为意识到的东西。[2]

(三)回归集体

单独的个人不可能充分发挥自己的力量,除非借助于某种我们称为理想的集体表象的力量,这些理想把个人的自觉意志难以达到的、被隐藏的本能力量释放出来。例如"祖国母亲"的原型就是一个常见的、非常普

---

[1] 〔瑞士〕C. G. 荣格《荣格文集》第四卷《心理结构与心理动力学》,关群德译,北京:国际文化出版公司,2011年,第200页。
[2] 〔瑞士〕C. G. 荣格《分析心理学的理论与实践》,成穷、王作虹译,北京:三联书店,1991年,第37页。

遍的原型。① 任何人使用这个原型,实际上就是在同时用上千种声音来说话。这既有迷惑性,又压倒一切,而同时也使自己想要表达的思想超越了偶然和短暂,进入了永恒的王国。它把我们个人的命运转变成了整个人类的命运,并且唤起了我们心中所有那些每每使人类摆脱危难、度过漫漫长夜的慈善力量。②

三、寻找无意识

如何才能接近人的这个黑暗领域? 荣格认为有三种分析的方法可以做到这一点,即词语的联想方法、梦的解析方法和积极想象方法。③

(一)词语联想法(word-association tests)

词语联想法是荣格发明的一种非常有效的治疗精神疾病的方法,也是导引无意识进入意识的有效途径。这种方法通常会让被测试者按照一种简单的规则,对一些特定的刺激性词语作出自己的联想与反应。人们在联想和反应过程中发现自己的情结以及深层次的心理内容。尽管荣格并非第一个使用词语联想法的人,例如,在荣格之前,高尔顿和冯特等人在其心理学的研究中都曾使用过形式极为类似的词语联想法,但荣格却是第一个利用词语联想法来研究反应障碍的心理学家,而且通过临床应用,荣格发现了情结的存在及其作用,尤其是与情结有关的无意识概念。④

(二)梦的解析法

梦是无意识心理活动的产物,是"无意识心理最普遍、最正常的表达,梦就为深入探究无意识这一概念提供了大量的材料"⑤。集体无意识

---

① 〔瑞士〕C. G. 荣格《荣格文集》第七卷《人、艺术与文学中的精神》,姜国权译,北京:国际文化出版公司,2011 年,第 102—103 页。

② 同上书,第 103 页。

③ 〔瑞士〕C. G. 荣格《分析心理学的理论与实践》,成穷、王作虹译,北京:三联书店,1991 年,第 48 页。

④ 申荷永《荣格与分析心理学》,北京:中国人民大学出版社,2012 年,第 85 页。

⑤ 〔瑞士〕C. G. 荣格《荣格文集》第四卷《心理结构与心理动力学》,关群德译,北京:国际文化出版公司,2011 年,第 196 页。

是梦的来源,梦用象征的语言,也就是用感觉的、具体的意象向我们传递思想、判断、观点、命令和爱好。这些东西或是由于压抑,或是仅仅还未实现而为无意识的。正是由于它们是无意识的内容,而梦是无意识过程的衍生物,因此梦包含着对无意识内容的反映。它不是反映所有无意识内容,而是只反映一些内容,这些内容是由特定时刻的意识境况所选择的,并且是由这一境况将之联结在一起的。①

在荣格看来,梦所表达的正是无意识想要说的某种特别的内容。②梦根本不需要伪装,是一种自然而然的心理现象,它们总在尽力表达其意义,只是所表达的意义不被我们的意识自我认识和理解。③

无意识通过梦与我们对话和沟通,但是使用的却是一种"象征性的语言"和方式。因此,必须采取必要的手段和技巧,同时还要借鉴神话、宗教以及童话、寓言的意义和作用。

(三)积极想象法(active imagination)

所谓积极想象法,"意指的是由蓄意的专注所引发的一系列幻想"。"幻想的综合结果释放了无意识,制造了富有原型形象与联想的材料。"④在荣格看来,词语联想和梦的分析都是间接沟通无意识的方法,而积极想象则是直接沟通无意识的有效途径和方法。

第四节 原型

集体无意识的内容也就是"原型"(archetypes)。荣格认为,原型是一个非常古老而遥远的概念。原型一词,在荣格看来相当于柏拉图哲学中的"智力的形式"(intelligible forms),相当于神话学领域中的"母题"(motif),相当于列维-布留尔(Levy-Bruhl)的"集体表象"(representations col-

---

① 〔瑞士〕C. G. 荣格《荣格文集》第四卷《心理结构与心理动力学》,关群德译,北京:国际文化出版公司,2011 年,第 172 页。
② 申荷永《荣格与分析心理学》,北京:中国人民大学出版社,2012 年,第 89 页。
③ 同上书,第 89 页。
④ 〔瑞士〕C. G. 荣格《荣格文集》第五卷《原型与集体无意识》,徐德林译,北京:国际文化出版公司,2011 年,第 41—42 页。

lectives),相当于于贝尔(Hubert)和莫斯(Mauss)的"想象的范畴",相当于阿道夫·巴斯蒂安(A. Bastian)的"初级思想"或者"原始思想"。因此,荣格认为他的原型概念实际上是一种业已存在的形式,并非是孤立的,而是在其他知识领域中得到了承认与命名的东西。①

一、什么是原型

荣格认为,原型(archetypes)意味着"模式",或者说"印迹",是一种无意识的内容,"表示似乎无时不在、无处不在的种种确定形式在精神中的存在"②。原型通过成为意识以及被知觉到而发生变化,它从其中显现的个人意识中获得色彩。③ 原型的总和构成了集体无意识,或者说集体无意识的内容就被称为原型。在荣格看来,原型是一切心理反应的普遍形式,这些反映形式普遍见于神话、宗教、艺术、哲学、科学乃至人类一切文化领域。

荣格指出,人生中有多少典型情境就有多少原型,无止境的重复已经把这些经验铭刻进我们的精神构成之中,但是并不是以充满内容的形象的形式,而是起初仅为没有内容的形式,仅仅表征某种感知与行为的可能性。当符合某种原型的情景出现时,这种原型被激活,一种强制性随之出现;这种强制性要么像本能驱使一样,获得反对所有理性与意志的方法,要么引发病理维度的冲突,换言之,引发神经病。④ 荣格曾经识别和描述过的原型包括出生原型、再生原型、死亡原型、力量原型、巫术原型、太阳原型、月亮原型、骗子原型、魔鬼原型、上帝原型、儿童原型、巨人原型、武器原型、森林原型、英雄原型、动物原型、智叟原型等。

二、原型的起源

关于原型的起源,荣格认为,原型作为心理反应、心理结构的基本模

---

① 〔瑞士〕C. G. 荣格《荣格文集》第五卷《原型与集体无意识》,徐德林译,北京:国际文化出版公司,2011年,第36页。
② 同上书,第36页。
③ 〔美〕R. 比尔斯克尔《荣格》(第2版),周艳辉译,北京:中华书局,2014年,第38页。
④ 〔瑞士〕C. G. 荣格《荣格文集》第五卷《原型与集体无意识》,徐德林译,北京:国际文化出版公司,2011年,第41页。

式,一方面有可能是人类远古社会生活的遗迹,是重复了千百万次的心理体验的凝缩和结晶;另一方面也完全有可能是生物本能的分化,是生命的内在性质和固有法则的演变,其起源可以一直追溯到生命的起源。①

三、原型的特点

(一) 先在性

在荣格看来,原型是那些留存于个人无意识之中但并不来源于他们个人经验的基本的、原始的观念。原型并非单独发展而来的,而是遗传所得,它由事先存在的形式组成。② 在某种意义上说,只有当某些特殊经验唤醒原始经验时,有关这些原始意象的意识才能被激活。荣格认为,由于人类的大脑与人类的意识伴随着时间的流逝而形成,因而这些原型是普遍而现实存在的。③

荣格谈起过一个黑人的梦,黑人告诉荣格他在梦中看到了一个像十字形那样被钉在车轮上的男子的形象。荣格说这个黑人生于南方,完全没有受过教育并且不是很聪明。考虑到黑人众所周知的宗教倾向,他很可能梦见被钉在十字架上的男人。十字架有可能是一种个人获得的东西。然而最不可能的是这个无知的黑人竟梦见人被钉在车轮上:

> 这是一个极不寻常的图像。当然,我无法向你们证明,这个黑人以前从未有过机会见过一张描绘车轮的画或听人讲过这类东西并因而梦见它;但如果他没有这种观念的任何模式,那就只能是一种原始意象,因为被钉在车轮上受难是一种神话母题。这车轮就是古代的太阳轮,受难则是为了赎罪而奉献给太阳的牺牲。④

荣格认为太阳轮是一种极其古老的观念,也许是最古老的宗教观念。这

---

① 〔瑞士〕荣格《荣格性格哲学》,李德荣编译,北京:九州出版社,2011年,第19页。
② 〔瑞士〕C.G.荣格《荣格文集》第五卷《原型与集体无意识》,徐德林译,北京:国际文化出版公司,2011年,第37页。
③ 〔美〕R.比尔斯克尔《荣格》(第2版),周艳辉译,北京:中华书局,2014年,第38页。
④ 〔瑞士〕C.G.荣格《分析心理学的理论与实践》,成穷、王作虹译,北京:三联书店,1991年,第38—39页。

种观念可以追溯到中石器时代与旧石器时代。但是有意思的是,真正的车轮是青铜时代才出现的,旧石器时代它还未被发明出来。因此,太阳轮(见下图)很可能就是一种原型太阳意象。荣格认为这种意象并非自然的东西,因为它总是分为四或者八部分。这种图形是一种可以在整个人类历史与现代人的梦中找到的象征。

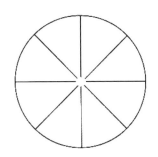

荣格甚至认为真正的车轮或许就是根据这个视像发明出来的。人类的很多发明创造都始于神话预知与原始意象,例如炼丹术就是近代化学之母。人类的有意识的科学心智发端于无意识心灵。荣格将黑人梦中那个钉在车轮上的男人解释为希腊伊克西翁神话主题的再现:伊克西翁由于得罪了人和诸神而被宙斯绑在一个转动着的车轮上。①

(二)不可知性

荣格认为,原型不同于人生经历过的若干往事所留下的记忆表象,不能被看作是在心中已经充分形成的明晰的画面。母亲的原型并不等于母亲本人的照片或某一女人的照片,它更像是一张必须通过后天经验来显影的照相底片。② 原型并不出自自然事实,而是描述心理体验自然事实的方式。③

---

① 〔瑞士〕C. G. 荣格《分析心理学的理论与实践》,成穷、王作虹译,北京:三联书店,1991年,第38—41页。
② 〔美〕C. S. 霍尔等《荣格心理学入门》,冯川译,北京:三联书店,1987年,第45页。
③ 〔瑞士〕C. G. 荣格《荣格文集》第五卷《原型与集体无意识》,徐德林译,北京:国际文化出版公司,2011年,第123页。

(三) 可组合性

荣格指出,原型虽然是集体无意识中彼此分离的结构,却可以以某种方式结合起来。例如,英雄原型如果和魔鬼原型结合在一起,其结果就可能是"残酷无情的领袖"这种个人类型。

(四) 普世性

荣格认为,原型关系到那些远古时代就存在着的宇宙形象,指的是原始观念中世界的一种形象符号。原型是普遍的,也就是说,每个人都继承着相同的基本原型意象。例如,全世界所有的婴儿都天生具有母亲原型。母亲的这种预先形成了的心像,后来通过现实中母亲的外貌和举止,通过婴儿与母亲的接触和相处,逐渐显现为确定的形象。但是,因为婴儿与母亲的关系在不同的家庭中甚至在同一家庭的不同子女间都是不同的,所以母亲原型在外现过程中也就出现了个性差异。此外,荣格还提到,当种族分化出现后,不同种族的集体无意识也显现出基本的差异。

从神话学的角度看,一些著名的神话母题如英雄形象、救世主、龙(常与英雄相关并作为英雄征服的对象)、鲸或吞噬英雄的怪兽几乎都属于分析心理学中的原型。神话中英雄和龙的母题的变体之一是进入地下、深入洞穴,即通常所谓的"下洞母题",就像《奥德赛》中的乌利西斯到地狱去请教预言者提瑞希阿斯的情节。荣格认为这个"下洞母题"在古代非常常见,是一个全世界共有的母题,许多民族的神话中都有与此相似的。世界各地神话的相似性是神话学的一个常识,也是神话研究的一个永恒的课题,荣格将神话的这一特征定义为原型,将这一特征的来历归结为人类的集体无意识。[①]

(五) 中性性

荣格指出,原型本身没有善与恶之分,它就像古老的神祇一样,在道

[①] 〔瑞士〕C. G. 荣格《分析心理学的理论与实践》,成穷、王作虹译,北京:三联书店,1991年,第 38 页。

德上是中性的,或者可以说原型只是一组符号、一种载体,其本身没有意义,只有当它与自觉意志相联系的时候,才会变成善或恶,或者成为自相矛盾的善与恶的混合物。无论它趋向于善,还是趋向于恶,都有意或无意地由意识态度来决定。这样的原型意象很多,但是只有当它们以脱离中性的方式被激活的时候,才会在个人的梦境或艺术作品中出现。①

(六) 重复性

在荣格看来,作为一种形象,无论原型是一个魔鬼、一个人,还是一个过程——只要创造性的幻想被自由地表现出来,它就会在历史的进程中不断地重现。例如,在神话中,英雄死而复生是一个永恒的母题,也是一个非常典型的原型,这个原型意味着人对自身的延伸,意味着个人存在的死亡以及在另外一个新空间的重生。② 当我们进一步考察这些意象时会发现,它们赋予了我们祖先以数不尽的典型经历以及形式。因此可以说,它们是同类型数不清的经历的心理残留物。它们展示了一幅带有平均的、被分割了的而且被投射到神话众神形象中去的心理生活图画。③

四、典型原型

(一) 人格面具 (the persona)

又称顺从原型 (conformity archetype)。人格面具保证一个人能够扮演某种性格,而这种性格却并不一定就是他本人的性格。人格面具是一个人公开展示的一面,其目的在于给人一种很好的印象以便得到社会的承认。一切原型都必须是有利于个体,也有利于种族的,因此,人格面具能保证人们相互接受,甚至能够接受那些不喜欢的人。人格面具是社会

---

① 〔瑞士〕C. G. 荣格《荣格文集》第七卷《人、艺术与文学中的精神》,姜国权译,北京:国际文化出版公司,2011年,第132页。
② 〔瑞士〕C. G. 荣格《荣格文集》第六卷《文明的变迁》,周朗、石小竹译,北京:国际文化出版公司,2011年,第8页。
③ 〔瑞士〕C. G. 荣格《荣格文集》第七卷《人、艺术与文学中的精神》,姜国权译,北京:国际文化出版公司,2011年,第102页。

和公共生活的基础。① 人格面具还保证人能够在不同环境中表现出不同的性格特点,以适应不同的环境。人格面具必须随时调整,否则,过分热衷于某种面具会造成冲突和矛盾。

(二)阿尼玛(Anima)和阿尼姆斯(Animus)

二者分别指存在于男性无意识之中的女性特质和存在于女性无意识之中的男性特质;阿尼玛是男性心理中的女性一面,阿尼姆斯是女性心理中的男性一面。要允许男性和女性有机会展示他们女性和男性气质的一面,这样才能保证人格的和谐、平衡。

(三)阴影(the shadow)

这是一切原型中最强大,同时也是最危险的一种。因为阴影具有惊人的韧性和坚持力,它从来不会彻底地被征服。阴影的这种韧性和坚持力,无论在促使一个人行善还是作恶的时候,都是同样有效的。

荣格指出,阴影代表一个人自己的性别,并影响到这个人与和他同性别的人的关系。阴影原型是人身上所有那些最好和最坏的东西的发源地,而这些东西特别表现在同性间的关系中。为了使一个人成为集体中奉公守法的成员,就有必要驯服容纳在他的阴影原型中的动物性精神。而这又只有通过压抑阴影的显现,发展起一个强有力的人格面具来对抗阴影的力量,才能够实现。一个成功地压抑了自己天性中动物性一面的人,可能会变得文雅起来,却必须为此付出高昂的代价,必须弱化自己的自然活力和创造精神,弱化自己强烈的情感和深邃的直觉。他使自己丧失了来源于本能天性的智慧,而这种智慧很可能比任何学问和文化所能提供的智慧更为深厚。一种完全没有阴影的生活很容易流于浅薄和缺乏生气。②

当自我与阴影相互配合、亲密和谐时,人就会感到自己充满了生命的活力。这时候自我不是阻止而是引导着生命力从本能中释放和辐射出

---

① 〔美〕C.S.霍尔等《荣格心理学入门》,冯川译,北京:三联书店,1987年,第48页。
② 同上书,第57页。

来。意识的领域开拓扩展了,人的精神活动变得富有生气和活力;而且不仅仅是精神活动,就是在肉体和生理方面也是如此。因此,富于创造性的人总是显得充满了动物性的精神也就不奇怪了。①

阴影中容纳着人基本的和正常的本能,并且是具有生存价值的现实洞察力和正常反应力的源泉。阴影的这些性质在需要的时候对于个人来说意义重大:人们往往面临某些需要作出迅速反应的时刻,这时候根本来不及分析估计形势和考虑作出最适当的反应。② 总之,阴影原型使一个人的人格具有整体性和丰满性。

(四) 自性(the self)

这在集体无意识中是一个核心的原型,是统一、组织和秩序的原型,其作用是调节各原型之间的关系,使之处于一种和谐和稳定的状态。充分的自性完善和自性实现是一种理想的人格状态,是人类生命的目标。要想达到这种状态,首先,要认识到自性的存在及其作用。荣格认为,对于自性的认识是获得自性完善的唯一途径,因为如果一个人连自己都不了解,都不能正确认识的话,根本谈不上完善自己。其次,自性完善的过程也是人不断成长和成熟的过程,对自性的充分认知可以使人更加自信、豁达。另外,自性完善是一个艰苦、复杂而漫长的历程,荣格认为,没有人最终能够实现自我完善,一些伟大的宗教领袖,如耶稣、释迦牟尼等也只能是接近自我完善。

第五节 神话与集体无意识

既然是集体无意识,那就意味着人类永远无法意识到,但是,由于集体无意识是人类思想和行为的源泉,因此,要想了解人类自己及其历史,就必须进行集体无意识的研究。幸运的是,集体无意识中那些非个人性质的内容,却能在精神分裂症、梦、神话中找到类似物。

---

① 〔美〕C. S. 霍尔等《荣格心理学入门》,冯川译,北京:三联书店,1987 年,第 58 页。
② 同上书,第 61 页。

荣格认为,集体无意识的一个突出特点,就是它们的神话特征。而且,通过对宗教和神话的研究,荣格发现世界上不同文化、不同地域的原始部落中有着某些相似的原始意象,这些意象有些甚至还会出现在精神病患者和儿童身上,例如常常出现在宗教、艺术和梦中的花朵、十字车轮等意象。荣格还发现,在彼此分隔、没有任何交往的不同民族和文化背景下,人类的精神传说在结构上却是相似的,如力大无比的勇士、带来灾难的女人、指点迷津的智者、富于自我牺牲精神并担负了拯救使命的英雄等。

在荣格看来,在人类共同的神话传说和原始意象下面,存在着使之生长的共同的心理土壤。"集体无意识,看起来它包括神话母题和原始意象,因此,所有民族的神话都是它的真正代表。实际上,整个神话可以被看作是集体无意识的一种投射。"①因此,神话是我们研究集体无意识的重要材料,或者可以说,无意识或者原型的另一种表达方式就是神话。

一、神话的起源

神话是集体无意识的表现途径之一。荣格认为,神话是处于启蒙时期的原始人类意识状态的真实写照,那时人类的意识刚刚从无意识中诞生出来,无意识的力量仍然相当强大并直接影响人类的意识。所以,未经加工处理的原始而质朴的神话往往是人类集体无意识的直接表现。②

荣格曾经举过这样的例子:从原始时代开始,太阳每天的升起和落下、白天和夜晚有规律的更替肯定会以意象形式印在人们的心里。虽然我们不能证明这个意象一定存在过,但却或多或少地发现了对物理过程的类似的幻想:每天早上,神圣的英雄从海里出生,登上太阳战车。伟大的母亲在西边等着他。晚上他被母亲吃掉。他在龙腹中横过浩瀚的午夜

---

① 〔瑞士〕C. G. 荣格《荣格文集》第四卷《心理结构与心理动力学》,关群德译,北京:国际文化出版公司,2011年,第107页。
② 魏广东《心灵深处的秘密:荣格分析心理学》,北京:北京师范大学出版社,2012年,第84页。

的海洋,与午夜毒蛇惊险地搏斗之后,在黎明中重生。① 在荣格看来,这些神话从表面看无疑是反映了一种物理过程,以至于很多学者由此断言人类发明这些神话仅仅是为了解释物理过程。荣格不同意,认为这种认识是片面的,神话不可能仅仅是一种物理的或天文学的理论,因为神话只保留了一种意象,而略掉了记录物理的实际过程。②

二、神话的特点

1. 神话是那些古老得无法计算的远古时代的传统形式。荣格认为,原始人与文明人在心理上的主要差异就在于意识心理的范围和强度。原始人不会思考,而是"某种东西在他心中思考";原始心理并不发明和创造神话,而是体验神话。神话是前意识心理的原始启示,是关于无意识心理的不自觉陈述。所以,思考行动的自发性并不是存在于原始人的意识大脑之中,而是存在于其无意识之中。而且他不能随心所欲地作出任何有意识的努力,必须事先将自己置入"意愿的情绪"之中,或者被置入这种情绪中——因此有了他进入与退出某种情绪的仪式。他的意识受到一种万能无意识的威胁,因此出现了对可能随时威胁他的种种神奇力量的恐惧;同样是因为这个原因,他为种种未知力量所缠绕,必须尽力调整自己去适应它们。由于他的意识处于持续模糊状态中,人们通常几乎不能弄清楚究竟是他仅仅梦见了某件事,还是他确实经历过某件事。无意识及其原型的自发表现潜入他的每一寸意识之中,其祖先的神话世界被认为是一种客观存在,即使不比现实世界高级,也完全与之相当。他的无意识所反映的并非是我们所了解的这个世界,而是未知的精神世界;我们知道这个未知的精神世界仅有一部分在反映我们经验世界,另一部分则根据其自身的心理预设对经验世界进行形塑。原型并不出自自然事实,而是描述心理体验自然事实的方式;在此过程中,精神往往表现得非常专

---

① 〔瑞士〕C. G. 荣格《荣格文集》第四卷《心理结构与心理动力学》,关群德译,北京:国际文化出版公司,2011年,第107页。
② 同上书,第108页。

横,甚至否定真切的现实或者作出公然违背现实的陈述。①

无论是在古代还是现代,神话不属于神话讲述者个人,而是具有一种集体性质,来自于人的集体无意识,或者说是一种固有的真实,因此是真实的。这就是为什么神话不仅在世界各地,而且在历朝历代都受到人们尊重的主要原因之一。对人类而言,神话表达了一种普遍的真理。

2. 神话,包括故事和传说,是原型的重要表现方式,是揭示人类灵魂最早性质的记录。由于原始人的无意识心理有一种无法抗拒的欲求,即把一切外在的感官体验同化为内在的心理事件,因此,对原始人来说,他们并不满足于仅仅看到日出和日落,这种对外部世界的观察必定同时会伴随着心理活动,于是,太阳有规律的运行便被等同于神或英雄的命运,因为他最终唯有留存于人的灵魂之中,别无他处可去。一切被当作神话的自然过程,例如季节的变化、月亮的圆缺、雨季的来临等,无不成为无意识心理的象征性表现。②

3. 所有被神话化了的自然过程,分析到最后,都是一种精神的、内心的、无意识的、戏剧化的象征性表现,"通过一种投射(projection)的方式接近人的意识,从而在自然现象中被反映出来"③。

一些最基本的人类冲突是古今相同的,它们超越时间和空间而存在。那些在古希腊人心中激起恐怖之情的东西,今日依然具有同样的效力,但前提是我们必须首先放弃那种自负的错觉,以为自己"不同于"——换言之,在道德上高于——古人。在我们和古人之间,连接着一条无法消解的纽带,我们只不过是成功地忘记了这点而已。④

三、神话的功能

从心理学的角度看,任何时代神话之所以存在首先是由于有愿意相

---

① 〔瑞士〕C. G. 荣格《荣格文集》第五卷《原型与集体无意识》,徐德林译,北京:国际文化出版公司,2011年,第123页。
② 同上书,第7页。
③ 〔瑞士〕C. G. 荣格《荣格文集》第九卷,第6页,转引自朱狄《原始文化研究》,北京:三联书店,1988年,第703页。
④ 〔瑞士〕C. G. 荣格《荣格文集》第二卷《转化的象征》,孙明丽、石小竹译,北京:国际文化出版公司,2011年,第102页。

信神话的人存在。从这个意义上看,神话是有价值的,也有其存在的意义和功能。那么人究竟为什么如此乐意相信神话并不惜大量编造神话?重要的原因之一是神话作为一个解释系统,与其说是在揭示世界人生的真相,不如说是在掩盖世界人生的真相。但恰恰是这种掩盖,却包含着深邃的智慧并具有不可取代的文化价值。神话永恒的魅力,一方面固然来源于历史的因素,另一方面却基于人性的需要。① 荣格甚至认为,人类根本离不开神话,他曾提出这样的设想,即"如果全世界的传统被一举毁灭,整个神话以及整个宗教历史将在下一代来临时重新开始。纵观历史,只有零星的几个人在知性鼎盛时代成功摆脱了神话的束缚——大众却从未做到。启蒙运动也未见成效,它仅仅消灭了瞬间显灵的说法,却没有摧毁创造的冲动"②。作为对绝望与毁灭的反抗,神话在任何时代都有其必然发生的心理基础。

1. 神话是人类回归无意识自我整合的重要途径。从分析心理学的角度看,神话的首要功能是其承担着沟通意识和无意识的角色,借助于象征和位移等手段,人们通过神话可以无限接近集体无意识。一些神话,如英雄神话可以调动人们的情感,或者说神话中英雄人物的功绩在某种意义上可以激励人们,激励那些具有英雄情结的人们,可以唤醒人们的无意识。神话情境重现的时候,总是带有一种独特的情感强度的特征:仿佛我们心中从未奏响过的心弦被拨动了,又好像有一股我们从未怀疑其存在的力量突然释放了出来。为顺应变化而作的斗争如此艰难,是因为我们始终面对的是个人的、非典型的情境。所以,当一种原型的情境出现时,我们突然感到格外地轻松,仿佛被一种无法抗拒的力量所放逐或吸引,好像我们不再是个人,而是整个民族。③

2. 神话赋予生活以意义。神话赋予了这个本无意义的世界以意义。前面我们谈到原始心理并不发明神话,而是体验神话,因此,借助于神话,

---

① 冯川《梦兆与神话》,四川人民出版社,1993年,第6—7页。
② 〔瑞士〕C. G. 荣格《荣格文集》第二卷《转化的象征》,孙明丽、石小竹译,北京:国际文化出版公司,2011年,第27页。
③ 〔瑞士〕C. G. 荣格《荣格文集》第七卷《人、艺术与文学中的精神》,姜国权译,北京:国际文化出版公司,2011年,第12页。

人们可以进入自己的无意识以获取生命的意义。荣格认为,在某些情况下,单独的个人不可能充分发挥自己的力量,除非借助于某种我们称之为理想的集体表象的力量,例如神话。神话是原始部落的精神生活,是原始社会活生生的宗教,一旦失去神话,原始部落便会如失去灵魂的人,立即解体、衰败。无论何时何地,神话的丧失对原始部落的人来说都是一场道德灾难。在荣格看来,文明社会也是如此。①

荣格指出,这些神一般的人物是整体心灵的象征性意象,是更大的、更全面的人格,它们为个体意识自我提供所需要的力量。也就是说,英雄原型的作用在于促进个体意识的发展,帮助个体认识自己的力量和弱点,从而面对生活向他展示的艰巨任务。一旦个体通过了最初考验而进入成人阶段,英雄的神话也就失去了其关联意义。所以说,只有未成年的个体才格外崇拜英雄,而成人则不然。英雄的象征性的死亡象征着告别未成年阶段,进入成年阶段。②

3. 神话具有精神治疗作用。通过所做的梦和对神话所作的研究,我们是在与自身内在的力量进行对话,经由这种对话,我们最终能够认识并学会处置更加深邃和更加富于智慧的那个内在自我。同样地,一个珍惜和让自己的神话保持活力的社会,也会从人类精神这个最健康、最丰富的层面上获得滋养。

例如,在古代埃及,当一个人被蛇咬伤后,就把某个既是牧师、又当医生的人请来,这人从寺庙的藏书中取出关于太阳神"拉"(Ra)及其母亲爱希斯(Isis)神话的文稿,对着患者吟诵。爱希斯把一条毒蛇藏在沙土中,太阳神拉踩到了蛇,被咬了一口,于是疼痛不已,只有等死。众神使爱希斯诵读如下魔咒:

> 流出来,毒汁,
> 从拉的体内全流出来,
> ……

---

① 〔瑞士〕C. G. 荣格《荣格文集》第五卷《原型与集体无意识》,徐德林译,北京:国际文化出版公司,2011年,第123页。
② 魏广东《心灵深处的秘密:荣格分析心理学》,北京:北京师范大学出版社,2012年,第108页。

> 是我让毒虫落到地上的,
> 它受我指挥。
> ……
> 让拉活,让毒虫死掉,
> 如果毒虫活着,
> 拉就会死掉
> ……

拉身体中的毒液最终排了出来。古埃及人相信病人会被故事感动,病患自会痊愈。荣格认为,在我们看来,这是完全不可能的事情,例如我们不能设想读一段格林童话就可以治好伤寒和肺炎,然而考虑到尽管古埃及人的心理很可能与现代人很不相同,但无论是在古代还是在现代,我们都无法忽视精神上的安慰或心理上的影响是可以治病的,或至少有助于治疗,因此这又是可能的。从某种意义上说,对处在原始水平、心理状态更为古老的人来说,神话带给他们精神上的抚慰有多大,我们是无法想象的。①

在荣格看来,无论东西方,许多医学治疗所依据的原则就是把个人的病患提到相应的普遍情形中去,以消除或缓解病人的痛苦。神话或传说产生于汇聚在疾病中的原型材料,而心理治疗的意义在于将病人与他的特定状况所具有的人类普遍意义联系起来。如上文所说,在现实生活中,被蛇咬伤是一种常见的状况,因此,我们不难理解为什么很多文化中的大量神话、传说和故事都有这个母题。如果疾病掩藏着的原型情况能被正确地解释出来,病人就能被治愈;否则,病人就好像陷于某种孤立无援之中。但如果此时告诉他说他的疾病并不仅是他一个人的,而是人类普遍的,甚至是神的疾病,那么神话、故事和传说的讲述就会在他身上产生疗效。如果将病人的疾病和痛苦与耶稣基督的苦难相比较,病人就能得到安慰。个人从自己的不幸和孤独中超越出来,知道自己正在经受的命运考验最终是有益于人类的,是英勇和富有意义的标志,像神的受难与献身

---

① 〔瑞士〕C. G. 荣格《分析心理学的理论与实践》,成穷、王作虹译,北京:三联书店,1991年,第112页。

一样。当古埃及宗教医生向病人描述他正在经历太阳神拉的命运时,病人便一下子感到自己跻身于法老——众神之子和代言人——之列,这样,凡人就成了神,而我们知道这种感受具有的能量足以使病人从自己的痛苦中解脱出来。①

4. 神话为人的行为树立典范。神话是我们对相互联系着的外在世界与内在自我进行的自我解释,是使社会团结一致的叙事方式。神话可以帮助人们保持心灵的活力。

5. 神话维护心灵的整体性和一致性。没有神话或者外在于神话的人,就像是一个被连根拔起的人,或者说像浮萍一样,与过去、与其所继承的祖先的生活甚至与当代社会都没有真正的联系,只会狂热地沉溺于自己所谓的发明创造。在荣格看来,这是一种割裂,是危险的。

四、神话与梦

荣格认为,神话与梦都是我们认识集体无意识,发现原型的重要材料。神话中出现的原型与梦境中出现的相同,然而在神话中是有秩序的、关联的,在梦中却是混杂的、不连贯的。在荣格看来,神话形象本身就是创造性幻想的产物,因此需要翻译成概念性的语言。实际上,从某种意义上讲,即使我们能够对神话形象进行翻译,也只能描述其开始的部分,而不能感知其全部。但是,在分析心理学者看来,一旦必要的概念被创造出来,那么就会使我们对于植根于原始意象中的无意识过程有一种抽象的、科学的理解。②

假如这个梦是神话结构,那么它所运用的就是一种普遍通用的语言,只要我们有必要的知识,就可以提出类似例证来把这个梦的前因后果补充出来。比如,如果梦里有英雄与恶龙的冲突,每个人都能讲出一个道理来,因为我们都读过神话故事和传说,知道一些关于英雄与龙的事迹。在梦的这一集体层次上,人与人实际上是没有差别的,而在个人层次上则各

---

① 〔瑞士〕C. G. 荣格《分析心理学的理论与实践》,成穷、王作虹译,北京:三联书店,1991年,第112—113页。

② 〔瑞士〕C. G. 荣格《荣格文集》第七卷《人、艺术与文学中的精神》,姜国权译,北京:国际文化出版公司,2011年,第102页。

不相同。①

荣格曾经运用神话、哲学、宗教对一个病人的梦进行了全面的分析，我们可以通过荣格《分析心理学的理论与实践》中的一个分析范例，具体了解一下荣格的分析心理学及其分析过程。

在托利多城的大教堂下面，有一个水塘经地下暗河与绕城而过的塔格斯河相通。这个水塘是一个又小又黑的地下室，水里有一条眼睛像珍珠一样闪烁的巨蛇。它旁边是一个放有一把金质小刀的金盘子。这把小刀是托多利城的钥匙，谁占有这刀子，谁就能主宰这个城市。做梦人认出那条蛇正是当时与他在一起的年轻的好友 B.C. 的保护者兼朋友。B.C. 将自己的脚伸到蛇张开的大口中，蛇友好地舔着他的脚。B.C. 和蛇一起玩得很有兴致，他对蛇一点也不怕，因为他是一个纯洁无邪的孩子。梦中的 B.C. 好像只有 7 岁左右，他的确曾是这位做梦人少年时代的朋友。接下来是做梦者的陈述：

> 这个做梦者单独与蛇在一起了。他毕恭毕敬地同蛇谈着话，但毫无惧怕之感。蛇告诉他西班牙属于他了，因为他是 B.C. 的朋友；蛇还要他带回小孩交给它。做梦人拒绝了，只答应自己愿意下到这黑洞里与蛇为友。但做梦人又改变了主意，不履行诺言，却把另一个朋友 s 先生领来交给了蛇。s 先生是西班牙摩尔人的后裔。要鼓足勇气下洞，他必须重新发扬他的民族传统的勇敢精神。做梦人建议他到塔格斯河对岸的军械厂找一把带红柄的利剑。据说那是一把很古老的剑，可追溯到古代很久以前。s 先生得到了这把剑，下到黑洞里的水塘中。做梦者告诫他先要用剑把左手心戳穿，s 这样做了，但他在蛇的面前却惊惶失措了。他忍受不住疼痛和恐惧而叫了出来，踉踉跄跄地从地下室逃了上来，连剑也顾不上拿。这样，s 不能统治托利多，做梦人别无他法，只得让 s 就像墙上的装饰物一样留在那儿。②

---

① 〔瑞士〕C. G. 荣格《分析心理学的理论与实践》，成穷、王作虹译，北京：三联书店，1991年，第121页。

② 同上书，第123—124页。

在对这个梦的分析中,荣格从神话原型的角度,结合了宗教、哲学以及流传于各文化传统中的大量的神话文本进行了详细的阐释。

1. 荣格认为,这个梦不像是个人的体验,只能是原型的、神话性的东西。

2. 荣格集中分析了梦中蛇的意象。荣格认为,洞中有蛇,这是古代常见的意象。在许多文学作品和文化传统中,蛇不仅是一种令人恐惧的、代表危险的动物,同时也代表治愈。而且医神通常与蛇关系密切,在很多地区,医神的庙宇也是诊疗所,室内地面上有一个小洞,上面盖着一块石头,人们认为洞里面住着圣蛇。盖洞的石块上有一小孔,前来求医的人把钱币丢进小孔,算是交了医药费。蛇不仅是医疗之神,还具有智慧和先知之能。希腊旧都特尔菲城(Delphi)的神泉最早住着一条怪蛇,阿波罗打败了它,从那时起特尔菲就成为著名的神托所,阿波罗就是神托所之神,他后来把自己权力的一半留给来自东方的酒神。在亡灵游荡的下界,蛇和水总是形影不离。

3. 荣格分析了梦中的泉水。荣格认为,就像希腊神话中的神泉洞一样,这一类洞穴中常常有泉水。在神秘的太阳神崇拜中,这些泉水所起的作用非常重大,由此产生了早期教堂的许多仪式。接下来,荣格举了很多例子说明古代的宗教观念总是把水与下界相联,比如希腊神话中的奥甫斯祭礼就是如此。

综上所述,荣格认为,蛇栖于有水的洞穴是一个普遍的意象,这种意象在古代就起着重大的作用了。具体说来,深处的水就代表无意识。通常有蛇或龙在深处守卫着宝物;在上述那个梦里,宝物就是放有小刀的金盘子。要取得宝物就必须战胜恶龙。宝物带有很神秘的性质,它与蛇有奇特的联系。蛇的特殊性质表现了宝物的奇特,好像二者同一。黄金是一切人追求之物,因而我们可以说蛇本身就好像是宝物,是无限权力的源泉。在早期希腊神话中,穴居者是英雄人物,比如雅典的奠基人刻克洛普斯(Cecrops)。他的上半身半男半女,两性同体,而下半身是蛇形。据说另一个神话中的雅典国王也是一样。

古希腊刻克洛普斯画像(网络)　　女娲(马昌仪《古本山海经图说》)

三星堆玉器(网络)　　印度恒河蛇神(网络)

玛雅文明壁画(网络)　　非洲壁画(网络)

在古希腊神话中,刻克洛普斯是一个文化英雄,雅典城的第一任国王,婚姻和葬礼的创造者,并教会人们阅读和写作。笔者想补充一点,有意思的是中国古代神话中女娲也是人首蛇身的形象,她不仅创造了人类,而且也创立了婚姻的习俗。中国三星堆玉器中也有人首蛇身的图像。另外,在印度、玛雅文化和非洲壁画中,我们都可以看到人首蛇身的图像。这是对荣格所谓人首蛇身是一个普遍存在的原型的有力佐证。

4.接下来,荣格分析了梦里的金盘子和小刀。荣格认为,金盘子对应于圣盘,小刀对应于矛,两者是不可分割的整体,是对立统一关系中的阳性与阴性原则。在荣格看来,洞穴或下界代表无意识的一个层次,在这个层次上不存在任何区分,甚至没有男女之分。后来原始人区分出了男性与女性,这是他们最早的区分。即使是在当代,我们依然沿用着这种分类法,例如有的钥匙当中有孔,有的没有,人们常称阴钥匙和阳钥匙。再例如意大利式瓦房顶,凸面瓦在上,凹面瓦在下;做盖瓦的凸瓦叫作和尚,被盖的凹瓦叫作尼姑。这不是开玩笑,而是证明了区分的奇特性。

荣格认为,当无意识把阴阳男女搅在一起时,事物变得完全不可分辨,人们再无法断定它们是阴是阳,正如刻克洛普斯距我们如此久远,人们不好说他是男是女、是人是蛇一样。所以那个梦的最深层有着对立物的完全统一。这是事物的原始状态,同时也是最理想的状态,因为它是永恒对立元素的统一。在这里,冲突已销声匿迹,万物平静,再一次回到最早的无差别的和谐之中。荣格指出,中国古代哲学里也有同样的思想,中

阴阳太极

伏羲、女娲(山东沂南北寨汉墓)

国人称之为道。道的状态就是世界之初,事物还无所谓始。这种状态正是大智大慧者努力取得的状态。阴和阳两极对立统一的原则,正是一种原型意象。这种原始的意象至今存在。

荣格例举了一个黑人神话,说原始的男人和女人一起睡在葫芦里。他(她)们是完全无意识的,直到他们发现被分隔开时才意识到这一点,而分开他们的正是他们的儿子。两人中间有了第三个人,二者就被分隔开了,就相互认识了。最早的绝对无意识状态被认为是尚无分化的太初之境。荣格讲述的非洲神话我们听起来一点也不陌生,因为这也是中国古代神话及艺术表现的结构之一。

荣格认为,当做梦人触及这类象征时,就像是进入了彻底无意识境界,阴阳相合是完成的象征,是比天、地更加悠久的永恒,是休眠状态,这正是人们所渴盼的状态。这就是人为什么要冒险入龙穴蛇洞寻找意识和无意识完美统一的境界(在此境界中他既非意识亦非无意识)的缘故。

荣格又例举了中世纪的炼金术仪式证明自己的分析。他谈到在希腊的埃莱希斯(Eleusis),牧师每年都下洞穴去,叫作"下洞仪式"(Katabasis)。代表太阳神的教士和代表谷神的修女,为了大地的肥沃多产,举行神婚仪式。虽然荣格不知道他们仪式的具体情况,但是可以肯定的是,谷神的仪式中的确有过不雅行为,因为人们相信那种行为有助于大地的富饶。这种仪式被称为交感巫术(sympathetic magic)。

上述梦里,盘子是一种用以接收或盛物的容器,所以是阴性的。它是有灵魂、有呼吸、有生命之液的肉体的象征,而剑有突进、穿刺的特性,所以是阳性的。剑可切割,可对物体进行区分,所以又象征着男性对世界的主宰这一原则。

梦中的小刀子是托利多城的钥匙。在荣格看来,钥匙的观念常常与洞穴神秘仪式相关联。在太阳神崇拜仪式里,有一个特殊的神——钥匙大神,它的形象是有翅膀的男身加狮子头,一条蛇缠在身上,蛇首在他头部高昂着。它是无限的时间和永恒的绵延,是太阳神崇拜系统内至高无上之神,既创造又毁灭万物。狮子代表黄道宫,夏季太阳就住在其中;而蛇则象征着冬天或阴湿。所以,这个有蛇缠身的狮首神又一次表现了对立的统一:光明与黑暗、阴与阳、创造与毁灭。

梦中的钥匙是用来打开托利多城的,荣格认为托利多城代表一个封闭而完整的整体,一种不可摧毁的力量,象征着人的整体性,一种不可分割的整体态度。荣格又通过许多古代神话的材料证明了城市是自我和精神整体性的表现,是一种古老的、众所周知的意象。

所以,这些内心深处的东西,我们梦幻中完全无意识的那一部分,同时也就包含着个体整体完美的关键因素,或者说包含着治疗因素。完整意味着神圣或治愈。进入最深层次就能得到治愈。这是通向整体存在(total being)之路,通向受苦人类永远追求的宝藏,而这宝藏所在之地有可怕的危险。这是原始的无意识之所在,同时也是治愈和超度之所在,因为它包含宝贵的完整性。这是混沌之龙的居穴,是坚不可摧的城池,是法力无边的魔圈,是神圣之领域,分裂的人格因之而重新结合为整体。①

---

① 〔瑞士〕C. G. 荣格《分析心理学的理论与实践》,成穷、王作虹译,北京:三联书店,1991年,第126—134页。

第七章
结构主义

在法国知识生活史上,结构主义在20世纪五六十年代的功成名就是史无前例的。结构主义赢得了绝大多数知识分子如此广泛的支持,以至于在我们所谓的结构主义鼎盛时期,任何抵抗和微不足道的异议都失去了实际的意义。①

列维-斯特劳斯(C. Levi-Strauss,1908—2009),法兰西科学院院士,人类学家,结构主义理论的主要创始人。1908年,列维-斯特劳斯生于比利时布鲁塞尔一个有着浓厚的文学、音乐和绘画家学传统的家庭。父亲是画家同时也对音乐有着相当的造诣,家中四壁皆书,使得列维-斯特劳斯从小就有机会广泛阅读了各种类型的文学作品。他钟爱卢梭、夏多布里昂、狄更斯、陀思妥耶夫斯基、康拉德及普鲁斯特等人的小说,尤其痴迷于巴尔扎克,自称《人间喜剧》他一字不漏地读了十遍。② 列维-斯特劳斯也非常喜欢音乐,他曾说"瓦格纳对我的智力的成长和对神秘事物的情趣起着十分重要的作用",甚至一度有当音乐家的梦想。他同样也对绘画非常感兴趣,而且对绘画的兴趣甚至超过了写作。③

列维-斯特劳斯在巴黎读完中学,成绩突出。他兴趣爱好广泛,怀有强烈的求知欲和一种几乎是见异思迁的好奇心。④ 读大学时,由于数学

---

① 〔法〕弗朗索瓦·多斯《结构主义史》,季广茂译,北京:金城出版社,2012年,导论。
② 〔法〕德尼·贝多莱《列维-斯特劳斯传》,于秀英译,张祖建校,北京:中国人民大学出版社,2008年,第18—19页。
③ 同上书,第12页。
④ 同上书,第15页。

成绩弱,他选择了哲学作为自己的专业。大学期间列维-斯特劳斯阅读了大量的哲学著作,尽管他并不十分喜欢,但是还是沉浸于知识的汲取。同时,列维-斯特劳斯还非常热衷政治活动,参加了法国共产党的许多外围活动。1933年,他偶然读到了一本已经不新的书,即罗伯特·洛维的《原始社会》,豁然醒悟,发现自己真正的兴趣原来是人类学,尤其是人类学家在原始部落里的经历让他非常着迷。"我的思想竟然摆脱了死气沉沉的哲学思辨;如同一股清风吹来,令人头脑为之一新。我像只身逃至群山中的城里人,陶醉于广袤的天地,目眩神迷地思索着丰富多样的事物。"①在列维-斯特劳斯看来,更重要的是他最终找到的这门科学,可以把他以往的所有兴趣和爱好都结合起来,其中包括精神分析理论、马克思主义理论和地质学。列维-斯特劳斯将这三种兴趣爱好称为他的三个"情人"。人类学让他获得了精神上的满足,正如历史连接起世界与"我"两端;人类学同时还揭示了二者共同的道理,从"本我"的特殊性到世界的整体性,列维-斯特劳斯的浪漫幻想实现了。人类学就像是一把钥匙,开启了他曾经期盼的"更宽广、更全面的"哲学之门。②

  1935年11月到1936年2月,列维-斯特劳斯利用四个月的假期进行了他在南美的第一次田野考察,主要走访了巴拉圭边境的卡杜维欧印第安人以及中央高地的博罗罗印第安人,记下了大量的笔记和统计表,其中很多材料后来在《忧郁的热带》一书中发表。"学习过程是从最基本的需要开始的。列维-斯特劳斯发现用干燥的玉米穗做成的睡床十分舒适。他愉快地通过了'Koro'的考验,这种体色微白幼虫是印第安人从树干中弄出来的,生吞下去是一道美食。它们像奶油一般硬实和滑润,味道像椰奶。此类练习并非看起来那样微不足道,它们是从事这一职业的先决条件,要当民族学家,就必须能够承受那些根深蒂固的生理和文化反应迥然不同的生活条件。列维-斯特劳斯同样做着民族学家日常该做的事情,观

---

  ① 〔法〕德尼·贝多莱《列维-斯特劳斯传》,于秀英译,张祖建校,北京:中国人民大学出版社,2008年,第75页。
  ② 同上书,第76页。

察、计算、倾听、提问、用笔记、绘图、照相等方式把有用的讯息记录下来。"①回到圣保罗后,他发表了《开化与未开化人》和《世界最辽阔的地平线》两篇文章。1937年,他再次出行,调查了卡拉雅印第安人的情况。1938年,已经颇有名气的列维-斯特劳斯得到法国政府的资助,组织了一支庞大的队伍对南比夸拉人、芒代人的物质文明与社会组织状况进行了详细的调查。

第二次世界大战爆发后,列维-斯特劳斯碍于犹太身份而不得不前往美国纽约避难。他整理了在巴西调查期间的材料,完成了130页的《南比夸拉印第安人的社会和家庭生活》。1941年,列维-斯特劳斯结识了语言学家雅各布逊(Roman O. Jakobson,1896—1982),他们一起在纽约新社会研究院执教。两个人情趣相投,一见如故,结下了长达四十年的深厚友谊。雅各布逊掌握多种语言,兴趣极为广泛,从绘画到刚刚兴起的计算机科学,从现象学到生物学,无不涉猎。充足的工作劲头,旺盛的精力,才气横溢,坚韧不拔,这一切都令列维-斯特劳斯惊叹。雅各布逊对列维-斯特劳斯思想的影响是直接的和绝对的。"那时候我是一个幼稚的结构主义者。我实践着结构主义的方法,却没有意识到。雅各布逊告诉我,有这么一个学说,而且已经在一门学科里形成:语言学。我从未尝试过语言学,这于我如同醍醐灌顶。"②

雅各布逊的音位学分析方法以及区别性特征的二元分析形式对列维-斯特劳斯产生了极大的影响。雅各布逊对隐喻与转喻的区分,也被列维-斯特劳斯运用于神话和原始思维的分析:"当物种(人和动物)之间的关系被社会想象为隐喻性的关系时,它们的命名制度之间的关系则是转喻性的;而当物种之间的关系被社会想象为转喻性关系时,命名制度之间的关系则又是隐喻性的了。"于是普通语言学和文化人类学开始结合,其目的在于建立一个普遍理论和普遍的解释原则,结构语言学能够提供一种普遍的原理,而文化人类学则为这一原理提供了论据。③ 1943年至

---

① 〔法〕德尼·贝多莱《列维-斯特劳斯传》,于秀英译,张祖建校,北京:中国人民大学出版社,2008年,第94—95页。
② 同上书,第173—174页。
③ 胡经之《西方文艺理论名著教程》,北京:北京大学出版社,1989年,第243—244页。

1949年,列维-斯特劳斯的主要工作是撰写博士论文《亲属关系的基本结构》,同年此书出版后引起了巨大反响。波伏娃在《现代》杂志上发表了热情洋溢的书评,认为"列维-斯特劳斯所用的科学方法不仅可以纳入马克思和黑格尔以来的哲学传统中,而且与存在主义也有共同点"①。尽管结构主义偶然也会钻进死胡同,但它还是从根本上改变了我们认识人类社会的方式,以至于如果不把结构主义革命纳入视野,我们甚至都不会思考问题了。②

此后的十年里,列维-斯特劳斯一直继续着他对语言与亲属关系、社会组织、巫术与宗教、艺术等方面的研究。1958年,《结构人类学》出版;1962年,《图腾制度》和《野性的思维》出版。此后,他专注于神话研究,先后出版了《神话学》各卷。列维-斯特劳斯认为,是神话在教导我们,真正的人类应该"放弃一切始于自身的观念,将生命置于人类之上,将世界置于生命之上,在爱自己之前先要对其他的存在表示尊重"③。1973年,列维-斯特劳斯获准进入法兰西科学院,成为第一位获此殊荣的人类学家。1975年,《面具之道》出版,该书利用一系列对立和颠倒,指出面具和神话的变化。1983年,《遥远的目光》出版;1984年,《人类学演讲集》出版。1985年,《嫉妒的制陶女》出版,1991年,《猞猁的故事》出版,这两本书对4卷本的《神话学》进行了有效补充。

第一节 理论背景概述

列维-斯特劳斯构筑了一个知识帝国,对于科学界来说,结构主义是一门由语言学家创立并且运用到他们的封闭领域的学说,现在则成为一种工具,给人类学披上了一副盔甲,取得了无法比拟的功效。对于那些不满足于仅仅描述和划分事实,而怀有解释事实的抱负的学者而言,它提供

---

① 〔法〕德尼·贝多莱《列维-斯特劳斯传》,于秀英译,张祖建校,北京:中国人民大学出版社,2008年,第214页。
② 〔法〕弗朗索瓦·多斯《结构主义史》,季广茂译,北京:金城出版社,2012年,导论。
③ 〔日〕渡边公三《列维-斯特劳斯——结构》,周维宏等译,石家庄:河北教育出版社,2002年,第15页。

了一个模式。①

一、理论产生背景

列维-斯特劳斯结构主义理论的构建与他青年时代接受的四种学术思潮的知识和理念密切相关。

(一) 地质学

中学期间,列维-斯特劳斯一度经常到山区度假,因为父母在那里买了一座小房子。由此,他习惯远足,在大自然当中长途跋涉。他发现了一个未知的植物世界,那儿的每一种植物都散发着一种气息,具有不同凡响的魅力。他惊喜地发现大自然从来就不是含混一片的。植物并非乱长,它们的存在取决于土壤的成分和历史。他迷上了地质学,主张透过地表或植物的变化去寻找土壤和土壤之下的真实形态与历史。表面上的偶然现象无法使万物赖以生存的矿物生命瞒过他的眼睛。透过表象,他看到了不可见之处,每一个细部的意义和位置都变得明晰了。

(二) 精神分析学

早在中学时期,列维-斯特劳斯就接触到了弗洛伊德及其理论。从1915年到1930年,列维-斯特劳斯阅读了那个时期翻译过来的弗洛伊德的全部著作。他认为在他的思想的形成过程中,弗洛伊德的著作发挥了重要作用。② 弗洛伊德的《精神分析学导论》和《梦的解析》,用列维-斯特劳斯的话来说,带给他的是一种顿悟。弗洛伊德对人类的揭示可以比拟地质学对于地球的揭示。列维-斯特劳斯接受了弗洛伊德的观点,认为无意识就是我们的地下世界。当人们停留在表面时,表面的不可预见的多样性似乎纯属偶然,而一旦抓住构成它的地下运动,这种多样性便可以理解了。"表面上最不合逻辑的现象可以通过理性分析得到解释。精神

---

① 〔法〕德尼·贝多莱《列维-斯特劳斯传》,于秀英译,张祖建校,北京:中国人民大学出版社,2008年,第275—276页。

② 〔法〕弗朗索瓦·多斯《结构主义史》,季广茂译,北京:金城出版社,2012年,第143页。

分析理论为列维-斯特劳斯提供了一个可靠的方法,即在人类行为的混沌中是可以找到秩序的,理性是可信的,因为它让人达到事物和人性的本质。"[1]列维-斯特劳斯借用了弗洛伊德的"无意识"概念,认为"无意识是结构的藏身之所",并将其看成是一种逻辑制约体系,是造成血族关系、仪式、经济生活形式、符号系统结构关系的未曾显现的原因。他认为"无意识"是人类学研究的特定对象,目的在于重建支配人类心灵运作的普遍法则。[2]

(三)马克思主义理论

中学时期,列维-斯特劳斯就参加了社会主义运动。17岁时,在朋友的引导下,他阅读了马克思的著作。从开始阅读马克思著作,列维-斯特劳斯就"立刻被马克思吸引住了",马克思《资本论》出版后,他曾充满激情地、执着地要把《资本论》读懂。他认为,马克思主义理论带给他的最大的启发在于"同地质学和精神分析一样,马克思主义在不同的现实层面上采取了一模一样的处理方式",其基本方法论在于,马克思不是试图从事实出发,而是尝试建立起一个模式,由此出发对事实加以解释。马克思把弗洛伊德在个人层面上的分析搬到了社会层面上,努力从表面的无序中找到一个"逻辑上缜密一贯的基础"。[3] 有一段时间,列维-斯特劳斯甚至打算加入法国共产党,以实现其试图改变世界的理想。

(四)现代语言学

以索绪尔为代表的现代语言学的出现是革命性的,给现代人文学科带来了认识论上的变革,如类比主义(analogisme)代替了进化主义(evolutionnisme),模仿(imtation)代替了派生(derivation)。[4]《普通语言学教程》把语言学规定为一整套体系,而雅各布逊和特鲁别茨柯依(N. Trou-

---

[1] 〔法〕德尼·贝多莱《列维-斯特劳斯传》,于秀英译,张祖建校,北京:中国人民大学出版社,2008年,第20—21页。
[2] 〔法〕弗朗索瓦·多斯《结构主义史》,季广茂译,北京:金城出版社,2012年,第145—146页。
[3] 〔法〕德尼·贝多莱《列维-斯特劳斯传》,于秀英译,张祖建校,北京:中国人民大学出版社,2008年,第21页。
[4] 〔法〕弗朗索瓦·多斯《结构主义史》,季广茂译,北京:金城出版社,2012年,第58页。

betzkoy)则用音位学的概念将其系统化。语言学研究在这个世纪初发生的这种革命性的变革,使得语言学成为人文科学中唯一的一门能够自称取得了精密科学地位的学科。① 列维-斯特劳斯流亡美国期间,受雅各布逊研究的启发,开始将结构的方法运用于人类学的研究之中。他首先探讨了被视为科学的语言学与人类学之间的关系,认为语言是文化的产物,一个社会所使用的语言是整个文化的反映。其次,语言还是文化的一部分,是文化的构成成分之一。泰勒对文化的定义就包括语言这一项。再次,语言也是文化的条件,一方面人们主要通过语言学习自己的文化,另一方面文化的建构和语言的建构十分相似,两者都是通过对立的关系和关联,即逻辑关系建立起来的。② 这是将语言学的研究方法运用于人类学研究的基础。

列维-斯特劳斯认为语言学家可以从某种语言的音位、语法、词汇甚至语篇中获得若干结构,而人类学要寻找结构的地方则应该包括亲属制度、意识形态、神话、仪典、艺术、礼仪"代码",甚至厨艺。同时还需要从中弄清楚那些形式化的特点之间是否存在一致性以及什么样的一致性,是否存在矛盾以及什么样的矛盾,或者是否存在着一些能够以变换的形式表达的辩证关系。③ 举例说来,他从神话中总结出神话素,从烹饪中总结出烹饪要素,从亲属制度中总结出亲属关系的原子等,都与语言学中的音位概念存在一致性。列维-斯特劳斯的创新是真正意义上的创新,因为他把语言学模型引进到人类学中。在此之前,法国人类学总是与自然科学联系在一起。④

现代语言学还为列维-斯特劳斯提供了两个极其珍贵的思想手段,即了解"精神的无意识活动在逻辑结构的产生中的作用",以及"组构成分

---

① 〔法〕德尼·贝多莱《列维-斯特劳斯传》,于秀英译,张祖建校,北京:中国人民大学出版社,2008年,第174页。
② 〔法〕列维-斯特劳斯《结构人类学》,张祖建译,北京:中国人民大学出版社,2006年,第64页。
③ 同上书,第79页。
④ 〔法〕弗朗索瓦·多斯《结构主义史》,季广茂译,北京:金城出版社,2012年,第20页。

本身无意义这一基本原则"。① 在他看来,这令人十分惊叹。他从中找到了自己的位置。结构主义精心锻造了手段,找到了钥匙,从而使我们能够在历史与事件的泡沫下找到可以恢复真实本来面目的逻辑法则。列维-斯特劳斯回顾他少年时期的"三位情人":地质学,高低不平的路面外表看起来出于偶然,实际上却有一种隐秘的必然性;精神分析,这个人类活动的场所在整体上纵然形式可以千变万化,却能够还原为一组数目有限的无意识的元素;马克思主义,对同一组现象的阐释离不开一个理性模式,其中各个项次绝非其感性表现的简单重复。所有这一切,加上其他的关注,阅读卢梭,沉思冥想,哲学的直觉,对丰富多彩生命的敏感,终于在"结构的启示"下统一起来了,并且"凝聚为一个理念的连贯整体"。②

此外,英美人类学家博厄斯(Franz Boas)、克娄伯(Alfres Louis Kroeber)、雷丁(Radin)、洛伊(Robert Harry Lowie)等人的著作,也为列维-斯特劳斯的研究提供了丰富的资料。

二、先在理论批评

对于当时风行一时的一些理论思潮和研究方法,列维-斯特劳斯提出了尖锐的批评。

(一)进化论学派

列维-斯特劳斯批判了进化论学派的理论和研究方法。他认为,进化论的理论来源于生物进化论。在进化论学者的眼中,欧洲文明仿佛是人类社会进化的最先进的代表,其他地区的社会群体要想了解自己在进化路程中所处的位置,必须将自己的文化与欧洲文明相对比。与欧洲文明的相似程度越高,则代表其文化的进程越高级;与欧洲文明的相似程度越低,则表明其文化的进程越低级落后。列维-斯特劳斯反对这种观点,因为事情实际上并非如此简单。例如,爱斯基摩人都是能工巧匠,但在社会

---

① 〔法〕德尼·贝多莱《列维-斯特劳斯传》,于秀英译,张祖建校,北京:中国人民大学出版社,2008年,第175—176页。
② 同上书,第174—175页。

组织方面却极其贫乏,而澳大利亚土著的情况则刚好相反。以"舅权问题"为例,整个19世纪,直到哈特兰为止,人们都喜欢用母系社会的遗存来解释舅父的重要性,但是在列维-斯特劳斯看来,母系社会本身就是一个假设性存在。里弗斯曾经把舅父在印度南部的重要性诠释为一种旁系兄弟姐妹通婚的残余,但遗憾的是并不成功,最后连里弗斯本人也不得不承认,他的解读方法无法说明问题的所有方面,从而只好退守一条假设,即要理解某一个别制度的存在,必须求助于好几种当今已经消失的极不相同的习俗。① 在列维-斯特劳斯看来,进化论学者们关于文化进化过程的设想最终也就只能是一种假设,因为在现实生活中,我们很难发现一种制度是如何过渡到另一种制度的——若要使这一假说成立,就必须有足够的证据证明某一种制度比另外一种更为原始、更为落后,且二者之间为继承关系。但是不幸的是,尚无一件我们掌握的事实能够有助于揭示文明的这种发展。②

此外,如果把技术当成主要的评判标准,西方文明无疑是进步的,但是如果采取另外的评判标准,某些看上去似乎十分原始的文明,或西方人以之为世界摇篮的文明,就会比西方文明更具独创性。列维-斯特劳斯认为,除了技术,西方似乎已经失去了一切。③

(二)功能主义学派

以马林诺夫斯基为代表的功能主义学派反对进化论学派对人类文化进化过程所提出的一系列假设,因为在田野调查实践中,进化论学派关于人类文化进化过程的所有假设在现存社会中几乎都得不到证明;为了回避"起源研究"的问题,他们选择了一个相反的研究方向,即以文化各成分在人们生活中的功能、价值和意义为研究目的。在功能主义者看来,既然博厄斯的著作已经证明"事之所以然"的探索如何令人失望,他们索性

---

① 〔法〕列维-斯特劳斯《结构人类学》,张祖建译,北京:中国人民大学出版社,2006年,第43页。
② F. Boas, "History and Science in Anthropology: a Reply", *American Anthropologist*, n. s. vol. 38, 1936, pp.137-141.
③ 〔法〕弗朗索瓦·多斯《结构主义史》,季广茂译,北京:金城出版社,2012年,第162页。

放弃了"理解历史",转而依据文化研究对当今文化的构成成分之间的关系进行共时分析。

列维-斯特劳斯同样反对功能主义学派的理论主张。在他看来,马林诺夫斯基的功能主义落入了非连续性和单一性的陷阱。社会结构和看得见的社会关系被混为一谈了,因此所作的分析依然是肤浅的,丧失了社会现象中最重要的东西。① 另外,功能主义学派"孤立的蛮族"的概念也严重阻碍了人们对文化的系统性的理解。所谓孤立的蛮族,是指自我封闭的,为自身利益而独自经历一场审美的、神话的或仪式方面的经验的部族。例如,在这一观点下,人们认为印第安土著居民人口少、文化落后,因而应该是彼此孤立的,相互之间的文化,包括神话、仪式、造型艺术等都是彼此无关的,相互借鉴与流传的现象尚不可能发生,更不用说利用其中元素的对称与颠倒来建立自己的区别性特征了。列维-斯特劳斯不仅指出这种看法是严重的偏见,而且认为这种偏见会严重阻碍人们对人类文化的认知和理解。

另外,列维-斯特劳斯认为,功能主义学派的过分简单化,导致了忽视文化之间的差异,直至把习俗、信仰、制度的多样性看作满足人类最基本需求的相同手段。因此,在功能主义学者看来,文化不是别的什么,只是对繁殖和消化的一种广泛隐喻。② 此外,功能主义学者在前往田野考察之前,不去研究任何资料,也不分析当地文献,借口是必须防止奇妙的直觉遭到干扰的观念也受到了列维-斯特劳斯的批评。③ 一个社会具备功能是不言而喻的,但是,如果说一个社会中的一切都具备功能,列维-斯特劳斯认为是无稽之谈,毫无意义。④

(三)传播学派

在列维-斯特劳斯看来,传播论学者能够打破比较论者(文化或社会

---

① 〔法〕弗朗索瓦·多斯《结构主义史》,季广茂译,北京:金城出版社,2012年,第19页。
② 〔法〕列维-斯特劳斯《遥远的目光》,邢克超译,北京:中国人民大学出版社,2014年,第41页。
③ 〔法〕列维-斯特劳斯《结构人类学》,张祖建译,北京:中国人民大学出版社,2006年,第13页。
④ 同上书,第19页。

人类学者)建立起来的物种,用一些来自不同范畴的片断重新构拟个体。但是,他们重建的始终不过是虚假的个体,因为时空坐标取决于成分的取舍和组合的方式,而不是把一个真实的整体赋予对象。跟进化论者的"阶段"意义一样,传播论者所谓的"圈"或者文化"复杂体"的概念都是抽象活动的产物,永远得不到证人的证实。他们重建的历史仍然属于推测性的、意识形态化的。①

例如,在传播学者的眼中,一个装饰性细节、一个特别的图形只需来自世界上两个不同地区,就会有热心人不顾两种表现之间通常十分明显的地理距离和历史间隔,立即宣布这两种其实舍此绝无可比之处的文化起源相同,有着无可置疑的史前联系。② 列维-斯特劳斯并没有完全否定传播学派的研究成果,因为,如果是推测,在没有掌握充分证据的前提下,传播论者们的结论也许是真实的。在列维-斯特劳斯看来,传播学者们的著述之所以令人失望,主要是因为"关于那些反映在或个体或集体的具体经验当中的有意识或无意识过程,它们并没有告诉我们任何知识;从未拥有过某些建制的人们通过此类过程获得了建制,要么借助发明创造,要么通过改变旧有的制度,再要么就是从外部输入"③。

(四)神话—仪式学派

列维-斯特劳斯认为,从朗格(Lang)到马林诺夫斯基,再到杜尔干、列维-布留尔和范·德·利厄,所有对神话和仪典的关系感兴趣的社会学家和人类学家都把这种关系想象成一种同言重复。一些学者甚至还把神话看成是一种习俗在意识形态上的投射,目的是给这种习俗提供某种依据。另外一些学者则反过来看待这种关系,把仪式或者看成是神话的一次演示,或者看成是一幅行动起来的画面。人们认定神话与习俗之间存在着某种有序的对应关系,换言之,某种对等性。神话与习俗,二者无论何为源,何为流,总是相益相生的,一个属于行动的层面,另一个属于观念

---

① [法]列维-斯特劳斯《结构人类学》,张祖建译,北京:中国人民大学出版社,2006年,第8页。
② 同上书,第263页。
③ 同上书,第8页。

的层面。列维-斯特劳斯对这种研究理论提出了质疑,为什么不是所有的神话都有与之相对应的习俗,为什么并非所有的习俗都有与之相对应的神话?为什么能够证实这种相符性的情形为数十分有限?最后一点,也是最重要的,为什么会存在这种奇怪的复制?① 在列维-斯特劳斯看来,神话和仪式之间的相符性并非总是存在的,即便神话和仪式之间存在某种相符性,也很可能是神话和仪式之间以及各种仪式本身之间的一种更一般关系的一个特殊情形。神话和仪式之间的对应性不能被视为相符性。列维-斯特劳斯主张放弃在某种机械因果论里寻找神话和仪式之间的关系,倡导从某种辩证关系出发去构思两者的关系,而且只有首先把两者都还原成它们的结构成分之后,才能进入这种辩证关系。② 另外,列维-斯特劳斯还强调,进行神话和仪式的研究不能仅限于某一地区和某一社会,还应当与相邻社会的信仰和实践进行比较。③

第二节　结构研究

在列维-斯特劳斯看来,语言学虽然属于社会科学,但地位十分特殊,因为语言学是唯一一门能够以科学自称的社会学科,它既有一套实证的方法,又了解交给它分析的那些现实的性质。语言学的研究方法更看重对语言中的语法、语音和词汇的规律、模式和原则的探求,而且,语言学家还能通过语言材料把那些已经消失的关系在语言里的顽强存在揭示出来。遗憾的是,由于学科之间的界限,语言学的那种较为严谨的研究方法并没有被社会学、人类学等其他人文学科所了解,更谈不上借鉴,导致人类学和社会学等学科一直以来没有大的突破。④ 列维-斯特劳斯倡导借鉴语言学的研究方法,揭示人类心理的结构,建立人类心理的普遍真理,发现和展示对全人类心理都普遍有效的思维构成原则。结构主义研究以

---

① 〔法〕列维-斯特劳斯《结构人类学》,张祖建译,北京:中国人民大学出版社,2006年,第214页。
② 同上书,第214—215页。
③ 同上书,第221页。
④ 同上书,第34—36页。

发现文化中的"不变量",即文化的内在法则、规律和模式为目的。

一、音位学的启发

在谈到语言学对自己的启发和影响时,列维-斯特劳斯认为,在所有的社会现象当中,如今看来只有语言才适宜作出名副其实的科学分析,从而可以解释它是如何形成的,并且预见它后来演变的某些样式。而这些结果是靠音位学获得的。① 列维-斯特劳斯非常推崇音位学大师特鲁别茨柯依,后者在一篇纲领性的论文里,把音位学的研究方法归结为四条根本性的做法:

> 第一,音位学透过无意识的语言现象进入语言现象的有意识的深层结构。
>
> 第二,音位学拒绝把语音单位看成独立的实体,而是把它们之间的关系当作分析的基础。
>
> 第三,音位学引进了系统的概念,当前的音位学并不止于宣布音位永远是一个系统的成员,它还指出具体的音位系统并阐明它们的结构。
>
> 第四,音位学的目的在于解释普遍法则,要么通过归纳的方法,要么逻辑地推演出来,从而赋予这些法则以绝对的性质。②

一般而言,世界上的语言因为语音和语法的不同而分成诸多层次,但是不管距离多远,它们都受到一些约束,而这些约束明显具有普遍性。不管什么语言,一些音素的存在包含或排斥了另一些音素的存在:在任何语言中,如果没有口腔元音,也不会有鼻腔元音;两个相对的鼻腔元音的存在,意味着可以发现两个同样相对的口腔元音;鼻腔元音的存在,意味着鼻腔辅音的存在;如果没有因素 a,任何语言也不会区分与之相对的 u 和 i。③ 列维-斯特劳斯认为,音位学能够透过语言的那些始终处于表面的有意识

---

① 〔法〕列维-斯特劳斯《结构人类学》,张祖建译,北京:中国人民大学出版社,2006 年,第 63 页。
② 同上书,第 36 页。
③ 〔法〕列维-斯特劳斯《遥远的目光》,邢克超译,北京:中国人民大学出版社,2014 年,第 53 页。

的和历史的表现,触及客观的现实性。这些客观的现实性是关系组成的系统,本身也是精神的无意识活动的产物。

那么,这种方法能否运用到其他类型的社会现象上去呢？答案当然是肯定的。实际上,列维-斯特劳斯的结构主义理论更像是直接把音位学的研究方法搬到了人类学学科之中,将音位学的研究语料替换为人类学的研究材料。

二、结构存在的前提

列维-斯特劳斯更愿意将结构的研究看作是一种解读各种文化现象的方法、工具或者钥匙。在他看来,人类创造了丰富的文化现象,这些文化现象表面看来五光十色,纷繁复杂,文化与文化之间、现象与现象之间存在着巨大的差异。但是,在这些复杂的文化现象背后,是否如音位学一样,也存在着某种原则呢？

从某种意义上说,文化是人类用以表达和交流的符号系统。人们需要借助于一系列的符号将自己对于自身、自然、宇宙、生命、死亡、时间、空间等问题的认知和思考加以表达并相互沟通。没有符号系统,则没有沟通,也就没有文化。于是,事物便有了范畴。早期的范畴更多地建立在自然现象以及自然界中的动植物之上。例如,尽管在不同的社会群体中,自然现象及其动植物的象征意义不同,但是无一例外,人类都选择赋予太阳、月亮、河流、湖泊、树木、花草、狮、虎、羊、马、牛、鸟等某种象征意义。在列维-斯特劳斯看来,自然现象和动植物不是人们崇拜的对象,而是人类用以表达思想、交流情感的符号。人们将太阳比作父亲,将月亮比作母亲,不是愚昧、无知到真的相信太阳和月亮是自己的父母,而是太阳和月亮呈现出来的特点,对人们来说可以用来代表父母。自然界可供人们使用的资源是一样的,或者说用以表达的符号材料相似,这是世界各地文化相似的前提。

尽管自然现象和自然界的动植物都可以成为人类借以表达和沟通的符号,但是,这些符号及其所代表的意义内涵不是单独、任意出现的,而是依照了某些法则或者原则。例如,在任何一种文化中,符号范畴的出现都是成对的,如"生""死"是一组对立,"生"的概念不会单独出现,因为只有认识到了"死","生"的概念才有意义,才能成立;"黑"相对于"白";"方"相对于"圆";"天"相对于"地";等等。但是,范畴的出现只是文化迈出的第一步,因为,这些范畴就像是修建长城的砖瓦一样,如果不把它们纳入一种体系当中,就没有意义。因此,范畴的系统性同样重要,人们需要某种模式将所有的范畴纳入一个体系当中,进入系统的范畴成为携带意义的符号,并进而成为一种表意工具,可以为人类建立起基本的宇宙秩序。

例如,几乎所有文化中都有关于宇宙起源的神话,神话的内容基本上都是混沌的天空被大神分开,因此出现了白天和黑夜、男人和女人、飞鸟和走兽等等。中国古代神话中的"盘古开天辟地"就一直排在诸多神话之首:

> 天地浑沌如鸡子,盘古生其中。一万八千岁,天地开辟。清阳为天,浊阴为地。盘古在其中,一日九变,神于天,圣于地。天日高一丈,地日厚一丈,盘古日长一丈。如此一万八千岁,天数极高,地数极深,盘古极长。后乃有三皇。①

> 昔盘古氏之死也,头为四岳,目为日月,脂膏为江海,毛发为草木。秦汉间俗说盘古氏头为东岳,腹为中岳,左臂为南岳,右臂为北岳,足为西岳。先儒说盘古氏泣为江河,气为风,声为雷,目瞳为电。古说盘古氏喜为晴,怒为阴。吴楚间说盘古氏,夫妻阴阳之始也。②

因为,如果没有盘古的开天辟地,其他一切就失去了存在的基础。宇宙的起源从建立系统和秩序开始,原始思维就是以这种对于"秩序"的要求为基础的,而且对于秩序的要求是一切思维活动的基础。③ 在列维-斯特劳斯看来,秩序是人类的基本需要,甚至超过了人类的生物性的需要。对于人类而言,所有的事物都应该有其位置,否则,人类便无法思考和生存。例如,对一些民族来说,一切神圣事物都有其位置。人们甚至可以这样

---

① [唐]瞿昙悉达《开元占经》卷三引徐整《三五历纪》,北京:九州出版社,2012年,第26页。
② [梁]任昉《述异记》卷上,清《文渊阁四库全书》本。
③ [法]列维-斯特劳斯《野性的思维》,李幼蒸译,北京:商务印书馆,1987年,第14页。

说,使得它们成为神圣的东西就是各有其位,因为如果废除其位,哪怕只是在思想中,宇宙的整个秩序就会被摧毁。因此,神圣事物由于占据着分配给它们的位置而有助于维持宇宙的秩序。① 由此,列维-斯特劳斯坚信在复杂的社会文化现象的背后,一定存在着一种基本的原则和结构。

三、结构及其建构

列维-斯特劳斯认为,所谓的结构,是要素和要素间关系的总和,这种关系在一系列变形过程中保持着不变的特性。结构的概念与经验现实并无联系,而是与在后者基础上建立起来的模型发生联系。两个由于近似而经常被混淆的概念于是就显现出区别来了。

在列维-斯特劳斯看来,所谓的关系是用来建立能够显现结构本身的模型的原材料。因此,结构在任何情况下都不能归结为可在一个既定文化中观察到的关系的总和。② 在列维-斯特劳斯看来,作为结构分析的关系模型必须满足下述四个条件:首先,一个结构表现出系统的特征,对于它的某一组成成分作出任何变动都会引起其他成分的变动。其次,任何一个模型都隶属于一组变化,其中每一种变化都对应于同类模型内的一个模型,以致所有这些变化加起来便构成一组模型。再次,上述特质使我们能够预见,当模型的某一成分被更改时,该模型会如何反应。最后,构拟一个模型应当使其运行能够解释全部被观察到的事实。③

列维-斯特劳斯指出,结构的建构需要如下步骤和材料:

(一)观察和实验

结构的建构依赖大量详尽、细致和完整的民族志调查材料。这是结构发现和建立的根本和前提。列维-斯特劳斯认为,英美经验主义功能学派已经作过大量的田野调查,但是,许多功能主义学者如拉德克里夫-布朗的研究似乎只能说是一种对经验材料的总结和归纳,"英国学派因受

---

① 〔法〕列维-斯特劳斯《野性的思维》,李幼蒸译,北京:商务印书馆,1987年,第14页。
② 〔法〕列维-斯特劳斯《结构人类学》,张祖建译,北京:中国人民大学出版社,2006年,第257页。
③ 同上。

到具体性经验和生物有机体结构模型的限制而难以达到对社会的深刻认识"①。在列维-斯特劳斯看来,民族志的观察总是具体的和个别化的,而结构研究则是抽象和形式化的。列维-斯特劳斯反复强调必须对搜集到的材料进行地理、历史和组织系统的综合研究,然后发现和提炼出社会和文化中的内在法则、原则、规律和模式。用列维-斯特劳斯的话说,即原始社群中的社会结构、神话结构、思维结构和历史结构等。列维-斯特劳斯强调自己的研究不是先凭空建立一个结构模式,然后运用民族志的材料来验证自己的模式,而是通过大量民族志学者们的准确观察和描述来进行构建。②

(二)模型的建立

列维-斯特劳斯认为,结构研究需要运用民族志材料建立一个关系模型。但是,他所谓的关系模型并非叙事的模型,而是思维的模型。因此,他将关系模型分为有意识的和无意识的、表面的和深层的。表面的、有意识的关系模型与叙事或表层结构相关联;潜藏在无意识表层下面的模型与思维结构相关联。有意识的模型保存现象,而不是解释现象。实际上,那些通常被叫作"常规的"的有意识模型,由于其可理解性和可感知性,且作用在于延续信仰的习惯,而非展现它们的动因,所以属于最贫乏的模型之列。于是,结构分析陷入了一种语言学家耳熟能详的两难局面:表面结构愈清晰,深层结构就越难把握,原因是一些畸形的有意识的模型横亘在观察者和他的对象之间。③

例如,口传的神话文本通常情况下存在两种情况:一种表现为杂乱无章的、保持自身特点的碎块构成的一堆神话碎片;另一种则是彼此衔接的章节组成的完整的整体。神话碎片因为本身就没有什么逻辑性,因此,人们可以相对容易通过结构分析使得神话碎片显示出其深层的、无意识的结构模式,就像是把一个已经打碎的瓶子重新组合起来。而叙事完整、情

---

① 〔法〕列维-斯特劳斯《野性的思维》,李幼蒸译,北京:商务印书馆,1987年,译者序。
② 〔法〕列维-斯特劳斯《结构人类学》,张祖建译,北京:中国人民大学出版社,2006年,第298—299页。
③ 同上书,第301页。

节逻辑清晰的神话文本则更具有迷惑性,因为人们很容易被神话叙事的表面逻辑所左右,自然而然地接受神话文本传递给人们的道德、伦理等信息,这增加了人们发现和建立深层结构模式的难度。就像是被打碎的瓶子碎片已经连缀成了一幅画,我们必须将这幅漂亮的画彻底分解,然后重新组合成一个瓶子,其难度显而易见会更大。结构研究的任务在于通过有意识层深入无意识层,发现深层结构的关系模式。这些模式不仅能描述文化,而且还能够解释文化。

(三)结构和计量

在某些情况下,结构分析可以做到将数值指派给一些常量,但是并不是说就此就可以把计量引进人类学研究。在列维-斯特劳斯看来,计量的概念和结构的概念并没有任何必然的联系,结构研究在人文社会科学中的兴起是现代数学的某些发展的间接产物,这些发展赋予质的观点以愈来愈大的重要性,同时避开了传统数学量的角度。① 列维-斯特劳斯在结构研究中使用了大量的数学符号和数学模型。

(四)机械模型和统计模型

列维-斯特劳斯认为,一个模型的构成成分如果在规模上跟现象的规模相等,这个模型便叫作"机械模型";如果规模不一样,便叫作"统计模型"。以有关婚姻的法则为例,在原始社会里,这些法则可以表现为一些将个人按照亲属或氏族实际情况分布的模型。此类模型就是机械模型。我们的社会不可能求助于这种模型,因为各类婚姻取决于一些更一般的因素:未来配偶隶属的核心群体和外围群体的规模、社会流动性、信息量等。所以,若想确定我们的婚姻系统的常数(至今无人尝试),就必须先把平均值和阈值确定下来。这样的模型将具有统计的性质。② 在列维-斯特劳斯看来,如果结构不能被转换成可以不依赖构成成分,仅就其形式

---

① 〔法〕列维-斯特劳斯《结构人类学》,张祖建译,北京:中国人民大学出版社,2006 年,第 301 页。
② 同上书,第 302 页。

特点进行比较的模型,那么结构研究就丧失了意义。结构主义者的任务在于从现实中甄别和分离出他认为具有战略意义的层次,也就是说可以用模型表示的层次,无论模型的性质如何。①

四、结构的辩证性

前文我们谈到,结构是关系的组合方式,而且必须是恒定的、永远有效的。前面我们也谈到,范畴的出现如生和死永远是互为前提,以组合的形式出现的,而且是用来区分彼此,并进行有效交流的工具。如此,列维-斯特劳斯提出了结构的基本特征,即辩证性。结构分析与辩证法有着密切的关系。如果说"静态和动态之间的关系是决定着语言观念的最基本的辩证的对立概念之一",根据这项原则进入文化研究领域,列维-斯特劳斯发现思维的运作手段也是辩证的,即二元对立和编码。

列维-斯特劳斯认为,二元对立的表现方式多种多样,如对称、矛盾、对立、比例、属于比喻的词句修辞等等。不同对立模式所属的类别呈现异质性,而且这些模式从不以抽象的形式和某种纯粹的状态呈现,而是具体体现于某些编码中。这些编码的性质各不相同,如空间、时间、宇宙、两性、社会、经济、修辞等。编码的数量至少从理论上讲没有限制,因为编码是应分析之需而设立的工具,只有通过分析才能核实编码与现实的相符程度。② 在分析中,列维-斯特劳斯运用了大量的对立或对称的概念,如生/死、黑/白、亲/疏、父系/母系、天空/陆地、男/女、雄/雌、横轴/竖轴、人/妖等。这些对立或对称的概念是人们用来表达思想和认知的一种工具。在列维-斯特劳斯看来,人类野性思维的原则总是从对某些对立有所意识,然后发展到对这些对立逐步进行调和。结构研究在于揭示对象和关系系统的秩序特征,系统地分析其表现方式和结构,并从语言学、逻辑学甚至诗学的角度对之加以描述。

---

① 〔法〕列维-斯特劳斯《结构人类学》,张祖建译,北京:中国人民大学出版社,2006 年,第 302 页。
② 〔法〕列维-斯特劳斯《猞猁的故事》,庄晨燕、刘存孝译,北京:中国人民大学出版社,2006 年,第 175—176 页。

五、结构的转换性

转换性指的是结构的特性在其均衡状态发生某种变化时,将变形为另一种体系,即通过变形保持不变的特性。转换性是结构的另一个重要特性。列维-斯特劳斯认为:"一种配置只有在下述两个条件下才会结构化:本身是一个受内聚力(cohésion)支配的系统;这种内聚力在对孤立系统的观察中难以看到,但对于转换的研究却可以揭示它;转换可以让我们从表面上的殊异的系统中看到相似的特征。"① 一个符号的精髓在于能够通过替换而转变成——或者说翻译成——另一个系统的语言。这就是说,如果不具有转换性,那么结构本身就不成立。就像是语言中的语法规则,语法规则的存在使得任何遵循语法规则的表述都能够产生意义,否则就不能称其为规则。

列维-斯特劳斯以流传在易洛魁和阿尔冈金印第安人中的一则神话为例,讨论了神话结构的转换问题。这则神话讲述了一个姑娘深夜被人调戏,在反抗的过程中发现侵犯她的人是自己的哥哥。第二天,姑娘质问哥哥,但是哥哥否认自己有过荒唐的行为。随后哥哥意识到侵犯妹妹的应该是那个跟自己外貌相似的朋友。哥哥一怒之下杀死了这个朋友。朋友的母亲是个擅长饲养猫头鹰的巫婆,发誓要给自己的儿子报仇。哥哥为了逃避追杀,竟然谎称自己就是巫婆的儿子。而且为了表明自己就是巫婆的儿子,不惜跟自己的妹妹结婚。哥哥骗过了巫婆,但是没有骗过猫头鹰,不过最终还是躲过一劫。② 列维-斯特劳斯认为,这则神话与俄狄浦斯神话有着共同的主题,即为了避免乱伦而采取的预防措施实际上反而促使了乱伦的发生。在两种情形中,戏剧性的场面都来源于起先被视为不同人物的同一化。易洛魁神话中的兄妹乱伦就是俄狄浦斯神话中的母子婚变体。那个导致兄妹乱伦的不可避免的假设——男主人公具有双重人格,就是俄狄浦斯双重身份的变换——被认为既是死人又是活人,既

---

① 〔法〕列维-斯特劳斯《结构人类学》,张祖建译,北京:中国人民大学出版社,2006年,第418页。
② 同上书,第421页。

是遭受天谴的孩子又是胜利的英雄。此外,易洛魁神话中有猫头鹰向男主人公提出一些回答不出就得去死的谜语,与俄狄浦斯神话中的斯芬克斯形象相吻合,因此猫头鹰可以看作斯芬克斯的变体。①

实际上,不仅神话在传播的过程中存在着这种转换性,而且神话和仪式之间也存在着结构转换,即在某个社会中流传的神话可以理解成在相邻社会进行的象征性仪式行为的转换。

例如,在北美大平原鲍尼族印第安人的神话中,有一组关于萨满教威力起源的神话,一个反复出现的主题是"怀孕的男孩",内容如下:

> 一位无知少年发现自己拥有治病救人的神奇力量。一位已经功成名就的老巫师对少年与日俱增的声望产生了嫉妒,在妻子的陪同下数次造访少年,并把自己的技术传给了少年。少年并没有回报给老巫师任何技术,老巫师一怒之下给了少年一只装满神奇草药的烟斗。少年被迷醉之后发现自己怀了身孕。他满怀羞愤地离开了村子,跑到野兽中间去寻死。野兽们可怜他的不幸遭遇,决定把他治愈。它们从少年的体内拔出胎儿,并把神力传授给他。少年返乡之后,凭着这种神力杀死了那位恶毒的巫师,成为一位著名的乡村郎中。②

从文本上看,这则神话没有什么逻辑关系,我们几乎看不出神话想要表达的意义。列维-斯特劳斯认为,神话的意义不在其文本当中,而是在于神话文本内部的一些内在要素以及要素之间的关系。通过分析,列维-斯特劳斯指出,这篇神话存在着诸多的要素,如天生具有萨满能力的少年、经验丰富的老巫师、有妻子陪伴的男性老巫师、无妻子的男孩、无生殖能力的老人、怀孕的男孩、致男孩怀孕的植物草药、拯救男孩生命的动物、植物的魔力、动物的神奇等。神话的意义体现在这些要素的关系上。按照规律进行排列的话,我们会发现,这些要素是围绕着一系列的对立建立起来的:天生的萨满/后天的萨满;年轻/年长;有性别/无性别;无生育能力/有

---

① 〔法〕列维-斯特劳斯《结构人类学》,张祖建译,北京:中国人民大学出版社,2006年,第421—423页。

② 同上书,第252页。

生育能力;植物/动物;等等。

在邻近的曼丹人和希达查人中,社团形成一些年龄等级,等级之间的过渡通过买卖实现。买卖双方的关系是按照"父/子"之间的关系设想的。为了晋升到高一层次的年龄群体,候选人必须以"儿子"的身份带着自己的妻子前去长辈人的家里,把妻子交给这位"父亲","父亲"将与"儿子"的妻子进行或实质性的或象征性的交媾,传下子嗣。仪式中的对立关系与前文神话中的对立关系全部颠倒。例如:

1. 神话中老巫师在妻子的陪伴下去见少年,妻子是配角;仪式中则是年轻人带着妻子去见老人,妻子是主角。

2. 神话中少年怀孕,少年有双性特征;仪式中妻子从"父亲"受孕,并孕育"儿子",兼具双重身份。

列维-斯特劳斯列举了许多鲍尼神话与相邻部落仪式之间的等值转换,以说明神话与仪式之间的转换逻辑。①

六、结构的调和性

在列维-斯特劳斯看来,对立或对称的概念是人们用来表达思想和认知的一种工具,但是,制造或表达对立并非人类的终极目的,如前所述,神话思维总是从对某些对立有所意识,然后发展到对这些对立逐步进行调和。

例如,北美神话中有一个"小骗子"(trickster)的形象,很久以来一直是学者们难以理解的谜。因为,在几乎整个北美地区,这个角色或者是由郊狼或者是由乌鸦充当。为什么人们会执意选择郊狼和乌鸦呢?其中的原因,在列维-斯特劳斯看来,在于乌鸦和郊狼,以及其与草食性动物和捕食性动物之间的关系。按照列维-斯特劳斯的观点,神话总是从一组绝对对立出发,如草食性动物和肉食性动物,这两种动物分别代表事物的两个极端,而且是不可调和的。就像生和死一样,死就不是生,生就不是死,二者永远不可调和。这样,我们首先得到如下初始图示:

---

① 〔法〕列维-斯特劳斯《结构人类学》,张祖建译,北京:中国人民大学出版社,2006年,第250—259页。

生	草食性动物
死	捕食性动物

生和死、草食性动物和捕食性动物相互之间是不可调和的,互无关联,或者说不成体系。它们就像是一些词语碎片,如果不按照一定的语法结构组合在一起的话,根本表达不出任何意义,我们必须借助于某些内容将二者联系在一起,纳入一个系统中。因此,人们在神话中引入了乌鸦和郊狼。

列维-斯特劳斯将乌鸦和郊狼与草食性动物和捕食性动物之间的关系进行了初步的梳理:草食性动物,与农业和种植业密切关联,以种植为主,不杀生,因而也就具有"生"的意义;而捕食性动物,与战争密切关联,以捕杀为主,靠猎杀对象而生,因而也就有了"死"的意义。所以,草食性动物和捕食性动物构成了一组不可调和的对立。而乌鸦和郊狼均为食腐肉的动物,它们既像捕食性动物,以动物为食物,又像植物食品的生产者,不直接杀死它们所要吃的东西,而是跟在捕食性动物的后面,等它们杀死动物之后,吃它们的残羹剩饭。[①]

初始对立	三联体之一	三联体之二
生命	农业	草食性动物
	狩猎	食腐肉动物
死亡	战争	捕食性动物

这就是为什么世界上许多文化都喜欢选择食腐肉或两栖类动物,如乌鸦、郊狼、乌龟、蝙蝠、蜥蜴、青蛙等作为文化的重要象征符号,因为这些介于两个对立概念之间的中介物提供了一系列逻辑衔接点,不仅有着缓和和消解矛盾的作用,还具有使文化诸元素系统化、整体化和关联化的作用。

第三节 野性的思维

在一些人看来,原始一词与远古、愚昧和落后紧密相关,是现代、科学

---

① 〔法〕列维-斯特劳斯《结构人类学》,张祖建译,北京:中国人民大学出版社,2006年,第240—241页。

和文明的反义词。但是,列维-斯特劳斯却认为,原始民族并不是落后或者停滞的民族,因为在不同领域内,他们表现出的创造能力和精神,甚至能够把文明民族的各种成功之处远远甩在后头。原始民族的历史发展在很多情况下往往不为人所知,但这并不等于他们没有历史。尽管由于口传文献与考古遗存的缺乏或者罕见,使得我们无法了解这些民族的历史,但我们不能就此认为他们没有历史。①

在列维-斯特劳斯看来,如果人种学家基于偏见,认为"原始人"简单和粗陋,就会在很多情况下,使人种学研究忽略复杂而首尾连贯的、有意识的社会系统。由于从没想过在经济与技术水平如此低下的社会中也会有某种复杂而且清晰的分类系统,所以他们一致认为原始人的智力水平必定也同样是低下的。② 从某种意义上说,因为每一文明都倾向于过高估计其思想所具有的客观性方向,所以,我们必须承认当我们错误地以为未开化人只是受机体需要或经济需要支配时,未开化人也可以向我们提出同样的指责,因为在他们看来,他们自己的求知欲似乎比我们的求知欲更为均衡,更为有效。③ 列维-斯特劳斯指出,原始人有一套既不同于人们通常所设想的那种刚刚脱离动物阶段而还受制于其本能需要的生物,也不同于那种受情绪驱使而又陷于混乱和参与的意识。④ 从思维的角度看,未开化人跟我们没有什么区别。

一、野性思维与科学思维

列维-斯特劳斯认为,人类历史上存在着两种不同的科学思维的方式:一种是野性的思维方式,一种是科学的思维方式。在列维-斯特劳斯看来,这两种方式都起作用,但当然不是所谓人类心智发展的不同阶段的作用,而是对自然进行科学研究的两种策略平面的作用。其中一个大致对应着知觉和想象的平面,另一个则离开知觉和想象的平面。这两条不

---

① 〔法〕列维-斯特劳斯《结构人类学》,张祖建译,北京:中国人民大学出版社,2006年,第108—109页。
② 〔法〕列维-斯特劳斯《野性的思维》,李幼蒸译,北京:商务印书馆,1987年,第49页。
③ 同上书,第6页。
④ 同上书,第51页。

同的途径都可以得到作为一切科学的——不论是新石器时代的还是近代的——对象的那些必然联系。在列维-斯特劳斯看来,这两条途径中的一条紧邻着感性直观,而另一条则远离感性直观。①

列维-斯特劳斯将土著人的区分法和分类学称为"具体科学"。所谓具体科学,表现为其分类过程和精神手段与我们的科学相似,但是方向却与现代科学思维不同,具体表现在:野性思维利用事件创造结构,而科学思维利用结构创造事件;野性思维利用从路旁捡拾到的东西(事件)来产生意义(结构),而科学思维利用假设和理论(结构)产生结果和应用(事件)。野性思维者的工作方式正如神话一样,利用零碎物、片段、散落物——也就是事件的残留——试图生产一个结构化的整体:在前者是一个可派用场的客体,在后者是一篇连贯的叙事。②

野性思维中,人们常常会用经验范畴中的一些概念诸如生食和熟食、新鲜和腐败、湿和干来表达某种抽象的思想,如自然和文化。人们用"生食"来表述自然、疏远和陌生,用"熟食"来表述文化、亲近和熟悉。例如,人们祭天时所用牲均为未曾加工过、不能食用的牲畜;而祭奠近亲死者则要使用日常饮食食物,也就是常人可以食用的食品,以示与死者曾经关系密切。供品本身反映了祭祀者和祭祀对象之间的关系。一般来说,人们将食物由生到熟的加工过程看成是文化化的过程。这种借助于具体事物反映出另外一种关系的思维方式是一种客观存在,而且无论是在过去还是在将来,都是必要的。科学思维则往往是相反的,即从抽象的概念出发去理解和解释生和熟、新鲜和腐败、湿和干等。野性思维与现代科学思维不是"原始"与"现代"、"初级"与"高级"的区别,而是人类历史上始终存在的两种互相平行发展、各司不同文化职能、互相补充、互相渗透的思维方式。③ 列维-斯特劳斯对野性思维及其规律和结构模式的发现是革命性的。

---

① 〔法〕列维-斯特劳斯《野性的思维》,李幼蒸译,北京:商务印书馆,1987年,第20—21页。
② 〔法〕德尼·贝多莱《列维-斯特劳斯传》,于秀英译,张祖建校,北京:中国人民大学出版社,2008年,第313—314页。
③ 〔法〕列维-斯特劳斯《野性的思维》,李幼蒸译,北京:商务印书馆,1987年,译者序。

二、野性思维的能力

在列维-斯特劳斯看来,人类先天就具有对周围的一切进行分类的能力。在《野性的思维》一书中,列维-斯特劳斯虽然发展了杜尔干和莫斯的"原始分类"的思想,但是与他们所说的人的分类起源于社会、人类的心灵不是天生就具有分类功能看法不同,他认为人类先天就有分类的能力。"与通常认为的相反,大多数所谓的原始社会都拥有一套动物学和植物学的知识,而且往往极为系统全面。这个特点丝毫不逊于现代社会。"[①]《野性的思维》举出所谓的"落后"民族的大量事例,说明土著居民不仅有着非常丰富的动植物知识,而且对其种属特性和各个种之间的细微差别都有精确的辨别能力。例如,哈努诺人可以把当地的鸟类分成75种,能辨别十几种蛇、六十多种鱼、十多种淡水和海水甲壳动物。他们把现有的数千种昆虫分为108类,其中包括13种蚂蚁和白蚁,等等。[②] 不仅如此,土著人对动植物的认知甚至可以扩展到形态学方面。例如,在特瓦语中,鸟类和哺乳动物的每个部位或几乎全身都有明确的名称。他们在对树木或作物的叶子作形态学的描述时,运用了40个名称,对一株玉米的不同部分竟用15个不同的名称来表示。[③]

列维-斯特劳斯认为,土著人丰富的地方动植物学知识显然不可能只是与实用目的,如饮食需要有关。[④] 例如,美国东北部和加拿大的印第安人具有丰富而且准确的爬行动物学知识,尽管整个爬行动物纲的生物不会为这些印第安人提供任何经济利益,因为他们不吃任何蛇类或蛙类的肉,也不利用它们身上的其他部分,除非是在极个别的情况下用它们来制作护符,以抵御疾病或妖法,但是他们依然对爬行动物进行了详细而系统的分类。[⑤] 他们的分类法不仅是有条理的,而且还以精心建立的理论知识为根据。从某种意义上讲,他们的分类体系甚至可以与动植物学中尚

---

① 〔法〕德尼·贝多莱《列维-斯特劳斯传》,于秀英译,张祖建校,北京:中国人民大学出版社,2008年,第312页。
② 〔法〕列维-斯特劳斯《野性的思维》,李幼蒸译,北京:商务印书馆,1987年,第7页。
③ 同上书,第11页。
④ 同上书,第12页。
⑤ 同上。

在运用的分类法相媲美①,有的甚至比动植物学家的分类更有效、更合理。因此,列维-斯特劳斯提出,原始分类首先是为了满足理智的需要,而不是为了满足生活的需要。动植物不是由于有用才被认识的,它们之所以被看作是有用或有益的,正是因为它们首先已经被认识了。②

三、野性思维的分类原则

(一) 任意性

列维-斯特劳斯认为,野性思维的分类原则从现代思维的角度来看是不可预测的,也没有任何规律可循,只能事后通过民族志的研究,即通过经验来发现。③ 例如,对于奥撒格人来说,鹰是"煤"的主人,因为按照奥撒格人的思想脉络,鹰与闪电联系,闪电与火联系,火与煤联系,煤与土地联系,于是才有了鹰是"煤主人"的结论,鹰也因此成为一种陆地动物。④ 如果不了解奥撒格人的这种思维逻辑,我们可能永远无法理解奥撒格人为什么会将"鹰"看成是"煤主人"的。在列维-斯特劳斯看来,在各种文化内,野性思维分类系统的逻辑轴的数目、性质和"品质"各不相同,或丰富或贫乏,各依它们在建立其分类结构时所依据的参照系统的形式属性而定。分析它们则需要大量人种志的和一般性的知识。⑤

(二) 系统性

既然是分类,那么事物和事物之间通常会因为某种原因被赋予一种关联性,这就是说,从野性思维的角度看,事物从来不单独存在,而是存在于一种关系和系统中。例如,奥撒格人把活动物和不活动物分为三类,它们分别与天空(太阳、星星、鹤、天体、夜等)、水(贻贝、龟类、雾、鱼等)和旱陆(黑熊、白熊、美洲狮、豪猪、鹿、鹰等)相联系。⑥ 美诺米尼人有 50 个

---

① 〔法〕列维-斯特劳斯《野性的思维》,李幼蒸译,北京:商务印书馆,1987 年,第 53 页。
② 同上书,第 13 页。
③ 同上书,第 69 页。
④ 同上。
⑤ 同上书,第 74—75 页。
⑥ 同上书,第 69 页。

氏族,分为旱路四足动物(狼、狗、鹿)、沼泽地四足动物(麋、驼鹿、貂、河狸、食鱼貂)、"陆栖"鸟(鹰、隼、渡鸦、乌鸦)、水鸟(鹤、苍鹭、鸭、大鸨)和地下动物。① 有学者在研究菲律宾哈努诺人的色彩分类方式时,最初曾因其明显的混乱和不一致而不知所措。然而当他要求当地人把各种事例加以联系和对比,而不是把它们孤立地加以描述时,这些混乱和不一致的情况就不存在了。学者发现当地人关于色彩的确有一个首尾一贯的系统,尽管这个系统与我们驯化或者科学的思维不一致。我们的色彩系统的两根轴分别是明暗轴和色彩轴,而哈努诺人的两个轴则分别为色彩相对淡的和相对深的、新鲜多汁植物上的颜色和干燥枯萎植物上的颜色两种。②

(三)逻辑性

与科学思维一样,野性思维也具有严密而系统的逻辑性,如邻近性、相似性、经验性等。在列维-斯特劳斯看来,自然条件不只是被动地被接受的,因为自然条件不是独立存在的,而是与人的技能和生活方式有关。正是人使它们按特定方向发展,为它们规定了意义。人把环境分解,然后再把它们归结为诸概念,以便达到一个绝不能预先设定的系统。③ 例如,对奥撒格人来说,日常生活中一无所用的有锯齿尾的海龟却是仪式中非常重要的一种动物。一个重要的原因是数字"13"对于奥撒格人来讲意义非常。当地人认为,初升的旭日射出的13道光线被分为6道和7道两组,分别对应于右边和左边、陆地和天空、夏天和冬天。这类海龟的尾巴被说成有时有6个锯齿,有时有7个锯齿。对当地人而言,海龟的胸部代表天穹,胸上的灰线代表银河。④ 由此,奥撒格人依据自己的逻辑,将有锯齿尾的海龟编入知识的系统中。

再如,奥撒格人还赋予麋一种泛象征作用,将麋的身体看成世界的缩影(imagomundi),如麋的毛皮代表草,腿代表山丘,肋部代表平原,脊椎骨

---

① 〔法〕列维-斯特劳斯《野性的思维》,李幼蒸译,北京:商务印书馆,1987年,第68页。
② 同上书,第65页。
③ 同上书,第109页。
④ 同上书,第70页。

代表地形起伏,脖颈代表河谷,鹿角代表整个水路网道,等等。① 那伐鹤人赋予药用植物及其使用方式以效力的原因多种多样:如该植物长于一株更重要的药用植物附近;该植物机体的一部分与人体的某部位相象;该植物的气味是"正";该植物是在被雷击过的一株树旁采集的;等等。② 这种思维逻辑对我们来说并不陌生,中国传统文化中,人们对于动植物的认知和情感同样带有这种逻辑特点。

四、理性思维的历时性和共时性

列维-斯特劳斯认为,社会集团被命名之后,由这些名称构成的概念系统并非一成不变,而是会随着社会、环境、宗教、战争等因素的变化而变化。在列维-斯特劳斯看来,系统的建立是共时的,而人口或其他因素的改变则是历时的。列维-斯特劳斯提出了共时性和历时性的问题,认为在语言平面上可以看到共时性与历时性之间的冲突,因为一种语言的结构特征或许会改变,如果使用这一语言的人逐渐变少并最终消失的话,那么这种语言将一同消失。但是,实际上这只是一种极端现象。列维-斯特劳斯指出,语言的结构在某种程度上是受其实际功用保护的,语言只在某种程度上,并在就其功能不受损害的限度内,才受人口演变的影响。③

关于如何理解野性思维系统建立的共时性和历时性特点,列维-斯特劳斯举了下面这个例子:假定一个部落曾被分成三个氏族,每个氏族都有一个象征某种自然现象的动物名字,熊代表陆地,鹰代表天空,海龟代表水域。这三种动物形象不仅有效地区分开了三个氏族,而且还准确地反映出了三个氏族之间的等级关系。人们用三种动物在当地建立起了某种秩序。系统的建立是共时的。

<pre>
    熊————————鹰————————海龟
  (陆地)   (天空)   (水)
</pre>

但是,假如人口的变化导致熊氏族的消亡和海龟氏族人口的增加,结果是

---

① 〔法〕列维-斯特劳斯《野性的思维》,李幼蒸译,北京:商务印书馆,1987年,第70页。
② 同上书,第73页。
③ 同上书,第78页。

海龟氏族分成两个亚氏族,其中每一个随后又都获得了氏族的地位。旧的结构关系将完全消失而被下面这种新的结构关系所取代:

尽管结构依然存在,但是结构两端的动物发生了变化,而这种变化则是历时的。列维-斯特劳斯认为,如果没有其他资料告诉我们这一新结构背后的原来的图式,我们可能只是接受这样一种表述,该系统原来的内在逻辑性会隐藏或者潜藏起来,不为人知。我们可以从天空与水之间二项对立的残缺不全的形式去理解,也可以从另外一个角度,即结构最初有三个项目,改变后项目数保持不变去理解。最初的三项表示一种不可化简的三分法,而最终的三项则是两个相继的二分法的结果,先在天空与水之间,然后在黄与灰之间。如果再赋予颜色的对立以象征的意义的话,如黄和灰分别指白天与黑夜,那么就会有两个而不是一个二项对立,即天空——水、白天——黑夜,这就是一个四项系统了。① 总而言之,外在因素的冲击只能改变结构两端的构成元素,不能改变结构本身。

五、图腾及其幻象

图腾(totem)一词源于奥杰布韦人,是分布于北美五大湖北部地区的阿尔衮琴人的说法。Ototeman 的意思大致上是"他是我的一个亲戚"的意思。大多数的奥杰布韦氏族都有动物的名称,而且每个动物氏族都在自己的发源地保护一种最漂亮、最友好、最可怕或者最常见,甚至他们经常捕猎的动物。1914 年,里弗斯把图腾制度定义为三个因素,即社会因素、心理因素和仪式因素的结合体。所谓社会因素,即一种动物和植物物种或一种无生命物(或是一类无生命物)与由社会确定的群体之间的关联。所谓心理因素,表现为群体成员相信他们与动物、植物或物品之间有一种亲属关系,而且这种信念通常可以表达为"人类群体是他们的后代"。所谓仪式因素,表现为人群对图腾动物、植物或物品的遵从,即人

---

① 〔法〕列维-斯特劳斯《野性的思维》,李幼蒸译,北京:商务印书馆,1987 年,第 79 页。

群被要求禁止使用某类动物或植物、禁止使用某些物品。① 列维-斯特劳斯认为,这种图腾制度带给早期的人类学家一种幻觉,即把人同化为动物,因此,18、19 世纪的一些学者将图腾的存在看成是野蛮与文明的检验标准之一。

在列维-斯特劳斯看来,图腾制度是学术界的一种误解。一些前辈学者认为人类将自然界的物种作为崇拜对象,当作自己的图腾,从而产生图腾信仰这样一种原始宗教形式。列维-斯特劳斯则认为作为信仰的图腾并不存在,而是人类学家的凭空臆造,只为满足和迎合他们的需要。实际上最严肃的人类学家们早就注意到,图腾制度只不过是一种幻想,是用来凸显一个能够把图腾和自然相提并论的原始意象,即文明和文化。此外,图腾制度还不合理地侵入了人类学领域。列维-斯特劳斯上溯到博厄斯、弗雷泽,重提马林诺夫斯基、拉德克里夫-布朗和其他几个人,指出了有关图腾制度的假说的不一致处,有力地证明了它们都无法解释现实。② 例如,马林诺夫斯基认为图腾可以为人类提供食物,图腾崇拜源于人类控制物种的欲望。在列维-斯特劳斯看来,马林诺夫斯基所采取的视角与其说事人类学的,不如说更带有生物学和心理学的色彩;他所提供的解释也是自然主义、功利主义和感性的解释。③

六、图腾的本质

(一)编码体系

列维-斯特劳斯认为,图腾崇拜是一种符码,它的角色不在于仅仅表达某种类型的事实,而在于以一种概念工具的方式来实现把一种现象中的抽象关系用另外一种现象中的经验性的、具体的关系翻译出来。

例如,两个部落之间存在一种血缘关系,但是,这种所谓的血缘关系

---

① 〔法〕列维-斯特劳斯《图腾制度》,渠东译,梅非校,上海:上海人民出版社,2002 年,第 11 页。
② 〔法〕德尼·贝多莱《列维-斯特劳斯传》,于秀英译,张祖建校,北京:中国人民大学出版社,2008 年,第 311 页。
③ 〔法〕列维-斯特劳斯《图腾制度》,渠东译,梅非校,上海:上海人民出版社,2002 年,第 71—72 页。

实际上是一种抽象的社会关系,看不见,摸不着,因此,土著可以选择用两种图腾物,如蝙蝠和旋木雀来作为两个部落的图腾物。蝙蝠和旋木雀可以以各种鲜明形象标记的方式对部落进行标记。如果分开去看的话,很难理解一个部落何以要使用蝙蝠或者旋木雀作为自己的图腾物,因此,才导致许多学者将图腾理解为土著将自己的部落类比于图腾动物和鸟类,自比是它们的后代,是愚昧无知和智力水平低下的结果。但是,列维-斯特劳斯说,拉德克利夫-布朗曾偶然询问过土著人:"蝙蝠和旋木雀之间究竟有什么关系?"土著人显然对拉德克里夫-布朗问出这样的无知问题感到大为惊诧,他们回答说:"它们当然都住在树洞里。"猫头鹰和欧夜鹰也如此。吃肉或者住在树洞中,都是这些成对动物的共同特征,也表现出与人类状况可以相比之处。① 因此,从某种意义上说,蝙蝠和旋木雀实际上是土著用来表示某种抽象的社会关系的工具符号,利用当地人观念中的鸟类的相似性来类比人群之间的某种关系性。一个集团区别于同一集合体中的其他一切集团:这就是分类系统的集合体,它假定在自然性差别与文化性差别之间存在着同态关系。②

| 自然 | 物种1 | 物种2 | 物种3 | …… | 物种n |
| 文化 | 团体1 | 团体2 | 团体3 | …… | 团体n |

在列维-斯特劳斯看来,图腾制度要求在自然生物的社会与社会群体的社会之间有一种逻辑等价关系。图腾崇拜表现的目的,是以一种"语言"的方式来实现把社会事实从一种转换到另一种,使人们得以用同样的"词汇"来表达自然界以及社会生活中的重要侧面,并持续不断地从这里跨越到那里。③

(二)命名系统

列维-斯特劳斯认为,所谓"图腾",并非一种把图腾动物与某个人或

---

① 〔法〕列维-斯特劳斯《图腾制度》,渠东译,梅非校,上海:上海人民出版社,2002年,第113页。
② 〔法〕列维-斯特劳斯《野性的思维》,李幼蒸译,北京:商务印书馆,1987年,第93页。
③ 〔法〕列维-斯特劳斯《人类学讲演集》,张毅声、杨珊、张祖建译,北京:中国人民大学出版社,2007年,第30页。

某个部族等同起来的手段。它不是宗教性的,也不像弗洛伊德所说,其性质本属心理学。图腾制度只是依据由动物和植物名称所构成的特殊命名系统的一种特殊表达。① 这种命名系统的理论逻辑是坚持区分性差异,其作用也是用以区分,如区分不同的部族,很多情况下还要同时反映出某种秩序、等级和关联性,因此,在选择自己的图腾物时,其逻辑原则永远能够使诸项目之间发生对立,尽管经验的整个领域最初在内容上是贫乏的,它还是足以使人们能够把各个项目看成是有区别的②,例如草食性动物和肉食性动物、飞禽和走兽等。野性思维所具有的唯一特征就是通过选择"对立"这种普遍的模式来实现其作用。

$$自然:物种1 \neq 物种2 \neq 物种3 \neq \cdots\cdots 物种 n$$
$$|\qquad\qquad |\qquad\qquad |$$
$$文化:团体1 \neq 团体2 \neq 团体3 \neq \cdots\cdots 团体 n$$

只有通过这种区别性差异,我们才能理解图腾物。一个图腾相对于另一个图腾的关系,正如它所指谓的一个群体相对于另一个图腾所指谓的另一个群体之间的关系。图腾结合起一系列差异,一些属于自然界,一些属于社会,从而利用多样性建立起整体性。③ 人们利用自然界中的动植物为自己建立起了一种命名系统,并用来指称社会体系。动物界和植物界并不是因为存在而得到利用,而是因为它们可以提供一种思维模式。④

第四节 神话

列维-斯特劳斯认为,如果我们说神话的历史也就是人类文化的历史,听起来似乎有些夸张,但是,从某种意义上说,事实的确如此。神话是

---

① 〔法〕列维-斯特劳斯《图腾制度》,渠东译,梅非校,上海:上海人民出版社,2002年,第114页。
② 〔法〕列维-斯特劳斯《野性的思维》,李幼蒸译,北京:商务印书馆,1987年,第88页。
③ 〔法〕德尼·贝多莱《列维-斯特劳斯传》,于秀英译,张祖建校,北京:中国人民大学出版社,2008年,第311页。
④ 〔法〕列维-斯特劳斯《图腾制度》,渠东译,梅非校,上海:上海人民出版社,2002年,第17页。

几乎所有人文学科,如文学、哲学、历史、社会学、人类学、语言学、宗教学,甚至包括某些自然学科的永恒话题。但是,在列维-斯特劳斯看来,从某种意义上说,没有一个领域像神话学那样停滞不前。例如,从理论角度看,神话的研究情况差不多跟五十年前一样混乱。人们仍用相互矛盾的方式把神话笼统地解释为集体梦,或是某种审美游戏的产物,或是宗教仪式的基础。神话人物被视为人格化的抽象概念、神化的英雄,或者是沦落的神。不论何种假设,不是把神话归结为消遣,就是把它说成一种原始的哲学冥想。① 一些学者认为,神话是一个社会用来表达一些诸如爱情、仇恨和复仇等人类共通的基本情感的工具;也有一些学者认为,神话是解释性的,是古人在尝试解释天文、气象等方面的一些费解的现象;还有一些学者,例如一些心理分析学家和社会学家选择借用社会学和心理学的不同诠释来取代宇宙论和自然主义的诠释。在他们看来,假如一个神话系统赋予某种人物重要的地位,比如说一位坏心肠的外祖母,人们就会对我们解释说,这个社会的外祖母对外孙辈全都不怀好意。神话因而被认为是社会结构及人与人之间的关系的一种折射。假如观察结果跟这种假设不符,人们马上就会变换说法,说什么神话的真正对象是为真实而受压抑的情感提供一次分流。无论真实情况如何,一套怎么说都有理的辩证法总是会找到获取含义的办法。②

与上述学者的神话观相反,尤其是与马林诺夫斯基试图根据神话的特定环境阐明神话的社会功能相反,列维-斯特劳斯把神话融入一个符号系统,尝试运用结构语言学的方法来进行神话分析。和弗洛伊德一样,列维-斯特劳斯试图找到对全人类的心理都普遍有效的思维构成原则。假如这些普遍原则存在的话,它们无论是在我们还是在南美印第安人的头脑中都同样起作用。但是,对我们来说,由于生活在技术高度发展社会中,通过进入中学或大学学习,已经接受了各种文化训练,从而原始思维的普遍逻辑已经被我们的社会环境的人为条件所要求的各种特殊逻辑覆

---

① 〔法〕列维-斯特劳斯《结构人类学》,陆晓禾、黄锡光等译,北京:文化艺术出版社,1989年,第43页。

② 〔法〕列维-斯特劳斯《结构人类学》,张祖建译,北京:中国人民大学出版社,2006年,第221—222页。

盖了。如果我们想得到原始思维的普遍逻辑未被污染的形式,就必须考察技术落后的野蛮部落(例如南美印第安人)十分原始的思维过程,而神话研究正是达到这个目标的途径之一。①

一、结构主义神话研究

从 1962 年开始,列维-斯特劳斯开始撰写他的 4 卷本的《神话学》巨著。1964 年,第 1 卷《生食和熟食》出版,该书运用结构语言学的方法考察了流传于巴西各地的 187 个神话,并试图通过这些神话来研究原始社会的文化、制度和风俗。列维-斯特劳斯认为,这些神话文本直接或间接地涉及火或者烹饪的发明。在土著人的思维中,这个发明象征着从自然到文化的过渡。

列维-斯特劳斯随机选取一个相对完整的神话,然后将神话分割并重新组合成若干个序列,并给每个序列都建立起一组转换公式。这种转换公式或者来自同一群体的神话文本内部,或者来自相邻群体类似神话的各种文本中。这样,列维-斯特劳斯就得到了两根轴。通过这两根轴,列维-斯特劳斯将散乱的线索彼此串联起来,在混沌中发现了某种秩序。"一组组转换的各个序列仿佛围绕一个胚种分子似的同初始组相联结,复制其结构。于是产生了一个多维体,它的中央部分呈现组织化,而沿其周边仍是捉摸不定和含混不清。"②通过这种分析,列维-斯特劳斯认为,187 个神话只不过是源自同一社区或者邻近社区甚至较远社区的神话的一种转换,也就是说,它们都是一个神话的不同变体。这些神话运用各种不同的代码,如感觉的、社会的、美学的和天文学的,传递不同的消息,但却都具有同样的结构。在这部著作中,列维-斯特劳斯运用的侧重于可感觉性质的范畴,如生和熟、新鲜和腐烂、干和湿等。在列维-斯特劳斯看来,这种结构是无意识的,反映了原始人类的心智结构。③

1966 年,《神话学》"四部曲"的第 2 卷《从蜂蜜到灰烬》出版,这部书

---

① 〔英〕埃德蒙·利奇《列维-斯特劳斯》,吴琼译,北京:昆仑出版社,1999 年,第 62 页。
② 〔法〕列维-斯特劳斯《神话学:生食和熟食》,周昌忠译,北京:中国人民大学出版社,2007 年,绪言。
③ 同上书,译者序。

在已经研究过的 187 个神话的基础上,又增加了 165 个神话。考察范围虽然扩大了,但仍然仅限于南美。在《生食和熟食》中,列维-斯特劳斯重点研究神话的各种感性品质中的逻辑,在这部书中他开始研究形式的逻辑,如虚和实、容器和内容、内和外、包含和排除等。列维-斯特劳斯认为,这种研究对于认识人类思维的本性和发展具有重要意义。①

从 1966 年春到 1967 年 9 月,列维-斯特劳斯完成了《神话学》的第 3 卷《餐桌礼仪的起源》。这部著作将神话的考察范围从南美洲扩展到了北美洲的中部地区,总共处理了 176 个神话。该书尤其关注新老神话间的转换关系,而且对神话的分析也从第一部的感性品质逻辑、第二部的形式逻辑,上升到了"命题的逻辑"。这种逻辑运用的对立范畴,其两个对立成分不再是一种极端的对立,如黑和白,而是项之间的关系,如"亲近和疏远""内婚制和外婚制"。因此,这种对立现在是"关系的关系"。神话思维通过引入时间范畴而达到这种逻辑。这揭示了空间中的对立关系的必要中介,从而把空间上绝对的静止对立转变成了时间上相对的动态对立。在这部著作中,列维-斯特劳斯还提出,神话不仅隐藏着逻辑,而且还隐藏着伦理学。②

在《神话学》第 4 卷《裸人》中,列维-斯特劳斯将神话研究的范围进一步扩大到北美洲中部以外的地区,考察了 285 个神话。他认为,对于热带美洲印第安人来说,从自然转向文化的象征是从生转向熟;对于北美印第安人来说,从自然转向文化的象征则是衣物、装饰、装束的发明,除此之外,还有商品交换的发明。南美英雄被化约为自然状态,或者被化约为生的状态,类似于北美英雄被化约为"裸"的状态。③ 至此,《神话学》总共探讨了 813 则神话,另外,再加上一千多个神话异文,总之,借助于圆形花饰法,这些神话互相关联,形成一个完满的整体。通过对美洲近千个神话及其异文的研究,列维-斯特劳斯发现,整个美洲大陆实际上只有一个神话。无论相距多么遥远,神话的文本有多么大的差异,在对这些形状、质

---

① 〔法〕列维-斯特劳斯《神话学:生食和熟食》,周昌忠译,北京:中国人民大学出版社,2007年,译者序。
② 同上。
③ 〔法〕弗朗索瓦·多斯《结构主义史》,季广茂译,北京:金城出版社,2012 年,第 321 页。

地和色彩各异的神话碎片进行精工修补之后,人们看到了一种呈连贯图景的匀质作品,即"唯一的神话"。列维-斯特劳斯认为,这"唯一的神话"乃"受一个隐秘计划启示而作成"。① 在历史发展的长河中,在遵循神话结构法则的前提下,世界各地的神话都是这"唯一的神话"的演绎版本。不可否认而且非常有意思的是,人们从这"唯一的神话"图式出发,可以轻松地预见某些神话的存在,而且事实证明也确实如此。

二、神话及其特点

列维-斯特劳斯认为,就神话文本而言,神话有如下特点:

(一) 口传性

列维-斯特劳斯指出,一切神话皆发源于个人的创造。这就是说,远古时候的某个个人讲述了一个神话文本,然后,这个神话文本进入"口头传播"当中。在"口头传播"的过程中,人们不断转述再转述这则神话,而正是在这种"转述"当中,所有与神话创造者个人的气质、才干、想象力和个人经验相关的偶然因素会被逐渐排除掉,提炼出来的只有支撑神话可以作为基础文本延续下去并且可以作为思想表达工具的稳定的结构模式。所以,从某种意义上说,神话的思维是一种集体无意识。②

(二) 释源性

神话永远涉及过去的事件,不是"开天辟地",就是"人类最初的年代",总之,是很久以前发生的事情。神话的价值就在于此,因为,被视为发生在某一时刻的事件已经成为神话的一种稳定结构。尽管发生在人类最初的年代,但是依然与现代和将来发生关系,说明现在、过去和将来。③

---

① 〔法〕列维-斯特劳斯《神话学:生食和熟食》,周昌忠译,北京:中国人民大学出版社,2007年,译者序。
② 同上。
③ 〔法〕列维-斯特劳斯《结构人类学》,张祖建译,北京:中国人民大学出版社,2006年,第224页。

(三)任意性

在神话中,没有逻辑,没有连贯性。人们可以把任何特征赋予对象,可以发现任何可以想象的关系。总之,在神话中,一切皆有可能发生。

(四)相似性

但是,从另一方面看,不同地区的神话无论在结构上还是在内容上,都表现出惊人的相似性。世界各地的神话不仅总是有着同样一些人物,而且细节也往往相同。这种相似性又是与上述明显的任意性背道而驰的。① 由此带来的问题是,如果说神话的内容完全是随机的、偶然的,那么,又如何解释世界各地的神话总是如此相似呢?

(五)通识性

同样是语言的产物,神话与诗歌却是相反的,因为诗歌是一种极难翻译成外语的语言形式,任何翻译都会引起许多扭曲变形。神话则相反,它的价值哪怕是在最糟糕的翻译中,也始终存在。无论对于我们采集神话的那个民族的语言和文化如何缺乏了解,全世界的读者仍然把神话当作神话。神话的本质不在于文体风格,不在于叙事手法,也不在于句法,而在于它所讲述的故事。神话就是语言行为,是一种在极高层面上发挥作用的语言行为。② 在列维-斯特劳斯看来,神话存在于语言当中,但是又超越了语言。语言本身包含着两个层面,即语言和言语。索绪尔认为,语言行为具有两个互相补充的侧面,一个是结构性的,一个是统计性的。语言属于可逆性时间领域,而言语则属于不可逆性时间领域。神话也是如此。③

(六)集体性

神话是没有作者的。从神话被看作神话的时刻起,不管它们真正的

---

① 〔法〕列维-斯特劳斯《结构人类学》,陆晓禾、黄锡光等译,北京:文化艺术出版社,1989年,第43—44页。
② 同上书,第46页。
③ 〔法〕列维-斯特劳斯《结构人类学》,张祖建译,北京:中国人民大学出版社,2006年,第225页。

起源如何,都仅仅作为一种传统的体现而存在。当神话被复述时,个别听众就接收到一个消息,而这消息正确说来不知是从哪里来的;正因为这个缘故,它被认为具有超自然的起源。①

例如,希瓦罗印第安人在他们的一个神话中讲述说,太阳和月亮当初都是人,住在同一个屋子里,共有一个老婆。他们的妻子叫欧瑚,即夜鹰。夜鹰喜欢温暖的太阳,不喜欢与冷冷的月亮相拥,太阳因此很是得意,常常嘲弄月亮。月亮很生气,便顺着一根藤条爬到了天上。走之前,月亮朝太阳吹了一口气,这口气把太阳团团遮住,再也现不出身来。欧瑚失去了两个丈夫,于是带着一篮子陶土上天去追月亮,月亮隔断了那根连接天地的藤条,女人和篮子一起跌落下来,陶土撒了一地。人们现在还可以拾到这些陶土。欧瑚变成了夜鹰。每当新月当空,夜鹰便发出悲鸣,哀求月亮。后来,太阳沿着另外一根藤条也爬上了天空。在天上,月亮对太阳避而不见,这就是人们只能在白天看见太阳,在夜里看见月亮的缘故。②

实际上,这个神话有很多个不同的版本,例如,一个版本讲的是欧瑚只有月亮一个丈夫。一天,月亮让欧瑚煮西葫芦,欧瑚煮好后,留下了最好的几块自己吃,于是月亮生气了,去了天上。欧瑚带着一篮子西葫芦顺着上天的藤条追赶丈夫,结果月亮割断了藤条,欧瑚摔了下来,西葫芦撒了一地。这就是印第安人讲述的西葫芦的起源神话。③ 还有一个讲的是欧瑚是一个夜间出没的男人,爱上了月亮,拼命追她。与此同时,艾查(太阳)也追求月亮。月亮不喜欢艾查,逃到了天上。欧瑚顺着天上垂到地上的藤条爬到了天上。月亮割断了藤条,藤条落到地上,与森林里的树木纠缠到一起。在天上,月亮用黏土给自己捏了个孩子,百般爱抚。欧瑚非常嫉妒,打碎了孩子,黏土的碎块变成了土地。艾查,也就是太阳,最终来到了天上,与月亮结为夫妻,还生了许多孩子。④

总之,在不同的版本中,欧瑚有时候是女性,有时候是男性;神话的内

---

① 〔法〕列维-斯特劳斯《神话学:生食和熟食》,周昌忠译,北京:中国人民大学出版社,2007年,第27—28页。
② 〔法〕列维-斯特劳斯《嫉妒的制陶女》,刘汉全译,北京:中国人民大学出版社,2006年,第1—2页。
③ 同上书,第2页。
④ 同上书,第4—5页。

容有时候是关于太阳、月亮起源的,有时候是关于西葫芦、陶土、陶土矿层、藤条的起源的。但是,概括起来,这些神话的内容都是释源的,尽管解释的是不同事物的起源,文本内容也缺乏逻辑性和连贯性,但是我们始终可以看出这些神话文本的相似性。列维-斯特劳斯认为,这些表面看来嘈杂混乱的神话文本实际上遵守着某种秩序和原则,也正是这些秩序和原则导致神话文本的相似性。只不过一直到目前为止,这样的秩序和原则依然处于隐蔽状态。

三、神话的句法结构

在列维-斯特劳斯看来,神话是话语,他的目的是建立起这些话语背后的句法及其结构。

首先,神话的句法结构体现在整体性的神话上。一般来讲,同一个神话往往有多篇异文,一些异文可能更古老、更完整或者情节上更前后一致,但并不能说这些异文就更有价值和意义。列维-斯特劳斯认为,神话是由其所有异文的总和构成的,我们只能把神话作为一个不可尽数的总体来对待,因此,对神话的认识永远只能是大概的。神话的这种像永远也翻不完的书页般的结构会在每一篇异文中再现,而其中的情节表面上是连续的,但实际上并不像历史事件那样不可逆转,这其实更像是从不同的角度再现同一个基本模型。① 有时候,一种神话的某个来历不明的细节,是另一种神话同样来历不明的细节的变形,因此,只有将它们的关联描述出来,将两个神话归结为一个神话,才能理解神话。因此,列维-斯特劳斯主张在研究某一神话时,尽可能地将与神话相关的所有神话都纳入其中,这样才能发现神话所要表达的内容。实际上,前面我们也谈到了,列维-斯特劳斯的4卷本《神话学》就是采用了这种方法,对流传在南美洲和北美洲的八百多个神话及其一千多篇相关异文进行了系统的梳理和研究,进而建立起了自己的神话学理论。

其次,神话的句法结构还体现在其层次性上。神话叙事属于语言行

---

① 〔法〕列维-斯特劳斯《人类学讲演集》,张毅声、杨珊、张祖建译,北京:中国人民大学出版社,2007年,第237—238页。

为,因而包含着一切语言行为都有的两个层面——语言(language)和言语(parole),而且是用"组构成分"构成的,"也就是音素、词素和义素"。因此,列维-斯特劳斯的策略是把所有神话语段当成一种纯理语言来对待,而其中的基本构成单位是"主题"或者本身并没有意义的"片段"。列维-斯特劳斯把神话的最小单位称为神话素,并将其置入范式之内。他的基本方法是从内部破解神话话语。但是,由于神话文本中还包含一个叙事成分,因此,列维-斯特劳斯建议在语言的构成成分之外,再加上一个更高、更复杂、唯有神话才有的层次——"神话素"。他认为,分析神话如同识乐谱:既有横向的(或历时的),即按照叙事给予它们的顺序,也有竖行的(或共时的),即按照其构成成分的协调一致性。写在竖行里的全部音符组成一个大的构成单位,一个关系束:神话素。正是这个"关系束"之间的组合赋予了神话素"意义功能"。① 因此,在列维-斯特劳斯看来,神话如果有意义的话,那么这种意义不会是那些进入组合的孤立的成分,只能存在于这些成分的组合方式当中。②

再次,神话的句法结构还表现在其系统的多面性上。神话系统及其所运用的表现方式有助于在自然条件和社会条件之间建立同态关系,或者更准确地说,使我们能够在不同平面上的诸多有意义的对比关系之间确立等价法则,这些平面是:地理的、气象的、动物学的、植物学的、技术的、经济的、社会的、仪式的、宗教的和哲学的,等等。③ 在对阿斯第瓦尔神话的研究中,列维-斯特劳斯分别从地理的、经济的、社会的及宇宙的层面进行了结构分析。例如,神话最初的结构图式为:

母亲————————女儿
老——————————少
下游————————上游
西——————————东

---

① 〔法〕德尼·贝多莱《列维-斯特劳斯传》,于秀英译,张祖建校,北京:中国人民大学出版社,2008年,第257页。
② 〔法〕列维-斯特劳斯《结构人类学》,张祖建译,北京:中国人民大学出版社,2006年,第193页。
③ 〔法〕列维-斯特劳斯《野性的思维》,李幼蒸译,北京:商务印书馆,1987年,第107页。

其地理图式为：

其宇宙论图式为：

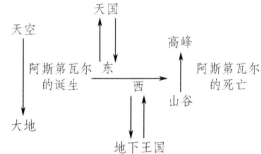

其最终图式为：

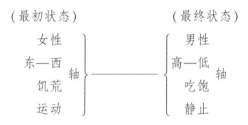

列维-斯特劳斯认为，每一层次及与之相适应的象征符号，都被看作是一种共同的、潜在的逻辑结构的转化。①

最后，神话的句法结构也体现在其重复性上。在列维-斯特劳斯看来，神话以及范围更广的口头文学之所以非常热衷于把同样的系列重复两次、三次或者四次，其重要原因在于显示神话的结构。他认为，神话的共时—历时结构使我们能够把神话的各成分排列成历时性的序列，即表格里的行，但这些序列却要沿着表格里的纵栏共时地阅读，类似于交响乐

---

① 〔美〕阿兰·邓迪斯编《西方神话学读本》，朝戈金等译，桂林：广西师范大学出版社，2006年，第376—378页。

的总谱。因此,所有的神话都具有一种"板岩结构",这种结构可以说是通过重复的手段显示出来的。①

四、神话的移动

在列维-斯特劳斯看来,神话是移动的,可以从一个部落转移到另一个部落,从一个社会转移到另一个社会。而且,神话在转移的过程中会发生变化。这些变化可以是同一神话从一种变体变为另一种变体,从一个神话变为另一个神话,也可以是同一神话或不同神话从一个社会到另一个社会,或者涉及神话的构架,或者涉及神话里的代码,或者涉及神话的寓意。但是无论如何,神话依旧是可识别的同一个神话。神话的移动遵守着某种旨在保留神话素材的原则。根据这条原则,从任何一个神话里永远都有可能衍生出另一个神话。②

从结构分析的角度看,欧洲普遍流行的灰姑娘故事在其他地方一定有一个转换版本。这个转换版本从结构上讲一定是灰姑娘故事的对称性颠倒。事实确实如此,列维-斯特劳斯指出,在美洲有一个灰小子的故事,这个故事应该是欧洲灰姑娘故事的原型。列维-斯特劳斯将两个故事进行了结构性的比对,给出了如下表格③:

	欧洲	美洲
性别	女	男
家庭	双重家庭(父亲续弦)	无家可归(孤儿)
面貌	漂亮	丑陋
态度	无人怜爱	单相思
变化	超自然教母变出了华丽服装	超自然力量帮其褪去丑陋的外表

但是,人们或许会怀疑,结构研究过分强调神话的深层结构及其结构

---

① 〔法〕列维-斯特劳斯《结构人类学》,张祖建译,北京:中国人民大学出版社,2006 年,第 246 页。
② 同上书,第 647 页。
③ 同上书,第 243 页。

的转换公式,由此是否会陷入形式主义的泥潭而忽略了神话的社会历史文化呢?列维-斯特劳斯的回答是否定的,他认为,每个地方的神话都与某段历史、某个生态环境相连,人们因此可以深入了解产生神话的社会,阐述社会的内部机制,澄清各种信仰、习俗的运行、含义和渊源,其中有些信仰或习俗有时是延续几个世纪的未解之谜。结构分析和研究不会脱离事实,因而是真实的。①

五、神话结构转换的逻辑公式

列维-斯特劳斯认为,当一种神话图式从一个群体传递到另一个群体时,由于两者在语言、社会组织或生活方式上的差异而造成沟通不畅,神话于是开始变得贫乏和头绪混乱。但是,即使在极端的情形下,人们也能够发现某种过渡,神话此时并未因为失去它的所有轮廓而彻底毁灭,而是颠倒过来,并且重新获得了它的一部分精确性。② 列维-斯特劳斯指出了这个根本特性,从而保证了神话的独立性,同时也便利了把领域扩大到神话所延伸到的一切地方。③ 为了更好地说明神话移动过程中的规律和原则,列维-斯特劳斯将神话转换简化为一个数学公式:

$$F_x(a):F_y(b) \simeq F_x(b):F_{a-1}(y)$$

这里,已知 a 和 b 这两项及其函数 x 和 y,假设在两种情况下存在等值关系,这两种情况分别由"项"和"关系"的倒置来界定,其条件是:1.一个项由其对立项替代(在上式中为 a 和 a-1);2.两个元素的函数值与项值将会出现相应的倒置(上式中为 y 与 a 相互转换)。如果这个结构公式成立,那么我们有理由认为神话将会螺旋式地发展,直到为它催生的职能冲动耗尽为止。神话的增长因而将是连续不断的,而它的结构却仍然是断续的。

---

① 〔法〕列维-斯特劳斯《猞猁的故事》,庄晨燕、刘存孝译,北京:中国人民大学出版社,2006年,第178页。
② 〔法〕列维-斯特劳斯《结构人类学》,张祖建译,北京:中国人民大学出版社,2006年,第669页。
③ 〔法〕德尼·贝多莱《列维-斯特劳斯传》,于秀英译,张祖建校,北京:中国人民大学出版社,2008年,第271页。

六、神话的意义

(一) 秩序的建立

列维-斯特劳斯认为,神话就世界的秩序、实在的本性、人的起源和人的命运等给我们以教益。神话还让我们了解它们渊源所自的社会,展示这些社会遵循的内在动力,表明社会的信念、习俗和制度存在的理由。最为重要的是,神话使我们发现人类心灵的某些运作模式,它们亘古不变,又在无限空间里广泛流播。我们可以重新发现这些带根本性的模式在其他社会里、在心理生活的其他领域里也存在着。[1]

(二) 矛盾的克服

从思维的角度看,列维-斯特劳斯认为神话的真正意义就在于为克服矛盾而提供一种逻辑的模式,以便解决某种矛盾。但是,如果这种矛盾是一种真实存在的矛盾,那么神话的这项任务是无法完成的。这就是说,神话只针对思维上的矛盾。[2] 列维-斯特劳斯认为,不是所有神话都表现了同一事物,而是所有神话都共同地表现了事物的总和,这种总和不是任何个别神话所能表现的。因此,神话的功能也就是公开表现以化了装的形式出现的普遍的无意识矛盾。通过这种方式,神话作者传递了一种信息给读者,但这种信息既不是神话作者,也不是神话读者所能理解的。[3]

总的说来,神话也就是人类用来(创造)克服矛盾,从而达到前后一贯的一种方式。因为,无论是哪一种基本上是自相矛盾的信仰或实践生活中的矛盾现象,神话都可以接受。它把原先是矛盾的东西和一系列在累进过程中并非是极端矛盾的东西联结在一起。因此,在列维-斯特劳斯看来,神话思想"总是由对立的知识朝向溶解的一种累进过程"[4]。

---

[1] 〔法〕列维-斯特劳斯《神话学:生食和熟食》,周昌忠译,北京:中国人民大学出版社,2007年,译者序。
[2] 〔法〕列维-斯特劳斯《结构人类学》,张祖建译,北京:中国人民大学出版社,2006年,第246页。
[3] 朱狄《原始文化研究》,北京:三联书店,1988年,第709页。
[4] 同上。

(三)赋予生命以意义

神话的目的是什么呢？它是用万花筒一样千变万化的结构来解释人类居住的这个世界的起源和在这个世界生存的意义。①

第五节　俄狄浦斯神话

俄狄浦斯神话是古希腊神话中的著名篇章,其情节如下:

拉伊俄斯是忒拜国王拉布达科斯的儿子,幼年丧父,因此被夺走了作为忒拜国王的一切权力。拉伊俄斯投奔了珀罗普斯,为他的儿子克律西波斯做家庭教师。可是拉伊俄斯爱恋上了美少年克律西波斯,将其诱拐并导致其死亡。失去儿子的珀罗普斯非常愤怒,诅咒拉伊俄斯"会被自己的儿子杀死"。拉伊俄斯后来成为忒拜国王并与伊俄卡斯忒结婚。婚后拉伊俄斯不敢与妻子交合以避免生下子嗣杀死自己。但是,一次醉酒之后,令妻子怀孕并生下了俄狄浦斯。为了摆脱魔咒,拉伊俄斯将新生婴儿双脚的脚踝刺穿,并用皮带捆着,放置在喀泰戎的山地上。牧人怜悯无辜的婴儿,将婴儿救下,送给了另一牧人。这个牧人给这个孩子起名俄狄浦斯,即"肿疼的脚"的意思,并将孩子送给了科任托斯国王波吕波斯。国王和王后非常喜欢这个孩子,将俄狄浦斯养大成人,而俄狄浦斯丝毫不知自己是国王和王后的养子。

俄狄浦斯后来偶然得到神谕,说他将来会杀父娶母并生下可恶的子孙流传于世上。俄狄浦斯感到震惊和惶恐,为了避免犯下不可饶恕的罪行,悄悄离开了科任托斯。在路上,遇到一个蛮横、傲慢的老人鞭打一个青年,俄狄浦斯一怒之下杀死了老人。但是他不知道杀死的正是自己的亲生父亲拉伊俄斯。当时,忒拜城外有一个长着双翼的怪物斯芬克斯,斯芬克斯人首狮身,经常出一些谜语让忒拜人猜,猜不出谜语的人会被斯芬克斯吃掉。忒拜国王下令说,谁能猜出斯芬克斯的谜语并杀死斯芬克斯,

---

① 〔日〕渡边公三《列维-斯特劳斯——结构》,周维宏等译,石家庄:河北教育出版社,2002年,第14页。

谁就可以做国王并娶国王的姐姐为妻。俄狄浦斯正好来到忒拜城,他猜出了斯芬克斯的谜语,即"早晨四条腿,中午两条腿,晚上三条腿"的谜底为"人"。斯芬克斯很羞愧,跳崖而死。因为俄狄浦斯杀死了斯芬克斯,忒拜人拥戴俄狄浦斯做了国王,并将前王后伊俄卡斯忒,也就是俄狄浦斯的母亲许配给他。俄狄浦斯和伊俄卡斯忒婚后生下了两男两女四个孩子,即波吕尼刻斯、厄忒俄克勒斯、安提戈涅和伊斯墨涅。这四个人不仅是俄狄浦斯的子女,也是他的兄弟姐妹。

俄狄浦斯是个善良而正直的君王,一直受到人民的爱戴。但是后来忒拜国发生瘟疫,民众接连死去,尸横遍野。俄狄浦斯向神祷告,得知是有人犯下了弑父娶母的罪过,而犯此罪的人正是自己。俄狄浦斯感到非常恐惧,他跑去询问自己的妻子,同时也是自己的母亲伊俄卡斯忒,却发现伊俄卡斯忒已经自缢而亡。俄狄浦斯放下母亲也是妻子的尸体,用她外衣上的装饰物刺瞎了自己的双眼,自我放逐,离开了忒拜国。[①]

一、总体的俄狄浦斯神话

列维-斯特劳斯的神话研究强调对神话进行总体研究,而这里所谓的总体研究不仅包括俄狄浦斯神话的各种异文,而且还包括俄狄浦斯家族的神话文本。因此,在进行俄狄浦斯神话研究的过程中,列维-斯特劳斯选择的神话文本,除了上面提到的俄狄浦斯神话,还有欧罗巴、卡德摩斯(俄狄浦斯的祖先,欧罗巴的哥哥)、拉布达科斯(俄狄浦斯的祖父),以及俄狄浦斯的儿女波吕尼刻斯、厄忒俄克勒斯、安提戈涅等人的神话。

欧罗巴是西顿国王的女儿,美丽超凡,宙斯疯狂地爱上了欧罗巴。但是由于畏惧嫉妒成性的妻子赫拉,也担心美丽纯洁的欧罗巴拒绝自己,宙斯变成一只公牛,抢走了欧罗巴。[②] 失去了女儿的西顿国王非常

[①] 〔德〕古斯塔夫·斯威布《希腊神话和传说》,楚图南译,合肥:安徽人民出版社,2013年,第162—168页。

[②] 同上书,第20—23页。

愤怒,他派自己的儿子们去寻找欧罗巴,而且告诉他们如果找不到的话,就不许回来。卡德摩斯是欧罗巴的哥哥,他外出寻找欧罗巴,一直找不到,因为惧怕父亲的愤怒,所以不敢回家。他向阿波罗祈祷,希望阿波罗告诉他欧罗巴的下落。阿波罗告诉他说,不要再找欧罗巴了,也不要担心父亲会惩罚自己,重要的是要建立自己的城邦。阿波罗告诉他,当他走出神殿时,会看见一头小母牛,他要跟着小母牛走,在小母牛躺下休息的地方建造他的城邦。这个地方就是后来的忒拜城。但是,卡德摩斯必须要杀死一条守护着附近清泉的毒龙。卡德摩斯的所有伙伴在与毒龙的搏斗中都被杀死了,最后,卡德摩斯一个人杀死了毒龙。毒龙被杀后,雅典娜女神从天而降,让他将毒龙的牙齿播种在田地里。结果,许多全副武装的武士从田畴了长了出来。当最后一个武士从土地里长出来之后,他大声告诉卡德摩斯说,不要干涉我们兄弟之间的冲突,然后这些武士开始互相厮杀,一直到只剩下五个人。卡德摩斯带领这五个人建立了忒拜城。①

俄狄浦斯儿女的神话发生在俄狄浦斯自我放逐之后,他的两个儿子波吕尼刻斯和厄忒俄克勒斯都要继承王位。但后来是小儿子厄忒俄克勒斯继承了王位并将哥哥赶出了忒拜。哥哥波吕尼刻斯招募了一支军队攻打忒拜城,两兄弟之间展开战斗。俄狄浦斯的两个女儿眼见两兄弟互相拼杀,却无法阻止。最后,兄弟二人达成协议,以二人之间的决斗定输赢。如果厄忒俄克勒斯赢了,波吕尼刻斯的军队就撤退;如果厄忒俄克勒斯输了,就由波吕尼刻斯当国王。结果两个人都没赢,同时死在对方的手里。忒拜人胜利了,因为俄狄浦斯的儿子们都死了,所以他们的舅父克瑞翁成了国王。克瑞翁下令不许掩埋攻城者的尸体,但是妹妹安提戈涅无视禁令,安葬了波吕尼刻斯的尸体并告诉自己的妹妹说:"我愿意死去,死在他——我一生挚爱的人的旁边。"最后自缢而亡。②

---

① 〔德〕古斯塔夫·斯威布《希腊神话和传说》,楚图南译,合肥:安徽人民出版社,2013年,第24—25页。
② 同上书,第178—195页。

二、分解神话,发现神话素

神话的结构分析的第一步就是将所选神话进行分解,将神话的内容分割成一个一个的意义单位。要独立分析每一个神话,利用尽可能精简的语句反映事件之间的接续情况。列维-斯特劳斯主张把每个语句都誊写在一张卡片上,标注出与其在叙事当中的位置相应的号码。这样,每张卡片实际上都给一个谓语排定了一个主语;换言之,每一个大构成单位的性质都是一种关系。① 在列维-斯特劳斯看来,我们今天看到的俄狄浦斯神话已经是它的后期形式了,是经过了文学加工,尤其是美学和道德方面的丰富和补充而呈现出的文本形式。因此,列维-斯特劳斯尝试用分解神话文本,还原神话核心结构的方式进行神话结构研究。②

列维-斯特劳斯认为,如果我们在无意中把神话看成一个非线性系列的话,那么就会把它作为一部管弦乐总谱来处理,我们的任务就是恢复其正确的排列顺序。比如,在我们面前有一连串数字:1、2、4、7、8、2、3、4、6、8、1、4、5、7、8、1、2、5、7、3、4、5、6、8……我们的任务是把所有的1、2、3……分列出来,结果就得出这样一个表:

1	2		4			7	8
	2	3	4		6		8
1			4	5		7	8
1	2			5		7	
		3	4	5	6		8

依此原理,列维-斯特劳斯将俄狄浦斯神话分解为基本要素,列表如下。这里所谓的"基本要素"指的是神话故事中那种可以被分割成碎块的最短语句,如"俄狄浦斯杀死了父亲""俄狄浦斯娶了母亲""卡德摩斯杀死了毒龙",等等。

---

① 〔法〕列维-斯特劳斯《结构人类学》,陆晓禾、黄锡光等译,北京:文化艺术出版社,1989年,第47页。
② 同上书,第49页。

卡德摩斯寻找被宙斯劫走的妹妹欧罗巴			
		卡德摩斯杀死毒龙	
	斯巴达人自相残杀		拉布达科斯（拉伊俄斯之父）=瘸子(?)
	俄狄浦斯杀死其父拉伊俄斯		
俄狄浦斯娶其母伊俄卡斯忒为妻			拉伊俄斯（俄狄浦斯之父）=左腿有病的(?)
		俄狄浦斯杀斯芬克斯	
	厄忒俄克勒斯杀死其弟波吕尼刻斯		
安提戈涅不顾禁令安葬其兄波吕尼刻斯			
			俄狄浦斯=脚肿的(?)

三、发现关系束

在把神话分割成这些碎块以后,列维-斯特劳斯发现要素和要素之间有一些是相似的,如"俄狄浦斯杀死斯芬克斯""卡德摩斯杀死毒龙",这两种要素都是关于杀死怪兽的。接下来,列维-斯特劳斯将这些具有相似性的神话要素列为一束,并且认为只有对神话重新作出这种排列以后,才有可能对神话的意义进行探讨。在梳理神话素的过程中,列维-斯特劳斯将相似的神话素进行了重新排列,于是有了四个纵栏。每一栏都包括几种属于同一束的关系。一般而言,人们在讲述这个神话时,通常是按照从左到右、从上到下的顺序一行行地阅读,因此,神话文本自然表现出一种无逻辑的混乱状态。但是,想要正确理解这个神话,我们就必须放弃原来的阅读方式,选择像阅读交响乐总谱式的上下左右兼顾的阅读方式,即从左到右,一栏接一栏地阅读,把每一栏都看成是一个单元。由此,我们发现同一栏中的所有关系都表现出一个共同的特点:

第一栏:卡德摩斯寻找欧罗巴(情节描述暗示二人超越了兄妹关系,卡德摩斯更像是在寻找恋人,而不是妹妹)、俄狄浦斯娶母、安提戈涅埋葬波吕尼刻斯(兄妹的关系也带有恋人的痕迹),都表现为有血缘关系的亲属之间保持着一种过于亲密的关系。

第二栏:显然与第一栏表现了同样的关系,但是性质却是相反的。斯巴达人自相残杀、俄狄浦斯弑父、波吕尼刻斯和厄忒俄克勒斯兄弟互相杀死对方,表达的都是血缘关系过于疏远。

第三栏:关于这一栏,列维-斯特劳斯认为,龙是地狱之神,只有把它杀死,人类才能从大地中诞生;斯芬克斯是个不允许人们生存的怪物,但却被人打败。所以,第三栏的共同特点是对于人由土地而生的一种否定。

第四栏:最后一栏与人类由土地而生有关。列维-斯特劳斯解释说,在神话里,所有由土地而生的人有一个共同的特点,即当他们从土地深处出现的时候,不是不会走路,就是只能步履蹒跚地行走。普埃布洛神话里的地狱之神就是这样:首先冒出地面的穆因乌以及地狱之神舒梅科利都是瘸子("流血的脚""疼痛的脚")。克瓦基乌特神话里的科斯基摩们在被地狱怪物奇亚基希吞下以后也是这样;当他们回到地面上时,"他们或者一瘸一拐地向前走,或者东倒西歪跌跌撞撞"。因此第四栏的共同特点是坚持人是由土地而生的这一看法。

这样,第一栏与第二栏一个是血缘关系过于亲近,一个是血缘关系过于疏远;第三栏与第四栏一个是对人类土生土长起源的否定,一个是对人类土生土长起源的肯定。束与束之间矛盾的关系是同一的,因为它们是以相似的方式自我矛盾的。尽管这只是对神话思维结构的权宜表述,但就目前来说,列维-斯特劳斯认为已经足够了。

四、神话的意义

在列维-斯特劳斯看来,真正构成神话的成分并不是一些孤立的关系,而是一些关系束,构成成分只有以这种关系束的组合的形式才能获得表意功能。如果我们从历时性的角度看待它们,同束之间的关系能够以较大的间隔出现;可是,如果按照"自然的"组合把它们重建起来,我们同时就可以根据一种新型的时间参照系重组神话,而且这一时间参照系符合最初的假设的要求。这一体系其实有两个维度,它既是历时的,又是共时的,而且汇集了"语言"和"言语"两方面的特征。①

如此再回到俄狄浦斯神话上来,我们就可以读出这则神话的意义了。神话涉及一种文化所面临的窘境,即人类的起源问题。关于人类的起源,世界各地的神话综合起来可以概括为两种说法,即"生于一,还是生于二"。"生于一"指的是一神造人的神话,这种认知的依据是植物是由土壤中生长出来的,因此人们产生了人类也可能是由土地而生的的想法。但是,从经验上讲,人类基本不相信这种说法,因为人归根到底是不同于植物的。"生于二"则认为人类是两性结合而生的。这种说法从经验上讲是合理的,但是,如果要接受这种说法,同时就要接受人类的祖先不可避免地是兄妹的关系。② 因为按照一般的逻辑推理,最早的人类如亚当和夏娃之间是没有血缘关系的,但是,也正是因为那个时候地球上没有其他的人类,所以,要想繁衍人类,亚当和夏娃的儿女就必须互相婚配。这个命题又是人类无法接受的。在列维-斯特劳斯看来,神话的目的之一就是展示这种矛盾性,并试图最大限度地减轻或消解这种认识上的尴尬。

尽管这个困难是无法克服的,但是,俄狄浦斯神话在某种意义上提供了一个逻辑工具,它可以在初始问题,即"生于一,还是生于二",跟派生问题,即血缘关系过于近亲(生于同,兄妹婚)和过于疏远(生于异,父子兄弟仇杀)之间搭起一座桥梁。也就是说,这些都是人类思维上无法解决的矛盾,这些对立才是神话的真正内涵。实际上,在"生于一,还是生于二"之外,人类还创造出了另外一种神话,即感生神话。在感生神话中,人类通常会有一个人类的母亲,一个隐藏的、带有神性的父亲。受孕

---

① 〔法〕列维-斯特劳斯《结构人类学》,张祖建译,北京:中国人民大学出版社,2006年,第226页。

② 世界各地普遍存在的洪水神话,即兄妹成婚繁衍人类,就是这种"生于二"的典型神话。

的过程多为感生,即人类的处女通过"踩了大人的足迹""吞了玄鸟卵"而生下一位文化英雄。据《史记·周本纪》的记载:

> 周后稷名弃,其母有邰氏女,曰姜嫄。姜嫄为帝喾元妃。姜嫄出野,见巨人迹,心忻然说,欲践之;践之而身动如孕者,居期而生子,以为不祥,弃之隘巷,马牛过者皆辟不践;徙置之林中,适会山林多人,迁之而弃渠中冰上,飞鸟以其翼覆荐之。姜嫄以为神,遂收养长之。初欲弃之,因名曰弃。①

感生神话既避开了"生于一"的非经验性,又避开了"生于二"的非伦理性,成功地消解了人类思维中关于人类初始问题的困惑和矛盾。神话达到了双重的统一:系统的统一(被整合进了这一系统),信息的统一(即它们指涉的信息,是由信息与自身、与其他信息的关系表达出来的,因此变得更加重要)。②

第六节　面具艺术

作为结构主义者,列维-斯特劳斯一直对人类文明当中跨越文化和时光的"不变量"感兴趣,包括人类艺术作品中的"不变量"。③ 在《面具之道》中,列维-斯特劳斯把自己在神话研究中获得验证的结构主义分析理念和方法扩大到了印第安面具上,他分析了存在于北美西北海岸的印第安人部落中的三种面具:斯瓦赫威面具(萨利希人)、赫威赫威面具(夸扣特尔人)和皂诺克瓦面具(努特卡人)。根据当地印第安人有关面具起源的种种神话,他认为,面具跟神话一样,不能进行独立的个体分析和解读,只有将其纳入某种系统和组合中,才能获得面具传递出的信息。

一、面具造型

无论是在巴西的印第安人部落,还是在欧洲和美国的各种博物馆中,

---

① [汉]司马迁《史记》,北京:中华书局,2013年,第145页。
② [法]弗朗索瓦·多斯《结构主义史》,季广茂译,北京:金城出版社,2012年,第315页。
③ [法]列维-斯特劳斯《面具之道》,张祖建译,北京:中国人民大学出版社,2014年,译者序。

列维-斯特劳斯都接触到了大量的印第安人面具。面对这些千奇百怪、各具形态的面具,列维-斯特劳斯倍感困扰:"这门艺术向我提出了一个我解答不了的问题。有些面具虽然同属一个类型,制作方式却让我困惑不解。我觉得他们的风格和样式都很奇怪,我不明白他们的造型原理。"①例如,有的面具嘴中会吊出一条浮雕式的舌头,有的时候舌头是血红色的,有的面具没有鼻子,取而代之的是一个极突出的鸟头,而鸟头、突出的舌头之间似乎根本没有什么关联性。②

在列维-斯特劳斯看来,这些凶神恶煞似的面具造型不仅在其诞生地,而且在与其相邻的文化里,也绝少有赖以借鉴的相似之物,那么,这些面具从何而来呢?列维-斯特劳斯结合这些面具的造型特点、结构特点、面具的民族志材料,以及面具的仪式功能,对面具文化进行了全面而深入的人类学研究。他认为这些印第安面具不仅仅是静止不动的审美对象,它们也在"说话",向我们传递着某种信息。

二、三种面具

列维-斯特劳斯选择了北美印第安部落中萨利希人、夸扣特尔人和努特卡人的面具作为自己的研究对象。

(一)斯瓦赫威面具

萨利希人的面具。披戴面具的人身穿以白色为主的礼服,颈圈用天鹅毛制成,臂饰、腿饰也多用羽毛装饰,手持响板。每逢世俗的庆典仪式,这些披戴面具者便会现身,但是从不出席冬季祭神的仪式。任何人只要打算举办一场世俗的庆典,都可以付钱给面具的拥有者,换取他们的襄助。披戴面具者一边跳舞,一边手指苍穹,提醒人们先祖正从天而降,人们马上就会看到他。斯瓦赫威面具和披戴着它参加仪式的权利只属于若干贵胄世家。此类特权靠继承和联姻得以世代相传。斯瓦赫威面具被认为具有净化作用,因为它们能够"清洁"在场者,而且,在整个地区,该面

---

① 〔法〕列维-斯特劳斯《面具之道》,张祖建译,北京:中国人民大学出版社,2014 年,第 16 页。
② 同上书,第 14 页。

具都会带来好运,有助于获得财富。①

(二) 赫威赫威面具

夸扣特尔人和努特卡人的面具。这类面具的形制更具现实主义风格,呈现一张生动的脸孔,表情凶恶,保留了斯瓦赫威面具的所有特征。面具通常用野鹅毛装饰。所有赫威赫威面具,无论是夸扣特尔人的还是努特卡人的,都有探出的舌头、暴突的眼珠以及鸟头形的附加物。舞蹈者拿着的响板与伴随斯瓦赫威面具的一样。夸扣特尔人认为赫威赫威面具与地震有关,或者说可以诱发地震。面具舞蹈具有一发便不可收拾,不强迫停不下来的特点。面具者舞蹈过程中,禁止儿童抓抢表演过程中向空中抛洒的礼品(多为硬币)。

(三) 皂诺克瓦面具

夸扣特尔人的面具。列维-斯特劳斯认为,假如有一种类型的面具,与斯瓦赫威面具之间存在着对立和关联关系,那么,可以据此推断出另外一种面具的存在。如果斯瓦赫威面具用白色进行装饰,那么另外一种面具则必然为黑色,或者某种暗色;斯瓦赫威面具用鸟类的翎毛做装饰,那么另一种面具则须用动物皮毛装饰;斯瓦赫威面具有着暴突的眼睛,那么另一种的眼睛则必然是凹陷的;斯瓦赫威面具嘴巴大张,下颚垂陷,露出肥硕的舌头,那么另一种面具的口型则必定无法大张。此外,也可以推测出这两种面具各自的起源神话,以及宗教、社会和经济的隐含义之间的关系必定是一种辩证关系。② 夸扣特尔人的皂诺克瓦面具的确跟列维-斯特劳斯预测的一样。

皂诺克瓦通常为女性一类的妖精,栖居于密林深处,体态丰硕,性情暴戾,嗜食人肉。面具是黑色的,或者用黑色装饰。面具披戴者身披黑毯或暗色熊皮,眼窝深陷。面具的嘴是噘起的,显示出疾蹙的神态。嘴唇的

---

① 〔法〕列维-斯特劳斯《面具之道》,张祖建译,北京:中国人民大学出版社,2014 年,第 19—20 页。
② 同上书,第 61—62 页。

这种位置使得舌头无法伸出,甚至隐而不见。皂诺克瓦面具常常出现在冬季祭神仪式上。舞蹈者在舞蹈中会佯装入睡,表现出困倦和疲惫的样子,与前面两种舞蹈风格迥异。皂诺克瓦面具不为某些贵胄世家所独有,任何人都可以购买,尽管耗资不菲。

三、三种面具的结构关系

面具跟神话一样,无法就事论事,或者单从作为独立事物的面具本身得到解释。从语义的角度看,只有放入各种变异的组合体当中,面具才能获得意义。列维-斯特劳斯认为,这三种面具的外形具有明显的相似和相反特征,为我们提供了一种整齐的现象模式。

斯瓦赫威面具

造型:天鹅翎和绒毛装饰,白色,面具的舌头向外吊垂,眼珠突起。

社会属性:始祖,秩序,属于少数氏族贵胄,有助于拥有者获得财富。

仪式属性:只出现在世俗的仪典上,不能参与冬季祭神仪式。

继承方式:世袭和联姻传承。

赫威赫威面具

造型:野鹅毛装饰,白色,探出的舌头,暴突的眼珠,鸟头附加物。

社会属性:自私、吝啬、小气,阻止人们致富。

仪式属性:不出现在冬季祭神仪式上。

继承方式:战争夺取或者联姻传承。

皂诺克瓦面具

造型:黑色熊皮装饰,黑色,眼睛深陷,嘴巴噘起,没有吊垂的舌头。

社会属性:女妖,嗜食人肉,威胁子嗣的繁衍,拥有财富。

仪式属性:出现在冬季祭神仪式上。

继承方式:非贵族家传,可用金钱购买。

首先,从造型方面来看,一种类型的面具应该是相对于另一种面具而造型的,或者说,每一种面具都是对另一种面具的回应,面具通过变换自己的外形和色彩而获得自身的个性。这种个性与其他面具之间的对立有一个必要和充足的条件,那就是在同一种文化或者相邻的文化里,一副面具所承载或蕴含的信息与另一副面具负责承载的信息之间受到同一种关系的支配。因此,面具便被赋予了社会的或宗教的功能,这些功能之间存在着一种跟面具本身的造型、图样和色彩相同的变换关系。①

例如,仅从造型的角度看,斯瓦赫威面具可以说是无处不隆起,而皂诺克瓦面具却是无处不凹陷,二者几乎像一套模具及其成品那样互为补充,从而形成了一种对立。② 面具造型上是对立的,但在功能上却是一致的,都体现了财富的降临和乐善好施的道德取向。斯瓦赫威面具和赫威赫威面具在造型细节上几乎完全相同,可是后者与前者在功能方面截然对立:不是慷慨,而是吝啬。经过以上推论,得到的结果是:

> 从一个族群到另一个族群之间,当造型样式维持不变时,语义功能会颠倒。反之,当语义功能维持不变时,造型样式会颠倒。③

所以,像萨利希人的斯瓦赫威面具与夸扣特尔人的皂诺克瓦面具这样表面上极为不同,谁也不会想到加以比较的东西,可以证明二者无法孤立地得到释读,它们是同一个系统的部件,而且在系统之内互为嬗变。④

其次,因为每一种面具都有自己的神话,为其传说的或神奇力量的起源提供解释,而且奠定其在仪式、经济和社会生活中的位置,所以,每个面具类型的基础神话之间存在的转换关系和仅在造型上支配着各种面具本身的转换关系,性质实际上是相同的。⑤

四、面具的相关神话

对于面具的研究,列维-斯特劳斯并没有停留在面具的形态上,而是扩展到这些面具的起源神话上,试图以神话为出发点,全方位研究西北海岸印第安人艺术背后所包含的意识形态、社会组织等社会层面的东西。

---

① 〔法〕列维-斯特劳斯《面具之道》,张祖建译,北京:中国人民大学出版社,2014年,第15页。
② 同上书,第69页。
③ 同上书,第96页。
④ 同上。
⑤ 同上书,第15页。

以斯瓦赫威面具的相关神话为例,斯瓦赫威面具主要出自萨利希人,而萨利希人分别居住在内陆海岸和温哥华,相应的神话也有两个版本。

海岛版本的神话讲述面具的先祖从天而降,娶了当地人的女儿。婚后这个女人生了三个孩子,但全部夭折,于是先祖打发她返回父亲身边。先祖又娶了同伴与外乡人的女儿,生了许多孩子,可是先祖的弟弟与嫂子发生了性关系,导致他们的猎狗失踪。兄弟二人在寻找猎狗的途中看见瀑布前有许多奋力上游的鲑鱼,他们用鱼篓接到了许多跳出水面的鲑鱼,做成了鱼干返回村子。总的说来,海岛版的神话内容丰富,但不连贯。各部分之间没有联系,整个叙事突兀地结束于一场对于整个情节毫无用处的捕鱼活动,而且不能带来任何结论,缺乏逻辑性。①

而内陆版本的神话讲的是一个身患麻风病,浑身恶臭,遭人厌弃的小伙子投河自尽,沉入湖底时发现自己降落在湖底一所房子的屋顶上。他治好了屋内居民的疾病,自己的病也被当地人治好了。他娶了当地的一位姑娘,见到了面具。后借助神力,他回到了村庄,然后和妹妹一起用了很多办法把面具从湖底钓了出来。最后,小伙子把面具送给妹妹或女儿当嫁妆。

对比内陆版本和海岛版本的斯瓦赫威面具神话,我们得到如下模式:

内陆版本	海岛版本
面具来自水底世界	面具从天而降
费力打捞出面具	轻松获得面具
懒惰女孩出走他方(水平轴)	男孩投水自尽(垂直轴)
未成为先祖	成为先祖
回到父亲家	回到母亲家
主人公为兄妹关系	主人公为夫妻关系
内容逻辑清晰	内容逻辑混乱

---

① 〔法〕列维-斯特劳斯《面具之道》,张祖建译,北京:中国人民大学出版社,2014 年,第 21—22 页。

列维-斯特劳斯认为,海岛版的神话与内陆版的神话在细节上表现为对称和颠倒,或者可以说是一种"对称性颠倒"的关系。如果我们将其解释为一种转换的结果,那么内陆版应该是原初状态的版本,因为相对而言,内陆版中的情节是逻辑地建构起来的,而海岛版则缺乏内在的逻辑性。海岛版之所以把面具的起源放在叙事的开头而不是结尾,而且说它从天而降,是因为这与面具从水底捞出的内陆版正好相反,如此便造成其无法合理结尾,因此,才出现了编织鱼篓,在鱼儿跳离水面的时候用鱼篓捕鱼的结尾。这样的安排正好跟从水底钓起面具,然后放进专门编织的箩筐的片段相对应。① 在列维-斯特劳斯看来,将内陆版转换成海岛版容易,而海岛版转换成内陆版则比较难。原因是内陆版比较有逻辑,只要将其中的元素打散重置,就能得到海岛版,反之则并非如此。

面具跟神话一样,其起源以及出现的仪式必须通过把它们联系起来的关系才能理解。斯瓦赫威面具的白色装饰品,皂诺克瓦面具的黑色,前者眼珠暴突,后者眼窝深陷,悬吊的舌头与外噘的嘴唇,孤立地看上去都没有什么含义,或者不妨说,都具有一种辩证的含义。给一个神异的造物指派每一条特征,都要看这些跻身众神庙中的造物是如何为了更好地履行互补性角色而相互对立的。②

---

① 〔法〕列维-斯特劳斯《面具之道》,张祖建译,北京:中国人民大学出版社,2014 年,第 33—34 页。
② 同上书,第 97 页。

第八章
民俗学与性别研究

所谓性别研究,是指将性别因素作为主要变量对研究对象进行考察的各种研究范式的总称。在现代社会,性别研究对包括民俗学在内的各学科(特别是社会科学和人文学科)都有十分巨大而深远的影响。性别研究的理论和方法论为民俗学研究提供了观照和分析传统文化与民众日常生活中各类情感表达及实践活动的性别视角,使得民俗学在理论和方法论上逐渐去除固有的认识论偏见,更为"客观"地对研究对象进行考察。以下将介绍性别研究,特别是女性主义研究的历史和主要观点,以及受性别研究直接影响的三类民俗学实践,即女性主义民俗学、关于LGBT民俗的研究和关于男性民俗的研究。

第一节 理论背景概述

一、女性主义思潮及女权主义运动简述

性别研究缘起于作为西方现代(及后现代)主要社会思潮之一的女性主义的兴起。在词源学意义上,"女性主义"(féminisme)一词最早于1837年为法国乌托邦社会主义哲学家查尔斯·傅立叶(Frangois Marie Charles Fourier)所使用。19世纪后期到20世纪初期,"女性主义"及"女权主义者"等词汇已被欧洲各国广泛接受。在这一历史时期及以后的发展中,女性主义作为一种思潮,往往与争取女性平等权利的女权运动紧密相连。随着社会政治实践的深入,女性主义的思想和主张也逐渐发展、成

熟和完善。从历史进程来看,现代西方的女权运动曾经历高潮期和平缓期,至今方兴未艾。一般而言,女权运动的历史发展大致可分为三个阶段:第一个阶段主要是19世纪后期到20世纪初期妇女争取选举权的运动;第二个阶段是20世纪60年代兴起的"妇女解放运动";而自20世纪90年代开始的第三阶段则可视为对第二阶段的延续和反思。

  在近现代西方历史中,女性主义思想和女权运动实践的起源可追溯到18世纪末法国大革命中对于人权的讨论。虽然在正式的宪章及宣言中,女性作为完整公民的地位并未确立,但大革命语境下"人"的主体意识的觉醒触发了女性主义先驱对于女性社会价值的思考。法国当时的妇女领袖奥兰普·德古热(Olympe de Gouges)曾发表《女权与女公民权宣言》(Déclaration des droits de la femme et de la citoyenne),主张女性应拥有与男性平等的权利。1792年,英国的女性主义倡导者玛丽·沃斯通克拉夫特(Mary Wollstonecraft)撰写了《女权辩护:关于政治和道德问题的批评》(A Vindication of the Rights of Woman),表达了与德古热类同的主张。但是,这些早期的女性声音并未引起包括妇女在内的社会各阶层人士的关注。直到19世纪中后期,情况才开始有所转变。这时,欧美主要国家先后开始并完成了工业革命,实现了从农业社会到工业社会的转变,而这一转变也带来了深刻的社会变革。工业革命对于传统社会的冲击首先体现在其对大量劳动力的迫切需求上,而男性劳力的缺乏为女性走出家庭进入作为公共空间的劳动场所提供了可能。由于女工群体壮大及其在职场中遭受到不平等待遇等因素,女性开始寻求获得与男性相同的工作机会及劳动报酬的权利,并将抗争的范围逐步扩大到对婚姻、子女抚养权及财产权的争取。在这一时期,约翰·斯图亚特·穆勒(John Stuart Mill)通过《妇女的屈从地位》(The Subjection of Woman)一书表达了当时部分先贤在自由主义及市场经济思想主导下对于妇女权益的思考。随着运动的发展,女性逐渐意识到政治权利的重要性。妇女渴望获得平等选举权的呼声将女权运动的第一阶段推向高潮。前英属殖民地新西兰和澳大利亚分别于1893年和1902年率先以法律形式确立了妇女的选举权。到1920年左右,欧美主要国家在法律上都确立了妇女(虽有时在年龄上有所限制)享有与男性同等政治权利的政治地位。在获得选举权后,虽然许多女权运动的实践者仍不倦地为妇女争取其他诸如婚姻、家庭及教育等权利,但20世纪20年代以后,欧美各国的女权运动大都进入了较为平缓和沉寂的时期。

1949年,法国女性主义及存在主义思想家西蒙·德·波伏娃(Simone de Beauvoir)发表了阐述其女性主义思想的名著《第二性》(Le Deuxième Sexe, The Second Sex)。在书中,波伏娃深入探讨了男女之间不平等的根源。她认为,由于诸多原因,男性从社会早期就开始建构一个以男性为中心的父权制社会模式,试图完全压制和控制作为结构内"他者"的女性。除物质性的建构外,男性还创造了很多关于女性先天处于从属地位并且理应为男性服务的"神话",从精神及文化上维护和强化男性在社会中的支配权力。而这些物质上及精神上的压迫,使得直到20世纪中期,妇女虽然获得了选举权,但由于社会本身的权力结构并未改变,她们仍然处于被奴役受压制的地位,未能挣脱束缚,获得解放。波伏娃的思想启发了女性主义者和众多普通女性重新审视自己作为女性在社会生活中的个体存在,并认识到日常生活中传统性别规范所具有的强烈政治意味。在波伏娃的影响下,被誉为"妇女解放运动之母"的贝蒂·弗里丹(Betty Friedan)撰写了《女性的奥秘》(The Feminine Mystique)一书,深刻批判了欧美主流社会中传统的性别角色,拉开了女权运动第二阶段的序幕。与此同时,当时的肯尼迪政府在国情咨文中也公开承认了美国社会所存在的广泛的男女不平等现象。一般认为,女权运动的第二阶段主要以北美,特别是美国为坐标,随后才逐渐影响到世界其他国家。在这一阶段,通过组织地方和全国的妇女团体、游说国会修改法律、集会示威及鼓励更多女性接受高等教育等途径,美国女权主义者试图进一步将妇女从诸如性、家庭、生育等传统束缚中解放出来,并意在为解放后的女性创建更为平等的生存和生活空间,如营造男女平等和谐的工作环境、关注家庭暴力等。到20世纪80年代末,女权运动第二阶段的"妇女解放"目标大多通过法律形式得到了确立和实现。女权主义者通过各项社会实践逐步改变了社会上根深蒂固的传统性别观念,使女性逐步获得了与男性平等的社会地位,一些原为男性所主导的领域(如军事及航天领域)也逐渐有了女性的参与。虽仍未完全改变社会中男女不平等的父权结构,但女权运动第二阶段的成果极大地提高了女性在传统权力结构中的话语权。

1992年,丽贝卡·沃克(Rebecca Walker)提出了所谓"女权运动第三阶段"(third-wave feminism)的说法。在沃克等女性主义者看来,自20世纪90年代开始,在女权运动第二阶段所取得的成果的基础上,女权运动又有了新的动向和发展。首先,新时期的女性主义者深化了对父权社会所设定的并经由大众媒体所强化的"规范"的女性形象的批判。其次,新生代的女性主义者开始反思女性主义及女权运动的既往历史。她们认识到女性主义过去的某些思想和主张,如对平权的追求,已渐趋脱离现时的政治语境,因此应根据当下的社会及文化环境进行反思、改变、再探索和再创造。她们也意识到性别角色本身的流动性和建构性,及其背后所隐藏的不同政治话语之间相互博弈的激烈性和丰富性,因而开始质疑女权运动第二阶段所提出的主要代表欧美(特别是美国)中上层白人女性意识形态的思想和主张的普适性。另外,在女权运动的第三阶段中,女性主义者也意识到性别仅是造成社会不平等权力结构的一个范畴,它与此结构中的其他范畴如种族和阶级等密不可分。她们认为不同范畴之间相互联系所形成的交互是形成个人主体性以及不同主体之间交流的基础。因此,新时期的女性主义者更多地关注少数族裔及其他弱势群体(如同性恋群体)的权利问题。如今,女权主义运动仍处于其历史分期的第三阶段。总体而言,相较于女权运动的第一及第二阶段,第三阶段的女性主义者并没有统一且明确的主张和政治目标,她们往往围绕具体的事件展开讨论和进行社会实践。

二、主要女性主义思想家及其主要观点

在女权运动的第一阶段,女性主义者对于运动的认识、观察和反思大体是经验性的。她们依据自身的生活经验和对于周围世界的感知,认识到女性在社会中为男性所压抑的社会现实。因此,在各方面条件有利于抗争时,自然地联合起来追求自身的平等权利。在这一时期,女性主义的思想尚处于萌芽阶段,并不具有很强的哲学思辨性,同时也缺乏比较完整的理论体系。而到了女权运动的第二阶段,波伏娃和弗里丹等女性主义者开始深入社会结构内部去探讨造成两性不平等的父权制社会模式的根

源及其内在运行机制。她们的理论建树主要在于揭示了传统女性角色的社会建构性并论证了现代社会性别结构的不合理,为女性主义思想的发展和女权运动的推进提供了合理性及理论基础。在波伏娃、弗里丹和当时其他社会思潮的影响下,后辈女性主义思想家进行了更为深入的思考,也因此取得了较为丰硕的成果。

对于女性主义理论和方法论作出突出贡献的主要是一些女性社会学家。生于1926年的英国女性主义社会学家多萝西·史密斯(Dorothy E. Smith)是"立场理论"(standpoint theory)的提出者之一。史密斯认为,个人对于社会和他人的认知来源于其所持有的立场,而此立场的生成则基于个人独特的生命体验。史密斯强调,个人不可能对世界有完全的和纯客观的认知,并且由于个人生命体验的差异,任何两个个人之间都不可能共享完全相同的立场。她还提醒道,个人不应将自己所秉持的立场看作是理所当然的,而应将之看作是被建构的和反思性的。依托立场理论,史密斯挑战了传统社会学所宣称的学科"科学性"和"客观性",并将社会学的概念、理论和方法论看作是白人中产阶级男性生命体验的表征,并未反映女性作为社会生活主体的独特经验。因此,她认为传统社会学是一门洋溢着男性气质的学科,在理论和方法论上压抑了女性的经验表达。通过对马克思理论的重读,并受到现象社会学家舒茨(Alfred Schutz)的影响,史密斯提出了所谓"意识的分岔"(bifurcation of consciousness)理论。她认为个体实际的经验世界(如女性的生育经验)与主流社会的观念所设定的个体应有的经验之间存在分歧。处于从属地位的群体往往不得不遵循无所不在的、以各种形式出现的主流观念的规范去进行感知实践,而这种主流观念和规范与个体的实际经验往往相互冲突。史密斯因此进一步提出了其所谓的"建制民族志"(institutional ethnography)方法。她希望通过这一方法去描述和解释个体经验与主流观念的分歧,展现和探究日常活动与制度性规范之间的关系,从而构建出一个外在宏观权力和个人微观日常实践互动的模型以理解外在权力(男性权力)对于个人(女性个体)的压迫。总的来说,史密斯的女性主义社会学理论意在促使社会大众和学界对女性的个体经验予以尊重,以保持女性个体存在的主体性,而非使之沦为男权社会权力话语支配下的物化对象。

史密斯的观点深刻影响了一位美国黑人女性主义社会学家,即生于 1948 年的帕特里夏·柯林斯(Patricia Hill Collins)。柯林斯将史密斯的女性主义现象社会学理论应用于对黑人女性的研究,探讨性别、种族、阶级、民族及性取向等经验范畴是如何相互作用以构成黑人女性独特的认识论立场的(standpoint epistemology)。但在柯林斯看来,个人的立场并非一成不变的,而是随着个体经验在不同语境中的差异而不断变化(matrix of domination),于是,个体作为压迫者或被压迫者的身份可能会在不同时空中发生转变,甚至完全逆转。在这个意义上,白人女性依据其个体经验所持有的种族立场会在一定程度上与黑人女性形成差异,并由于其掌握的某些"权力"对黑人女性形成"压迫",因此,柯林斯认为,白人女性主义者的观点或许并不能完全代表黑人女性的个体经验。在她看来,不论在个体层面(the level of personal biography)还是在群体层面(the group or community level of the cultural context)上,黑人女性及黑人女性主义者都应该从自身的生命体验中寻求自己的独立立场以"反抗"来自白人上层及中产阶级男性为主导的父权社会的压迫。

与深受马克思主义影响的女性主义者不同,南茜·乔多罗(Nancy Chodorow)的理论则始于对弗洛伊德"阴茎嫉妒"(penis envy)理论及有关女性性快感(double orgasm)理论的批判。弗洛伊德认为女孩在看到异性阴茎后,会认为自己的身体是被"阉割"的和不完整的,从而会因为生理上的差异产生屈辱感,并对男性拥有阴茎生发出由羡慕到嫉妒的情绪。在这一过程中,女性性快感的产生部位也将从阴蒂移向阴道,并因此导致三种不同的女性人格:性压抑、男性化及"正常化"。而由于阴茎"缺失"所产生的屈辱感则被认为是女性屈从于男性的生理及心理基础。乔多罗认为弗洛伊德关于女性性快感的理论并无医学根据,而且就精神分析学的学科角度而言,弗洛伊德关于"阴茎嫉妒"的理论也是不完全的,因为他并未指明女性产生此种情绪的根源。在乔多罗看来,除了医学上的错误,弗洛伊德对于女性"阴茎嫉妒"心理根源的语焉不详还表明了他所持有的认为女性为满足性快感而先天依附于男性的观点。而这一观点,无疑是"错误"和缺乏依据的。但乔多罗对于弗洛伊德的批判并不意味着她放弃了精神分析理论的分析框架,相反,她仍然认为精神分析学说为性别研究提供了重要的理论和方法论资源,并吸收了精神分析学说中关于潜意识及情欲的理论。在精神分析学说的基础上,乔多罗提出了"客体关系理论"(object relations theory)。她认为,个体人格及性别意识的生成都依托于与其他个体之间的相互关系;创建和维护个体之间的相互关系是个人与生俱来的内在动力和根本需要,也是个体制约其内在其他冲动(如性欲、攻击性)的本能。与精神分析的基础理论相似,乔多罗提出的客体关系的内在结构也构建于儿童期。但是,与弗洛伊德学说不同,客体关系理论认为成年人的性别意识与其儿童期对于性和生育的感知无关,而是基于个人与其最为亲密的抚养者(一般为母亲)在婴幼儿期所建立的亲密关系及随后由于成长而造成的二者关系的疏离状态。除此以外,个人的性别意识还与其所成长的家庭及社区关于性别的不平等观念有关,但这些观念所起的作用是较为次要的。

女性主义精神分析学说被认为是当代女性主义对于所谓"性别角色复位"现象的回应。所谓"性别角色复位"是指,在女权运动第二阶段中,女性主义者普遍认为性别角色是社会文化塑造的产物;如果对男孩女孩不进行带有性别色彩的教育和引导,那么孩子在成人之后,除第二性征的区别外,便不应有行为上及社会性的差异;但是,事实证明,这些女性主义者的假设与事实不符,男女在成年后大多回归到其"既定"的性别角色中。为解释这一现象,女性主义精神分析学者开始关注社会性别模式的自我再生机制及过程。在乔多罗看来,婴儿期的孩子通过与其亲密的女性抚养者(通常为母亲)的接触已经开始在有意识或无意识地建立自己的性别意识。在儿童成长的过程中,母亲有意或无意地与男孩"分离",而这种分离使得男孩逐渐脱离了对女性的依附关系,并逐渐获得了自己作为男性的主体意识,从而开始有意识地拒绝从母亲身上看到的"女性气质";而女孩的成长并未经历与母亲"分离"的过程,因此,在女性身上仍然保有对于他者的强烈依附意识。在成年男性与女性所组成的异性家庭中,由于男性所特有的儿童期与母性"分离"所造成的刚性,女性潜意识中的依附性情感只能通过与下一代建立情感联系而得到实现和释放,这也使得男女的社会性别角色得以不断在下一代延续。而女性对于他者的依附特性也被认为是其受制于男权的主要原因。

与乔多罗相似,澳大利亚社会学家蕾文·康奈尔(Raewyn Connell)也十分关注性别角色复位及造成男性凌驾于女性之上的社会行动模式。但与乔多罗不同,康奈尔所依托的理论资源并非精神分析学说,而是意大利马克思主义思想家葛兰西的"文化霸权"(cultural hegemony)理论。葛兰西认为,统治阶级往往通过一些较为隐蔽和间接的方式,而非直接强迫或使用武力,促使被统治者自愿接受他们的意识形态。依据葛兰西的理论,康奈尔希望探究主流性别意识是如何传递的,因此提出所谓"支配性男性气质"(hegemonic masculinity)的概念。在康奈尔看来,社会的统治集团正是通过各种方式(特别是利用媒体的文化宣传)塑造、烘托和扩散所谓的"支配性男性气质"来控制个体的性别观念。她认为,在任何一个社会中,性别规范都是由该社会所推崇的"支配性男性气质"所设定的。在该社会中,男性气质可能不止一种,但必定有一种男性气质是在社会性别结构中处于支配性地位的。需要说明的是,所谓"支配性男性气质"的"支配性地位"是结构性的,而处于此位置的具体"男性气质"则是变动的。这种支配性的男性气质不仅支配着社会中男性与女性的行为模式,还使得整个社会"性别化",即是说,社会生活中的各个方面包括政治、经济、教育及文化产业(如媒体)都被打上了性别标签,被归入不同的性别范畴中并被赋予不同的价值考量。康奈尔对于社会性别化的思考使得性别研究突破了过往以个人和家庭为中心的微观视域,为性别研究嵌入了宏观视角。在研究中,康奈尔还注意到,在社会性别结构中占主导地位的支配性男性气质并非为该社会中所有男性所拥有,由于个体之间存在的种族、阶级、民族、宗教及性取向等差异,具有支配性男性气质的男性在社会中可能只是少数(patriarchal dividend)。

1956年出生的美国女性主义思想家朱迪斯·巴特勒(Judith Butler)是当代女性主义者中较为年轻,同时也是最为著名的一位。巴特勒的女性主义观点首先是对"女性"(woman)本身的解构,她认为性别和身份等概念都是不稳定的虚构性范畴。在巴特勒看来,过往女性研究的谬误在于未能挣脱既有的男女二元对立的性别研究框架。她指出,个体主体性的性别范畴是由社会性别(gender)而非生物性别(sex)来设定的。而判定社会性别是"男性"(male)或是"女性"(female)乃是基于不同语境之下行动主体所进行的一系列经验性行动和仪式实践。因此,由于社会性别的不确定性,其所定义的个体主体性本身也是变动而非固定的。在这个意义上,巴特勒将性别看作是表演性的(performative)、文化性延续的(culturally sustained)、暂时的所在。由于性别的不确定性和表演性特质,巴特勒认为所有与性别和性行为有关的概念,以及一切关于性的观念和价值评判标准都是社会性的、为传递某种意识形态而进行的建构。基于这一点,她认为对于诸如同性恋等"怪异"性取向及性行为的价值判断并无严谨切实的生物学依据,而完全是基于社会的主流文化倾向和性别预期。正是由于主流社会对于男性和女性存在既定的标准和预期,主流价值取向将异性恋设定为"正常的"和"自然的"(heterosexual matrix),而将其他性取向认定为"不道德的"和"非自然的"。巴特勒的这些观点使其成为当代最重要的"酷儿理论"(queer theory)思想家之一。当然,巴特勒并非意在完全否定生物学意义上的个体差异,她所要挑战的是主流意识形态为控制和压迫个体行为而设定的关于性和性别的评判标准和价值体系。

除了以上介绍的主要女性主义思想家以外,许多其他女性主义学者也极大地推动了女权主义运动的发展,丰富了女性主义思潮的理论体系,如撰写《性政治》(Sexual Politics)的美国女性主义思想家凯特·米利特(Kate Millett)以及撰写《性的辩证法》(The Dialectic of Sex)的另一位美国学者舒拉米斯·费尔史东(Shulamith Firestone)等等。女性主义者们的观点深刻影响了许多研究者在各领域的研究实践,而民俗学则是这众多领域中的一个。

第二节　民俗学中的性别研究概况

一、女性主义民俗学的兴起与实践

(一) 民俗学与女性

1812 年,格林兄弟编撰的《儿童与家庭故事集》(Kinder-und Hausmärchen,即《格林童话》)出版,标志着民俗学作为现代学科体系中的一个门类的建立。早在现代民俗学建立之前,女性就一直是民俗搜集者和研究者获取资料的重要来源。例如,作为民俗学之父的格林兄弟最早便是从他们的女仆和女亲戚处听闻并开始搜集民间故事的。在早期,民歌和歌谣也主要采集自当时的女性演唱者,如苏格兰著名的民歌手安娜·布朗(Anna Brown,1747—1810)。但是,这些在民俗学建立初期所搜集的、由女性传承的民俗事项并未将女性的生活经验作为中心事件,而且也并未直接和明确地反映女性在社会中的传统角色。相反,这些女性所传承的大多是社会中具有"共识性"的普遍经验,而这一普遍经验往往要么带有较为浓厚的"男性"色彩,要么其中的女性性别意识被刻意回避或者淡化,即是说,这些女性所传承的民俗事项仍然属于"男性"民俗的范畴。在女性主义者看来,女性个体经验的"离场"无疑与社会性别关系中的权力结构密切相关。

一方面,深层社会权力结构支配下的女性无意表达自己的生活经验;而在另一方面,许多男性研究者也往往被认为在有意识地忽略或限制女性对于其个体经验的表达。通过考察20世纪初到70年代民俗学界的重要刊物,如《美国民俗学刊》(Journal of American Folklore)和《西部民俗学》(Western Folklore),以及一些学者的资料汇编,如弗兰克·布朗收集的美国北卡罗来纳州的民俗集(The Frank C. Brown Collection of North Carolina Folklore),女性主义民俗学家克莱尔·法拉尔(Claire R. Farrer)发现,这些刊物或资料中普遍缺乏对于女性民俗的关注。她注意到,如果研究者(通常为男性)需要在女性的故事版本和男性的故事版本中进行选择的话,往往会选择使用男性的版本。她还注意到,在田野调查中,研究者(通常为男性)对女性讲述或以其他方式传承的民俗资料进行采集的原因,往往是由于男性被访者的"缺席",或者是因为该民俗事项所属的范畴如巫术、婚俗、生育等等,只与妇女的经验相关。然而,许多男性研究者否认来自女性主义研究者的对于他们方法论上的指责。在这些男性民俗学家看来,这是整个社会权力结构下两性不平等的客观社会现实所造成的,而非他们刻意为之。例如,在搜集加拿大东部纽芬兰乡村的民歌时,杰尔拉德·珀修斯(Gerald L. Pocius)观察到,许多男性民歌手的妻子其实是更为优秀的民歌手,但是在结婚之后,这些女性往往由于各种原因

(有时是来自外在的压力)选择放弃演唱,而更多地帮助她们的丈夫成为更好的歌手。一般认为,这种情况是由社会传统有关男女活动空间的预设观念造成的。在北美(以及世界上许多国家和地区)社会传统中,男性日常工作和交际的场所往往是开放的公共空间,而女性的日常活动则往往被限定在以家庭为中心的私人领域。在一定程度上,这一传统观念导致了女性传承人和她们特有的洋溢着女性生命气息的民俗知识在民俗田野中普遍性的"隐退"。这使得民俗学作为一门旨在为弱者发声的学科也不自觉地强化了两性不平等的社会结构。

到了20世纪70年代中期,在第二阶段的女权运动及女性主义思潮的影响下,许多女性主义民俗学家开始积极反思和批判固有的、为父权制社会结构所支配的民俗学学科建构,促成了女性主义民俗学的诞生。

(二)女性主义民俗学

女性主义民俗学是指一些民俗学家,在女性主义思潮和女权主义运动的指导和影响之下,以性别研究为导向,以尊重女性主体性为前提,以关注女性独特的生命体验和情感表达为核心,以对抗社会及学科内部不平等的性别结构为最终目标的民俗学实践以及由这些实践所形成的民俗学研究范式。与传统民俗学对女性的研究不同,女性主义民俗学并不仅仅将女性视为民俗研究的"对象"和客体,而是将之作为建构和参与民俗研究并创造新的民俗事项的能动主体。相较于前者,女性主义民俗学往往带有较为强烈的政治意味和反抗精神。与诸如功能主义、结构主义及表演理论等理论流派不同,女性主义民俗学或民俗学框架下的性别研究从未出现由一二研究者所主导的学派或研究范式,而是各民俗学者在女性主义基本思想的指导下,从各个方面对女性民俗事项进行学术研究,这也是女性主义民俗学对传统民俗学话语的一种突破和"反抗"。

需要强调的是,虽然女性主义民俗学所着力的主体意识与民俗学女性研究传统中单纯的客体观照旨向不同,但后者无疑为前者的兴起和发展提供了丰富的资料并孕育了性别意识的胚芽。举例说来,美国民俗学会(American Folklore Society)于1888年成立,到1899年,其会刊《美国民俗学刊》便刊登了关于女性民俗的索引书目以便研究者参考。1906年,托马斯·西塞尔顿-戴尔(Thomas F. Thiselton-Dyer)的《女性民俗》(*Folk-Lore of Women*)一书是同时期最具代表性的关于女性的民俗著作。① 1926年,马克·阿扎德夫斯基(Mark Azadovskii)发表了一项对于女性作为主要故事讲述者的研究,并在此研究中关注和强调女性的独特创造力。与阿扎德夫斯基类似,在20世纪20年代末,露丝·邦泽尔(Ruth L. Bunzel)在其关于美国西南部印第安人村落的女性手工艺人的研究中,也关注到女性的个人创造力,以及此内在创造力与物品外在形式之间的关系。从30年代中期开始,佐拉·尼尔·赫斯顿(Zora Neale Hurston)通过书写人类学(民俗学)小说的方式呈现黑人妇女的语言习惯、说话方式以及这些文化表现背后黑人女性的生存状态和生活方式。从50年代开始,民俗学田野工作中对于妇女的关注度逐渐提高,使得很多关于女性民俗的研究在60年代得以出版和发表。作为其中的突出代表,琳达·戴格(Linda Degh)在其关于匈牙利民间故事的研究(1969)中,着力讨论了女性公共表演缺乏的原因,并论述了"重新发现"的女性为社会性别结构所遮盖的无尽创造力以及在民俗表演中展现的丰富的个人风格。

除基于过往民俗学家对于女性民俗的研究传统,女性主义民俗学的兴起还得益于当时民俗学的理论转向。1965年,美国民俗学家阿兰·邓迪斯(Alan Dundes)对于民俗学中的重要群体性概念"民"(the folk/folk group)进行了重新定义。他将传统"民"的概念的外延从农民阶层扩展到任意具有共性的个人所组成的群体(any group of people whatsoever who share at least one common factor)。邓迪斯对于民俗学框架下"民众群体"概念外延的扩大不仅增加了民俗学观照的对象,而且客观上使得客体相互之间自我"发现"和"构建"的关系在民俗学的研究领域中得到尊重。而这一对于客体生活经验的尊重造就了研究对象的主体性在学科内部的"生成"。同时,对于客体之间相互关系的建构性的关注也使得民俗学家逐渐意识到意义的生成和传达并不是既定的,而是在客体间不断维护和调整旧的关系,以及不断发现和构建新的关系的变动过程中实现和达到的。民俗学界的这一新认识最终在20世纪70年代为以理查德·鲍曼

---

① Thomas F. Thiselton-Dyer, *Folklore of Women*, Chicago: A. C. McClung, 1906.

(Richard Bauman)为代表的美国民俗学家所理论化并冠以"表演理论"之名,至今一直被广泛用于民俗学及相关学科的具体实践中。从1971年《美国民俗学刊》的特辑《面向民俗学新视野》(Toward New Perspectives in Folklore)中可以看出,民俗事项的表演性及表演过程、民俗事项发生和表演的语境、民众群体的形成和内部交流模式以及民俗的个人性表达等议题已然成为民俗学界关注的新视点。在这一导向指引下,丹·本·阿莫斯(Dan Ben-Amos)为代表的民俗学家开始关注小群体内部的个人表达和交流("Toward a Definition of Folklore in Context"),理查德·鲍曼等则着重强调处于不同的群体层面和个体层面上的个体表达的差异性("Differential Identity and the Social Base of Folklore")。民俗学的这一转向为以女性独特生命体验为研究重点并以建构女性主体性为要务的女性主义民俗学的兴起提供了学科内部的合理性基础。通过引入表演理论以及以语境的差异性作为主体建构的背景,女性主义民俗学家试图重新将女性构建为民俗传承和情感表达的主体。这一新的主体性建构旨在批判原先将男性与女性对立并将女性定义为"他者",以及把两性进行高低、好坏等"不公正"价值判断的以父权结构为基础的偏见性论述,并重新调整或重建两性主体之间的关系。

在内因(女性民俗的传统和民俗学的理论转向)和外因(女权运动和女性主义思潮)的共同作用下,1975年,克莱尔·法拉尔主编的《美国民俗学刊》特辑《女性与民俗》(Women and Folklore)的刊行标志着(美国)女性主义民俗学的确立。在此特辑中,女性主义民俗学家们通过对社会上普遍认知的女性传统形象和各类涉及妇女独特创造力的民俗事项的考察,看到了过往研究的种种不足,因此呼吁研究者对女性的社会形象进行重新定位和思考。更为重要的是,她们还看到,在传统学科体系中,基于父权结构所设立的民俗学并未对女性民俗进行合理的体裁分类(genre),使得女性民俗中的某些体裁并未被纳入传统民俗学的研究体系中。因此,这些早期女性主义民俗学家提出要为女性民俗增设新的体裁项目。在《女性与民俗》刊出后,女性主义民俗学家积极寻求各种方式将女性主义的理论和方法应用于民俗学的研究实践。在女性主义民俗学发展的早期阶段,比较重要的论著包括马尔塔·威格尔(Marta Weigle)的《蜘蛛与老处女:妇女与神话学》(*Spiders and Spinsters: Women and Mythology*, 1982),弗兰克·德·卡洛(Frank A. de Caro)的《关于女性与民俗的文献梳理》(*Women and Folklore: A Bibliographic Survey*),罗珊·乔丹(Rosan A. Jordan)和苏珊·凯斯克(Susan Kalcik)编辑的《女性民俗与女性文化》(*Women's Folklore, Women's Culture*),罗珊·乔丹和弗兰克·德·卡洛共同撰写的论文《女性与民俗研究》("Women and the Study of Folklore"),以及卡米拉·柯林斯(Camilla A. Collins)编辑的《南方民俗》(*Southern Folklore*)特辑《民俗学的田野:生物性、性和社会性别》(*Folklore Fieldwork: Sex, Sexuality, and Gender*)等。

女性主义民俗学确立的第十年,也就是1985年,是女性主义民俗学发展前期的一个高峰。在这一年,由于深感民俗学界对女性主义理论讨论与应用的不足,美国德克萨斯州立大学奥斯丁分校民俗学专业的一些女性学者召开了"关于女性主义与民俗学"的讨论会。此次讨论会的主要目的在于深化对民俗学学科内部陈旧和带有偏见的学科范式的批评,并且加强女性主义学说在民俗学内部的影响力。在更深的层次上,这些女性主义民俗学家希望探讨女性主义思想对于民俗学研究的积极作用以及民俗学研究对于女性主义理论发展的作为。此次会议直接或间接的成果包括由布鲁斯·杰克逊(Bruce Jackson)编辑的《美国民俗学刊》特辑《民俗与女性主义》(*Folklore and Feminism*),贝弗莉·斯图蒂(Beverly J. Stoeltje)编辑的《民俗研究杂志》(*Journal of Folklore Research*)特辑《民俗研究的女性主义修正》(*Feminist Revisions in Folklore Studies*, 1988),苏珊·赫里斯(Susan Hollis)、琳达·珀欣(Linda Pershing)和简·杨(M. Jane Young)编辑的《女性主义与民俗学研究》(*Feminist Theory and the Study of Folklore*)以及琼安·拉德纳(Joan Radner)编辑的《女性的信息:在妇女民间文化中编码》(*Feminist Messages: Coding in Women's Folk Culture*)。

1993年可以视为女性主义民俗学第一阶段的结束和第二阶段的开始。以1993年作为女性主义民俗学发展第一阶段结束的界标的主要原因是这一年《女性的信息:在妇女民间文化中编码》等重要论著的出版和发表。这些论著的出版和发表标志着女性主义民俗学从单纯的女性主义批判转向对于研究对象较为系统的文本及语境分析。在女性主义民俗学的早期,伴随着女权运动第二阶段的发展,女性主义民俗学家的主要工作是确立女性主义研究在民俗学学科体系中的合法性以及"指定"一些女性专属的"女性主义"民俗学研究对象。通过识别女性专属的民俗事项、探究女性"文本"内在的生成和传播机制以及将女性主义思想导入民俗学田野调查等实践活动,女性主义民俗学家确立了女性主义民俗在民俗学学科体系中的地位和价值,为以后女性主义民俗学的发展奠定了理论方向和实践基础。

随着女权运动第二阶段的退潮和第三阶段的兴起,女性主义民俗学也从其确立期过渡到研究视域更为广阔的阶段。在这一阶段,女性主义民俗学研究主要致力于扩大女性主义理论在民俗学(及大众文化研究)领域内部的应用范围并探究民俗学研究对于发展女性主义理论和方法论的可能性。正如女权运动第三阶段是对第二阶段的延续和发展,女性主义民俗学家在现阶段的实践活动大多也是对女性主义民俗学前期成果的深化。在 1998 年以前,女性主义民俗学家大体沿袭了前期女性主义民俗学者的批判精神,通过对于各类民俗事项的研究,揭露社会传统对于女性的"压迫"和控制。这一类型的研究包括:黛博拉·凯普全(Deborah Kapchan)关于摩洛哥女性表演者的研究(*Moroccan Female Performers Defining the Social Body*);劳力斯关于女性神职人员(牧师)的研究(*Writing the Body in the Pulpit: Female-Sexed Texts*);凯西·琳恩·普雷斯顿(Cathy Lynn Preston)关于"灰姑娘"故事的黄色笑话版本的研究(*"Cinderella" as a Dirty Joke: Gender, Multivocality, and the Polysemic Text*);克娄尔·诺兰·威廉姆斯(Clover Nolan Williams)关于婚礼前单身派对的研究(*The Bachelor's Transgression: Identity and Difference in the Bachelor Party*);波林·格林希尔(Pauline Greenhill)关于加拿大纽芬兰地区歌谣的研究(*"Neither a Man nor a Maid": Sexualities and Gendered Meanings in Cross-Dressing Ballads*);伊丽莎白·柯林斯(Elizabeth Collins)关于民居的研究(*Gender, Class, and Shelter: Perspectives in Vernacular Architecture V*);珍妮·托马斯(Jeannie B. Thomas)关于金发女郎笑话的研究(*Dumb Blondes, Dan Quayle, and Hillary Clinton: Gender, Sexuality, and Stupidity in Jokes*);波林·格林希尔和黛安·泰(Diane Tye)编辑的《不羁的女性:

加拿大女性的传统与文化》(*Undisciplined Women: Tradition and Culture in Canada*);黛安·泰和安·鲍尔斯(Anne Marie Powers)关于加拿大大西洋地区婚礼前派对的研究(*Gender, Resistance and Play: Bachelorette Parties in Atlantic Canada*)。

以格林希尔和泰所编辑的《不羁的女性:加拿大女性的传统与文化》为代表,女性主义民俗学逐渐显露了区别于其前期的重要特质。如格林希尔和泰所言,《不羁的女性》一书希望实现三个目标:第一,是使得加拿大女性民俗学家的成果为学界(特别是民俗学界)所知晓;第二,是探讨社会性别是如何在加拿大传统和大众文化中被建构的;第三,是确认和展现女性是如何通过她们的文化"生产",积极参与其自身身份以及其所属社区的建设的。从成书目的和刊载的20篇论文中可以看到,与前期的女性主义民俗学家不同,新一代的女性民俗学家对于社会结构和学科体系的批判不再直接来自女性主义学说,仅将民俗事项作为女性主义学说的佐证,相反,她们往往从对于民俗事项的研究出发,在研究中发现"性别"因素在文本和语境构建中的重要性,从而形成对父权制社会结构及由此结构形成的民俗学学科体系的再认识。在这个意义上,新一代的女性民俗学家不再致力于构建一个与原来所谓"父权"民俗学相分离甚至对立的"女性"民俗学,而是从学科建设的内部,寻求将女性主义学说作为一种理论资源,融合或嵌入原有的学科体系中,以期在学科内部讨论和尝试女性主义的研究范式,并通过学术实践将性别视角构建为民俗学研究的基础性范畴。通过这一转向,女性主义民俗学的意义不再是破坏性的,而是建构性的,并有可能与其他学科的女性主义实践进行对话,以促进女性主义学说的深化和发展。

在《不羁的女性》出版后,较早且较为明显地显现女性主义民俗学新阶段转向的论著是1999年由克里斯蒂·福克斯(Christie L. Fox)和斯蒂芬·奥布莱斯(Stephen Olbrys)合著的《田野中的自我:一个方法论意义上的思考》(*The Self in "Fieldwork": A Methodological Concern*)。在伊莲·劳力斯(Elaine Lawless)2001年(*Women Escaping Violence: Empowerment through Narrative*)和2008年(*Place, Space, and Disruption: A Response to the Question "Why Doesn't She Just Leave?"*)关于女性遭受家庭暴

力问题的著作中,作者的研究重点也转向对于女性叙事结构的分析,意在深化其早期关于"交互民族志"的讨论而非将女性叙事的探讨限于批判男权社会。除此之外,玛格丽特·米尔斯关于阿富汗传统故事中的女性骗子(2001),琳恩·沃尔斯塔特(Lynn Wollstadt)关于苏格兰歌谣(2002),珍妮·托马斯关于芭比娃娃,唐纳德·哈泽(Donald Haase)主编的关于民间故事与女性主义的论集,阿娜达·普拉莱德(Sw. Anand Prahlad)关于谚语(2004),爱丽莎·亨肯(Elissa R. Henken)关于都市传说,格林希尔与斯蒂芬·欧姆(Steven Kohm)关于小红帽故事,海瑟·卡弗(M. Heather Carver)和伊莲·劳力斯编辑的关于家庭暴力的论文集以及格林希尔和泰最近编著的论文集,都是在女性主义思想指导下,通过对传统及大众文化中的各类民俗和文化表达的研究,寻找除单纯政治道德批判以外的民俗学与女性主义学说的结合点,并希望通过民俗学微观经验的研究,为女性主义学说的发展注入新的活力。

总的说来,女性主义民俗学大致有三个旨向:第一,通过女性主义批评去揭示父权社会结构下的男性中心主义是如何建构社会文化以及关于社会文化的话语的;第二,通过田野调查、民族志记录、口述史及口头文学史的书写去重现过去以及呈现当代的女性日常生活及文化;第三,通过对女性批评学(gynocriticism)的建构去再现、发现和发展一套以女性为主体的批评话语和美学理论。也就是说,女性主义民俗学不仅意在记录和解读文化,也希望重新去改变和创造文化。但是,就女性主义民俗学的发展历程来看,其成果大多停留于对传统民俗研究的性别"缺失"以及民俗事项中女性形象塑造的批判,在理论及方法论建构以及新的、女性专属的体裁的确认和研究等方面的建树则相对较少。

二、LGBT 研究及"酷儿"理论的民俗实践

所谓 LGBT 是指与单纯异性恋相异的其他四种性取向:女同性恋(lesbian)、男同性恋(gay)、双性恋(bisexual)以及变性(transgendered)。20 世纪 60 年代,LGBT 群体伴随着民权运动(Civil Right Movement)、反越战抗议、女权运动以及性解放(sexual revolution)等一系列政治和社会事件逐渐进入了社会大众的视野。80 年代末期,"酷儿"(queer)成为标志

非异性恋性取向的统称。"酷儿"一词蕴含着对社会和政治主流所倡导的社会规范和行为模式的质疑和反思。非异性恋群体运用此词来表达对于压迫他们的社会文化和政治权威所设定的关于性别和性取向的规范的抗议。与女性所遭受的来自父权社会的"压迫"类似或者更甚,LGBT群体直到今日仍然处于社会权力结构的边缘。通过借助女权运动的政治成果和女性主义思潮及诸如福柯(Michel Foucault)等后现代思想家的理论资源,LGBT群体仍在利用各种方式为争取自身的权利而不懈努力。

民俗学对于LGBT群体及其民俗的认知是较为晚近的事情,大概从80年代中后期才逐渐开始。在LGBT群体成为民俗学家的研究对象之前,人类学家如埃丝特·牛顿(Esther Newton)和诗人朱迪·格兰(Judy Grahn)便开始关注同性恋群体的文化和情感表达。牛顿的研究主要关注男同性恋者的变装行为(*Mother Camp: Female Impersonators in America*),而格兰则以同性恋者的语言表达及相关的物质文化为考察对象(*Another Mother Tongue: Gay Words, Gay Worlds*)。在民俗学界,较早关注同性恋群体的民俗文化研究者是约瑟夫·古德温(Joseph Goodwin)和朱迪斯·列文(Judith Levin)。1985年,美国民俗学会的同性恋民俗分部正式成立。目前所知最早的关于同性恋民俗的学术著作是1989年出版的由古德温撰写的《比你更男人:美国中部地区男同性恋的民俗及其文化适应》(*More Man Than You'll Ever Be: Gay Folklore and Acculturation in Middle America*)。在古德温以后,关于同性恋群体的研究日渐增多,例如简·劳德(Jan Laude)关于女同性恋民俗的博士论文("Folklore as an Instrument of Stigma; Folklore as an Instrument of Liberation: The Case of Lesbian Coding");《纽约民俗学刊》(*New York Folklore*,后更名为 *Voices*)1994年的特辑《偏见与傲慢:美国的同性恋文化》(*Prejudice and Pride: Lesbian and Gay Traditions in America*);杰尔拉德·戴维斯(Gerald L Davis)1995年在美国民俗学会年会上关于"酷儿"民俗的讲话("'Somewhere over the Rainbow': Judy Garland in Neverland")以及伊莲·劳力斯关于女同性恋者如何通过发型和着装的选择改变自己的"身体"来表达自己的性别身份的研究(*Claiming Inversion: Lesbian Constructions of Female Identity as Claims for Authority*)等等。

民俗学者的研究表明,在具体的日常生活实践中,虽然LGBT群体的成员与社会上的其他大多数人共享许多民俗形式,但作为有其内在特征和独特生命体验的群体,他们也发展出了一些群体专属的民俗事项,如变装(drag)和娘娘腔(camp,一种幽默形式)。研究者们认为,LGBT民俗的意义除了在于使互不相识的成员能在公众场合相互辨认(通常LGBT行为不能被公众认同),并维系其群体身份和用于协调及处理群体与外部社会之间的冲突外,更为重要的是在于通过LGBT民俗中所创造和强调的"性别模糊",质疑并挑战人类社会传统对于性别的认知。举例说来,在LGBT群体内部,其成员对于所谓"性别角色"的确认是通过成员之间约定俗成的一系列言语、服饰、行动和肢体语言来表达和实现的。同时,在群体间的交流实践中,即在与异性恋共存的公共空间中,LGBT民俗便带有了许多模糊性别边界的成分。如米奇·威姆斯(Mickey Weems)提到,许多同性恋团体(特别是男同性恋群体)参与了设计和缝制艾滋病主题被褥的活动。缝制此种被褥的目的是为了纪念那些被艾滋病夺去生命的人。而采用的方式,即缝制被褥,在北美社会传统中一直是女性的领域,却被很多男同性恋者实践并用于纪念自己群体中已逝的伙伴(The Circuit: Gay Men's Techniques of Ecstasy)。这便是一种在公共空间中对传统性别观念进行解构的方式。

近年来,除了关注LGBT群体的专属民俗事项以及LGBT成员对于其他群体民俗的借用以外,部分民俗学者开始从民俗学发展的源头上寻找LGBT民俗的起源并对"经典"民俗中的文本进行重新解读和再创作。凯·特纳(Kay Turner)和波林·格林希尔2012年编辑出版的《越界的故事:〈格林童话〉的酷儿版本》(Transgressive Tales: Queering the Grimms)便是其中一个典型代表。特纳和格林希尔认为,在《格林童话》编撰定版之时(1857),格林兄弟对故事原貌进行了极大的修改,删除了许多被认为是下流的、不合规范的、有悖常理的情节和内容,使得如今流传的故事失真。通过对于《格林童话》的仔细研读,特纳和格林希尔发现了许多逻辑上的断裂和不完整,而这些断裂和不完整蕴藏了许多"酷儿"情节发生和发展的可能性,因此她们提出应该对《格林童话》中的故事进行修复和重述。在这一思想指导下,类似于安吉拉·卡特对传统故事的女性主义重写,《越界的故事》中的许多作者对《格林童话》中的故事,如《白雪公主》等,进行了符合LGBT

群体价值观的改编,并将之作为反抗主流价值观的一种方式。

总的说来,就目前关于同性恋民俗的研究来看,民俗学家专注的焦点仍是争取此类民俗研究的"政治"和"学术"合法性,并从学术的角度批判社会主流文化的偏见,最终目的是使得研究对象群体获得社会大众的认可和政治的合法性及平等权。在这个意义上,对于 LGBT 群体文化的研究本身就是对将非异性恋定义为非正常的、不自然的、病态的行为方式的社会权力结构的一种反抗。但是,在理论构建意义上,关于 LGBT 的民俗研究并未提出自己独特的理论和研究方法。研究者一般依托的理论资源是女性主义学说以及一些关于性和性行为的后现代理论。

三、民俗学视野下的"男性"民俗研究

女性主义学说指导下对女性独特生命体验的"发现"以及由此带来的女性主义民俗学的发展和逐渐成熟,促使民俗学界开始了一系列更为深入的性别思考:作为与女性共存于同一社会文化空间的另一性别,即一直被认为处于"支配"地位的男性是否可以被看作是一个民俗学意义上的"民众群体"?如果存在所谓的男性群体,那么这一群体是否与被重新"发现"的女性群体一样,保有主流文化遮蔽之下或主流话语结构之外,基于男性独有的生命体验而形成的独特的日常生活实践模式和情感表达方式?另外,男性的性别意识,是否也是为社会权力结构(包括女性主义思潮)所构建和维系的?如果答案是肯定的,那么是如何构建以及通过何种方式(文化形式)维系的呢?无疑,从 1965 年阿兰·邓迪斯对于民俗学意义上"民众群体"概念的新定义以及女性主义民俗学研究所确立的性别框架来看,男性作为民俗学意义上的一个以性别为共同纽带的"民众群体"的合法性应是毫无疑问的。再者,对于所谓"男性"民俗事项的探讨也并非晚近之事。由于传统社会中男性与女性的社会分工和社交分离,除家庭生活外,男性主要的工作和交际对象大多也为男性,因此,基于男性之间的工作和社交所形成的民俗事项,如伐木工人、矿工、消防员及军人等群体的行业民俗(occupational folklore),以及男性团体(如大学兄弟会)的入会仪式等等,虽然未被学界正式标注为"男性民俗",但往往都带有极为明显的男性特征。

民俗学界(特别是美国民俗学界)对于民俗中的"男性"性别特征和生命体验的关注大致始于女性主义民俗学确立后不久。较早的关于男性民俗以及民俗中的男性特质的研究是 1980 年斯坦利·布兰德斯(Stanley Brandes)关于安达卢西亚民俗中的男性意象的探讨(*Metaphors of Masculinity Sex and Status in Andalusian Folklore*)。而之后彼得·墨菲(Peter F. Murphy)的研究则主要关注男性特有的言说方式和俚语(*Studs, Tools, and the Family Jewels: Metaphors Men Live By*)。与布兰德斯和墨菲不同,詹姆士·塔戈特(James M. Taggart)主要从同类型西班牙民间故事的男女讲述版本所呈现的明显差异中分析男性与女性民俗的不同特点(*Enchanted Maidens: Gender Relations in Spanish Folktales of Courtship and Marriage*)。目前关于男性民俗比较全面且重要的研究是 2005 年由西蒙·布隆纳(Simon Bronner)编辑的《男性的传统:美国男性气质的民间性》(*Manly Traditions: The Folk Roots of American Masculinities*)。在此书中,许多文章都与 LGBT 民俗有涉,研究者们试图在男性性别意识的多元性和不确定性中探究男性气质的多样性、流动性以及模糊性,以挑战固化的对于男性气质的传统预设。但是,与单纯的 LGBT 民俗研究所强调的群体意识和反抗精神不同,《男性的传统:美国男性气质的民间性》旨在表明,虽然个体间性取向各异,男性本体存在所带来的群体经验以及对所谓"男性气质"存在的认知却是所有男性的普遍"共识"。在这一意义上,男性将自身群体从包括女性主义民俗学在内的女性主义学说所构建的父权结构中"解放"出来,使之不再成为单纯的"被批判"的对象和客体,而成为被民俗学学科体系所认可的民俗文本创作和民俗活动的实践主体。当然,男性民俗学的研究如今还处于初始阶段,研究成果较少,尚未形成自己独立的理论体系和研究范式。

第三节 性别研究视野下的民俗体裁

一、女性主义民俗学对于《格林童话》的批判和重述

在许多文化之中,民间故事都被认为是儿童获取文化观念和社会意

识的重要来源。关于性别的意识与观念也大多是通过民间故事的讲述来传递的。在众多的民间故事选集中,作为现代民俗学建立标志的《格林童话》无疑是流传最广且最受欢迎的一部。但是,在女性主义民俗学兴起之后,《格林童话》及其所呈现的女性形象则成了女性主义民俗学家批判的重点对象。可以说,女性主义民俗学发展的一个重要路径就是对民俗学经典文本及其形成过程进行再认识批判。女性主义民俗学家们认为,格林兄弟在编辑民间故事之时,对文本进行了较大的改动,不仅剔除了故事中原有的色情及暴力的成分,还依据他们自己的理解,修改了许多故事的主旨,如将原故事中许多强势且美丽的女性形象隐去或重塑,使之符合新兴中产阶级男性的文化想象。[1] 例如,在《格林童话》的故事中,女性形象往往被塑造成柔弱的、顺服的、依赖性的以及崇尚自我牺牲的,而男性则多被表现为强悍有力的、活跃的和占据主导性地位的。在这些故事中,柔弱、无力及顺服的女性一般是美丽的但不能主宰自己的命运,而强有力的女性则被描述为丑陋或者邪恶的。当然,有些女性主义民俗学家如露丝·波提盖默(Ruth Bottigheimer)[2]也意识到,《格林童话》中所呈现的女性形象其实并不完全是格林兄弟的刻意创作,这些形象其实在《格林童话》成书之前就已存在于农民阶层的口传故事中,因此,格林兄弟的编撰反映的不仅是中产阶级男性的性别想象,而且也是整个社会的男性所普遍接受的性别意识。在女性主义民俗学家们看来,这些由格林兄弟编写的反映男权中心主义的民间故事强化了社会中的传统性别角色,进一步加深了男性对于女性的控制和压迫。而且,这种两性不平等的性别观念还随着民间故事的代际传递,深刻地影响着后代读者自我性别意识和性别关系的构建。例如,在玛利亚·塔塔尔(Maria Tatar)看来,以《格林童话》为代表的民间故事不仅是男性在建构他们眼中同代女性的形象,同时也是成年人在试图塑造符合男权意识形态的

---

[1] See Donald Haase, "Feminist Fairy-Tale Scholarship", *Fairy Tales and Feminism: New Approaches*, Ed. Donald Haase, Detroit: Wayne State University Press, 2004, pp.1-36.

[2] Ruth B. Bottigheimer, "Rev. of Clever Maids: The Secret History of the Grimm Fairy Tales", *Valerie Paradiz*, 2006, 20(1), pp.127-131.

理想的儿童形象。①

在对《格林童话》及其他以男权为中心的民间故事进行批判的同时，女性主义民俗学家们也向读者们揭示了这样一个事实：既然格林兄弟等男性民俗实践者致力于在传统民间故事中嵌入男权意识，那么可见民间故事的源文本所表达的应是体现强烈女性意识的人物形象和故事情节。如路易斯·贝尼科（Louise Bernikow）认为，以《格林童话》为代表的民间故事在传统的讲述语境中其实是女性故事。② 在这个意义上，凯伦·罗（Karen E. Rowe）进一步认为，正因为传统民间故事（即《格林童话》编撰以前的民间故事）中蕴藏着丰富的女性经验，讲述和表演民间故事在传统上应是一项女性的表演艺术，而男性正是通过对于传统民间故事如《格林童话》的编辑和重写，从女性讲述者和表演者手中抢夺了原属女性的权力。③ 以凯伦·罗为代表的女性主义民俗学家因此呼吁女性作家以及普通女性重新取回讲述、表演以及修订民间故事的权力，通过对《格林童话》等民间故事的再讲述和再书写，来反抗男权社会通过编辑民间故事压制女性读者。在这一理论背景指导下，许多受女性主义思潮影响的作者开始创作女性主义民间故事文本。④ 女性主义民俗学家的思想还影响到学界对于迪士尼动画电影等大众文化所传播的以男权为中心的性别

---

① Maria Tatar, *Off with Their Heads! Fairy Tales and the Culture of Childhood*, Princeton, New Jersey: Princeton University Press, 2003; *The Hard Facts of the Grimms' Fairy Tales*, Princeton, New Jersey: Princeton University Press, 1992.

② Louise Bernikow, "Cinderella: Saturday Afternoon at the Movies", *Among Women*, New York: Harmony Books, 1980, pp. 271-272.

③ Karen E. Rowe, "Feminism and Fairy Tales", *Women's Studies*, 1979(6), pp. 237-257.

④ 较有代表性的文本有：Rosemary Minard, *Womenfolk and Fairy Tales* (1975); Ethel Johnston Phelps, *The Maid of the North: Feminist Folktales from Around the World* (1981); James Riordan, *The Woman in the Moon and Other Tales of Forgotten Heroines* (1984); Suzanne Barcher, *Wise Women: Folk and Fairy Tales from Around the World* (1990); Angela Carter, *The Bloody Chamber* (1979), *Old Wives' Fairy Tale Book* (1990); Virginia Hamilton, *Her Stories: African American Folktales, Fairy Tales, and True Tales* (1995); Kathleen Ragan, *Fearless Girls, Wise Women, and Beloved Sisters: Heroines in Folktales from around the World* (1998); Jane Yolen, *Not One Damsel in Distress: World Folktales for Strong Girls* (2000); Jane Yolen and Heidi E. Y. Stemple, *Mirror, Mirror: Forty Folktales for Mothers and Daughters to Share* (2000)。

意识的批判和再思考①。当然,必须看到,并不是所有的女性主义改写都是成功的女性主义故事文本(Feminist fairy tales),许多以性别意识形态为主导的再创作故事(fractured fairy tales),如罗伯特·马修(Robert Munsch)创作的《纸袋公主》(*The Paper Bag Princess*)②,由于讲述方式与读者认知的差异等原因,并不被包括女性在内的广大读者所接受。女性主义文本的创作至今还面临着诸多由于历史和文化等因素所造成的问题。

二、"发现""新"民俗

女性主义民俗学的重要理论假设之一是强调女性具有与男性不同的独特的生命体验,并且由于两性生活经验的不同,存在着一种区别于男性的非依附性的、独立的女性主体性以及与之对应的焕发着女性特质的民俗传统。因此,女性主义民俗学的重要任务之一便是去鉴别和确认所谓"女性民俗传统"的内涵和外延。除对学科内部旧有范式的批判外,就目前来看,女性主义民俗学理论和实践发展的主要成果便在于对女性专属民俗事项的"发现"。较早为女性主义民俗学家所确认的女性专属的民俗事项是女性的个体叙述(women's personal narrative)。女性研究者们看到,与男性讲述的传统叙事体裁如神话、传说或故事不同,女性的叙事主要基于其自身的日常生活经验和内心情感,而非程式化的"经典"内容。而这些女性叙述,在民俗学的学科框架下,往往被认为是"次等"(inferior)的民俗事项,为过去许多只注重收集诸如传说、民间故事以及歌谣等以男性为中心或者主要通过男性传承的民俗体裁的男性民俗学家所忽略或刻意回避。通过对诸多口头民俗事项的考察,女性主义民俗学家威格尔认为,在艺术创造和美学意义上,民俗学家应将以往被忽视的女性之间所广泛流传的个体叙述及"流言蜚语"(gossip)等"新体裁"与神话等"经

---

① See Kay F. Stone, "Fairy Tales for Adults: Walt Disney's Americanization of the Märchen", In Nikolai Burlakoff and Carl Lindahl, eds., *Folklore on Two Continents: Essays in Honor of Linda Dégh*, Bloomington: University of Indiana Press, 1980; *Burning Brightly: New Light on Old Tales Told Today*, Peterborough: Broadview Press, 1998; Elizabeth Bell, Lynda Haas and Laura Sells, eds., *From Mouse to Mermaid: The Politics of Film, Gender, and Culture*, Bloomington: Indiana University Press, 1995.

② Robert N. Munsch, *The Paper Bag Princess*, Toronto: Annick Press, 1980.

典"民俗体裁等同对待。部分女性主义民俗学家如苏珊·凯斯克从女性主义民俗学确立之初便开始关注女性特有的文本叙事模式。在对女性个体叙述的研究中,凯斯克提出了所谓"核心故事"或"故事核"(kernel story)的概念。她认为妇女在日常谈话中往往会创造一些叙事,并在之后的谈话中,根据不同的语境和对象,不断重复这些叙事并将之在妇女群体内部进行传播,使得这些叙事程式化为妇女群体内部的"共识"和进行新的叙述的基础。故事核是研究女性个人叙述以及识别此类民俗事项的重要概念,寻找和分析故事核是研究者理解和阐释女性口述民俗的关键。

除了口头民俗以外,女性主义民俗学家还较为关注物质民俗范畴内的女性民俗。例如,另一个在北美被认为是女性专属民俗事项的是社区祭坛的设置和布置(altar-making)。通过赫里斯等人的研究发现,在北美西南部(特别是新墨西哥州和德克萨斯州),祭坛的布设以及祭祀活动的其他各类事宜包括食物准备等等都被看作是妇女展现其创造力的舞台和妇女在家庭空间以外的重要公共场域中行使其权力的重要方式。另外,针线活(needlework)、刺绣(embroidery)以及设计和缝制被褥(quilting)等活动也都被认为是女性主导的民俗项目,为女性民俗学家所关注。在进行女性主义民俗学研究时,研究者应首先区分"经典"民俗事项和女性专属的民俗事项。经过对女性专属民俗事项的"发现"和"确认"后,研究者应深入探讨这些民俗事项的形成和结构方式,以及女性如何在其日常文化实践活动中具体使用这些"专属"事项进行群体内部交流。例如,在乔丹和凯斯克编辑的《女性民俗与女性文化》中,女性主义民俗学家们着重探讨女性文化的特质及其社会根源。她们认为,社会传统中两性空间的分离,即女性与男性被分割于社会文化既定的私人空间(家庭)和公共空间中,造成了男性与女性不同的文化认知和文化倾向,并且因此在各自的文化上带上明显的性别特征。

三、女性的编码

与处于社会结构支配地位的男性较多采用较为直接的表达方式不同,处于"从属"地位的女性在信息传递时往往采取间接或者较为隐蔽的方式,这使得女性所要传达的思想意识大多是"加密的"和不易理解的。

在 1987 年拉德纳和苏珊·兰瑟(Susan S. Lanser)的文章《女性主义者的声音:民俗与文学中的编码策略》("The Feminist Voice: Strategies of Coding in Folklore and Literature")及 1993 年拉德纳编辑的《女性的信息:在妇女民间文化中编码》论集中,女性主义民俗学家们为一直以来被男性主导的主流文化所遮蔽的女性的创造性交流实践提供了一个有效的解释框架。拉德纳在其文章中列举了六种主要的女性传递信息的编码策略:1. 借用(appropriation),即把原来属于男性、与男性文化相关的叙事、事物或者仪式用于表达和传递女性的信息,如通过改变《格林童话》中的"男性"故事,安吉拉·卡特(Angela Carter)创作了以女性为核心和主要线索,并旨在表达女性主义思想的"新的""民间故事"。2. 并置(juxtaposition),即运用不同语境之下文本解释本身的多义性,将民俗事项从其原来的语境中抽离出来,在另一语境中放置,使其传达出与原来不同的信息,或者将不同的甚至相斥的信息并置一处。例如,女性将男性的旧衣物制成洗碗槽或者其他劳作台前的垫子即可同时对不同对象传达不同的意思。首先,在传统社会中,女性清洗男性衣物及承担包括洗碗在内的家务被认为是理所当然的,因此,一方面,女性为更好地为"男性"服务而将旧衣物制成垫子首先传达给男性一种表面上"屈服"的信息;但是,在另一方面,在更深层次或潜意识意义上,女性将男性的旧衣物进行改造,使得自己不再受累于这些衣物,而且将这些给自己造成负担的物件做成垫子踩在自己脚下,除表现女性的创造力外,本身也代表着一种对于"男权"的反抗。3. 掩饰或混淆视听(distraction),即通过在主要意思之外加上很多原本不必要的信息,即所谓的"杂音"(noise),使得由于干扰,本群体以外的人不能获得群体间成员所传达的真实信息。这一方法与中国古代的藏头诗或类似的创作方法相似。4. 间接表达(indirection),与混淆视听不同,即将中心意思变形,使得其与原来的形态完全不同,而非仅仅通过加入多余成分来进行掩饰。间接表达有三种主要形式:比喻和象征(metaphor),非第一人称叙述(impersonation),弱语(language of powerless,语言表达上使用,如委婉表达、被动语态等)。5. 弱化(trivialization),即利用被主流文化认为不具威胁的方式传递信息。如女性往往用所谓"谣言"来指称自己的目的性表达,以迷惑男性,使其放松"警惕"。6. 宣称或表现自己的无能为力(incompetence),这往往被认为是女性对于男性的一种反抗方式和策略。女性往往通过表达"这个我干不了""这个我不会"等言语,使得男性放弃对于女性的要求或减轻其负担。研究者在分析女性民俗事项时,应意识到表面信息与实际信息可能存在的不一致性,因此,需要留意女性是否对其所要传达的信息进行了编码以及采用了何种编码方式,以正确理解和分析民俗文本和表演过程。需要注意的是,对所传达的信息进行编码不仅是女性独有的民俗实践,而且也为许多其他与女性群体一样处于权力结构边缘的社会群体所采用,如美国南北战争之前处于奴隶地位的南方黑人。

第四节 性别视角下的民俗学田野调查及民族志写作方法论

一、女性主义民俗学对表演理论的批判

在女性主义思想的影响下,女性主义民俗学家普遍认为传统的民俗学研究范式都是基于男性中心主义所构建的,是对女性民俗缺乏关注或不适用于女性民俗研究的充满偏见的理论框架。例如,虽然民俗学内部"新视野"的转向为女性主义民俗学的兴起和发展提供了契机,许多女性主义民俗学者对于这一民俗学界的新动向仍颇有"微词"。1993年,在对女性主义民俗学最初二十年发展的回顾文章中("Feminist Theory and the Study of Folklore: A Twenty-Year Trajectory toward Theory"),玛格丽特·米尔斯(Margaret Mills)认为,"民俗学新视野"的倡导者如丹·本·阿莫斯和理查德·鲍曼虽然极力强调民众群体之间的差异性,并将之视为民俗学存在的社会基础,但却忽略了或者说刻意回避了基于性别因素所形成的差异性。而在米尔斯看来,性别差异所带来的不同个体独有的生命体验是民俗与大众文化丰富性的本源。在米尔斯以后,一些女性主义民俗学家继续不断地对鲍曼的表演理论进行再阅读和重新审视,并进行了更为深入的女性主义批评。例如,在2002年,安娜·萨文(Anna Sawin)提出了对于表演理论所宣称的所谓"客观事实"和"客观视角"的批判。在萨文看来,表演理论仍是反映父权社会结构,以男性为中心的研究范

式。在这一范式中,女性仍然是被男性所建构的、与男性存在相对立的文化"他者",因此,在表演理论指导下所构建的女性主体性仍然是被程式化和边缘化的。因为,在萨文等女性主义者看来,鲍曼所提出的表演理论忽视了表演者的资格问题,即什么样的人才有资格进行"表演"。这些女性主义民俗学家认为,虽然鲍曼对表演过程和语境,以及民俗学家的角色和田野实践的准则都进行了出色的论述和规范,但他却没有注意到,如珀修斯所看到的,女性往往被"禁止"进行"表演",或者需要作出很大让步和妥协才能被允许在"公共空间"活动。在这个意义上,表演理论所推崇的民俗学研究的客观性基础便不成立了。因此,萨文等人认为,鲍曼在推动民俗学界摒弃长久以来的偏见的同时,似乎将性别偏见忽略了。从女性主义民俗学家对于表演理论的批判中可以看到,在女性主义思潮的影响下,女性主义民俗学家对于民俗学传统和理论并不是被动地全盘接受,而是批判性地继承和发展。因此,虽仍属民俗学学科体系的框架之内,女性主义民俗学正逐步试图建立自身独特的研究对象和研究方法,而批判性则是女性主义民俗学最为显著的特点之一。

二、性别视角与田野调查

除了对文本进行女性主义观照外,女性主义理论还深刻影响了民俗学的田野调查方法论。在 1990 年柯林斯所编辑的《南方民俗》特辑《民俗学的田野:生物性、性和社会性别》中,学者们通过对不同个案的研究将性别理论引入对民俗学田野调查方法的讨论,并透过性别视角去呈现性别因素对于田野调查数据的影响。学者们看到,由于研究者性别身份的差异以及由此产生的主体和客体以及研究者和传承人之间关系的变动,使得他们在资料搜集方法和研究视角上存在较大差异,并极有可能因此而带有或形成偏见。由于性别因素介入所带来的民俗学界对于民俗研究的"主观性"的尊重,使得民俗学家不再为追求所谓"客观性"或"科学性"而回避和忽略自身在田野调查中的真实感受和思考,并因此更加尊重受访者的情感体验,以及给予与自己性别相异的受访对象(通常为女性)更多的情感表达和宣泄的空间。之后,许多女性主义民俗学家如黛博拉·柯蒂斯(Deborah Kodish)、伊莲·劳力斯、丽雅·阿布-卢格霍德

(Lia Abu-Lughod)都试图通过引入女性主义思想对民俗学田野调查方法和民族志写作进行反思。她们的研究都强调了性别因素对于民俗学家进行语境重构和文本书写的重要影响。在 1999 年由克里斯蒂·福克斯和斯蒂芬·奥布莱斯合著的《田野中的自我：一个方法论意义上的思考》(*The Self in "Fieldwork": A Methodological Concern*)中，作者通过对民俗学田野调查法历史的考察，探讨研究者自身在田野调查实践中的自我定位（动机、偏见、立场等），以及此定位对于田野调查后研究者进行结果分析和反思的重要性。此书的突出意义在于，作者并未局限于对研究者身份的性别范畴的考察，而是通过女性主义视角去考量包括性别、阶级和种族等范畴在内的所有构成研究者身份的维度，扩展了民俗学田野调查所观照的视域。在民俗学界对田野调查主观性的认知和尊重的基础上，海瑟·卡弗和黛安·泰等女性主义民俗学家在女性主义思想的指导下，通过与人类学等相关学科进行方法论对话，在民俗学学科内部开始进行以研究者自我的生活经验为考察中心的"自传民族志"（auto-ethnography）的田野和书写实践。在自传民族志中，研究者以自身的经历和思考为主线去"编织"她们所观察到的社会及文化生活现象，并进行自我经验的反思和重构，把主观经验视为构建"客观事实"的基础或者用个体经历代替群体想象去重新完成民俗学对于事件和语境的审视。这方面的著作包括卡弗 2005 年所著的关于自己作为职业妇女和母亲双重身份的思考（*Two Truths and a Lie: Performing Professorhood/Motherhood*），以及 2010 年泰关于自己家庭烘焙传统的研究（*Baking as Biography: A Life Story in Recipes*）。由此可见，女性主义思想对于民俗学田野调查的重要贡献在于将研究者的立场和"主观性"置于民俗研究的前台甚至中心，把情感作为联结片段性事件的纽带以及保证田野调查完整性和客观性的重要因素。

三、交互民族志

在女性主义思潮和女性主义民俗学的影响下，伊莲·劳力斯也注意到了女性特有的展现其独特生命形态和生活体验的表达方式。在她看来，女性"多层次的、多文本性的"表述方式与"线性的、客观的和具有极强目的性的"男性表述方式极为不同，同时，女性民俗文本的生成方式与男性民俗文本的构建方式也有差异。在 1993 年发表的对女性神职人员的研究中(*Holy Women, Wholly Women: Sharing Ministries through Life Stories and Reciprocal Ethnography*),劳力斯提出了"交互民族志"的概念。所谓"交互民族志"是一种民俗学研究文本的生成方式,该文本有多个主体而非一个主体(往往是女性研究者和她们的女性受访者),在相互交流、沟通、合作、博弈以及不断修正的过程中嵌入各主体可能并不相同的思想或意识形态"创作"而成。劳力斯的"交互民族志"概念从结构上确立了女性民俗文本的独特性。具体说来,劳力斯认为,在过往的民俗学研究中,民俗学者往往将考察对象视为被动的资料和信息的提供人,而非能动的研究参与者。因此,在田野调查结束后,研究者往往会将搜集到的各种资料以及表演的语境信息带回学院进行封闭式的学术分析和阐释,并会将最后的成果以各种官方或正式的形式出版和发表,即是说,在田野调查以后,研究者的工作便局限在学术领域,其对于文本和语境的分析和阐释并没有再回到民间进行验证和修订。在劳力斯看来,这类研究者将考察对象仅作为资料提供人而非将他们视为学术活动,特别是学术观点生产和传播的参与者。这种研究是基于传统民俗学方法将研究者和考察对象分处两级的不平等结构,即研究者处于研究活动的上层,有"权力"支配和控制包括分析和阐释在内的整个研究过程,而考察对象则处于研究活动实践结构的末端,无缘参与学术话语的构建过程。在女性主义思想的影响下,劳力斯试图通过"交互民族志"的实践去打破传统的民俗学研究中普遍存在的以研究者为主导的研究范式,提出民俗研究的分析与阐释应该回到"民间",邀请考察对象参与民俗学实践的总体过程。在"交互民族志"的研究范式指导下,研究者在获取田野资料后,还应在之后进行分析和阐释的各个阶段,回到考察对象中去征求他们对于学术分析和阐释的意见,在学术叙述中融入考察对象对于该文本及表演语境的理解和认知,使得研究成果成为同时体现研究者学术素养以及考察对象独特见解和情感表达的内涵丰富的学术范例,避免学者由于学科传统带来的学术偏见脱离源文本和语境过度阐释。当然,将考察对象的声音纳入研究文本并非要使学者的观点退场,而是强调对考察对象的生命体验的尊重和民俗学对于客观事实的追求。

通过引入女性主义学说及民俗学界对于各性别群体和性取向团体的研究实践,性别作为民俗学家认知和分析其研究对象的重要视角在民俗学研究中已经日渐成熟。随着女性主义民俗学、LGBT 民俗研究以及男性民俗研究的兴起和发展,民俗学家逐渐将性别范畴与其他构建个人和群体身份的范畴如种族、阶级、民族性等相结合,来考察个人及群体日常生活实践中的民俗活动和大众文化,丰富并深化了对于个人、群体、社区甚至民族国家日常文化生活的感知和理解。过往的研究表明,个体或群体的性别意识并非完全源自其生物性基础,而更多是基于社会文化及权力结构的规范和建构。作为研究微观视域的学科,民俗学通过描述和分析个体或小团体层面的经验性活动,呈现了性别意识的建构过程和个体及群体对于规范或顺从、或被动适应、或反抗的多重行动模式,为性别研究的理论和方法论建设及完善准备了丰富的资料文本,并为其理论与方法论实践提供了广阔的操作性平台。

第九章
民族志研究和田野调查法

田野调查法(fieldwork)是民俗学研究的重要和基本方法。它是指研究者亲身进入研究对象实际生活和劳作的社区(community),通过一般观察(observation)、参与观察(participant-observation)以及访谈(interview)等具体方法,获得民俗研究的第一手素材的资料收集方式以及根据研究实践而总结和升华出的一整套指导实践工作的理论和方法论。基于田野调查的民俗学或其他学科(如人类学)的研究又被称为民族志研究(ethnographic studies),其研究成果往往表现为记录、整理、解释、分析及理论化田野调查材料的民族志文本,或简称民族志。

第一节 民族志及田野调查法的历史

首先运用民族志研究法或田野调查法进行研究实践的现代学科是人类学,而其他学科的民族志方法大体都是对人类学研究方法的借鉴和使用。在人类学的学科历史中,民族志(ethnography)一词最早是在1834年作为人种志(anthropography)的同义词为学界所使用的。所谓人种志是指关于人类种族差异及其地理分布的研究方法及成果,即现今一般被称为"体质人类学"(physical anthropology)的研究和书写实践,其关注的对象是人类各异的生理及体貌特征,而非各族群的文化特性。因此,早先的"民族志"与现今学界所定义和认知的民族志在内涵和外延上存在巨大差异。第一篇关注研究对象的文化特质的社会(social)或文化(cultural)人类学意义上的民族志是1839年由被称为"美国民俗学之父"的哈里·

斯古克拉夫特（Harry R. Schoolcraft）书写的关于美国东部印第安人部落的民俗考察记录（*Algic Researches*），但其大部分材料并非出自实际的田野调查，而是来自于斯古克拉夫特的印第安人妻子的口述及翻译。随后由路易斯·摩根（Lewis Morgan）于1851年出版的《易洛魁人的传说》（*League of the Iroquois*）则被认为是第一部真正意义上的田野民族志。而弗兰克·库欣（Frank Hamilton Cushing）从1879年到1884年对祖尼人（Zuni）的研究中首次运用了参与观察法，使民族志方法具有了实践性的方法论价值。在此之后，田野调查法作为人类学研究的基本方法便为人类学家所广泛使用。许多研究者如弗朗茨·博厄斯（Franz Boas）和阿尔弗雷德·哈登（Alfred C. Haddon）在他们的人类学研究实践中都采用了这一方法。

在众多的早期研究者之中，博厄斯被认为是最具影响力的民族志方法的实践者。除了个人魅力及优秀的学术成果外，他的影响力还来自于其对美国哥伦比亚大学人类学系的建设中所作出的突出贡献。在20世纪的前三十年，哥伦比亚大学的人类学系可谓是美国培养民族志方法实践者的中心。博厄斯的许多学生后来都成了人类学或民俗学研究领域中的大家，如露丝·本尼迪克特（Ruth Benedict）、露丝·邦泽尔（Ruth Bunzel）、梅尔维尔·赫斯科维茨（Melville Herskovits）、佐拉·尼尔·赫斯顿（Zora Neale Hurston）、阿尔弗雷德·克虏伯（Alfred Kroeber）、罗伯特·路威（Robert H. Lowie）、玛格丽特·米德（Margaret Mead）、保罗·雷丁（Paul Radin），以及莱斯利·斯皮尔（Leslie Spier）等。在这一时期，所有美国大学人类学系的系主任都是博厄斯的学生，这使得博厄斯所倡导的民族志方法在美国大学人类学的学科体系中被广泛接受和充分实践。

除了在人类学领域所取得的巨大成就外，博厄斯所坚持的田野调查法也在其推动下逐渐进入了民俗学领域，成为民俗学家进行民俗研究的基本方法。在民俗学建立之初的百年间，许多早期的民俗学家如麦克斯·穆勒、弗雷泽以及美国的歌谣研究者、哈佛大学英文系教授弗朗西斯·柴尔德（Francis James Child）等都被称为"摇椅上的民俗学家"（arm-chair folklorists）。他们的研究大体都依托于图书、报纸等正式出版物或者其他诸如殖民者或旅行家的笔记等文字资料。另外，也有一些早期民俗学者会通过家人、朋友或者身边的仆人了解和获得民俗资料,但他们并不会离开自己的居所以及所生活的社区,到所研究的特定民俗事项实际发生的原发地进行考察,因此,早期的民俗学研究可归属为"文学"研究的范畴。与这些语言学或者文学出身的早期民俗学家不同,在实证主义思潮的影响下,受过严格人类学训练的博厄斯,在其加入美国民俗学会后,便致力于将人类学田野调查方法引入民俗学研究,强调民俗学研究的实证性和经验性基础。这一将第一手经验性资料作为研究基础的理念,在其长期作为《美国民俗学刊》总编辑的生涯(1908—1924)中得到了很好的贯彻和施行,使得人类学研究传统,即民族志调查研究传统,成为民俗学学科中除文学研究传统之外的另一重要理论资源。

与博厄斯同时,在英国,一批人类学家如拉德克利夫-布朗(A. R. Radcliffe-Brown)、马林诺夫斯基(Bronislaw Malinowski)和埃文斯-普理查德(Edward Evans-Pritchard)等,为了验证其主张的功能主义思想,也开始进行大量的田野调查。这一时期由欧美人类学家发起、倡导和实践的民族志研究方法被称为"古典民族志"(classic ethnography)。用马林诺夫斯基1922年的话说,这一民族志方法的最终目标和成果就是"反映当地人关于其日常生活的真实想法和观念,是用当地人的眼睛去看他自己的世界"("to grasp the native's point of view, his relation to life, to realise his vision of his world")①。因与当时流行的现实主义文学运动有关,古典民族志又被称为现实主义民族志(realistic ethnography)。虽然各人类学家运用所谓古典民族志方法进行具体调查和文本写作的实践存在差异,但他们大体上都遵循一个较为固定的研究规范,即在实践中注重运用参与观察法和访谈法,并在民族志文本写作中使用第三人称、全知视角对社区生活中的一系列社会经济文化主题进行规律性分类和呈现,同时也将一切与研究者自身有关的、似乎与被研究对象"无关"的事项在文本中隐去。可见,古典民族志旨在追求文化研究的全知性和客观性,因此,古典民族志有

---

① Bronislaw Malinowski, *Argonauts of the Western Pacific: An Account of Native Enterprise and Adventure in the Archipelagoes of Melanesian New Guinea*, London: Routledge & Kegan Paul Ltd., 1922.

时也被看作是"科学民族志"(scientific ethnography)。

古典民族志的研究范式在 20 世纪 60 年代以后被许多新的民族志研究范式所挑战和批判。在 60 和 70 年代,人类学界出现了对于更为科学化和严格化的田野调查实践和民族志写作的诉求。这一时期的学者们认为,古典民族志在实践过程中存在着诸多"不科学"的问题,如研究者会对经验材料进行随意筛选和更改等,因此他们呼吁创立更为严谨的数据搜集、整理和阐释框架,并希望尝试运用统计学工具进行数据保存和分析,使得民族志研究和写作方法更具"科学性"。在这一旨趣影响下所创作出来的民族志文本有时被称为真正意义上的"科学民族志"或"实证民族志"(positivist ethnography)。但是,在实际的研究过程中,研究者们逐渐意识到绝对"客观性"以及"科学性"的遥不可及。他们所面临的实践困境促使他们对于过往的理论和方法论进行反思,从而开启了田野调查和民族志写作的新阶段。从 1977 年拉比诺(Paul Rabinow)所著的《摩洛哥田野作业的反思》(*Reflections on Fieldwork in Morocco*)开始,特别是在 1986 年《写文化:民族志的诗学和政治学》(*Writing Culture: The Poetics and Politics of Ethnography*)一书编辑出版以后,研究者开始对其自身的田野调查实践进行强烈而深刻的反思。在这一反思过程中,他们逐渐认识到自身立场和其他主观性因素对于调查过程中的主客体关系和调查结果的分析和阐释所产生的重要影响,因此提出要对调查研究的主观因素进行重新审视。基于研究者将"主观性"纳入研究实践考量的范围,他们在田野调查和民族志写作中便逐渐开始运用诸如"反思性"(reflective)、"交互性"(interactive)、后现代(postmodern)、"实验性"(experimental)以及"叙述性"(narrative)等新视角对研究对象、研究过程以及经验材料进行更为全面的观照。因此,由此产生的反思性的民族志文本多呈现出一种个人化和文学化的倾向,民族志逐渐接近,且有时被定义为一种文学性的写作体裁,即所谓的实验民族志(experimental ethnography)。在这一书写转向的影响下,许多民族志方法的实践者在调查中将自身看作"田野"的一部分,在写作中开始使用第一人称叙述并采用许多小说的书写技巧,而非遵循古典民族志所强调的材料的历时性编排。在民族志方法"反思性转向"的话语背景下,学界一般认为,民族志写作是一种文本创作形式,是研究者根据自身的观察、通过对研究对象进行访谈,基于研究对象在不同场合的反应和回答所提供的信息而进行的对原始材料进行重新组织、编辑和阐释的主观性实践。目前,学界,特别是人类学界对于民族志研究和写作的过往和现状仍有许多意见和批评,研究者们往往看到了各类民族志实践中所存在的不足,如古典和实验民族志缺乏客观性,而科学民族志则缺乏反思性和文学性,等等。

在民俗学领域,依托民族志研究者,特别是人类学领域的民族志研究者的理论和实践转向,戴维·施耐德(David Schneider)、迈克尔·欧文·琼斯(Michael Owen Jones)以及罗伯特·乔治斯(Robert Georges)等许多民俗学家都在民俗学实践中将研究者对于田野的真切感受和认知融入其调查和写作过程中,并通过写作去提炼和呈现主客观经验基础上的理论和方法论洞见。在民俗学界,研究者对于田野作业反思的理论和实践资源除了来自于人类学,还包括女性主义思潮,特别是女性主义民俗学的理论和实践发展(可参见本书"民俗学与性别研究"一章相关论述)。在人类学所开创的民族志研究方法被引入民俗学领域以后,田野调查已经成为民俗学研究获取第一手资料的重要方法,如今在民俗学研究中被广泛运用。在民俗学田野调查方法的发展历程中,在方法论上,研究者在田野中也将视角从单纯关注文本记录(collector or armchair scholar)转变为更关注语境(folklore researcher as ethnographer)的再现,并在关注语境时着重描绘研究者和研究对象之间由于不同的主体身份引发的相互关系和互动过程,进而在此基础上探讨研究者身份对于田野调查及其结果以及最后的民族志写作的重要影响。总的说来,民族志的研究方法是一个过程,包括观察、记录、尽可能地参与到文化生活和日常实践中,最后是对田野资料进行梳理,"创作"民俗学民族志文本。

第二节 田野调查的基本方法和基本步骤

田野调查从结构上大体可以分为三个部分:田野调查前的准备、田野调查过程以及调查结束之后的信息整理和保存。本节将对此三部分进行详细说明。

一、田野调查前的准备

(一) 选题和制订研究计划

民俗是人类各族群和个人在其日常和节庆生活中各类情感及艺术表达的总称,内容丰富,与各人的生活息息相关,因此,民俗研究的话题也必定包罗万象、丰富多彩;我们身边的许多现象都可以作为民俗研究的对象,可以根据社会需要或个人爱好自由选择,并无太多的限制。在研究的题目选定以后,就必须对选题进行了解和初步探讨,并根据自己的目标及实际情况,制订较为详细和可行的研究计划,特别是关于田野调查的计划。

具体说来,研究者在选题确定后,应首先通过图书馆、档案馆或者其他途径,尽量搜集关于此选题的文字、图片等多媒体信息,包括研究对象及其所在社区的文化生态(诸如语言、信仰、禁忌及文化传统等)和地理环境(诸如地形、天气和生物等),以期能对此选题有比较初步但较为全面的了解。如有需要,研究者应进行相关的语言或者文化培训。除此之外,研究者还需要尽可能地穷尽相关的学术文章,从学术史的高度把握选题的研究意义和价值。也就是说,研究者的选题应该是由学术史的问题所引发的,目的在于解决学术史中所存在的某一问题或填补某一空白,与关注同样话题的专家同仁进行对话的有意义的研究课题,而不是进行学术的重复生产。在对选题和相关学术史进行全面了解的基础上,研究者需要制订脚踏实地的研究计划。研究计划中需要首先对过往的学术史进行梳理,再次明确选题的意义和价值,以及选题的范围和希望达到的具体目标。此研究计划的重点在于设计具体的、标注时间周期的、可操作的研究步骤,并说明每一阶段需要达到的子目标。例如,研究者若打算到中国汉族的民间故事村河北省藁城市耿村或者中国汉族民歌之乡湖北武当山地区官山镇进行关于民间故事或民歌的考察,就必须首先对过往的关于耿村故事或者官山民歌,甚至关于故事和歌谣的研究进行比较全面的了解,分析和判断前人工作中的得与失,从而确立自己的理论和实践目标。除了宏观的目标设定外,研究者还应该计划自己在田野中的时间、希望进行访谈的人数、住处、交通工具等细节,以便能有效地进行田野实践。当然,由于实地情况与计划可能存在的偏差,或者由于不可预估的突发事件,研究者也应作好依时改变研究计划的准备,不要墨守成规。

(二) 熟悉相关的理论和方法论

民俗学是一门具有自己专门知识和方法论的现代学科,因此,在进行具体的民俗学考察之前,应该对学科的发展史和重要理论进行了解,将过往和时兴的理论作为指导自身研究实践的理论和方法论资源(关于民俗学历史上的重要理论和方法论,请参阅本书其他章节)。除了所谓的大理论(grand theory)外,民俗学的各门类,如神话、故事、传说、节日、仪式、物质民俗等,都在长期的发展过程中,确立了关于本门类的基本研究范式。研究者还应根据自己的选题,更多地了解相关门类的知识谱系和研究成果。另外,田野调查及民族志写作本身也具有一定的实践和写作规范,如如何进行参与观察,如何进行访谈(如何提问、如何倾听、如何把握访谈的节奏、如何处理突发情况等),以及如何写作"自传民族志"等,研究者也应该进行专门学习和掌握。

(三) 工具和设备

美国著名的犹太裔民俗学家芭芭拉·克申布莱特-金布莱特(Barbara Kirshenblatt-Gimblett)曾说:"民俗学是一门依托于科学技术,特别是与沟通和交流相关的科学技术的学科。"("Folklore is a discipline made and defined by technology and especially by technologies of communication.")[1] 民俗学对于科学技术发展的依赖根源于这一客观事实:田野调查在当代已经成为民俗学研究的基础。在民俗学的发展历史中,田野调查实践在很大程度上都受制于科技进步的程度。可以说,技术发展的程度决定了资料搜集的质量和数量,以及可以从田野中转移到研究室的信息的质量和数量。在19世纪及20世纪初,由于欧美主要国家的工业革命刚刚完成,科技进步对于民俗学的影响尚浅,当时许多民俗学研究者所能凭借的

---

[1] Barbara Kirshenblatt-Gimblett, "Folklore's Crisis", *Journal of American Folklore* 111, 1998, no. 441, pp. 281-327.

设备和记述手段仅是纸笔以及他们自身的记忆力。到20世纪中后期,随着科学技术的迅猛发展,田野资料的记录方式和媒介也日趋多元。除了传统的耳听笔记外,摄影、录音及录像等手段也逐渐成为民俗学家进行田野调查时常用的资料搜集方式。理查德·多尔森(Richard Dorson)一直被认为是一位文本民俗学家,但是他在实践中很快认识到单纯文本记录的不足以及呈现语境的重要性,因此,他开始尝试运用新的技术去记录民俗表演和事件的全过程,并鼓励新一代的民俗学家(New Turks)利用新技术进行田野调查,以促进民俗学实践的有效性和客观性。例如,多尔森希望民俗学家除了纸笔以外,还能随身携带录音笔,并随时准备记录城市或者乡村的各类民俗事项。① 在照相机和摄像机开始作为研究工具进入学术领域后,多尔森还努力学习和掌握摄影及摄像技术,并将之运用于其所进行的多项民俗学实践。②

一般而言,目前通用的录音及录影器材在使用方法上都比较简单。通过在田野调查中运用这些新的科技成果,不仅使得语音以及图像的完整性得到了保证,而且研究者还可以从单纯的对对象文本的记录中解放出来,进而观察和记录文本生成和表演的语境、田野调查的过程和人文地理环境,以及关于研究者与资料提供者之间关系的语音或者图像信息等。但是,研究者也需要认识到各种田野调查工具和器材相形之下的优势和劣势。例如,录音笔虽然往往能够采录质量较高的音频信息,但却不能采集图像资料;而摄像机虽然往往难以较好地过滤杂音以及较多地受限于摆放的位置和角度,但它除了能捕捉声音,还能抓住研究对象的表情、肢体语言以及现场的整体环境。正因为各种设备存在差异性的优势与劣势,研究者应该进行相关的录音、摄影或者摄像知识的培训与学习,以便能扬长避短,充分发挥各类器材的优势,尽可能完整和准确地进行田野记录。另外,在田野调查开始前,研究者必须对即将使用的设备进行检查和

---

① "The rule in the field, urban or rural, is always be prepared with tape recorder in the satchel and notebooks in the pocket." (Richard M. Dorson, "Doing Fieldwork in the City", *Folklore* 92, 1981, no. 2, pp. 149-154.)

② Sharon R. Sherman, "'Where's Your Camera?': Dorson's Contribution to Visual and Nonverbal Studies in Folklore", *Western Folklore* 48, 1989, no. 4, pp. 327-337.

调试,使设备处于最好的工作状态,尽量避免在田野中出现不必要的技术问题以影响调查对象的情绪或者田野工作的质量。最后,研究者还应该检查设备的附件材料的齐备以及适配性,如三脚架(若需要)、镜头(种类和数量)、存储卡、电源(包括电池)以及电压转换器等。

(四)文图资料

文图资料是指研究者在田野调查过程中需要使用的各类文字或者图像资料,诸如地图、有关部门签发的介绍信(由政府或者学校开出)、关于本项目的具体介绍及其他相关材料、研究对象签署的关于资料使用权限的授权书以及访谈的问题样本等。这些材料应根据调查项目和地点的差异进行相应的准备。

(五)进入研究对象社区的方式

研究者在进入田野以前,可以通过亲友或者其他方式,联系较为可靠的当地人作为进入社区的领路人和依靠。同时,研究者还可以锁定调查对象,避免可能存在的田野工作的盲目性。多尔森提到,在对美国印第安纳州加里市(Gary, Indiana)的调查中,他首先是在一家餐馆中认识了重要的信息提供人,并以之作为联络人,使得后续的调查和访谈获得了极大的成功。所以,多尔森建议,当研究者进入一个陌生的社区时,可以首先进入其较为开放的公共空间中,寻求与该场所中的个人建立联系,以促成随后的田野调查。当然,需要注意的是,事先联系的联系人或者研究对象,由于其在当地社区中的身份和地位,可能也会对研究工作的准确性和客观性造成影响,使得调查结果出现偏差。例如,由于社区内部存在的权力关系,作为联系人的社区领袖有可能对传承人的表演活动产生影响。因此,研究者在田野调查之前需要对此进行仔细的考量和分析。

对不同的群体进行民俗考察时应该使用不同的进入社区的方法。例如,在搜集职业民俗时[①],研究者必须意识到:首先,某些职业群体是具有

[①] Robert H. Byington, "Strategies for Collecting Occupational Folklife in Contemporary Urban/Industrial Contexts", *Western Folklore* 37, 1978, no. 3, pp. 185-198.

较强排他性的,该群体的成员一般只与自己职业相同的人分享自己的生活经历;其次,很多人所持有的民俗事项和开展的民俗活动与其职业或许并无关系。有时研究对象会有对于商业间谍的顾虑或者会担忧研究者在其工作场所受伤,所以一般不希望研究者进入实际的工作场所和参与实际的劳动过程。工人们有时也会因为研究者的在场而感到不安。因此,研究者要进入这样的社区或群体,可能需要通过上层管理机构(如政府行政职能部门)或者企业管理层的协助(国外还可以通过工会),最好能从以上机构中获得介绍信等较为正式的支持性的文书。

(六) 田野调查中的安全问题

研究者在田野调查中,特别是在研究一些相对较为敏感的话题(如涉及政治和宗教信仰等)或者进入一个状态相对不稳定的群体(如监狱服刑人员或者精神病人)中进行研究时,需要注意自身的安全问题,学会保护自己,以免受到可能出现的伤害。这一点对于女性研究者而言,尤为重要。一般而言,许多女性研究者单独进入田野,由于她们的性别身份和当地社区关于性别的传统文化观念的影响,往往会比男性研究者遭遇更多的质疑和阻碍。有时候,她们还可能陷入令人尴尬的境遇,甚至遭受身体或者心灵的"攻击"。美国墨西哥裔民俗学家奥尔加·纳胡拉-拉米雷斯(Olga Nájera-Ramírez)提到,在其赴墨西哥进行田野调查的过程中,曾遇到过不同程度的性骚扰。[1]通过自身的实践,她建议女性研究者在单独出行时,注意衣着,尽量避免穿着较为暴露和挑逗性的服饰,切勿浓妆艳抹,最好不要刻意打扮,有条件的研究者还可以与当地的孩子结伴出行,另外还要尽量回避或明确拒绝性暗示和性挑逗等。

二、田野调查过程

进入田野后,研究者一般可采用三种较为具体的资料搜集方法,分别是一般观察、参与观察和访谈。一般观察是指研究者将自己设定为立足

---

[1] Olga Nájera-Ramírez, "Of Fieldwork, Folklore, and Festival: Personal Encounters", *Journal of American Folklore* 112, 1999, no.444, pp.183-199.

于田野范围之外的观察者,用全知视角对田野中的人(主体)、事(过程)、物(静态客体)进行全面的记录和描绘。与一般观察不同,参与观察是指研究者将自己视为研究对象群体中的一分子,积极参与到该群体的日常生活和各类节庆表演活动中,以自身的感受和观看角度为基础,记录和描绘人物及事件。无论是一般观察还是参与观察,研究者与研究对象的交流都是自由且非正式的,而访谈则不同。访谈从形式和内容上看是研究者与研究对象之间正式的、就某些问题展开的、一般在较为私人或者封闭的场合中进行的、即时记录的交流形式。在民俗学领域,一般而言,一般观察和参与观察大体被用于采集现时性的背景信息和事件过程,而大多数民俗学家则运用访谈法探究研究对象关于相关民俗事项的历史记忆、内心情感和理性思考等深层内化了的感知和认知。在大多数情况下,研究者在研究过程中会同时使用三种方法。但是,在某些场合中,有些方法则不宜使用。例如,在工作场所中进行观察时,由于研究者缺乏生产或者安全经验,一般不会被允许进行参与观察;另外,除了午餐或者茶歇时间外,工作场所中的工作人员一般不会有专门的时间与研究者进行正式的访谈,故访谈法可能在这一情况下并不适用。[1]

相较而言,在三种方法中,田野调查中最为重要的即是访谈。因此,本节这一部分主要介绍关于访谈及记录访谈内容的一些技巧和方法。

(一) 正式访谈前的预热

研究者在阅读文献资料并进行了一定的一般观察和参与观察实践后,可以向目标研究对象(一般为传承人)提出访谈的要求。在征得研究对象的同意后,便可以进行正式访谈的有关安排。在访谈的安排上,需要考虑以下几个要素:时间、地点和人物。访谈的时间应该与研究对象进行协商,确定一个双方都比较方便的日期和时刻,最好不要影响受访人的正常工作和生活。访谈的地点也应尽量遵照研究对象的提议。有些受访人比较喜欢较为公共的场所,如餐馆、茶社或者咖啡厅等;而有些受访人则

---

[1] Robert H. Byington, "Strategies for Collecting Occupational Folklife in Contemporary Urban/Industrial Contexts", Western Folklore 37, 1978, no. 3, pp. 185-198.

会选择自己熟悉的、较为私人的空间,如自己的家里、工作单位或者社区的活动室。除了确定访谈的时间和地点外,研究者还应该告知受访者具体参加访谈的人数(集体受访或是单独受访,以及研究人员的人数和各自的职能),使受访者有一定的心理准备,不致临场失措。

到了预定的日期和地点,在见到研究对象后,研究者最好不要直奔主题,即刻开始对研究对象进行访谈,而应该首先与受访者寒暄,尽量建立起受访者对于研究者的信任感,拉近双方的距离。在寒暄过后,研究者便可以逐步进入主题。在正式访谈开始之前,研究者还需要向研究对象详细介绍此项研究的总体计划和研究目的,包括研究重点、研究方法、已经掌握的信息、此项研究的意义以及研究对象对此研究的重要性等。研究者在进行充分说明以后,可以询问受访者是否仍有不明白或者关心的问题。研究者可以先就受访者关心的问题进行解释和回答,尽量解除受访者的疑虑,创造一个温暖轻松的访谈环境。在双方有了一定的了解,气氛比较融洽以后,访谈便可以正式开始了。

(二) 关于如何提问

在开始录音时,研究者应首先声明时间、地点、事件以及在场人物等与访谈直接相关的客观性事项作为访谈的备注性材料。在受访者进行自我介绍以后,研究者可以根据原先设计的问题或者比较感兴趣的话题发问,每次最好只问一个问题。访谈中的问题大致可以分为两类,即基本问题和主题性问题。所谓基本问题,是指研究者所提出的旨在获得基本信息的问题,如关于受访者以及特定民俗事项的背景知识等,大多是客观性知识。而主题性问题(opening questions + follow-up questions),是指研究者旨在获得受访者关于某些特定事件的细节描述和对此特定事件所持观点的针对性问题,主要关注受访者回答的精准度及其主观态度。为了避免尴尬,研究者可以首先询问基本问题,而后顺着受访者的思路进行思考,在倾听的过程中逐渐提出主题性问题。同时,研究者在遇到自己没有思考过的问题时,也可以向受访者询问更多的相关细节和内容。一般而言,研究者可以首先询问一些开放性的问题,然后慢慢缩小问题的范围,让受访者进行细节上的解释和说明。

有时候,由于研究者所提出的问题比较宽泛或者比较有针对性,受访者需要进行一定时间的思考后才能回答。因此,研究者不要担心访谈过程中出现沉默,应给予受访者思考的时间。另外,在访谈过程中,如果出现设备故障或者某些参与者(特别是受访者)需要休息,可以在任何时候暂停访谈,除此之外在其他情况下,研究者应尽量做一个倾听者,不要随意打断受访者的讲述。如果有关于细节上的问题需要受访者重述或澄清,如关于人名和地名的拼写,研究者可以先将听到的不太确定的内容大致记录下来或者做上标记,等受访者话音落下后再发问。当受访者对某些问题不作答或者回避时,研究者可以再一次尝试性地提问,确认其真实态度,即受访者究竟是忘记回答还是刻意回避。如果是刻意回避,那么研究者应停止追问。如果该问题十分重要,研究者可以寻找合适的机会再进行提问。研究者必须意识到,受访者会对信息进行选择性叙述。受访者对信息进行选择性处理的原因很多。例如,受访者在麦克风或者摄影机前的表现可能与日常生活中的表现不同,有些受访者出于个人名誉的考虑,只有在麦克风或者摄影机关闭时才会讲述一些诸如敏感或者色情的内容。美国著名的民俗学田野调查教材的作者布鲁斯·杰克逊(Bruce Jackson)将录音设备看成是一个能影响调查研究进程的"沉默的参与者"(silent participant)[1]。从研究者的角度来说,在某些公共表演或者其他公共性及私人性的场合,由于某些顾忌,可能不方便询问一些在特定场合不合适或者敏感的问题。在这种情况下,研究者也可以与研究对象再次预约时间进行针对性探讨。

(三) 访谈中的物理及技术性问题

在访谈中,为了确保录音质量以及更好地与研究对象进行沟通,研究者在提问时,务必做到语速放慢,口齿清晰,并将麦克风对准受访者,但不宜过近,以免产生共鸣,影响录音质量。在使用摄像机进行田野作业时,为了保证画面的连续性,不要频繁伸缩镜头,并避免过多的晃动。由于需要尽可能地复原事件全貌及访谈全程,需要对摄像机进行较为频繁的角

---

[1] Bruce Jackson, *Fieldwork*, Urbana, Illinois: University of Illinois Press, 1986, pp. 88-89.

度调整;在观众较多或者集体受访时,可能还需要研究者在访谈空间中来回走动,因此,除了主要的提问人(一般坐在原位不动)外,研究团队中可能还需要有人单独负责操作摄像机,以保证田野记录的质量。另外,由于摄像机的录音效果不如专业的录音设备,所以,如果考察的重点是音乐或者叙述过程,研究者应选用录音效果更好的专业性录音设备,而非使用摄像机。当然,在使用这些新的科技成果时,研究者也不应放弃记录田野笔记,这有助于及时记录下自己的感受和思考,且能弥补录音或者录像记录的疏漏。另外,如果研究者是在嘈杂的工作环境中进行调研,录音笔和摄像机的功能可能受到限制,而且这些设备有时候可能会被认为是安全隐患而不能携带进入工作场所,所以需要常备纸笔进行记录。[1]

(四) 关于访谈过程的其他问题

一般而言,根据受访者的身体状况或其他因素,访谈时间不宜过长,以1—2个小时为宜。在田野访谈结束后,可以询问受访者是否持有与研究主题有关的非访谈性资料,如信件、日记、照片或其他个人收藏等。如有可能,可将这些资料进行复制并带回研究场所。最为重要的是,在访谈结束后,研究者应请受访者签署授权协议书,以保障双方的合法权益,避免今后由于信息公开或者其他学术活动而引起纠纷。如果受访者不予配合,至少应有记录下的口头应许作为凭证。在回到研究所后,研究者应及时给受访者寄送感谢信,以便维持良好关系,为下一次访谈或者进一步研究打下基础。

三、田野调查结束之后的信息整理和保存

在田野调查结束后,研究者首先需要对田野调查中所获得的资料进行整理。具体步骤是:第一,回放访谈录音及重看录像,对其中的语言性材料进行逐字逐句(包括语气以及停顿等语言性信息)的转录和誊写(transcription in verbatim);第二,将录音、摄影及摄像资料进行规范性编

---

[1] Robert H. Byington, "Strategies for Collecting Occupational Folklife in Contemporary Urban/Industrial Contexts", *Western Folklore* 37, 1978, no.3, pp.185-198.

目(录入时间、地点、人物身份信息、主题及主要访谈内容等信息),并将所有信息录入数据库,建立档案系统(可能需要专业软件和数据库知识),以备查阅;第三,依据相同的资料编目原则,将田野调查中获得的其他材料(一般指由受访者收藏的、提供给研究者使用的材料)进行编目录入。除了对田野资料进行信息化、数字化处理和归档外,研究者还有义务对田野材料进行妥善保存。通常的做法是将田野资料转交档案馆或者图书馆等专业机构进行管理和保存。但是,由于许多资料涉及他人隐私,有明确的公开权限,抑或研究者尚未完成自己的研究,需要不时查阅,故而也可以将这些资料进行私人保存,即由研究者自行保存。在进行私人保存时,研究者需要遵循一些基本的保存规范,以免田野资料受到侵蚀或者受损,影响未来的使用。这些规范性操作包括:第一,将资料存放在"安全"的空间中,最好置于干燥、室温恒定、酸碱度中性、昆虫较少的地点,避免磁、光以及其他有害辐射和虫害;第二,尽量避免使用夹子、橡皮筋、胶水或者其他金属或有黏性的材料,以免造成田野资料的损坏,可多使用抗酸性的纸质文件夹或其他较为专业的档案保存用具;第三,避免将资料放置于靠近水管或其他容易引起火灾和水灾的地方,消除此类安全隐患;第四,如果条件允许,可以将田野材料进行复制和备份,分处保存,以免数据丢失。

第三节　田野调查中的具体观看对象和视角

本章第一节中提到,由于表演理论等注重民俗事项发生过程的学说的兴起和学界对于此类学说的逐渐接受,作为一种人与人之间艺术交流及情感表达的重要方式,民俗已不再被定义为静态的"事物",而被视为"动态"的事件。这一对民俗事项表演性功能的强调使得田野调查的重心也逐渐由单纯关注民俗事项的文本记录到重视记录该文本产生的语境以及在此语境中各能动主体相互之间的活态关系。在这一理论转向的过程中,许多民俗学家已逐渐达成共识,认为在进行具体的田野研究实践时,研究者除了应该对特定民俗事项的内容和结构形式进行充分记录外,还应着重观察相关的语境信息。例如,在美国著名的民俗学家阿兰·邓迪斯看来,民俗学的田野调查应有三个关注点,即文本(text)、形质(texture)以及语境(context)。① 这三要素如今已成为民俗学田野调查的中心事项。

所谓文本,在表演理论的定义中,不仅指被记录下的语言类的文字或语音材料,如故事和民歌(包括曲谱)等,还包括以非文字形式记录和保存的非语言类艺术和事物,如物质民俗中的具体物品(民居、饮食以及手工艺产品等)以及风俗民俗中的行为和事件(仪式活动和节庆表演等)。所谓形质,是指构成民俗事项外在形态的文字、语言、声音、动作、表情和制作民俗器物的物理性材料等,以及这些物理性"存在"所表现出的具体的物理性特质,如韵脚、象征、节奏、音高、频率、密度、松软度、平滑度、色彩以及动作快慢和强度等。而所谓语境,是指围绕着文本及其形质的所有物理性及社会性因素。在民俗学的历史上,研究者们对语境进行了不同的定义。阿兰·邓迪斯将语境看作是可直接观察到的文本发生和"表演"的场所性设置②。与阿兰·邓迪斯不同,戴尔·海姆斯(Dell Hymes)则从心理学的角度将文本的语境看作是物理性的现实场所设置(setting)与精神层面的社会文化设定(scene)的结合。③ 在此基础上,丹·本-阿莫斯将文本生成和表演的语境分为两类,即"现实语境"(context of situation)和"文化语境"(context of culture)。④ 本-阿莫斯将现实语境定义为与文本直接相关的、直接促成该文本生成和表演的具体的语境("the narrowest, most direct context"),而将文化语境定义为与文本非直接相关的、广泛的、一切可能影响该文本存在的社会文化因素,包括该族群或者表演者的知识水平、对于历史的认知、信仰体系、语言习惯以及伦理和法律原则等。而玛莎·辛姆斯(Martha C. Sims)和马丁·斯蒂芬斯(Martine Stephens)则将语境分为"实际语境"(physical context)和"社会语境"(social

---

① Alan Dundes, "Texture, text, and Context", *Southern Folklore Quarterly*, 1964(20), pp. 251-265.
② Ibid.
③ Dell Hymes, *Foundations in Sociolinguistics: An Ethnographic Approach*, Philadelphia: University of Pennsylvania Press, 1974.
④ Dan Ben-Amos, "'Context' in Context", *Western Folklore*, 1993(52), pp. 209-226.

context)两类,分别与本-阿莫斯的"现实语境"与"文化语境"相对应。[1]作为田野调查的三个重要的对象性要素,文本、形质和语境密不可分、相辅相成。就这三个要素的地位和相互关系而言,形质是民俗文本构成的基础,是民俗学家感知和确认其研究对象民俗特性和体态特征的重要凭借,不能离开文本的形质进行文本探讨;而具有民俗体裁性质的文本则是民俗学研究的主要对象和起点,民俗学研究不能脱离民俗文本而进行;但是,要正确理解和阐释民俗文本,民俗学家必须在语境中进行认知和理论实践,否则任何对于文本的解读都是无根之木和无源之水。因此,可以说,语境是田野调查对象三要素中最为重要的一环。如果没有语境信息,在群体之外的人们包括民俗学家便很难正确地了解文本的真正含义。

在具体的研究实践中,如阿兰·邓迪斯所倡导的,田野调查者应该尽可能地搜集和记录文本、形质以及语境的所有信息。一般而言,研究者对于文本和形质的搜集和记录是相对容易的,大体都可以从直接的观察和访谈中得到较为确切和详细的信息。相较而言,对于语境信息的搜集则需要研究者进行更为大量和细致的间接性寻访,且过程中往往需要与文本或者形质的观察相结合。在操作中,研究者可以首先进行对于"现实语境"的观察和记录,捕捉直观的语境信息。例如,在进行笑话研究时,研究者在田野调查中可以首先观察以下几个方面:笑话的讲述是如何开始的?有什么样的动作、言语或者其他的标志性因素触发或者开启了这次"表演"?是谁在讲笑话?讲什么笑话?给谁讲?这一笑话是在什么场合下讲述的?是在什么地方?属于公共空间还是私人空间?在讲述的过程中,谁笑了?谁没笑?讲述者和观众之间是否存在互动?是如何互动的?讲述者在讲述时有没有什么肢体动作?这些肢体动作与笑话本身是否有直接的关系?在何种情况下,讲述者改变了自己的声音和语调,抑或是节奏?等等。在获得这些现实语境的信息以后,即在文本"表演"的过程暂时结束以后,研究者可以进一步进行针对表演内容和表演过程的资料搜集,可以分别询问讲述者或者听众是如何理解和阐释这些笑话的?

---

[1] Martha C. Sims and Martine Stephens, *Living Folklore: An Introduction to the Study of People and Their Traditions*, Logan, Utah: Utah State University Press, 2006.

大家为什么会发笑？这些笑话有什么（社会性或文化性）功能？是否存在其他异文？在此事件中讲述的笑话文本与其他异文有何差异？为什么存在这些差异？同一文本在不同语境中是否传递着相同的信息？研究者还可以询问和鼓励讲述者具体阐释和举例说明相同或者不同的笑话文本在不同语境中可能传递的不同信息。在大多数情况下，研究者往往还可以从讲述者的回答中获得关于文本的文化语境信息，如关于讲述者的家庭及其所生活的社区的历史社会文化等各方面情况，包括相关的民族、宗教、职业、地区等与文本可能存在关系密切的各类信息。总的说来，研究者的研究重点不应局限于笑话的文本及形质本身，而应关注笑话文本被表演的整个过程和整个语境。即是说，对于笑话表演的记录不应该只是笑话的文本，而应是整个事件。只有尽量完整地记录文本和形质的信息以及直接或者间接相关的语境，才能尽可能地展现事件及民俗事项本身的完整性和丰富性，为后续研究提供准确翔实的研究文本（注：此处"文本"与前述讨论的与形质和语境相并列的"文本"不同，意指作为民俗学研究对象的包括"文本"、形质与语境的整体性材料）。

第四节　田野调查中的伦理问题

民俗学是一门研究人、人与人之间的关系以及人类生活整体的学问。进入他人的生活世界去进行感知和认知是其取得研究资料的重要途径。田野实践过程以及随后研究成果的出版和发表，在很大程度上，都会对资料提供者及其家庭甚至其所生活的社区产生一定的影响。因此，在研究实践中，为了最大限度地降低对研究对象的不利影响，研究者有义务和责任保护研究对象的隐私，尊重他们对于研究实践的顾虑，以及尽量不影响他们的正常生活。

美国社会和学界很早就开始关注田野调查中的伦理问题。在美国，关于田野调查规范的法律法规大致出现于20世纪70年代末。在各种关于田野调查方法的论著中，学界对田野调查中的伦理问题也越来越关注和强调。目前，学者们对于伦理问题的探讨主要集中在以下几个方面：第一，研究者自我身份对于田野调查的影响（详见下节）；第二，具体调查方法中的伦理问题;第三,材料的归属;第四,隐私问题和如何处理敏感问题;第五,如何实现研究者和研究对象的双赢;等等。

(一) 基本理念

在田野调查的基本理念上,19世纪末及20世纪初的田野实践者往往从自身作为精英的视角出发,仅将调查对象看作客体和被动的资料提供者,并将研究对象看作是社会下层的民众,认为自己在身份地位上处于高位;而当今的研究者已经摒弃了这些陈旧的等级观念,将研究对象看作是研究活动的能动参与者,并将他们看作是与自己一样的无地位高下之分的社会生活主体。正如罗伯特·乔治斯和迈克尔·欧文·琼斯在他们所编写的民俗学田野调查名著《人研究人:田野调查中的人的因素》(*People Studying People: The Human Element in Fieldwork*)一书中指出的:"(田野调查中)首先和最重要的(事实)是,研究者和研究对象都是人。"("Fieldworker and subject are first and foremost human beings.")[1]对研究对象的尊重是取得田野调查成功的前提和关键。具体说来,在田野调查的准备阶段,即在选择研究主题、研究地点以及研究人群时,研究者就需要首先思考这些选择会不会涉及一些较为敏感的政治、社会或文化问题。如果研究者所选择的课题比较敏感或者对象人群比较特殊或保守,那么,有些研究者在坚持自己的研究理念的同时,可能会依据现实的情况,讲究研究的策略和方式。例如,研究者在田野中需要介绍自己的身份时,一般而言需要向研究对象表露真实的身份,但由于某些具体的原因(如政治和宗教原因),某些研究者会选择隐藏自己的某些社会角色。但是,从研究伦理的角度而言,布鲁斯·杰克逊认为,"(在民俗学研究领域)获取田野资料和信息还没有重要到要让我们(不择手段地)伪装自己或是对人们说谎"("Getting the information isn't important enough to warrant going undercover and lying to people")[2]。

---

[1] Robert A. Georges, and Michael O. Jones, *People Studying People: The Human Element in Fieldwork*, Berkeley: University of California Press, 1980, p. 3.

[2] Bruce Jackson, *Fieldwork*, University of Illinois Press. Urbana: University of Illinois Press, 1987, p. 263.

(二) 具体调查方法中的伦理问题

　　研究者所采用的信息记录方式往往也会涉及伦理问题。如果研究者仅选用纸笔进行调查记录,就会出现因为记录不完整或书写错误而造成的对研究对象话语和观点的漏记或者误记现象。但是如果研究者希望在田野调查中使用录音或录像工具以确保田野记录的准确性,很多被访者可能会因此拒绝参与研究实践。在有些情况下,特别是在录音设备刚进入学术研究领域的早期阶段,研究者往往会采取隐藏录音或者录影设备的方法进行田野资料搜集。从今天学术伦理的角度来看,这是极不尊重研究对象的做法,在方法论上已为当今学界所抛弃。如今,在较为规范的学术语境中,能否在田野调查的过程中获得研究对象的同意已经成为调查能否顺利进行的前提和基础。一般而言,在大型的集会和活动如节庆等场合,活动记录一般不需要参与者签署同意书,但是,如果活动中有专业人士的舞台表演,则有必要询问他们的意愿。为获得研究对象的同意,爱德华·艾维斯(Edward D. Ives)提议,研究者应该事先明确告知研究对象其所提供的资料将会如何被保存、什么人可以接触这些资料、这些资料会被保存多长时间等与材料归属和隐私权有关的事项。[①] 在研究者进行访谈、拍照以及其他任何形式的田野研究之前,都应该先取得研究对象的同意。目前,民俗学家们都被"要求"鼓励他们的研究对象签署信息授权书(release form)/同意书(consent form),并在授权书中明确双方的权利与义务。此授权书在保护研究对象及其正常生活和基本权益的同时,其实也是在保护研究者的合法权益和研究自由。在同意书中,除了艾维斯所提到的几项内容外,还应包括信息或材料的所有权问题、互惠问题(或者说是补偿问题)以及与隐私权相关的其他许多问题。需要注意的是,当研究对象为法律上没有独立法权的个体时,如儿童、精神病人或其他人群等,研究者必须取得其监护人的许可。

[①] Edward D. Ives, *The Tape Recorded Interview: a Manual for Fieldworkers in Folklore and Oral History*, Knoxville, Tenn.: University of Tennessee Press, 1995.

(三) 材料的归属问题

在有些国家,如加拿大,其法律明确规定,研究对象有权随时收回授权,这一规定的目的在于最大限度地保护研究对象的合法权益。也就是说,研究对象自始至终都拥有其所提供的材料的所有权。但是,在许多其他国家,如美国和中国,一般而言,研究对象签署了授权书以后,在授权书规定的范围内,研究者有权自由地使用和公开其所获得的研究资料。所以,研究对象往往只能通过在授权书中加入相关条款限定有关材料的使用。当研究对象对田野调查资料的使用有特殊规定时,研究者应该自觉地尊重研究对象的这些规定,而不应该按照自己的想法行事。例如,在巴瑞·托尔肯(Barre Toelken)进行关于纳瓦霍人(the Navajos)的研究时,其主要的信息提供人认为,根据该民族的传统和信仰,有些故事(实际上具有神话的性质)只能在某些特定的场合才能被讲述,不然便是违反自然天道的行为,因此要求研究者不要随意播放那些"神性"材料,希望研究者能够遵守。[①] 虽然当时双方并未签署任何与正式的授权书相类的文件,但作为研究者的托尔肯不仅口头答应了研究对象的要求,也自觉地只在每年的适当时候播放这些录音文件。即使在研究对象去世后,托尔肯仍旧遵守当初的誓约。当托尔肯临近暮年,对自己百年之后后人如何使用这些材料充满忧虑,并因此与研究对象的后人商议如何对待这批材料(曾考虑过全部销毁),体现了研究者的责任心。另外,研究者应该询问研究对象是否需要一份录音或者影像资料的拷贝,并询问研究对象是否需要在这些资料被使用之前重新审核。

(四) 隐私问题

由于研究对象所生活的社区中社会关系的复杂性以及对自身名誉的考虑,在田野调查过程中,研究对象最为关心的问题是自我的隐私如何受到保护。在隐私问题上,研究者无疑应该尊重研究对象的信仰、价值观以

[①] Barre Toelken, "The Yellowman tapes, 1966-1997", *Journal of American Folklore* 111, 1998, no.442, pp.381-391.

及其他私密性感受,并尽量尊重和满足研究对象在这一方面的要求,特别是在涉及研究对象的名誉时。布鲁斯·杰克逊对此所提出的黄金原则是:"己所不欲,勿施于人。"("Do unto others as you would have them do unto you.")①具体做法是,根据研究对象的具体要求,有的学者会在出版物中使用假名或者仅使用研究对象的名(given name),而不是姓(surname)。也有的学者认为,这些简单的措施在多数情况下仍不能很好地保护研究对象的隐私,因此他们在访谈内容上还会进行一定的改动,对一些标注研究对象身份的细节进行修改。但是,诸如此类的改动可能会影响民族志写作的准确性和客观性,应依照具体情况加以斟酌。

(五) 补偿问题

一般而言,大多数民俗学研究者认为,研究对象参与民俗学研究活动属于自愿行为,不应该涉及任何与金钱有关的利益活动。例如,以肯尼斯·苟思丁(Kenneth S. Goldstein)为代表的民俗学者认为,对于研究对象最好的感谢和补偿应该是非货币形式的帮助或者象征性的赠品。② 但是,在某些情况下,有些研究项目由于排期、耗时过长以及其他原因,确实直接造成了研究对象的误工,实际影响了他们正常的经济收入,因此,部分民俗学者如布鲁斯·杰克逊认为,应该根据具体的情况决定是否支付研究对象工时或者误工费,不可一概而论。③ 当然,如果研究者通过其研究活动获得数额较大的经济收入,那么原则上应该对研究对象进行一定的工时补偿。

第五节　田野调查中研究者的身份问题

本章第一节中提到,自 20 世纪 80 年代至今的民族志研究是实践反思性的。其标志就是将研究者的个人身份及由此而引起的影响学术研究

---

① Bruce Jackson, *Fieldwork*, Urbana: University of Illinois Press, 1987.
② Kenneth S. Goldstein, *A Guide for Field Workers in Folklore*, Hatboro, PA: Folklore Associates, American Folklore Society, 1964.
③ Bruce Jackson, *Fieldwork*, Urbana: University of Illinois Press, 1987, p. 269.

实践的主观性因素引入对于材料的分析和讨论中。研究者的身份对于学术研究的影响是多方面的,往往决定了他的研究兴趣,即某类身份的研究者在研究项目以及研究对象的选择上往往具有规律性。① 在进入田野之前,研究者必须对自己的身份,即自己作为研究者与作为研究对象的个人或群体之间的关系,有明确和清晰的定义和认识。这是进行田野调查的前提和进行调查数据分析的基础。研究者必须认清自己对于研究对象可能存在的偏见。一般而言,在研究者与研究对象关系的意义上,研究者的身份大致可以抽象为两类:局内人(insider)和局外人(outsider)。其他的各类关系大体都是这两种关系的具体表现形式或延伸。所谓局内人,是指研究者本身就是其所要研究的对象群体中的成员,对于所要考察的民俗事项发生的语境和过程已经比较熟悉。而局外人,则是指研究者与研究对象在研究活动开始以前没有任何直接或者间接的社会性关联。在某些情况下,局外人也可以指研究者虽然属于研究对象所在的群体,但是对于所要研究的生活实践以及特定的民俗传承人缺乏必要的了解。

从民俗学(包括人类学)研究的早期阶段到20世纪中期,民俗学家一般都是作为局外人进入陌生社区开展调查研究的。作为局外人的研究者,虽然可以做到对所观察到的现象进行客观的记录和呈现,但在很多时候,却很难真正进入其所研究的特定社区的生活中进行观察以及参与活动。这主要是因为研究者对于研究对象所生活的社区文化及特定"表演"的语境、表演中的行动和语言等方面缺少认知。因此,作为局外人的研究者有时候可能并不知晓应该观看和倾听的内容,以及如何在特定的语境中展开行动。在这个意义上,詹姆士·克里福德(James Clifford)认为,作为局内人的田野调查者或许能提供更为精准和新颖的认知视角,并迸发出更为深刻的感性和理性思考。② 在大多数情况下,作为局外人的研究者应寻找将自身身份转变为局内人的机会和可能性,而其中的关键

---

① 关于这一点,可参看艾略特·欧林(Elliott Oring)关于其原定的乞丐研究计划搁浅原因的总结。Elliott Oring, "Generating Lives: The Construction of an Autobiography", *Journal of Folklore Research* 24, 1987, no. 3, pp. 241-262.

② James Clifford, "Introduction", In *Writing Culture: The Poetics and Politics of Ethnography*, edited by James Clifford and George Marcus, Berkeley: University of California Press, 1986, p. 9.

便是与研究对象建立起相互信任的关系。研究者与研究对象之间相互信任关系的建立一般可以首先通过家人、朋友、同事和同学等熟人介绍,而通过公共途径进行的建构往往很难达到类似的效果。在建立起了初始的信任关系以后,研究者还需要通过各种方式,对此关系的稳定和深入进行维护和加强。当然,如果缺乏私人关系的依托,研究者也可以尝试通过其他方式接近研究对象,并建立相互之间的信任关系。如英国著名的城市传说(urban legend)研究专家吉莉安·班内特(Gillian Bennett)提到,刚开始进入英国曼彻斯特市对老年妇女进行研究时,她曾遇到过许多的阻力,后来慢慢被这些研究对象所接纳的原因是她开始努力学习并在交流中模仿她们的说话方式与使用该群体的特殊语词。[1] 由此可见,研究者作为局内人的身份有助于促成田野调查的顺利完成。

但是,由于某些研究问题所内具的敏感性,具有局内人身份的研究者有时候比局外人更难获得准确和完整的信息。例如,研究者在研究自己的家庭民俗(family folklore)时,虽然研究对象大体都是自己的家人和亲戚,但由于某些问题比较私人甚至会引起尴尬,家人之间一般也并不愿意相互分享。民俗学家的实践活动是否能够得到家人的支持,往往取决于研究者与家庭成员之间的相互关系,以及各个家庭成员之间的相互关系。同时,家人对于研究活动的态度也与家族的过往历史息息相关。有的家族可能会因在历史上曾经有过的不甚愉快和消极的经历和记忆,不愿意将这些过去公之于世。因此,研究者在进行田野研究以前,应该对自己所要研究的命题以及家人的支持度进行初步的估计,可以通过试探性的提问去观察潜在研究对象的态度。再者,研究者所选择的提问时机也很重要,时机不同,得到的结果也可能各异。一般情况下,在欢愉的场合,如生日派对或节庆上提出的要求,会比较容易得到家人的应许。最后,针对不同的对象个体或者小家庭,研究者也可以适当地改变沟通的方式,结合各个家庭的实际,提出不同的问题和要求。[2]

---

[1] Gillian Bennett, *Alas, Poor Ghost!: Traditions of Belief in Story and Discourse*, Logan, Utah: Utah State University Press, 1999.

[2] Margaret R. Yocom, "Family Folklore and Oral History Interviews: Strategies for Introducing a Project to One's Own Relatives", *Western Folklore* 41, no. 4, pp. 251-274.

除上述提到的作为局内人的研究者在获取研究对象对于研究活动的支持时所遇到的阻碍外,研究者还会遇到一些涉及研究伦理方面的困难。例如,在研究家庭民俗时,由于研究者与研究对象之间的亲密关系,研究对象,特别是那些在家庭中辈分或年龄上长于研究者的个人,往往会试图影响或是主导整个研究进程,有时候还会强制研究者改变研究计划,使得研究有可能偏离原定的方向。另外,同样由于亲戚之间较为亲密的关系,有的亲戚会要求研究者提供其他受访人的访谈资料或相关信息。因此,如何在自己的社区中处理伦理问题是摆在众多研究自身文化和社群的研究者面前亟待解决的重要问题。针对这些问题,一般的法则是,研究者应该在调查开始以前便向研究对象申明隐私保护的重要性,并在实践中坚持自己所设定的伦理规范,以保护所有研究对象的权益。[1]

在某些情况下,研究者也需要将自己的身份由局内人转变为局外人。一般而言,研究者本身作为局内人的身份很难向局外人身份转变,但可以通过选择进入田野的方式来间接地达到这一目标。比如研究者可以采取一般观察而非参与观察的研究方法。一般观察与参与观察最大的区别即在于研究者对于社区日常生活实践的参与度。例如,在搜集家庭民俗时,有时候,当研究者拿起录音笔或者打开摄像机进行记录时,在其他家庭成员眼中,研究者作为家庭成员的身份或许已经发生了转换,即从一个"局内人"转变为一个"局外人"。这一转变发生的原因是由于研究者采用了与研究对象预期相异的进入田野的方式。具体说来,在家庭聚会或者节庆活动中,其他家庭成员对于研究者的预期是其全身心地参与到家庭事务和活动中,而非作为一个事件的旁观者和记录人来审视活动过程。因此,家庭成员的预期与研究者个人的研究预设下的个人角色存在着较大的矛盾。[2] 这一矛盾所成就的研究者身份的转变对于研究而言是具有积极意义的。这是因为,如果研究者的身份是局内人,或者全身心地参与家庭活动,其所观察到的事件过程必然是片面和缺失的。在这种情况下,研

---

[1] Sharon R. Sherman, "'That's How the Seder Looks': A Fieldwork Account of Videotaping Family Folklore", *Journal of Folklore Research* 23, no. 1, pp. 52-70.
[2] Ibid.

究者需要突破作为局内人的视角,以一个局外人的角度去观察和描述"客观"发生的事件。与此类似,贝弗利·斯图蒂也强调,作为局内人的研究者应该在主观上将自己视为局外人,并尽量以局外人的面目在社区中出现。① 这是因为,研究者在研究自己所熟悉的人群及其生活时,由于研究者的特殊身份,研究对象往往会预设研究者已经知晓许多信息,因此在叙述过程中往往会提供不完整的资料。这就需要研究者向研究对象展现和说明自己希望获得完整信息的意愿,请求研究对象将自己视为陌生的局外人。当然,这对于原先作为局内人的研究者而言是具有挑战性的,因为研究者对于所观察的行为和"语言"都太过于熟悉,因此很难将自身陌生化。而对于研究对象而言,将本来熟悉的研究者完全视为局外人也是不可能的。这就要求研究者和研究对象不断地协商,以达成最有利于田野实践的平衡点。

除以上讨论的所谓"局内人"和"局外人"的二元身份外,研究者的性别、年龄、个人特征、宗教信仰以及性格等都是构建其身份的重要因素。在表演理论以及女性主义民俗学兴起以后,学界便十分关注研究者个人身份对于田野调查研究的影响。在当今民俗学界,学者们已经达成了以下共识:身份不同的研究者会与研究对象建立不同的关系,此关系会影响田野调查的过程、结果以及对于结果的分析和阐释。例如,作为女性的研究者在某些话题上能与女性研究对象进行更好的沟通和讨论②。基于此项共识,民俗学田野调查从此便由原先博厄斯所提出的严格的"科学主义"客观性精神转变为对于主观性的尊重。此研究转向促使研究者对研究主题进行更为全面的思考和分析。

本章以上对民族志研究方法的历史进行了简要的勾勒,并对田野调查实践的过程和基本方法进行了较为详细的梳理,同时,还就田野调查中最为重要的两个问题,即田野调查的伦理问题以及研究者身份的问题进行了较为深入的论述,希望研究者们能够在进入田野以前对上文所提出

---

① Beverly J. Stoeltje, Christie L. Fox and Stephen Olbrys, "The Self in 'Fieldwork': A Methodological Concern", *Journal of American Folklore* 112, 1999, no. 444, pp. 158-82.

② Diane L. Wolf, *Feminist Dilemmas in Fieldwork*, Boulder, Colorado: Westview Press, 1996.

的基本问题进行思考,并在研究实践中根据具体情况,检验和反思已有的田野调查的理论和方法论,最终通过自己的研究活动丰富民族志研究的理论和实践。

参考文献

A. Van Gennep, *The Rites of Passage*, Chicago: University of Chicago Press, 1960.

Bronislaw Malinowski, *Argonauts of the Western Pacific: An Account of Native Enterprise and Adventure in the Archipelagoes of Melanesian New Guinea*, London: Routledge & Kegan Paul Ltd, 1922.

Bronislaw Malinowski, *Sex and repression in Savage Society*, London: Kegan Paul, 1927.

Bronislaw Malinowski, *The father in primitive psychology*, New York: W. W. Norton & Company, 1927.

Bruce Jackson, *Fieldwork*, Urbana: University of Illinois Press, 1987.

Dell. Hymes, *Foundations in Sociolinguistics: An Ethnographic Approach*, Philadelphia: University of Pennsylvania Press, 1974.

Diane L. Wolf, *Feminist Dilemmas in Fieldwork*, Boulder, Colorado: Westview Press, 1996.

Edward D. Ives, *The Tape Recorded Interview: A Manual for Fieldworkers in Folklore and Oral History*, Knoxville, Tenn.: University of Tennessee Press, 1995.

Gillian Bennett, *Alas, Poor Ghost!: Traditions of Belief in Story and Discourse*, Logan, Utah: Utah State University Press, 1999.

James Clifford and George Marcus, *Writing Culture: The Poetics and Politics of Ethnography*, Berkeley: University of California Press, 1986.

Kenneth S. Goldstein, *A Guide for Field Workers in Folklore*, Hatboro, PA: Folklore Associates, American Folklore Society, 1964.

Martha C. Sims and Martine Stephens, *Living Folklore: An Introduction to the Study of People and Their Traditions*, Logan, Utah: Utah State University Press, 2006.

R. A. Segal, *The Myth and Ritual Theory*, Malden: Blackwell Publishers, 1998.

Raglan, Rank and Dundes, *In Quest of the Hero*, Princeton: Princeton University Press, 1990.

Robert A. Georges and Michael O. Jones, *People Studying People: The Human Element in Fieldwork*. Berkeley: University of California Press, 1980.

S. H. Hooke, *Middle Eastern Mythology: From the Assyrians to the Hebrews*, London: Penguin Books, 1963.

V. Propp, *Morphology of the Folktale*, University of Texas Press, 1968.

〔奥〕S. 弗洛伊德《机智与无意识的关系》，闫广林、张增武译，上海：上海社会科学院出版社，2010 年。

〔奥〕S. 弗洛伊德《精神分析纲要》，刘福堂等译，合肥：安徽文艺出版社，1987 年。

〔奥〕S. 弗洛伊德《精神分析引论新讲》，苏晓离、刘福堂译，合肥：安徽文艺出版社，1987 年。

〔奥〕S. 弗洛伊德《论文明·一个幻觉的未来》，徐洋译，北京：国际文化出版公司，2000 年。

〔奥〕S. 弗洛伊德《梦的解析》，方厚升译，杭州：浙江文艺出版社，2016 年。

〔奥〕S. 弗洛伊德《摩西与一神教》，李展开译，北京：三联书店，1988 年。

〔奥〕S. 弗洛伊德《图腾与禁忌》，赵立玮译，上海：上海人民出版社，2005 年。

〔澳〕迈克尔·扬《马林诺夫斯基：一位人类学家的奥德赛》，北京：北京大学出版社，2013 年。

〔德〕古斯塔夫·斯威布《希腊神话和传说》，楚图南译，合肥：安徽人民出版社，2013 年。

〔德〕尼采《悲剧的诞生》，周国平译，北京：三联书店，1986 年。

〔俄〕弗·雅·普罗普《故事形态学》，贾放译，施用勤校，北京：中华书局，2006 年。

〔俄〕弗·雅·普罗普《神奇故事的历史根源》，北京：中华书局，2006 年。

〔法〕德尼·贝多莱《列维-斯特劳斯传》，于秀英译，张祖建校，北京：中国人民大学出版社，2008 年。

〔法〕弗朗索瓦·多斯《结构主义史》，季广茂译，北京：金城出版社，2012 年。

〔法〕列维-斯特劳斯《嫉妒的制陶女》，刘汉全译，北京：中国人民大学出版社，2006 年。

〔法〕列维-斯特劳斯《结构人类学》，张祖建译，北京：中国人民大学出版社，2006 年。

〔法〕列维-斯特劳斯《面具之道》,张祖建译,北京:中国人民大学出版社,2014年。

〔法〕列维-斯特劳斯《人类学讲演集》,张毅声、杨珊、张祖建译,北京:中国人民大学出版社,2007年。

〔法〕列维-斯特劳斯《猞猁的故事》,庄晨燕、刘存孝译,北京:中国人民大学出版社,2006年。

〔法〕列维-斯特劳斯《神话学:生食和熟食》,周昌忠译,北京:中国人民大学出版社,2007年。

〔法〕列维-斯特劳斯《图腾制度》,渠东译,梅非校,上海:上海人民出版社,2002年。

〔法〕列维-斯特劳斯《遥远的目光》,邢克超译,北京:中国人民大学出版社,2014年。

〔法〕列维-斯特劳斯《野性的思维》,李幼蒸译,北京:商务印书馆,1987年。

〔美〕C.S.霍尔等《荣格心理学入门》,冯川译,北京:三联书店,1987年。

〔美〕R.比尔斯克尔《荣格》(第2版),周艳辉译,北京:中华书局,2014年。

〔美〕阿兰·邓迪斯《世界民俗学》,陈建宪等译,上海:上海文艺出版社,1990年。

〔美〕阿兰·邓迪斯编《西方神话学读本》,朝戈金等译,桂林:广西师范大学出版社,2006年。

〔美〕阿兰·邓迪斯《民俗解析》,户晓辉编译,桂林:广西师范大学出版社,2005年。

〔美〕埃利希·弗洛姆《弗洛伊德的使命》,尚新建译,北京:三联书店,1986年。

〔美〕彼得·克拉玛《弗洛伊德传》,连芯译,南京:译林出版社,2016年。

〔美〕亨利·艾伦伯格《弗洛伊德与荣格:发现无意识之浪漫主义》,刘絮恺等译,北京:世界图书出版公司,2015年。

〔美〕罗洛·梅《祈望神话》,王辉、罗秋实、何博闻译,北京:中国人民大学出版社,2012年。

〔美〕玛格丽特·玛肯霍普《西格蒙德·弗洛伊德:精神分析学派的创立者》,潘清卿译,西安:陕西师范大学出版社,2004年。

〔日〕渡边公三《列维-斯特劳斯——结构》,周维宏等译,石家庄:河北教育出版社,2002年。

〔瑞士〕C.G.荣格《分析心理学的理论与实践》,成穷、王作虹译,北京:三联书店,1991年。

〔瑞士〕C.G.荣格《荣格文集》第二卷《转化的象征》,孙明丽、石小竹译,北京:国际文化出版公司,2011年。

〔瑞士〕C.G.荣格《荣格文集》第三卷《心理类型》,储昭华等译,北京:国际文化出版公司,2011年。

〔瑞士〕C. G.荣格《荣格文集》第四卷《心理结构与心理动力学》,关群德译,北京:国际文化出版公司,2011年。

〔瑞士〕C. G.荣格《荣格文集》第五卷《原型与集体无意识》,徐德林译,北京:国际文化出版公司,2011年。

〔瑞士〕C. G.荣格《荣格文集》第六卷《文明的变迁》,周朗、石小竹译,北京:国际文化出版公司,2011年。

〔瑞士〕C. G.荣格《荣格文集》第七卷《人、艺术与文学中的精神》,姜国权译,北京:国际文化出版公司,2011年。

〔瑞士〕让-米歇尔·奎诺多《读懂弗洛伊德》,陆泉枝译,上海:上海译文出版社,2016年。

〔瑞士〕荣格《梦·记忆·思想》,陈国鹏等译,北京:国际文化出版公司,2011年。

〔瑞士〕荣格《荣格性格哲学》,李德荣编译,北京:九州出版社,2011年。

〔苏〕马·阿·波波娃《精神分析学派的宗教观》,张雅平译,上海:上海人民出版社,1992年。

〔英〕A.斯托尔《弗洛伊德与精神分析》,尹莉译,北京:外语教学与研究出版社,2013年。

〔英〕J. G.弗雷泽《金枝:巫术与宗教之研究》,汪培基、徐育新、张泽石译,北京:商务印书馆,2012年。

〔英〕阿兰·巴纳德(Alan Barnard)《人类学:历史与理论》,王建民等译,北京:华夏出版社,2006年。

〔英〕埃德蒙·利奇《列维-斯特劳斯》,吴琼译,北京:昆仑出版社,1999年。

〔英〕安妮·凯斯门特《分析心理学巨擘:荣格》,上海:学林出版社,2007年。

〔英〕简·哈里森《古代的艺术与仪式》,吴晓群译,郑州:大象出版社,2011年。

〔英〕简·哈里森《古代艺术与仪式》,刘宗迪译,北京:三联书店,2008年。

〔英〕简·哈里森《古希腊宗教的社会起源》,谢世坚译,桂林:广西师范大学出版社,2004年。

〔英〕简·哈里森《希腊宗教研究导论》,谢世坚译,桂林:广西师范大学出版社,2006年。

〔英〕罗伯特·A.西格尔《神话理论》,刘象愚译,北京:外语教学与研究出版社,2008年。

〔英〕罗伯特·A.西格尔《神话秘钥》,刘象愚译,北京:外语教学与研究出版社,

2013年。

〔英〕马林诺夫斯基《文化论》,费孝通等译,北京:中国民间文艺出版社,1987年。

〔英〕马林诺夫斯基《巫术科学宗教与神话》,李安宅译,上海:上海文艺出版社,1987年。

〔英〕马林诺夫斯基《西太平洋山的航海者》,梁永佳、李绍明译,北京:华夏出版社,2002年。

〔英〕马林诺夫斯基《原始社会的犯罪与习俗》,北京:法律出版社,2007年。

〔英〕麦克斯·缪勒《比较神话学》,金泽译,上海:上海文艺出版社,1989年。

〔英〕麦克斯·缪勒《宗教的起源与发展》,金泽译,陈观胜校,上海:上海人民出版社,2010年。

〔英〕麦克斯·缪勒《宗教学导论》,陈观胜、李培茱译,上海:上海人民出版社,2010年。

陈太胜主编《20世纪西方文论新编》,北京:北京师范大学出版社,2011年。

冯川《梦兆与神话》,成都:四川人民出版社,1993年。

胡经之主编《西方文艺理论名著教程》,北京:北京大学出版社,1989年。

季羡林《罗摩衍那初探》,北京:外国文学出版社,1979年。

季羡林《印度古代文学史》,北京:北京大学出版社,1991年。

李扬《中国民间故事形态研究》,汕头:汕头大学出版社,1996年。

林太《梨俱吠陀精读》,上海:复旦大学出版社,2008年。

申荷永《荣格与分析心理学》,北京:中国人民大学出版社,2012年。

施春华、丁飞《荣格:分析心理学开创者》,广州:广东教育出版社,2012年。

司群英、郭本禹《兰克:弗洛伊德的叛逆者》,广州:广东教育出版社,2012年。

王海龙、何勇《文化人类学历史导引》,上海:学林出版社,1992年。

魏广东《心灵深处的秘密:荣格分析心理学》,北京:北京师范大学出版社,2012年。

吴安其《历史语言学》,上海:上海教育出版社,2006年。

张玉安、陈岗龙《东方民间文学概论》,北京:昆仑出版社,2006年。

朱狄《原始文化研究》,北京:三联书店,1988年。

后　记

这部写了十多年的书稿终于完成了，多年的心愿似乎也已达成，但是内心却并不轻松。这十多年里，书稿被一再搁置，除了其他工作的干扰，最大的原因就是感觉自己能力有限，力不从心。很想再多看些书，再多些思考，再多些推敲打磨，奈何学力浅薄，无法遂愿，只能期待学界同仁不吝赐教。

这部书稿共有九章，其中前七章为笔者所撰，第八、九章为东南大学李牧博士所撰，感谢李牧博士赐稿，以补本书之阙。书稿的写作获得了许多师友的支持和帮助，笔者铭记在心。感谢宝诺娅、程梦稷、范雯、李晓春、李昕桐、王悉源、翟昊、张铭益等学生、朋友对书稿的支持和建议。最后，非常感谢书稿的责任编辑艾英女士为书稿的完成和出版付出的种种努力！她的严谨、认真和执着让我感动。

王娟

2018 年 3 月 17 日大雪

于北京大学人文学苑